浙江省普通高校“十三五”新形态教材

国家级一流本科专业
国家级特色专业
浙江省一流本科课程
普通高等学校会计应用型规划教材

MANAGERIAL ACCOUNTING

管理会计学

（第二版）

杨行翀　主编
李郁明 丁庭栋 陈莹莹　副主编

东北财经大学出版社
Dongbei University of Finance & Economics Press
大连

图书在版编目（CIP）数据

管理会计学 / 杨行翀主编. —2版. —大连：东北财经大学出版社，2024.6（2025.3重印）
（普通高等学校会计应用型规划教材）
ISBN 978-7-5654-5184-3

Ⅰ. 管… Ⅱ. 杨… Ⅲ. 管理会计 Ⅳ. F234.3

中国国家版本馆CIP数据核字（2024）第056154号

东北财经大学出版社出版
（大连市黑石礁尖山街217号 邮政编码 116025）
网 址：http://www.dufep.cn
读者信箱：dufep@dufe.edu.cn

大连雪莲彩印有限公司印刷 东北财经大学出版社发行

幅面尺寸：185mm×260mm 字数：465千字 印张：21 插页：1

2024年6月第2版 2025年3月第2次印刷

责任编辑：王 丽 孔利利 责任校对：王 筱
封面设计：原 皓 版式设计：原 皓

定价：52.00元

教学支持 售后服务 联系电话：（0411）84710309

如有印装质量问题，请联系营销部：（0411）84710711

序　言

党的二十大报告指出，“实施科教兴国战略，强化现代化建设人才支撑”，强调要坚持教育优先发展、科技自立自强、人才引领驱动，加快建设教育强国、科技强国、人才强国，坚持为党育人、为国育才，全面提高人才自主培养质量，着力造就拔尖创新人才，聚天下英才而用之。建设教育强国是中华民族伟大复兴的基础工程，必须把教育事业放在优先位置。建设中国式现代化，中国教育必须给予全面应答，基础教育、职业教育、高等教育都要承担起相应的责任，学科专业、教育教学、课程教材、评价体系等都要做出相应的调整。

在“大智移云物区”的时代背景下，企业的工作环境、高校教育的情境都发生了变化，大学生获取信息、知识的方法和途径发生了质的变化。传统的教学方式难以适应时代的发展，出现了“教师不会教、学生不想学、企业不愿招”的人才培养困境。2016年，嘉兴大学（原名为嘉兴学院）被遴选为全国本科院校“互联网+会计教学一体化改革”首席试点单位，实施“互联网+”线上线下一体化混合教学改革，建设教改平台，丰富平台共享资源。“互联网+会计教学一体化改革”的开展，成效显著。在2018年教育部审核评估中，“互联网+会计教学一体化改革”项目得到了专家的好评，入选《中国会计教育改革与发展蓝皮书（2020）》，“中级财务会计学”获评教育部优秀教学案例和浙江省一流课程。“互联网+会计教学一体化改革”已覆盖全国30余所高校，众多高校前来学习交流“互联网+会计教学一体化改革”的经验和成果。

根据浙江省高等教育学会教材建设专业委员会发布的《关于开展浙江省高校“十三五”第二批新形态教材建设项目申报工作的通知》，嘉兴大学7门核心主干课程被列入浙江省“互联网+会计学新形态系列教材”建设项目。为了更好地实施和推广“互联网+会计教学一体化改革”，我们在总结“互联网+”教学改革的基础上，根据新形态教材的建设要求，组织教学一线教师编写适应“互联网+会计教学一体化改革”的核心课程教材，包括《会计学原理》《中级财务会计学》《高级财务会计学》《审计学》《成本会计学》《管理会计学》《财务报表分析》《财务管理学》。教材内容体现“业财融合”和重能力、重素质的培养要求，对于企业的具体业务可以通过扫描二维码观看视频实现企业具体业务的情景再现，教材还包括重要知识点的视频讲解、随堂测和章节测试，其中每一章节都设有头脑风暴和分组任务等开放性问题，并配有解答提示，为广大教师更好地实施教学提供参考。本系列教材适合应用型本科院校的会计学、审计学、财务管理等相关专业的学生使用，高职院校的相关专业也可选择使用。

潘煜双

2024年3月

第二版前言

2014年10月，《财政部关于全面推进管理会计体系建设的指导意见》正式出台，管理会计在全国范围内被重视和推广。2016年，财务部制定了《管理会计基本指引》，随后陆续发布了34项应用指引，基本完成了管理会计指引体系的建设工作。浙江省高度重视新形态教材的建设，并不断加大建设力度，计划立项1 000种新形态教材。新形态教材通过移动互联网技术，以嵌入二维码的纸质教材为载体，嵌入视频、音频、作业、试卷、拓展资源、主题讨论等数字资源，实现线上线下结合的教材出版新模式，必然会成为未来高等教育教材的主要形式。

为了顺应国内管理会计学快速发展的大趋势，配合嘉兴大学会计学专业开展的“互联网+会计”一体化综合改革、国家级一流本科专业建设的需要，完成“管理会计学”省级一流本科课程建设任务，解决在管理会计学教学过程中缺乏配套新形态教材的问题，我们组织了嘉兴大学财务管理系和嘉兴南湖学院部分优秀师资编写了这本《管理会计学》新形态教材。

本书编写者都具有丰富的教学经验，同时联合了部分优秀企业管理者共同制定教材大纲。本书阐述了管理会计学的基本理论和方法，紧密结合管理会计改革的最新动向和管理会计理论与实务的最新发展，突出了以下几个特色：

一是概念清晰、理论完整。管理会计区别于财务会计的一个特点是缺乏统一性和规范性，因此，很多概念和理论都没有得到统一，本书参考国内外各类教材和文献，对管理会计中出现的基本概念和理论进行梳理，以做到概念清晰和理论完整。

二是通俗易懂、适合教学。本书每章包含学习目标、导入案例、本章小结、头脑风暴、分组任务、本章测评、拓展阅读等内容，为学生自学和教师授课提供方便。全书语言平实、讲解清晰、图（表）文并茂、计算过程详细，适合一般本专科院校学生使用。

三是偏重理论应用、案例分析。本书突出案例教学，除了设置每章的导入案例外，在重点章节还设置了相关案例分析，提供课后教学案例7个，将理论知识和实践内容有机结合，旨在帮助学生将所学专业知识加以更好的理解和应用。

四是重视课程思政建设。本书认真贯彻党的二十大精神，在教材多处结合习近平新时代中国特色社会主义思想设计课程思政相关内容或案例，设置“学思践悟”栏目，供师生学习之用。

五是数字资源丰富。作为一本新形态教材，本书的一大特色是在纸质教材中嵌入了大量的视频、作业和测评、主题讨论、分组任务、拓展资源等数字资源，其中，教

虚拟仿真
实验

学视频32个，头脑风暴主题20个，分组讨论主题16个。另外，针对“第十一章 业绩评价与考核”的内容，开发了对应的虚拟仿真实验——基于业财融合三阶多维业绩评价系统虚拟仿真实验，扫码（二维码 虚拟仿真实验）注册后可以免费使用，进入实验。

本书编写大纲由嘉兴大学杨行翀、李郁明、丁庭栋和嘉兴南湖学院陈莹莹四位老师共同研讨制定。主编杨行翀对全书进行了初稿修订和总纂统稿，副主编李郁明、丁庭栋和陈莹莹为全书的编写提供了很多宝贵意见。各章节编写分工如下：第一章由李郁明编写，第二章、第十二章由杨行翀、李郁明编写，第三章由穆敏丽编写，第四章由杨行翀、沈逸萌编写，第五章、第六章由杨行翀编写，第七章、第九章、第十一章由陈莹莹编写，第八章、第十章由丁庭栋编写。杨行翀、董淑兰编写了本书的随堂测和本章练习等新形态内容。嘉兴大学潘煜双教授、张惠忠教授和崔晓钟为本书的编写提供了很多帮助。浙江中铭会计师事务所高级会计师沈凯军作为一线实务专家参与了本书编写并提供了多个案例。

本书的出版得到了东北财经大学出版社，以及嘉兴大学教务处、商学院会计系和财务系的大力支持，在此表示衷心的感谢！

本书在编写过程中，参考了国内使用广泛的其他管理会计类教材以及中国注册会计师协会编写的CPA考试教材，在此表示感谢。本书第十二章关于战略管理会计、环境管理会计的研究发展时间不长，属于管理会计前沿的理论研究，对于其研究范围还没有明确的界定，其中环境管理会计主要参考了在环境管理会计领域研究比较深入的冯巧根、温素彬教授的研究成果，特此注明并表示感谢！

本书既可以作为高等院校财务会计类专业的核心课程教材，又可以作为财经类其他专业的专业课程教材，还可以作为财会人员及其他经济管理人员在职培训和自学参考用书。由于编者水平有限和时间仓促，书中难免存在纰漏或不当之处，敬请各位读者批评指正。

编　者

2024年3月

- 管理会计学
  - 理论研读
    - 第一章——正确认识泰罗和科学管理学派（列宁对泰罗制评价）
  - 职业道德教育
    - 第一章——管理会计师的职业道德
    - 第九章——预算编制和管理中的职业道德
  - 社会主义核心价值观
    - 第一章——有色领域的红色先锋——嘉兴大学校友陈志新和储虎
  - 时代楷模
    - 第一章——我国管理会计的开拓者和奠基人余绪缨
  - 红船精神
    - 第一章——我国管理会计的开拓者和奠基人余绪缨
    - 第六章——自制还是外购决策中的“红船精神”
  - 改革创新
    - 第一章——构建有中国特色的管理会计理论体系
    - 第十二章——“互联网+”时代管理会计创新的重要性
  - 文化自信
    - 第一章——构建有中国特色的管理会计理论体系
  - 传统美德教育
    - 第二章——一个大学生的生活费
  - 企业社会责任
    - 第三章——“本”亏“义”不亏
    - 第六章——亏损廉价药是否应该停止生产
  - 绿色发展
    - 第六章——短期经营决策中的思政元素
    - 第六章——赛格方向盘总成制造有限公司废弃物处理实例
    - 第十一章——从传统财务维度到绿色平衡计分卡
    - 第十二章——环境管理会计
  - 执政为民
    - 第六章 ——“最多跑一次”改革
  - 法治精神
    - 第八章——《政府投资条例》如何确保政府投资科学决策
    - 第十一章——合理合法利用内部转移价格
  - 企业家精神
    - 第十章——成本控制与产品质量
  - 中华优秀传统文化
    - 第十一章——《隆中对》中的SWOT分析

课程思政与专业教育融合路线图

目 录

第一章

总　论

学习目标： 通过本章的学习，要求学生了解管理会计的定义、管理会计人员的知识体系和职业道德，形成正确的价值观，熟悉管理会计的产生和发展，掌握管理会计的基本假设、管理会计提供信息质量的特点、管理会计和财务会计及财务管理的关系等内容。

导入案例

关于全面推进管理会计体系建设的指导意见

管理会计基本指引

34项管理会计应用指引

据统计，我国企业超过85%的财务人员担任财务会计（核算会计）职位，他们80%以上的时间用于记录与核算，充当着“账房先生”的角色。而财政部“十三五”规划统计，我国管理会计人才缺口高达300万人，财务会计从业者面临着向管理会计转型的趋势与挑战。2014年10月，《财政部关于全面推进管理会计体系建设的指导意见》正式出台，管理会计正式在全国范围内被重视和推广。2016年，财务部制定了《管理会计基本指引》，旨在加强企事业单位的管理会计工作，提升内部管理水平。随后，财政部陆续发布了34项单项应用指引，稳步推进企业管理会计案例筛选入库工作，基本完成管理会计指引体系建设工作。2017年，中国总会计师协会推出了管理会计认证，称为中国管理会计师。与此同时，国家开发银行、中国电信、北汽福田、三一重工等企业专门设置了管理会计机构或岗位，积极开展管理会计工作，取得了较好成效。最近几年云计算、大数据、人工智能、大模型等新一代数字技术不断涌现、蓬勃发展，管理会计和数字技术已经深度融合叠加，管理会计创新与应用实现大跨越、大发展。

那么，究竟什么是管理会计呢？为何步入新时代的企事业单位都在积极推广和应用管理会计呢？我们学习的财务会计和管理会计是什么关系呢？

第一节 管理会计的概念

在开始学习管理会计之前，首先要对管理会计的概念有一个全面、清晰的认识。关于什么是管理会计，国内外学者、各种组织、官方机构都有不同的论述和观点。

一、国外学者和组织对管理会计概念的研究

西方国家对管理会计的研究和定义历史悠久，以美国和英国为例可见其发展历程。

美国全国会计师协会（NAA）下设的管理会计实务委员会（MAP），自1980年以来，该委员会发布了一系列《管理会计公告》，旨在为解决管理会计问题提供指导原则，建立起管理会计体系。该委员会于1982年颁布了《管理会计师道德行为准则》，1986年颁布了《管理会计师共同知识体系》。1991年7月，美国全国会计师协会更名为管理会计师协会（IMA），从而成为美国管理会计师的专业组织。该协会负责举办管理会计师资格考试（CMA）。美国会计学会也成立了管理会计委员会，以指导和组织管理会计的理论研究工作。

早在1919年3月，英国成立了成本会计师协会，主要致力于成本会计的研究和应用工作，并于1972年更名为成本和管理会计师协会，侧重于对成本会计和管理会计的研究，服务对象主要是企业内部管理部门，工作重心放在帮助企业管理当局进行规划与决策，这种明显有别于传统财务会计的专业化特征，使该协会在1975年成为皇家特许机构的正式成员。成本和管理会计师协会于1982年颁布了《管理会计正式术语》，对管理会计及相关内容进行了统一规范。1986年11月，该协会再次更名为英国特许管理会计师公会（CIMA）。该协会负责举办特许管理会计师资格考试。

通过总结可以看出，国外对于管理会计概念的研究分为两个阶段，即狭义管理会计阶段和广义管理会计阶段，而狭义和广义是从其内涵和外延角度而言的。

CMA考试和
CIMA考试

（一）狭义管理会计概念研究阶段

从20世纪20年代到20世纪70年代，国外会计学者普遍认为管理会计只是为企业内部管理者提供计划与控制所需信息服务的内部会计。由于管理会计是侧重于企业内部经营管理中直接发挥作用的会计，同时又是企业管理的重要组成部分，因此，有学者直接称其为“内部经营管理会计”（简称“内部会计”）。

1958年，美国会计学会管理会计委员会对管理会计定义为：管理会计是运用适当的技术和概念来处理某个主体历史的和预期的经济数据，用来帮助管理当局制订具有适当经济目标的计划，并以实现这些目标做出合理的决策为目的。

从上述权威机构给出的定义来看，管理会计就是利用经济信息，通过各种专门方法和技术来帮助企业管理当局做出科学决策的各项具体工作。

1966年，美国会计学会的《基本会计理论》认为：“管理会计，就是运用适当的技术和概念，对经济主体的实际经济数据和预计的经济数据进行处理，以帮助管理人员制定合理的经济目标，并为实现该目标而进行合理决策”。

1988年，国际会计师联合会（IFAC）常设的财务与管理会计委员会给管理会计下的定义是：管理会计是在一个组织内部对管理当局用于规划、评价和控制的信息（财务的和经营的信息）进行确认、计量、积累、分析、处理、解释和传输的过程，以确保其资源的合理利用并对其承担经营责任。

英国、加拿大等对管理会计也做出了类似于国际会计师联合会的定义。这种狭义的定义被学术界与实务界广为接受。

狭义管理会计概念研究的核心观点是：

（1）管理会计以企业为主体展开其管理活动；管理会计为企业服务，是企业管理的重要工具或信息来源。

（2）管理会计是为企业管理当局的管理目标服务的；管理会计的目标就是企业管理的目标，其存在的价值是为决策服务，以实现企业价值最大化或利润最大化目标。

（3）管理会计是一个信息系统。

（4）管理会计是与传统财务会计相对立的观念。现代会计的两个独立的组成部分，一个是财务会计，一个是管理会计，两者既有联系又有区别。

总之，西方国家狭义的管理会计不过是现代会计系统中的区别于传统会计，能够更明显、更集中体现包括会计预测经营前景、参与经营决策、规划经营方针、控制经营过程、考核评价责任业绩等内在功能的那部分工作，是运用会计信息实现管理职能的会计工作。

（二）广义管理会计概念研究阶段

1982年，英国成本与管理会计师协会修订后的管理会计定义，把管理会计的范围进一步扩大到了除审计以外的会计的各个分支。

1986年，美国全国会计师协会管理会计实务委员会对管理会计的基本定义如下：管理会计是向管理当局提供用于企业内部计划、评价、控制以及确保企业资源的合理使用和经营责任的履行所需财务信息，进行确认、计量、归集、分析、编报、解释和传递的过程。管理会计还包括编制可供股东、债权人、规章制度制定机构及税务当局等非管理集团使用的财务报表。在上述定义中，财务信息从广义上来说，包括用于解释实际和计划的商业活动、经济环境以及资产和负债的估价因果关系所必需的货币性和非货币性信息。

广义管理会计概念研究的核心观点是：

(1) 管理会计以企业为主体展开其管理活动。

(2) 管理会计既为企业管理当局的管理目标服务，又为股东、债权人、规章制度制定机构及税务当局等非管理集团服务。

(3) 管理会计作为一个信息系统，提供的财务信息包括用来解释实际和计划所必需的货币性信息和非货币性信息。

(4) 从内容来看，管理会计既包括财务会计，又包括成本会计和财务管理等。

因此，通过比较广义和狭义管理会计阶段的主要成果，我们可以得出如下结论，即广义管理会计对管理会计的内涵和外延都进行了扩展，使其几乎涵盖了除审计以外的所有会计信息系统。可见，广义管理会计的定义和范围过于宽泛，界限过于模糊，现实性比较差，把原来不属于管理会计范畴的其他会计分支统统纳入管理会计（包含了财务会计、成本会计、财务管理)，变成了无所不包的“大杂烩”，导致研究的庸俗化，很难体现其作为独立学科的特色和研究重点。基于这个原因，我国的管理会计更多从狭义角度去研究和定义。

二、国内学者和组织对管理会计概念的研究

（一）国内学者对管理会计概念的研究

我国学者早期通常是从狭义角度来研究管理会计的，认为管理会计是为企业内部管理者提供信息的一个信息系统。

汪家佑教授认为：“管理会计是西方企业为了加强内部经营管理，实现最大利润的目的，灵活运用多种多样的方式方法，收集、加工和阐明管理当局合理计划和有效控制经济过程所需要的信息，围绕成本、利润、资本三个中心，分析过去、控制现在、规划未来的一个会计分支”。

李天民教授认为：“管理会计主要是通过一系列专门方法利用财务会计提供的资料及其他有关资料进行整理、计算、对比和分析，使企业各级管理人员能据以对日常发生的一切经济活动进行规划与控制，并帮助企业管理者做出各种决策的一整套信息处理系统”。

实际上，国内多数学者都接受了厦门大学余绪缨教授对管理会计的狭义定义，即管理会计是为企业内部使用者提供管理信息的会计，它为企业内部使用者提供有助于正确进行经营决策和改善经营管理的有关资料，发挥会计信息的内部管理职能。此外，余绪缨教授从1987年起开展了“广义管理会计学”的研究，主持国家社会科学基金项目——广义管理会计体系研究。该课题第一次提出了包括微观管理会计、宏观管理会计、国际管理会计三个组成部分的“广义管理会计体系”概念。

近些年，国内对管理会计概念的研究范围逐步扩大，并将管理会计的对象延伸至价值管理。

东北财经大学吴大军等在《管理会计》中对管理会计下的定义是：管理会计是指在当代市场经济条件下，以强化企业内部经营管理、实现最佳经济效益为最终目的，以现代企业经营活动及其价值表现为对象，通过对财务等信息的深加工和再利用，实现对经济过程的预测、决策、规划、控制、责任考核评价等职能的一个会计分支。

中国人民大学孙茂竹等在《管理会计学》中对管理会计下的定义是：管理会计是以使用价值管理为基础的价值管理活动，它运用一系列专门的方式方法，通过确认、计量、归集、分析、编制与解释、传递等一系列工作，为管理和决策提供信息，并参与企业经营管理。

（二）财政部等官方机构对管理会计的定义

2014年，财政部颁发的《财政部关于全面推进管理会计体系建设的指导意见》对管理会计的定义如下：

管理会计是会计的重要分支，主要服务于单位（包括企业和行政事业单位）内部管理需要，是通过利用相关信息，有机融合财务与业务活动，在单位规划、决策、控制和评价等方面发挥重要作用的管理活动。

财政部在2016年制定了《管理会计基本指引》并陆续发布34项应用指引，对管理会计的理解融合了很多广义管理会计的内容，将管理会计的边界拓展到了成本会计、财务管理的范畴。

三、管理会计概念的界定

本书认为，管理会计是以实现企业战略目标为最终目的，创新和运用各种管理会计的工具和方法，通过提供各类决策有用信息，在预测、决策、预算、控制、分析、考核评价等各环节发挥作用、提升价值的管理活动。

此外，我们还认为：

第一，从属性分析，管理会计属于会计学科的一个分支，是以提高经济效益、实现战略目标为最终目的，它提供的信息包含了所有对决策有用的信息。

第二，从范围分析，认同管理会计主要为企业内部管理者服务的观点。虽然管理会计信息的使用对象是多元化的，如股东、债权人、税务当局等同样可以使用这些信息，但是这并不意味着管理会计工作的服务对象和范围发生了根本变化，因为管理会计人员没有必然的义务为除内部管理者以外的机构和个人提供管理会计信息。

视频

究竟什么是管理会计

第三，从内容分析，现代管理会计既要研究传统管理会计所要研究的问题，又要研究管理会计的新领域、新方法。管理会计应该进一步和战略管理、财务会计、成本会计、财务管理、内部控制等学科进行融合和创新，但不是包含并取代这些学科使其成为一个“大杂烩”。

第四，从方法分析，管理会计要实现其目标，需要运用一系列专门的方法和工具，这些方法和工具应根据时代的需要不断创新和发展。比如在财政部2016年制定的《管理会计基本指引》中从7个领域列举了24种常用的工具和方法。

随堂测1-1

第二节 管理会计的形成和发展

管理会计的形成和发展离不开社会实践需求及经济理论创新的影响。一方面，社会经济的发展要求运用新的管理理论和方法来加强企业管理从而创造更大的效益；另一方面，经济理论的形成又使这种要求得以满足和实现。20世纪初，以泰罗为代表的工程师倡导科学管理而产生的“标准成本”“差异分析”“预算控制”；杜邦公司的“投资报酬率”“预算与报告系统”形成杜邦分析体系；通用电气公司的“分权管理中的集中控制系统”等，生动说明管理会计的产生和发展都是源于实际管理工作的需要。

一、管理会计的形成阶段

（一）社会经济的发展需求

在19世纪英国产业革命完成以后，社会生产力获得了飞速发展，企业纷纷采用股份有限公司的组织形式来吸收资本，扩大生产规模，以保证最大限度地获取利润。公司的出现，所有权与经营权的分离，使企业经营管理日趋复杂化，在企业内部管理上，开始重视如何准确地计算成本、预测成本和控制成本等，以满足各方面对成本资料的需求，通过成本控制提升利润。这时候出现了企业会计人员将成本计算与复式记账科目设置紧密结合起来的做法，使成本记录与会计账簿一体化，从而产生了成本会计。在初期，成本会计的主要目的是为对外财务报告而计算成本。随着外部竞争的加剧和成本资料在企业内部的应用，成本会计的服务重点也由对外财务报告逐步转向企业内部管理。

为在激烈的竞争中战胜对手，企业已经认识到必须加强内部管理、提高生产效率，以降低成本、费用，获取最大限度的利润。从理论上说，利润=收入-成本，在收入一定的条件下，成本决定利润的多少。企业不能仅关注产量，更应该关注成本和效率，加强内部成本管理和控制逐步受到重视，这段时期可以说是管理会计的萌芽阶段。

（二）经济理论的发展

经济理论有了很大的发展，其中古典组织理论对管理会计形成的影响最大。

1.马克斯·韦伯和官僚学派

马克斯·韦伯对西方社会的影响是巨大的。马克斯·韦伯的科层制（或官僚制）理论有着丰厚的思想内蕴，它是韦伯政治社会学的重要内容。这一理论的许多概念、范畴和分析成为现代西方政治学理论的来源之一。该学派强调企业是一个正式的、机械性的组织结构，并由组织中的统治集团实行控制。这种控制的实现要通过以下四个方面：①劳动分工；②规范化的权力体制；③经营过程的规划与标准；④工作责任的详细说明。

2.泰罗和科学管理学派

被誉为“科学管理之父”的美国管理学家泰罗在1911年出版了《科学管理原理》一书，开创了企业科学管理的新纪元，带来了企业管理史上的一次重大革命。泰罗认为，管理是一门科学，在管理实践中，建立各种明确的规定、条例、标准，使一切科学化、制度化，是提高管理效能的关键，其重点在于对工作任务的适当说明。简单概括，其认为工人就是机器，应该标准化作业；同时，工人被假设只受经济奖励的激励。

泰罗认为，对于完成每项工作来说，总存在着一个“最佳途径”，管理的职责在于为工作提供明确的指导，选拔最适合于该项工作的工人来完成该项工作，并用最有效的方法对这些工人进行培训。泰罗将秒表带进车间，研究车间工人的操作，从动作规范和时间的定量配合上，使工人的操作科学化、合理化，借以制定标准，评价考核，并在此基础上制定标准工时，同时实行了严格的计算和监督制度，首创了差额累进计件工资制，这些统称为“泰罗制”。为了使工人完成较高的标准，除了使工人掌握标准的操作方法外，还对工人使用的工具、机械、材料以及作业环境加以标准化，从而提高生产和工作效率。这一制度的推行，大大降低了人工的生产成本，提高了劳动效率，也加重了工人的负担。列宁曾深入研究泰罗制，并且在其著作中对泰罗制进行了四次评价。

视频
正确认识泰罗和科学管理学派

3.法约尔和行政管理学派

20世纪20年代，法约尔提出管理活动的五种要素，这五种要素实际上就是管理的五种职能，并形成一个完整的管理过程；同时，根据自身的管理经验，其得出了十四条管理原则，其中包含强调劳动分工、权力与责任、命令与纪律、集权与统一领导和指挥，以及个人的首创精神与集体团结精神等重要思想。在后期，该学派进一步发展了包括管理控制跨度的限制、平行协调与工人参与，以及权力的上下分派以保证下属人员愿意接受管理权威、协调分权，提出经营活动的分权化与政策决策的集中权是组织管理的一个极为有效的手段。

这些理论强调组织形式的正式性和机械性，虽然没有充分考虑人的因素，但是其提出的最佳工作途径、标准化思想和一系列的管理原则在管理会计的形成过程中还是发挥了非常重要的作用。

（三）管理会计的形成

在该阶段，管理会计以成本控制为基本特征，以提高企业的生产效率和工作效率为目的，其主要内容包括以下几个方面：

1.标准成本

标准成本是指按照科学的方法制定人工、材料消耗标准，并以此为基础，形成产品标准成本中的标准人工成本、标准材料成本、标准制造费用等。

标准成本的制定，使成本计算从事后的计算和利用转为事前的计算和利用，是现代会计管理职能的重大体现，而标准成本为预算的制定提供了一个科学基础，使得预算发展成为事前控制的一个重要手段。

2.预算控制

预算控制是指将标准人工成本、标准材料成本、标准制造费用以预算的形式表现出来，并据以控制料、工、费的发生，使之符合预算的要求，从而实现控制职能。

3.成本差异分析

成本差异分析是指在一定会计期间内，对实际发生的人工成本、材料成本、制造费用脱离标准的差异进行计算，具体分析差异形成的原因和责任，采取相应的措施，实现对成本的控制。

1922年，美国学者奎因斯坦撰写了《管理会计：财务管理入门》一书，首次提出了“管理会计”这个名词。1924年，美国学者麦金西出版并发行了《管理会计》一书；同年，布利斯也出版了一本名为《通过会计进行经营管理》的专著。正是由于上述学者的共同努力，从1920年以后，管理会计开始从传统会计中分离出来，成为一门新学科。虽然如此，会计核算中的这种事前计算和事后分析的技术方法在当时还没有形成一套独立的、完整的理论方法体系，因此，这一阶段可称为管理会计的初步形成阶段。

二、管理会计的发展阶段

第二次世界大战以后，资本主义经济进入战后快速发展阶段，生产规模越来越大，机械化程度越来越高，市场竞争加剧，失业率提高，经济危机也频繁发生。企业的兴衰，在很大程度上取决于企业应变能力的大小。如果仍然坚持泰罗科学管理阶段的那一套办法，只着眼于控制生产过程的各个环节，把工人当作机器的奴隶，忽视调动员工的积极性，对企业的外部环境和经营决策较少考虑，忽略对整个企业的未来规划，就很难维持企业的生存与发展。这种形势迫使企业管理层逐渐把工作重心转向企业内部经营管理，广泛推行职能管理和行为管理，许多成本、利润预测分析方法，如“本量利分析”“责任会计”就是在推行职能管理的过程中形成并发展起来的。企业的经营活动为了能够科学地预测和决策，各种数理统计方法（比如回归模型、微积分）逐渐与会计学结合起来，使会计的管理职能不断扩大和延伸，从而逐渐形成了侧重于企业内部管理的会计方法体系。

（一）社会经济的发展需求

这一阶段，企业在生产经营中出现以下几个特点：

（1）广泛推行职能管理，利用行为科学研究的最新成果来改善人际关系。人际关系被逐步重视，强调激发员工的主观能动性来提高产品质量和降低产品成本，从而创造更多的利润。

（2）从重视单一品种的大批量生产转到按顾客要求进行多品种的小批量生产，以提高市场竞争力。

（3）由于市场竞争的日趋激烈，企业开始重视对市场的调查研究，并借助最新研究成果，加强生产经营的预测和决策工作。经济危机频繁发生以及经营环境的多变性，促使经营预测更为重要。

（4）计算机技术的迅速发展，为定量化管理和数理统计模型方法的使用提供了技术保障。

可见，企业再简单地依靠提高生产和工作效率及内部标准化管理来实现发展壮大已经作用不大了，于是将企业管理的重心转移到提高经济效益上来就显得水到渠成。

（二）经济理论的迅速发展

20世纪40年代，斯特德赖成功地把行为科学应用到企业管理中去，为管理会计开辟了更加广阔的探索领域，也为专门配合职能管理、分权管理和行为科学管理的

“责任会计”（成本费用中心、利润中心、投资中心设置和考核）等专门方法的产生提供了条件。20世纪50年代，利用传统的会计模型来预测和决策，已经不能满足企业经理的决策需要，因此，西方国家出现了数量管理学派。该学派力图根据会计部门提供的各种信息，应用运筹学、线性规划、概率论和数理统计等方法，建立各种数学模型，然后利用计算机来帮助管理人员进行最优化的预测和决策。随着管理会计中的数学模型的大量建立，管理会计的内容得到了进一步丰富和发展，管理会计的功能也得到了进一步加强。1952年，世界会计学年会正式通过了“管理会计”这个专有名词来统称企业内部会计体系，标志着管理会计正式形成，而传统的会计部分被称为“财务会计”。至此，管理会计与财务会计并列为现代企业会计的两大分支。

20世纪60年代，西方国家出现了系统管理理论。系统管理理论与方法对管理会计的发展产生了重大影响。管理会计人员在从事各项经营管理工作、提供各种会计信息时，不应从局部最优化出发，而应顾全大局，从经营管理的各个组成要素的总体出发，来对企业的经济活动进行最优化的规划与控制。

美国全国会计师协会（NAA）在1969年成立了管理会计实务委员会，于1972年启动了美国注册管理会计师（CMA）认证项目，并举行了管理会计师的资格考试。从此，在西方国家，除了注册公共会计师外，又有了注册管理会计师，并出版了专门的管理会计刊物，各类有关管理会计的教科书开始“走”上讲台。与此同时，管理会计与财务会计的区别开始明朗化、规范化。

1.行为科学

行为科学以新古典组织理论为基础，其产生主要是为了满足管理界日益增长的“应该注重组织内人的因素”的需要。其侧重点在于人际关系和人力资源，其主要贡献在于提出了群体动态、非正式组织、管理监督风格、参与管理和自我实现等几个概念。

视频

霍桑实验

对组织中的人际关系的关注是从梅奥的霍桑实验开始的。霍桑实验是1924年美国国家科学院的全国科学委员会在美国芝加哥西方电气公司所属的霍桑工厂进行的一项实验。从1927年开始，这一系列在西方电气公司所属的霍桑工厂进行的心理学研究由哈佛大学的心理学教授梅奥主持。他发现，工人不是只受金钱刺激的“经济人”，而个人的态度在决定其行为方面起着重要作用。实验结论包括：工人是“社会人”；在企业中存在着“非正式组织”；新型的领导能力在于提高职工的满足度；存在着“霍桑效应”。20世纪50年代以后，人际关系学说发展成为行为科学。行为科学提出要关心人、尊重人的管理原则，它的基本论点是每个人都有自己的需要，激励人的动机就应首先满足其合理需要，需要引起动机，动机决定行为。将行为科学运用到会计学中，突破了传统会计的缺陷，这也是管理会计和财务会计、传统会计的主要区别之一。

2.系统理论

系统理论的核心思想是系统的整体观念。组织系统的各个部分是相互联系、相互依存、相互制约的；系统内部、系统之间以及系统与外部，要进行物质、能量和信息交换，并通过交换形成一种稳定有序的状态。系统理论强调：组织对其所处环境的依赖性；对组织的研究不是组织的目的，而是帮助组织适应环境的手段；由于受环境影响所产生的组织业绩水平的不规则性是组织实现其功能不可分割的因素，因此，应认真研究。20世纪70年代，运用系统论、信息论、控制论原理等产生了系统管理理论，把管理视为一个系统，以实现管理优化的完整理论。

3.决策理论

决策理论是把第二次世界大战以后发展起来的系统理论、运筹学、计算机科学等综合运用于管理决策问题，从而形成的一门有关决策过程、准则、类型及方法的较为完整的理论体系。决策理论形成了以赫伯特·西蒙（Herbert Simon）为代表的决策理论学派。其核心观点包含：（1）突出决策在管理中的地位。决策贯穿管理的全过程，管理就是决策。（2）由于个人能力所限，只能在某期间内处理较少数量的信息，因而不可避免地显示出有限理性，当面对一个问题时，其只寻求解决该问题的第一方式，而不会不断地寻找直到找到最优的解决方式，这就是著名的“以满意代替最优”的思想。（3）由于决策者可能同时面对几个目标，有时这些目标之间还会相互冲突。这时就应找出该期间的最主要的目标，并设法予以完成。随着时间的推移，其他目标的重要性也会显现出来，这时就要再排一个顺序，依次予以完成，这就是“目标排列”思想。（4）强调了决策者的作用。

（三）管理会计的发展

这一阶段是管理会计快速发展的阶段，现代狭义管理会计体系开始形成，管理会计的预测、决策、预算、控制、考核评价的作用逐步完善并体现出来。在这一阶段，责任会计制度和预测、决策会计职能真正得以形成。

1.责任会计

责任会计是将企业划分成不同形式的责任中心，建立起以责任中心为主体，以责、权、利相统一为特征，以责任预算、责任控制、责任考核为内容的企业内部控制系统。责任会计将行为科学的理论与管理控制的理论结合起来，不仅进一步加强了对企业经营的全面控制，而且将责任者的责、权、利结合起来，考核、评价责任者的工作业绩，从而极大地激发经营者的积极性和主动性，是管理会计体系的重要组成部分。

2.预测、决策会计

管理会计在强化控制职能的同时，开始行使预测、决策职能。经过这一阶段，管理会计理论体系逐步完善，并形成了预测、决策、预算、控制、考核评价等职能的管理会计体系。

随着各种预测、决策理论和方法广泛引入管理会计，逐步形成了以预测、决策为主要特征并与管理现代化要求相行的有效的管理会计信息体系，理论体系更加完善，内容更加丰富。

在该阶段，狭义管理会计的内容体系已经基本建立。

三、管理会计的成熟阶段

（一）社会经济的发展需求

从20世纪70、80年代开始，社会经济逐渐表现出以下特点：

（1）竞争环境日益恶化，全球化的企业竞争表现明显。企业面临的竞争不单是国内竞争，还要面临在全球化背景下国际企业之间的竞争。同时，通货膨胀、经济危机等因素所导致的投资失败的损失也不断增加。

(2) 竞争要求企业进行“顾客化生产”。“顾客化生产”是根据顾客的需求订单，在产品的生产过程中逐步将产品功能、结构与顾客需求相匹配，从而提供以顾客满意为终点的最终产品的过程。现代企业不再以生产为中心，而是以顾客为中心，以顾客满意度为判断依据，在对顾客的需求进行及时动态把握的基础上，在最短的时间内完成生产，满足顾客需求，提高竞争力。但是，“顾客化生产”会带来生产批次增加、生产批量减少、库存增加的困境。

(3) 科学技术的发展为“顾客化生产”提供了技术支持。数控设备、计算机辅助生产、管理、决策等提高了企业的生产效率。这些新的技术使得企业能够为不同的顾客小批量生产不同的产品，这种技术反映在产品设计、功能、成本、价格上有所差异。

(二) 经济理论的整合与创新

在激烈的市场竞争中，企业管理者逐步认识到企业要想长远生存下去，必须要有一个明确的发展战略，并且随着环境的变化及时做出修订，特别是在知识经济时代可能面临根本性的变革。

战略管理是管理者确立企业长期目标，在综合分析所有内外部相关因素的基础上，制定达到目标的战略，并执行和控制整个战略的实施过程。企业战略管理的过程一般包括三个阶段：战略的制定、战略的实施、战略的评价和控制。

为了制定企业战略，高层管理者必须分析企业的内外环境，从而明确企业的优势、劣势、机会和威胁。战略管理的关键就是要在不断审视企业内外环境变化的前提下，寻求一个能够利用优势，抓住机会，弱化劣势并避免、缓和威胁的战略。管理者根据对企业优势、劣势、机会和威胁的分析、比较，明确企业的宗旨，树立企业的目标，选择企业的战略，制定企业的政策，这就是企业战略制定阶段的主要内容。

企业战略确定以后，首先要建立一个战略实施的计划体系，其中包括各种行动方案、预算、程序，目的是将企业战略具体化，使之在时间安排和资源分配上有所保障。然后，根据新战略来调整企业的组织结构、人员安排、领导方式、财务政策、生产管理制度、研究与发展政策、企业文化等，目的是通过这些战略措施使企业战略的实施更有效率。

对企业战略管理的过程和结果要及时地进行评价。通过评价所得到的信息要及时、准确地反馈到企业战略管理的各个环节中去，以便企业的各级管理者采取必要的纠正行动。

造成战略实施的结果与原计划不同的原因是多方面的。管理者在发现这些偏差之后，首先应重新检查或调整战略实施的计划体系或实施措施；其次是检查企业的政策、战略、目标是否正确；最后是重新考虑企业的宗旨。

(三) 管理会计的进一步发展和成熟

战略管理会计的产生和发展是管理会计走向成熟的重要标志。战略管理会计(strategic management accounting，SMA)是管理会计与战略管理相结合的产物，是为企业“战略管理”服务的会计。管理会计与战略的结合，拓展了管理会计的范围：从全局出发，用战略的眼光看待企业内部信息、外部市场信息和竞争者信息。

1.战略管理会计的产生和发展

西蒙于1981年在《战略管理会计》中首次提出了“战略管理会计”一词，当时的定义为“用于构建监督企业战略的有关企业及其竞争对手的管理会计数据的提供与分析”。他认为，战略管理会计应该侧重于本企业与竞争对手的对比，收集竞争对手关于市场份额、定价、成本、产量等方面的信息。

战略管理会计研究的主要内容包括：市场份额的评估；战略预算的编制；竞争地位的变化研究等。

威尔森（Wilson）等人在《战略管理会计》一书中提出：“战略管理会计是明确强调战略问题和所关注重点的一种各个领域通用方法。它通过运用财务信息来发展卓越的战略，以取得持久的竞争优势，从而更加扩展管理会计的范围。”战略管理会计提供了有关产品劳务市场、竞争对手成本资源和成本结构等财务信息，并进行深入分析，以便监视各个期间企业及其竞争对手的战略。

布朗威奇（Bromwich）和比姆尼（Bhimiani）在其论文中将战略管理会计定义为：“提供并分析有关公司产品市场和竞争对手成本及成本结构的财务信息，监控一定期间内企业及其竞争对手的战略。”

卡拉克（Clarke）将战略管理会计的主要因素归结为：“从战略角度提供公司市场及竞争对手信息，同时也强调内部信息。”

经过许多学者和会计学家的补充与完善，初步形成了“战略管理会计”的基本概念，即“战略管理会计是一种收集并分析企业产品的市场和竞争对手的成本以及成本结构的信息，并在一定时期内监察企业和竞争对手的战略的管理会计”。当然，随着适时制生产系统（JIT）的建立，作业成本得以广泛应用于低成本战略的企业中，从而成为战略管理会计的一项重要内容。

2.战略管理会计的基本体系

（1）战略成本管理。

战略成本管理是成本管理与战略管理有机结合的产物，是传统成本管理对竞争环境变化做出的一种适应性变革，以战略的眼光从成本的源头识别成本驱动因素，运用成本数据和信息，为战略管理的每一个关键步骤提供战略性成本信息，以利于企业竞争优势的形成。企业必须制定一套质量、性能、成本的综合管理体系，使企业能够对顾客群的变化迅速做出反应。

以日本为例，这套成本管理体系包括以下三个部分：

①确定现在产品与未来产品的产品组合。确定这一组合时，要考虑以下几个方面的因素：企业应该明确成本管理在竞争中的关键程度，产品技术的成熟性，产品的生命周期。

②未来产品的成本管理。企业对未来产品的成本管理主要采用以下方法：目标成本法和价值工程。

③现代产品的成本管理。其主要采用作业成本法、生产过程控制、完善成本计划等方法。

（2）投资决策。

战略管理会计对投资方案的评价除了使用传统管理会计中的定量分析模型外，还应用了大量的定性分析方法，如价值链分析、成本动因分析、竞争优势分析等。

价值链分析法是由美国哈佛大学商学院迈克尔·波特教授提出来的，是一种寻求确定企业竞争优势的工具。企业有许多资源、能力和竞争优势，如果把企业作为一个整体来考虑，又无法识别这些竞争优势，就必须把企业活动进行分解，通过考虑这些单个的活动本身及其相互之间的关系来确定企业的竞争优势。不同的企业参与的价值活动，并不是每个环节都能够创造价值，实际上只有某些特定的价值活动才能够真正创造价值，这些真正创造价值的经营活动，就是价值链上的“战略环节”。价值链又分为纵向价值链、横向价值链、内部价值链。纵向价值链分析的结果在于确定企业生产什么，横向价值链分析的结果则指出企业生产该种产品的竞争优势和限制条件，上述结果都要通过内部价值链优化落实。

（3）SWOT分析与战略定位。

SWOT分析是将与企业密切相关的各种主要内部优势、劣势和外部的机会、威胁等，依照矩阵形式排列，然后用系统分析的思想，把各种因素相互匹配起来加以分析，从中得出一系列相应结论，并选择企业战略。借助SWOT工具，就会发现企业的竞争优势与劣势，以及存在的机会和面临的威胁，管理会计人员就可协助企业高层管理者建立竞争战略，进行战略定位，所制定的战略应该能够利用优势，抓住机会，弱化劣势，从而避免或缓和威胁。

（4）基于战略的绩效评价。

传统绩效评价指标通常只看“结果”而不重视“过程”，只看“财务指标”而不重视“非财务指标”。战略性绩效评价是将评价指标与企业所实施的战略相结合，根据不同的战略采取不同的评价指标，并将业绩评价由财务指标系统扩展到非财务指标系统。例如采取产品差异战略，则既注重新产品收入占全部收入的比率等财务指标，又注重新产品上市时间、产品市场占有份额、产品创新率、技术进步率等非财务指标。

平衡计分卡（balanced score card），是常见的战略绩效考核方式。平衡计分卡是从财务、客户、内部运营、学习与成长四个角度，将组织的战略落实为可操作的衡量指标和目标值的一种绩效管理体系，通过图、卡、表来实现战略的规划。

以上几个问题包含在本书第十二章战略管理会计的研究范围中，其还包含了竞争对手分析、预警分析和风险管理、全面质量管理等更多内容。

四、管理会计未来的发展方向

随着互联网的快速发展，“互联网+”时代的到来给各行各业带来了深刻变革，人工智能、大数据的出现改变了企业的经营和管理方式，企业所面临的变革比任何时候都要大，很多企业不得不面临转型升级，甚至投资新的产业和领域求得生存。传统产业面临巨大挑战，一批传统产业逐步消失，而教育、文化产业得以快速发展。北京国家会计学院秦荣生教授提出“互联网+管理会计”的五个本质，可见管理会计的发展表现出三大明显趋势：

第一，满足管理层个性化的需求。管理会计通过大数据、云计算、智能服务等创新技术驱动企业管理，帮助企业收集内部资料、数据进行分析，然后产生各类报表及数据，从而满足不同管理层和使用者的需求。

随堂测 1-2

第二，财务会计与管理会计两者界限不再明显。智能化的广泛应用对财务会计和管理会计同时产生重要影响，传统会计人员面临转型，将更多参与决策，管理会计职能更加凸显。

第三，创新驱动管理会计。创新是“互联网+”时代的重要特征，通过创新推动技术进步和社会发展，同样创新也必然带来管理会计的进一步发展。

我们认为，管理会计工作必须坚持和运用习近平新时代中国特色社会主义思想的世界观和方法论，主动识别新时代管理会计管理工作的新形势，积极顺应管理会计工作面临的新变化。

第三节　管理会计的基本理论

一、管理会计的基本假设

管理会计假设，是会计人员对那些未经确切认识和无法正面论证的经济事务和会计事项，根据客观的正常情况和趋势做出的合乎情理的判断和解释，其对于构建管理会计的基本理论体系具有重要意义。

1.会计主体假设

会计主体假设是对管理会计对象运行的空间范围和活动立场所做的限定。由于管理会计是向企业内部管理人员提供有选择的、特定的或部分管理信息的内部会计，因此，管理会计主体更具有层次性。管理会计主体可以是整个企业，也可以是企业内部各级责任单位，不是特定的和单一的。正是因为管理会计的会计主体假设区别于财务会计的会计主体假设，才使得管理会计的管理活动得以深入到责任单位，深入到作业层面，从而具有灵活性。

2.持续经营假设

持续经营假设是对管理会计对象运行基本方式的规定，即企业以及各级责任单位的生产经营和筹资、投资活动将无限期地延续下去。因为只有这样，才能保证管理会计的预测、决策、控制和业绩评价等各项工作所使用的方法稳定、有效。

3.会计分期假设

会计分期假设是对管理会计对象运行的时间范围的规定，即把企业持续不断的生产经营活动划分为一定期间的活动，以便及时提供有用的会计信息。由于管理会计的工作重点是为企业内部各级、各部门管理人员提供服务，因此，会计分期的时期跨度不局限于对外报告的月、季、年，而应根据企业自身的具体情况和需要，灵活地分期（可以短到1天、1周、1旬，也可以长到10年、20年）并编制内部报告，用于控制和评价各责任单位的经济活动。

4.成本性态假设

成本性态假设是指所有成本都可以按其性态划分为固定成本和变动成本。管理会计运用的许多概念和方法都是建立在成本性态可分假设之上的。“成本性态可分”是在“一定期间和一定业务量范围内”这个基本假设条件下才成立的，超出这个限制，固定成本也会发生变动。在实务中，广泛存在的混合成本，在决策时往往采取一定的方法进行分解，有一定的主观性，固定成本与变动成本的划分并不是绝对的。

5.行为理性假设

行为理性假设认为，管理者或决策者在采用管理会计工具和方法决策时，都是出于理性的，采取的是理性行为。行为理性意味着决策者会制定一个理性的目标，这个目标是从实际出发且完全理性的。比如在决策中管理者采用利润最大化目标。利润最大化目标是指企业在经营管理决策中，以目标利润最大化的方案为最优方案，并假定在实施最优方案时能够实现目标利润。行为理性还意味着在决策时，为了实现一定的目标，自觉采取科学的方法和程序，完全采取理性的行为实现这个理性的目标。

6.风险价值可计量假设

风险价值可计量假设是指所有的不确定性决策都可以转化为风险性决策，不仅风险具有价值，而且风险价值可以计量。尽管投资决策中的风险价值只是一种虚拟的报酬，并不存在一定的客体可以直接计量，但是这一假设却为管理会计解决现实问题提供了可能。

二、管理会计的对象

围绕什么是管理会计的对象，国内理论界基本形成了现金流动论、价值差量论、资金总运动论、价值管理论等主要观点。这些观点从不同角度对管理会计的对象进行了论证，都有较好的理由和论述。本书认为管理会计的对象是经营活动及价值管理，同时和本书对于管理会计的定义也是吻合的。其原因是：

（1）从直观角度观察，管理会计的对象就是企业的生产经营活动。可以说，企业的生产经营活动是管理学各门课程共同研究的对象，各门课程之所以能够相互区分开来是因为它们基于不同目的、从不同角度、采用不同方法、在不同层面上展开研究。

（2）从经济效益角度上看，管理会计的对象是企业生产经营活动中的价值运动。管理会计是以生产经营活动中的价值形成和价值增值过程为对象，通过对使用价值的生产和交换过程的优化，提供信息并参与决策，从而实现价值最大增值的目的。

（3）从实践角度上看，管理会计的对象具有复合性的特点。一方面，管理会计致力于使用价值的生产和交换过程的优化，强调加强作业管理，其目的在于提高生产和工作效率。另一方面，在价值形成和价值增值过程中，管理会计强调加强价值管理，其目的在于提高经济效益，从而实现价值的最大增值，进而实现企业战略。正是因为管理会计对象具有复合性，才使得作业管理和价值管理得以统一，并构成完整的管理会计对象，得以同其他课程区别开来。

三、管理会计的目标

财政部在《管理会计基本指引》中明确提出，管理会计的目标是通过运用管理会计工具方法，参与单位规划、决策、控制、评价活动并为之提供有用信息，推动单位实现战略规划。管理会计是适应企业加强内部经营管理、提高企业竞争力的需要而产生和发展起来的，因此，管理会计的最终目标应设定为提高企业价值，从而实现企业战略规划目标。

要实现提高企业价值、达到企业战略规划目标的最终目标，管理会计应实现以下两个具体分目标：

1.为管理和决策提供有用信息

管理会计应向内部各级管理人员提供经选择和加工的信息，这种信息既包括各种来源形成的货币信息（主要来源于财务会计和成本会计，反映价值的形成和价值增值过程），又包括各种非货币信息（如与作业、竞争等有关的信息，主要反映使用价值的生产和交换过程），这些信息都是和决策有关的信息。为管理和决策提供有用信息是管理会计工作的主要目标和作用。

2.参与企业的经营管理

现代管理会计除了提供信息外，正在以各种形式积极参与企业的经营管理，在预测、决策、业绩评价各个环节中管理会计都在直接发挥作用。比如在基于战略的业绩评价中，平衡计分卡的使用是管理者直接运用这一管理会计工具完成战略定位、业绩评价工作，并根据这些业绩评价的数据制定激励措施。

四、管理会计的职能

一般而言，管理会计具有预测经营前景、参与经营决策、规划经营目标、控制经营过程、考核评价业绩五大基本职能。

1.预测经营前景

为了有效地帮助经营管理部门在经营管理决策过程中做出正确的判断和选择，企业需要对各种生产经营方案的各项经济指标进行科学预测。管理会计发挥预测经营前景职能，就是按照企业未来的总目标和经营方针，充分考虑经济规律的作用和经济条件的约束，选择合理的量化模型，有目的性地预计和推测未来企业销售、利润、成本及资金的变动趋势和水平，为企业经营决策提供第一手信息。

2.参与经营决策

参与经营决策是管理会计的一项重要职能，决策的质量关系到一个企业的成败兴衰。管理会计发挥参与经营决策职能，主要体现在根据企业决策目标，以预测为基础，收集、整理有关信息资料，选择科学的方法计算有关长短期决策方案的评价指标，并做出正确的评价，最终筛选出最优的行动方案。

3.规划经营目标

规划经营目标是以预测、决策为基础，将经营决策确定的经营目标和选定的方案借助于预算使其具体化、数量化，企业以此作为控制和考评经营活动的依据。管理会计在对有关指标进行预测和决策后，主要的工作就是正确编制各项计划，即实行全面预算，或者说，管理会计规划经营目标职能是通过编制各种计划和预算实现的。

4.控制经营过程

控制经营过程是以规划所确定的各项目标（预算）作为经营管理的依据，对预算期可能发生的或实际已经发生的各种有关信息进行收集、整理、比较和分析，以便在事前、事中、事后对各项经济活动进行调节和控制，从而确保各项目标的实现。在经营过程中常用的管理会计控制方法有全面预算控制、保本保利分析控制、标准成本控制、责任会计控制等。

5.考核评价业绩

考核评价业绩是将企业及各责任单位编送的实际业绩报告与企业及各责任单位的全面预算或责任预算进行对比、分析，逐级考核责任指标的执行情况，找出成绩和不足，从而为奖惩制度的实施和未来工作改进措施的形成提供必要的依据。实施责任会计、定期进行考评是管理会计的又一个主要职能。

五、管理会计信息质量特征

管理会计信息质量特征又称管理会计信息质量要求、管理会计信息质量标准，这些质量特征要求管理会计人员在开展管理会计工作中、提供管理会计信息时，遵循这些对管理会计信息的质量要求，以便更好地为各级管理人员和其他相关利益者提供服务。

1.一致性

在一定时期内，一个企业所使用的规则、程序、方法应该是相同的，具有纵向可比性。比如企业对于固定资产采用直线折旧法，就应该在一段时间内保持不变，从而使管理会计提供的成本、利润等信息具有可比性。

2.相关性

管理会计提供的信息应该具有对决策有影响或对预期产生结果有用的特征。比如在决策过程中出现的沉没成本，信息决策不用考虑。沉没成本是已经发生的实际成本，在一般情况下无法影响现在和未来决策，因此属于无关成本，决策就不用考虑了。相反，机会成本虽然不是真正的现金流出，但是其存在和大小直接影响到现在的决策，因此决策时必须将其考虑在内。相关性是就特定的决策目的而言的，具有相对性，某一决策无关的信息可能会对另一决策产生影响而成为相关信息。

3.准确性

管理会计提供的信息应该在相关范围内正确反映客观事实。首先，管理会计的信息一定是在一定条件和范围下才适用，才能体现其准确性。比如固定成本或单位变动成本一定是在一个业务量范围内才是稳定的，超过这个业务量，成本就要发生变化。其次，准确性包含两层含义：一是准确性和错误、不正确信息相对。管理会计提供的信息必须是正确的，不能影响决策正确性。比如成本信息用以定价，如果管理会计提供的成本信息和实际成本差别太大导致定价低于实际成本，则将对决策产生误导。二是准确性和精确性相区别。管理会计的很多信息来源于预测，往往采用的是近似值和估计值，因此很难做到精确性。提供精确信息往往还意味着信息取得成本的增加，有时反而不符合经济性。

4.客观性

由两个以上的使用者利用同样的信息对于同一组信息进行检验，可以得出相同的计量结果，以及基本相同的检验论证，这就是客观性。客观性要求管理会计提供的信息是中立的，不偏不倚的。

5.及时性

管理会计人员必须及时、迅速提供相关信息给各级管理层，用于预测、决策、规划、控制、考核等职能的实现。只有及时的信息才有价值，过时的信息对于未来的决策不但没有帮助，还可能产生错误的影响。就信息而言，越是准确的信息越需要更多的信息处理成本，越需要更多的时间去准备和收集。对于常规性信息，可以要求比较高的准确性；对于非常规信息，往往及时性更重要，采用一些估计值即可。在竞争激烈的现代社会，企业面临不断变化的环境，如果不能及时提供有效的管理会计信息做出快速决策，则企业可能会立即遭受重大损失，甚至失去市场。因此，当及时性和准确性互相冲突时，管理会计更重视及时性，有时要牺牲部分准确性。

6.灵活性

管理会计提供信息的具体内容和形式是多种多样的，从而能够为不同的管理者和不同的决策目的提供服务。管理者需要的信息可能是财务信息也可能是非财务信息，可能是综合的概括信息也可能是具体的详细信息，可能是过去发生的实际数据信息也可能是未来预测的估计数据信息。管理会计通过提供不同的信息满足不同的需要，体现其灵活性。

7.简明性

管理者需要简明扼要且可以理解的信息，管理会计不能提供没有加工或繁杂的信息，否则管理会计就会失去其存在的价值。简明性意味着信息的通俗易懂及可理解性，这需要管理会计人员在提供信息时站在管理者的角度思考问题。管理会计提供的信息必须是管理者能够接受和理解的，这将有助于管理者将注意力集中于决策中的重大因素。但是，简明性不是意味着管理会计提供的信息越简单越好，而是要根据管理工作的需要提供详细程度不同的信息。

8.经济性

信息的取得是需要成本的，因此要对信息取得的成本和产生的效益进行比较，只有效益大于成本才有取得信息的必要性，否则就应该放弃。在管理会计中，信息的经济性要求信息的取得和处理都要尽量降低成本，提供各类信息给管理者，也应该充分考虑其经济性。这一原则应当是管理会计信息质量特征的约束条件。

随堂测1-3

第四节　管理会计与财务会计、财务管理的关系

管理会计与财务会计、财务管理都是在企业经营管理过程中不可缺少的组成部分，它们之间既有区别又有联系，共同为实现企业战略目标服务。

一、管理会计与财务会计的区别

1.主要服务对象不同

管理会计主要是为企业内部各级管理层服务，提供经营和决策所需的各类信息，属于对内报告会计。而财务会计主要是为外部相关利益者提供信息，比如股东、债权人、税务部门等，属于对外报告会计。

2.职能不同

管理会计横跨过去、现在和未来三个时态，关注对现在的管理过程的控制和考核，更侧重对未来的预测、决策和规划职能，因此，其主要是面向未来的，属于经营管理型会计。而财务会计的主要职能是反映和监督，通过核算反映的是过去的交易或事项，强调客观性原则，属于报账型会计。

3.约束条件不同

财务会计必须接受会计准则、会计制度及相关会计法规的约束，会计处理方法可以选择的余地小，要保证财务报表在时间上的一致性和空间上的可比性，以及基本框架结构的稳定性。而管理会计基本不受会计准则、会计制度等的制约，灵活性强，可以根据实际情况采用不同的处理方法和管理会计工具。在短期经营决策中，管理者可以不执行历史成本原则而充分考虑机会成本等因素决策；责任会计以人及其所承担的经济责任为管理对象，考核责任中心时使用非财务指标也突破了传统会计的限制。

4.报告期间不同

财务会计被人为划分统一的会计期间，比如年度、季度，以方便对外提供财务报告。而管理会计是面向未来的预测、决策，根据企业经营管理的实际需要编制各种不同目的、不同期间的报告。管理会计的报告期间可以是和财务会计一样的年度、半年度，也可以按照小时、天、周、月、年甚至若干年编制报告，没有统一的标准。

5.会计主体范围不同

财务会计的会计主体是整个企业，反映一个企业在一定会计期间的经营成果、财务状况和资金变动情况。而管理会计则不同，它是多层次的，可以以一个企业整体为主体，也可以将一个企业内部的某个部门、责任中心（如成本中心、费用中心）甚至某一管理环节作为主体。管理会计主体范围的灵活性，使得管理会计工作深入到内部责任单位和作业层面，服务于管理工作的实际需要。

6.使用工具和方法不同

管理会计可以采用多样的方法对不同的问题进行处理，即使对相同的问题也可以采用不同的方法加以解决，使用的工具和方法内容丰富，涉及的学科种类繁多。管理会计大量使用现代数学方法，比如概率论、微积分，甚至借助计算机进行决策。而财务会计与其他学科联系较少，只需要简单的算术方法，即加减乘除。

7.信息精确程度不同

管理会计工作主要面向未来，而未来决策过程中的不确定因素较多，对信息的要求更侧重及时性和相关性，对信息的精度性要求不高，只要求准确性。而财务会计是以已经发生的经济活动和业务为依据，因此，要求报表中的数字必须精确，报表要平衡。

8.计量尺度不同

财务会计使用货币计量。而管理会计可以使用多种计量方式，除了货币计量也可以根据需要采用非货币计量，比如实物量度、劳动量度、时间量单位。

9.工作程序和体系完善程度不同

管理会计的体系尚不完善，处在发展之中，缺乏统一性和规范性。而财务会计体系已经较为完善，形成了统一的会计规范和会计模式。管理会计的工作程序性较差，没有固定的工作程序可以遵循，有较大的回旋余地，因此企业可以根据自身的实际情况设计本企业的管理会计工作流程，不同企业之间的管理会计工作有较大差异。管理会计的报告期限可长可短，报告内容可繁可简，不具有统一性。而财务会计工作从制作凭证到登记账簿，直至编制财务报告，都必须按规定的程序处理，不得随意变更其工作内容或颠倒工作顺序，因而工作程序具有强制性和统一性，同类企业之间的财务会计工作程序往往大同小异。财务会计报告只能以月、季、半年、年进行报告，并且按照要求进行必要的披露。

10.对人的态度和要求不同

现代管理会计不仅看重管理行为的结果，而且关注管理的过程；不仅关注财务指标，而且关注很多重要非财务指标。在管理会计中，企业的每一个人都是财富和效益的创造者，属于可以开发的人力资源，而不是被管制的对象，要千方百计调动人的积极性和创造性。而财务会计重视定期报告企业的财务状况和经营成果，着眼点在于如何准确反映在生产经营过程中以货币计量的人财物的消耗，不太关注企业内部人员的心理和行为的影响。财务会计从成本的角度去考虑人的因素比较多，而管理会计从资源的角度去考虑得比较多。

管理会计工作方法多种多样，没有固定的程序，缺乏统一性，因此管理会计工作的质量和水平的高低取决于管理会计人员素质和能力的高低。管理会计工作考虑因素多、涉及知识面广，使用的工具现代化（如计算机），更要为各类管理决策提供有价值信息，因此对相关人员的分析解决问题能力、综合判断能力以及人际沟通能力要求更高。而财务会计对相关人员的要求相对较低，具备基本工作能力、工作细致、具有责任心一般就能胜任。

从管理会计和财务会计的基本假设出发，我们也能发现两者的重大差异，这种基于假设的差异性也决定了这是两种完全不同性质的工作。

二、管理会计与财务会计的联系

虽然管理会计和财务会计存在很多差异，但是两者都属于企业会计的范畴，相互补充、相互配合，存在内在的必然联系。

1.起源相同

管理会计和财务会计都来源于传统会计，都属于现代企业会计，共同构成现代会计系统的有机整体。两者相互依存，相互制约，相互促进和发展。

2.最终目标相同

管理会计和财务会计都必须服从现代企业会计的总体目标，为企业实现经济效益和战略目标服务，因此，其最终目标是一致的。

3.基本信息同源，互相分享信息

管理会计使用的信息广泛多样，但是其基本信息来源于财务会计，有的是直接使用，有的是对现有财务会计信息进行挖掘和加工，因而受到财务会计工作质量的约束；同时，部分管理会计信息有时也被列入对外公开发表的范围，比如现金流量表，其最初只是西方国家管理会计长期投资决策使用的一种内部报表，后来陆续被一些国家要求对外披露。

4.服务对象交叉

管理会计提供的信息主要为内部管理者服务，但是这些信息也是外部投资者密切关注的信息，比如企业的盈利预测；而财务会计也是内部管理人员使用的重要信息来源，对于内部决策至关重要。

三、管理会计与财务管理的关系

1.性质不同

管理会计和财务管理的目标、对象、假设、工作内容等都存在重大差异，管理会计是会计工作而非财务工作。管理会计来源于传统会计，是现代会计学的一个重要分支，是在财务会计的基础上进一步为经济组织提供更有价值的决策有用信息。财务管理是对企业的财务活动及其财务关系进行管理。管理会计可以为财务管理服务，并提供相应的信息支持，但管理会计不会对财务活动进行直接管理，即不会直接进行财务决策、财务控制、利润分配等相关工作。

2.内容和对象不同

管理会计中的标准成本制定、成本差异分析、本量利分析、价值链分析、战略选择、责任会计制度实施、作业成本管理等内容完全不同于财务管理的筹资管理、投资管理、资金日常管理、利润分配管理等。管理会计的对象虽然延伸到价值管理，但其基础还是经营管理工作本身。财务管理的对象主要是资金及资金运动所形成的财务关系。管理会计工作不会形成太多的复杂经济利益关系，但财务管理工作会形成复杂的经济利益关系。处理好财务关系是财务管理的重要工作，但这并不是管理会计的工作内容。

3.管理会计是手段而非目的

管理会计主要是为其他管理决策服务的，包括企业的销售管理、财务管理、人力资源管理、质量管理等，其目标只能是企业的总体性目标。发展管理会计实际上就是发展一种管理手段而不是管理目的，目的是通过管理会计这种手段和工具更好地开展其他管理工作。财务管理工作是有明确目标的，目的是实现企业的理财目标（如股东财富最大化），财务管理工作不仅是手段，更是目的。比如管理会计中的短期决策、长期决策，其主要工作是提供相关决策需要的会计信息，最终决策还是要由财务主管、高层管理者做出。财务决策、经营管理决策可能要利用管理会计信息，但管理会计人员本身不做财务决策、经营管理决策。

虽然，管理会计和财务管理存在很多差异，但是正如前文所分析，广义的管理会计吸收了很多财务管理的内容，本身也说明两者存在很多联系，是密不可分的。比如管理会计和财务管理在工作内容上存在一定的交叉，在部分职能上存在重叠，管理会计中的很多指标直接来源于财务指标，财务管理同样离不开管理会计提供的信息支持。

第五节 管理会计人员的知识体系和职业道德

一、管理会计师的知识体系

管理会计师应该具备的知识体系包含信息和决策过程有关知识、会计原则和职能知识、企业经营活动知识（1986年美国全国会计师协会下属的管理会计实务委员会）。这一管理会计师共同知识体系体现在美国注册管理会计师（CMA）考试中。目前，第一部分是财务规划、绩效和分析，包含对外财务报告决策，规划、预算与预测，绩效管理，成本管理，内部控制，科技与分析。第二部分是战略财务管理，包含财务报表分析、公司财务、决策分析、风险管理、投资决策、职业道德。

CIMA考试中的主要科目虽然区别于CMA考试，但其主体内容还是非常相近的，主要分成三个层级，即运营级、管理级、战略级。其中，运营级包含组织管理、管理会计、财务报告与税务；管理级包含项目与关系管理、高级管理会计、高级财务报告；战略级包含战略管理、风险管理、财务战略等。

目前，中国管理会计师（PCMA）证书是由中国总会计师协会(中总协)颁发，共四种等级证书。

二、管理会计师的职业道德标准

在美国，管理会计师对其公众、专业团体、服务机构及其本身，都具有维护和遵守最崇高道德准则的义务。鉴于此，美国管理会计师协会颁布了《管理会计与财务管理从业者道德行为准则》（Standards of Ethical Conduct for Practitioners of Management Accounting and Financial Management）。该道德行为准则包括以下四个方面的内容：

1.技能（competence）

管理会计师有义务：（1）提高知识及技能，以保持适当的执业技术水平；（2）依据有关法律、规章及技术标准，履行其职业责任；（3）在恰当地分析相关性及可靠性资料之后，提供完整而清晰的报告及建议。

2.保密（confidentiality）

管理会计师有义务：（1）除法律规定外，非经由核准，不得将其工作中所获取的机密信息对外泄露；（2）告知下属要恰当地对待在工作中所获取有关资料的机密性，并监督其行为，以确保维护机密；（3）禁止将工作中所获取的机密资料，经由个人或第三者，用于非法或不道德的牟利行径。

3.廉洁（integrity）

管理会计师有义务：（1）避免介入实际或明显的利害冲突，并向任何可能的利害冲突方提出忠告；（2）不得从事道德上有害于其履行职责的活动；（3）拒绝接受影响或可能影响其行动的任何馈赠、好处或宴请；（4）不得主动或被动地破坏组织的传统及道德目标的实现；（5）对妨碍判断或成功执行任务的职业进行限制或实施其他约束，并予以及时了解与沟通；（6）沟通不利与有利的信息以及职业判断或意见；（7）不得介入或支持任何有损于职业形象的活动。

视频

管理会计师的职业道德

随堂测1-4

4.客观（objectivity）

管理会计师有义务：（1）公平而客观地沟通信息；（2）充分披露可合理预见并会影响使用者理解的报告、评论和建议等相关信息。

因为管理会计工作具有经济后果，而且管理会计人员掌握大量的内部信息，管理会计师在工作中经常会遇到很多职业道德冲突和问题。不管是美国注册管理会计师考试还是中国管理会计师考试，都有管理会计师职业道德的相关内容。管理会计师职业道德标准的提出有助于管理会计师解决这些道德冲突，维护自身利益，做好相关工作，也有利于经济社会的健康发展。党的二十大报告提出要构建高水平社会主义市场经济体制，建设现代化产业体系，管理会计师的作用将进一步增强，管理会计人员的职业道德教育显得更加重要。

本章小结

管理会计是现代会计的重要分支，它以实现企业战略目标为最终目的，通过管理会计的工具和方法，提供各类决策有用信息，在企业经营管理各个环节中发挥重要作用。管理会计的形成和发展主要受到社会实践需求及经济理论创新的影响，分成三个阶段：管理会计形成阶段、管理会计发展阶段、管理会计成熟阶段。管理会计的基本理论包含了管理会计的基本假设、管理会计的对象、管理会计的目标、管理会计的职能、管理会计信息质量特征。管理会计的基本假设对于构建管理会计的基本理论体系具有重要意义。管理会计的对象是经营活动及价值管理。管理会计以实现提高企业价值、达到企业战略规划目标为最终目标，应实现为管理和决策提供有用信息和参与企业的经营管理两个具体分目标。管理会计具有预测经营前景、参与经营决策、规划经营目标、控制经营过程、考核评价业绩五大基本职能。管理会计人员在开展管理会计工作、提供管理会计信息的过程中，需要遵循管理会计信息的质量要求。管理会计与财务会计、财务管理都是在企业经营管理过程中不可缺少的组成部分，它们之间既有区别又有联系，共同为实现企业战略目标服务。

头脑风暴

1.请谈谈管理会计和财务会计、财务管理的关系如何。

2.请从管理会计和财务会计区别的角度谈谈管理会计信息的质量特征是什么？

头脑风暴提示

分组任务

请比较狭义管理会计和广义管理会计的区别是什么。

分组任务提示

学思践悟

首创精神和职业道德

案例 1

我国管理会计的开拓者和奠基人余绪缨

讨论问题：通过该案例分析，余绪缨教授的哪些精神值得我们学习？

注意：可以结合“红船精神”进行讨论，在管理会计领域同样需要创新，需要结合我国企业实际进行管理会计理论的创新，还体现了文化自信。

案例 2

构建有中国特色的管理会计理论体系

讨论问题：为何要构建具有中国特色的管理会计理论体系？该案例给你什么启发？

注意：可以结合党的二十大精神进行讨论，中国特色的管理会计理论体系是如何一步一步建立起来的，体现了我国的制度优势和制度自信以及首创精神。

案例3

有色领域的红色先锋
——嘉大校友陈志新和储虎

讨论问题：你觉得从事管理会计相关工作应该具备哪些品质？优秀校友的案例对你有什么启发？

注意：可以结合管理会计师的职业道德标准展开，体现红色先锋校友的优秀品质。

本章测评

拓展阅读

“互联网+管理会计”的
五个本质特征

第二章

成本性态与变动成本法

学习目标： 通过本章的学习，要求学生理解并掌握成本按性态分类，熟练运用混合成本分解基本方法，掌握变动成本计算基本方法，能够比较分析变动成本法和完全成本法两者差异，并做出合理评价。

导入案例

传统生产型企业A企业的基本数据如下：

假设某年产销量为1 000件，销售价格为每件44元。其中，直接材料10 000元，单位成本10元/件；直接人工8 000元，单位成本8元/件；制造费用16 000元，单位成本16元/件。合计产品总成本34 000元，单位成本34元/件；单位毛利10元/件，毛利总额10 000元。

情况一：假设该企业生产量由1 000件变为1 400件；直接材料14 800元，单位成本10.57元/件；直接人工11 500元，单位成本8.21元/件；制造费用18 600元，单位成本13.29元/件；产品总成本44 900元，单位成本32.07元/件。假如本期还是销售1 000件，期末存货400件，销售价格仍然每件44元。

通过计算发现，利润相比之前生产1 000件销售1 000件时的10 000元增加了1 930元。那么，此时利润增加是真是假？是否应该给予销售部门奖励呢？

情况二：假设该企业下一期生产600件，期初存货400件，销售还是保持1 000件，销售价格不变。下一期发生生产成本按1 000件时的水平计算，即单位材料费用10元/件、单位人工费用8元/件，所以，直接材料合计6 000元、直接人工合计4 800元，制造费用此时发生13 600元，单位成本22.67元/件，故成本合计24 400元。

通过计算发现，此时利润不仅比生产1 400件销售1 000件时要少，而且比原来生产1 000件销售1 000件时要少。那么，这种情况是什么原因造成的呢？利润是否真的下降了呢？该不该处罚销售部门呢？

提示

管理会计被西方某些会计学家称为“用于企业决策的会计”，或直接称为“决策会计”。不同的决策决定了不同的信息需求，而任何与会计相关的决策都离不开相应的成本信息，也就是说，企业管理层决策的多样化直接导致了成本信息的多样化，即“不同目标，不同成本”。这样，一些新的成本概念出现了，人们按照决策的不同需要也有了对成本的一些非传统性的分类。

第一节　成本的分类

在管理会计学中，成本及其分类不仅属于最基本的概念，而且往往赋予与传统的财务会计学和成本会计学截然不同的含义。在传统的财务会计学和成本会计学中，将成本定义为：在一定的生产条件下，企业为生产一定种类和数量的产品，所发生的各种耗费的货币表现。这种定义强调成本是已经发生了的耗费，即过去的、历史的耗费。而从管理会计的角度看，成本是指企业在生产经营过程中，对象化的、以货币表现的，为达到一定目的而应当或可能发生的各种经济资源的价值牺牲或代价。这个定义特别重视形成成本的原因（目的性）和成本发生的必要性，对成本发生的时态没有限制性的规定。在管理会计学中，成本的时态可以是过去时、现在完成时或将来时。

管理会计中的成本可以按照各种不同的标准进行分类，用于不同的决策需要或不同的目的。

一、成本按经济用途分类

将成本按其经济用途分类实际上是财务会计学上的传统分类方法。在制造企业中，成本按其经济用途分类可分为制造成本和非制造成本两类，其分类结果主要用来确定存货成本和期间损益并满足对外提供财务会计报告的需要。

1.制造成本

制造成本又称生产成本，是指在生产过程中为制造产品而发生的成本，包括直接材料、直接人工和制造费用三个成本项目。

（1）直接材料。直接材料是指直接构成产品实体的原材料成本，包括在生产过程中实际消耗的原料及主要材料、辅助材料、设备配件、外购半成品、燃料、动力、包装物等。例如，生产各类饮料的企业，纯净水就是其主要的原材料，属于直接材料。

（2）直接人工。直接人工是指在生产过程中对原材料进行直接加工，使之变成产品所耗用的人工成本，包括企业直接从事产品生产人员的工资、奖金、津贴和补贴等，以及直接从事产品生产人员提取的职工福利费等。

（3）制造费用。制造费用又称间接制造费用，是指在生产过程中发生的不能归入上述两个成本项目的其他成本支出，包括间接材料（如各种工具、物料的消耗成本）、间接人工（如设备养护、维修人员的工资）和其他间接费用（如生产使用的固定资产折旧费、设备保险费、机器维护修理费等）。

当制造费用按一定的标准在各受益对象即产品中分配完毕后，制造成本也就演化成为“产品成本”，即以产品品种来识别的成本。

2.非制造成本

非制造成本又称非生产成本或期间费用、期间成本，是指制造成本以外的成本，主要包括销售成本（销售费用）、管理成本（管理费用）、财务成本（财务费用）。它们的共同特点是其成本支出可以使企业整体受益，但难以描述这项支出与特定产品之间的关系。销售成本主要是指为销售产品而发生的各项成本，比如销售人员的工资、津贴、差旅费等；管理成本主要是指除制造成本和销售成本以外的所有办公和管理费用，比如公司行政管理人员的工资、差旅费、办公费等；财务成本是指企业在理财过程中发生的各项成本，比如银行借款利息支出等。

成本按其经济用途分类，虽然能清楚地反映产品成本的结构，有利于成本的计算和分析，但是成本与业务量没有直接挂钩，它们之间的数量关系并不清楚。比如某企业生产量增加后，总成本虽然会上升，但单位成本会因分摊的制造费用减少而降低，然而对于其降低幅度却无法准确计算。另外，发生的制造费用经过多次按用途的归集与分配才能归属于各种产品，这样也使产品的产量与成本之间的关系迂回曲折、模糊不清，因而很难利用这种分类的成本信息来预测、决策或编制预算。同样，这种分类也不利于事前控制成本和进一步挖掘企业的内部潜力。正因为如此，就需要把成本按照一个新的标准重新进行分类以满足企业内部管理的要求，因此将成本按照性态进行分类。

二、成本按性态分类

成本性态又称成本习性，是指成本总额与业务量的依存关系。这里的业务量通常是指生产或销售的数量；成本总额是指为取得销售收入而发生的各种成本费用，包括生产成本、非生产成本。管理会计中的重要内容，比如短期经营决策、本量利分析等都离不开成本性态这一基本概念。按性态分类，成本可以分为固定成本、变动成本和混合成本三类，混合成本将在本章第二节中进行分解。。

（一）固定成本

1.固定成本的概念和特点

固定成本（fixed cost）是指其成本总额在一定期间和一定业务量范围内，不受业务量变动的影响而保持固定不变的成本。一般来说，房屋设备的租赁费、保险费、广告费、管理人员工资和按照直线法计提的固定资产折旧费等都属于固定成本。

【例2-1】A企业租赁一台大型专业设备，月租金为50 000元，月生产能力在5 000件以内，每生产1件产品需要1千克的原材料，每千克原材料的购价为10元。

在本例中，当A企业月生产量在5 000件以内发生增减变动时，每月的租金（一台设备）50 000元不会随着产量的增减变化而变化，其保持固定不变，但是单位产品分摊的固定成本随着产量的增减变化呈反向变动关系。固定成本总额和单位固定成本与业务量的关系见表2-1。

表2-1 固定成本总额和单位固定成本与业务量的关系

产量（件）(x)	固定成本总额（元）(a)	单位固定成本（元/件）(a/x)
1 000	50 000	50
2 000	50 000	25
3 000	50 000	16.7
4 000	50 000	12.5
5 000	50 000	10

通过上例可以看出固定成本的特点有：

（1）成本总额不随业务量的变化而变化，是固定不变的。在平面直角坐标系上，固定成本线就是一条平行于x轴的直线，可以表示为y=a。

（2）单位固定成本的反比例变动性。固定成本总额虽不受业务总量变动的影响，但若从单位业务量所负担固定成本多寡的角度来考察，单位固定成本与产量呈反比例变动关系。

（3）固定成本与期间有关，而与期间内的业务量无关。

固定成本总额和单位固定成本与业务量的关系图，如图2-1所示。

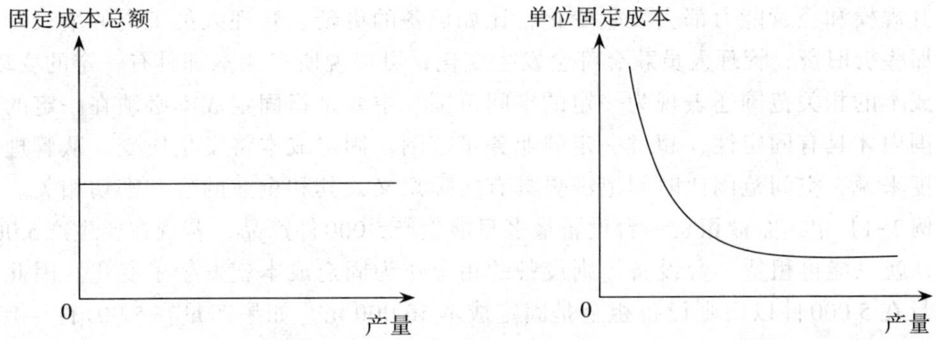

图2-1　固定成本总额和单位固定成本与业务量的关系图

2.固定成本的分类

固定成本按其受约束的程度不同，还可进一步划分为酌量性固定成本和约束性固定成本两个类别。

酌量性固定成本是指根据一定时期生产经营上的某种需要确定的成本，是受企业管理层短期决策行为影响，可以在不同时期变化其数额的固定成本。这些成本的基本特征是其绝对额的大小直接取决于企业管理层根据企业的经营状况而做出的判断，是由企业高层管理者根据生产经营方针所确定的，比如研究开发费、产品广告费、职工培训费等。酌量性固定成本的预算期较短，通常为1年。酌量性固定成本并不是可有可无或者不重要的，只是说其数量的大小并不严格受到企业生产经营能力的限制和约束，管理层的自主性比较大。比如研发费用，管理人员在会计年度开始前视企业的具体经营情况和财务能力酌量安排，有些年份费用多，有些年份费用少，但是不能完全不支出，因为研发费用的投入最终影响到企业未来的竞争能力。

约束性固定成本是指企业维持正常生产经营能力所必须负担的最低固定成本，其支出的多少只取决于企业生产经营的规模与质量，因此具有很大的约束性。正是由于约束性固定成本与企业的经营能力相关，因而其又被称为“经营能力成本”，又由于企业的经营能力一旦形成，短期内难以改变，即使经营暂时中断，该项固定成本仍将维持不变，因而其又被称为“能量成本”。比如保险费、管理人员的基本工资、固定资产采用直线法计提的折旧额等。约束性固定成本数额的大小取决于生产经营能力的规模和质量，因此在很大程度上制约着企业正常的生产经营活动，是实现企业长远发展目标的基础，决策者无法在短期内改变其数额。比如工厂厂房的年租金，一旦和出租方签订协议，租金在协议期内是不能改变的。

尽管在很长一段时间内，约束性固定成本是固定不变的，但是从企业整个存续期来看，所有的固定成本都是酌量性固定成本，而不存在约束性固定成本，因为企业的生产经营能力终究会发生变化。比如几年后随着产能扩大购置更多的固定资产，每年的折旧额也就会发生变化等。

3.固定成本的相关范围

固定成本的“固定性”不是绝对的，而是有限定条件或有范围的。这种限定条件或范围在管理会计中称作“相关范围”，表现为一定的时间范围和一定的空间范围。

固定成本的相关范围首先表现为一定的时间范围。从长期来看，一个正常成长的企业其规模和经营能力都会发生变化，比如设备的更新、管理人员工资的增长等，因此，那些折旧费、管理人员薪金都会发生变化，可以说所有成本都具有一定的变动性。固定成本的相关范围还表现为一定的空间范围，主要是指固定成本必须在一定的业务量范围内才具有固定性，超过一定的业务量范围，固定成本将发生质变。从管理会计的角度来说，空间范围比时间范围更具有实际意义，其和企业的生产密切相关。比如在【例2-1】中，企业租赁一台设备最多只能生产5 000件产品，若现在要生产5 001件产品，就只能再租赁一台设备，则设备的租金作为固定成本就发生了变化。因此，如果产量在5 000件以内则设备租金是固定成本50 000元，如果产量在5 001件~10 000件之间则设备租金将增加到100 000元，在整个业务量0~10 000件之间设备租金并不是固定不变的，而是呈阶梯状分布。只有在这两个划分不同的区域内（0~5 000件或5 001件~10 000件）才符合固定成本的性质和定义，固定成本不随业务量的变化而变化。因此，当业务量突破一定的范围时，固定成本就会发生跳跃，形成新的相关范围内的固定成本。

（二）变动成本

1.变动成本的概念和特点

变动成本是指在一定的期间和一定的业务量范围内，其总额随着业务量的变动而成正比例变动的成本。比如直接材料费、产品包装费、按件计酬的工人工资、推销佣金等均属于变动成本。与固定成本形成鲜明对照的是变动成本的总量随业务量的变化呈正比例变动关系，而单位业务量中的变动成本则是一个定量。例如，在【例2-1】中该企业当月生产量在5 000件以内发生增减变动时，耗用的原材料总成本随着产量的变动呈现正比例的增减变动，但在每件产品中消耗的原材料则保持10元不变。如果把产量（业务量）表示为x，把单位产品消耗的原材料（单位变动成本）表示为b，那么，变动成本总额和单位变动成本与业务量的关系可以表示为：

$$y=bx$$

同时，变动成本总额和单位变动成本与业务量的关系还可用表2-2来表示。

表2-2　**变动成本总额和单位变动成本与业务量的关系**

月生产能力（件）(x)	原材料消耗的总成本（元）(bx)	单位产品的原材料消耗成本（元）(b)
1 000	10 000	10
2 000	20 000	10
3 000	30 000	10
4 000	40 000	10
5 000	50 000	10

通过上述分析可以看出变动成本的基本特点有：

（1）变动成本总额随业务量的变化而变化，并且成正比例变化。

（2）单位变动成本保持不变。

变动成本总额和单位变动成本与业务量的关系图，如图2-2所示。

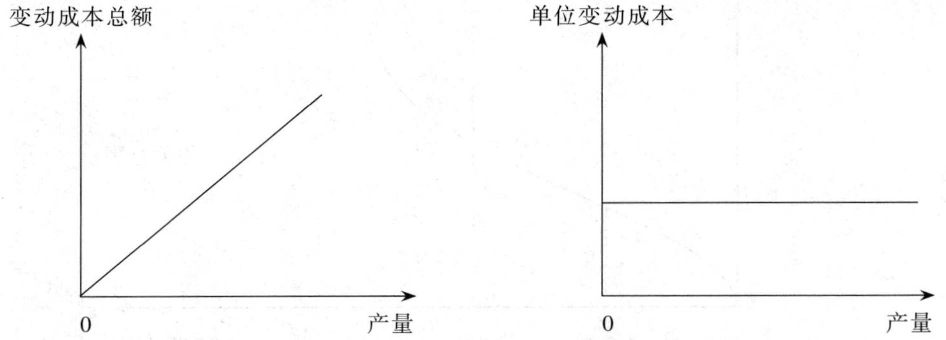

图2-2　变动成本总额和单位变动成本与业务量的关系图

变动成本总额在坐标轴上成一条直线，其斜率大于0而小于1，而且斜率是固定不变的；单位变动成本即为斜率b，其不发生变化。与固定成本不同，变动成本水平一般用单位数额表现较好，因为在一定条件下，单位变动成本不受业务量变动的影响，并能直接反映主要材料、人工成本和变动性制造费用的消耗水平。

2.变动成本的分类

按照变动成本发生原因不同或管理层决策影响不同，可以分为酌量性变动成本和约束性变动成本。

酌量性变动成本是指单位变动成本不受客观因素决定，企业管理层可以改变其数额的那部分变动成本。单位变动成本发生数额是由高层管理者确定的，其金额的大小取决于高层管理者所依据的决策。比如在原材料质量能得到保证而单位消耗量不变的前提下，企业可以从不同的供货渠道采购到价格水平不相同的某种原材料，这种原材料成本的消耗属于酌量性变动成本。对于这部分变动成本，应从单位水平着手，通过降低原材料采购成本，来达到控制酌量性变动成本的目的。酌量性变动成本也不是管理层可以随意改变和决定的，更不是可有可无的，必须要与企业的生产经营实际和内外环境相结合来制定。比如销售人员工资按照销售收入提成，如果提成比例和行业平均值差距较大，可能会导致销售人员工作积极性下降或跳槽。

约束性变动成本又称技术性变动成本，是指单位变动成本受客观因素决定，其发生数额由技术因素决定的那部分变动成本。对于这部分变动成本，应该从技术革新、提高劳动生产率、降低消耗量来达到降低变动成本总额的目的。比如我国电视机厂在生产液晶电视机的过程中曾经只能使用外国进口的液晶显示屏，其成本主要取决于外部国际市场价格，电视机厂很难改变；后来随着技术的进步，电视生产工艺设计的革新，国产液晶显示屏的出现，国内电视机厂改用国产液晶显示屏使得成本大幅下降。

3.变动成本的相关范围

变动成本概念中的相关范围是指不会改变或破坏特定成本项目固有特征的一定时间和一定业务量范围。比如生产产品的直接材料，一旦产品设计完成，其投入生产一般是不发生变化的，但如果通过设计改良原有产品，增加了一些功能，原有单位产品消耗的原材料成本就会改变，所以，变动成本一定是在不改变或破坏特定成本项目的情况下体现其特点。通过图2-3，我们可以对变动成本的特性有更深入的理解。

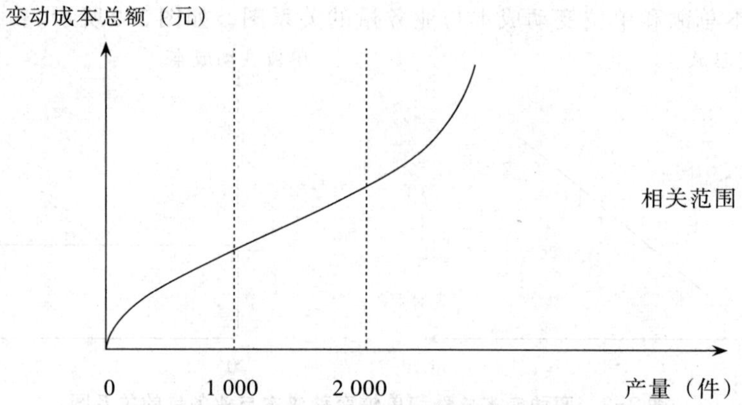

图2-3 变动成本的相关范围

从图2-3可以看出，从整个业务量范围来看，变动成本总额不是一条直线而是一条曲线，这条曲线的特点是：业务量范围在0～1 000件之间，其是上突的，斜率逐渐变小，说明在企业产量增加的同时，单位成本出现下降的趋势，但是总体而言这个阶段的单位成本还是较高的。随着产量的增加，工人作业安排更合理、娴熟程度更高，以及机器磨合期度过之后等积极因素促使单位产品的材料成本和人工成本下降，表现为曲线的斜率减小。当业务量到了1 000～2 000件之间，单位产品成本基本固定不变，近似表现为一条直线，这就是变动成本的相关范围。当业务量到了2 000件以上，情况又发生了变化，成本曲线表现为一条下凹的曲线，说明斜率逐渐变大，单位成本逐步增加。当产量增加超过现有生产能力时会使得某些成本项目发生突变，比如支付工人超额加班工资、原材料需要额外采购、机器超负荷运转等，因此，单位成本呈现快速上升趋势。

需要注意的是，企业在实际生产过程中很难找到变动成本总额和业务量呈完全线性关系的阶段，只要接近线性关系，就可以满足管理会计预测或决策职能的需求，比如图2-3中的1 000～2 000件范围。采用这种方法可以扩大成本性态的分析范围，使模型用途更广，更具有实际意义。

（三）成本模型的一般表示

总成本可以表示如下：

总成本=固定成本总额+变动成本总额=固定成本总额+单位变动成本×业务量

如果固定成本用a表示，单位变动成本用b表示，总成本为y，业务量为x，则上述总成本公式可以表述为一般成本模型：

$$y=a+bx \quad \text{（公式 2.1）}$$

成本模型再次清楚展示了变动成本和固定成本的基本特点，后续章节中的本量利分析、短期经营决策等方法都是基于这一基本模型和理论基础展开的。

随堂测 2-1

第二节 混合成本的分解

混合成本是指“混合”了固定成本和变动成本两种不同性质的成本。混合成本既含有不受业务量变动影响而保持相对稳定的成本因素，又含有随业务量增减而相应增减的成本因素，是一种同时具有固定成本和变动成本双重特性的成本。在实际工作中，常常有许多成本的明细项目属于这类成本。这是因为成本按其性态分类，采用了“是否变动”与“是否正比例变动”双重分类标准；不论哪个标准在前，分类的结果都必然产生既不属于固定成本又不属于变动成本，游离于两者之间，既随业务量变动又不呈正比例关系的混合成本。这表明混合成本的存在具有客观必然性，实际上企业的总成本就是一项混合成本，是一项最大的混合成本。

一、混合成本的概念、特点和分类

混合成本是指成本总额随业务量变动而相应变动，但变动幅度并不与业务量变动保持严格正比例关系的成本。比如通信费、煤气费、设备维修费等。混合成本同时包含有变动成本和固定成本的双重性态，成本总额随业务量的变动而变动，但不保持严格的比例关系，具有跳跃性、延期性等特点。

混合成本的种类主要有半变动成本、半固定成本、延伸变动成本、曲线式混合成本等。

1.半变动成本

半变动成本是一种标准型混合成本，它的基本特点是当业务量为零时，成本为一个非零基数，而当业务发生时，成本以该基数为起点，随业务量的变化而成比例变化，呈现出变动成本性态。这种混合成本有一个固定的起始量，这个固定的起始量是固定要发生的，它不受业务量变动的影响，相当于固定成本；而当业务量发生后，成本相当于变动成本，随着业务量的变动而成正比例变动。比如水、电、煤气、通信等费用，机器设备的维修保养费大多属于这类成本。

半变动成本的成本公式也是y=a+bx，和总成本表现为同一种性质，从图形上看也和总成本保持一致。

2.半固定成本

半固定成本又称阶梯式变动成本，在一定业务量范围内其发生额的数量是不变的，体现为固定成本性态；但当业务量的增长达到一定限额时，其发生额会突然跃升到一个新的水平；然后在新的业务量增长的一定限度内（一个新的相关范围内），其发生额的数量又保持不变，直到另一个新的跃升为止。例如，产品质检员与设备保养员的工资是固定的，当企业业务量的增长超过一定限度时，就要增加新的质检、保养人员，因此，这种工作人员的工资总额就会出现跳跃上升的情况，即半固定成本。

半固定成本和半变动成本，如图2-4所示。

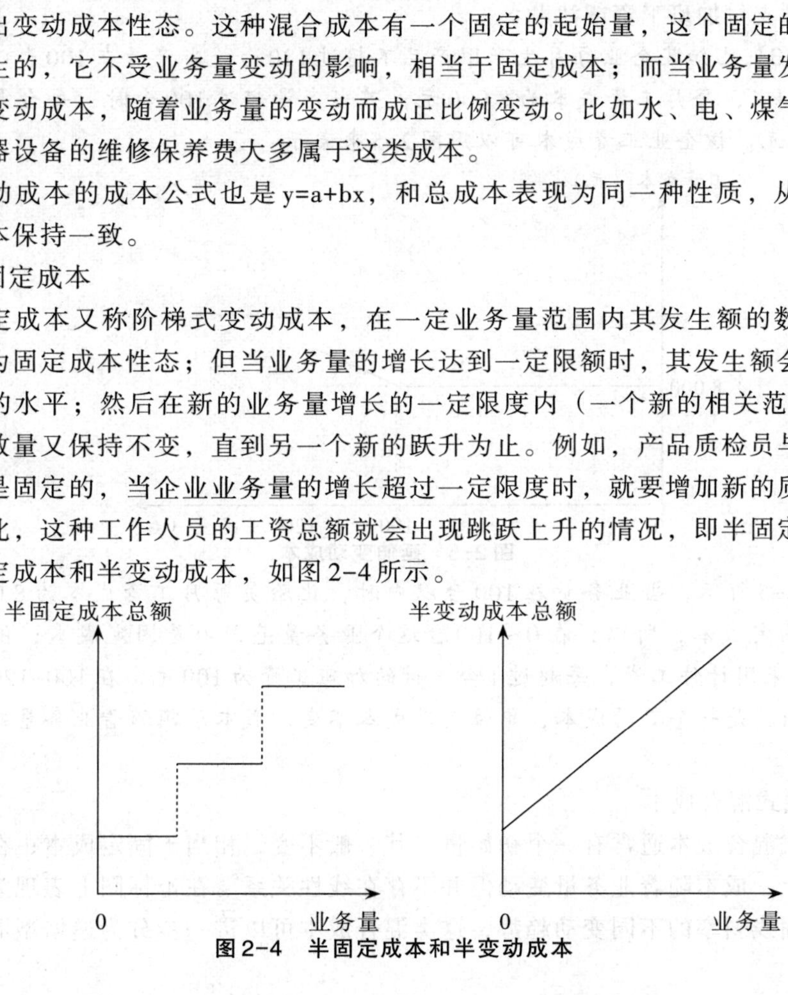

图2-4　半固定成本和半变动成本

半固定成本与固定成本的主要区别是业务量相关范围的大小不同，这类成本在一定业务量范围之内就是固定成本，而超过一定业务量或者从长期来看，表现为半固定成本。

那么，半固定成本如何用数学公式来表示呢？可以参考下面例题。

【例2-2】已知某企业每月生产甲产品不超过120台，当产量在40台以内时，需要1名化验员，每月工资成本为8 000元；如果产量超过40台，就需要在原有基础上增加1名化验员。

根据上述资料，可以将某企业每月生产甲产品的产量（最大产能为120台）与该企业化验员的每月工资成本的关系用公式表示为：

$$y = f(x) = \begin{cases} 8\,000\text{元}(0 \leqslant x \leqslant 40) \\ 16\,000\text{元}(40 < x \leqslant 80) \\ 24\,000\text{元}(80 < x \leqslant 120) \end{cases}$$

3.延伸变动成本

延伸变动成本是指在业务量的某一临界点以下表现为固定成本，超过这一临界点则表现为变动成本。比如在正常工作时间（每天8小时）的情况下，企业对一般职员所支付的工资是固定不变的，但当工作时间超过正常标准时，则需要根据加班时间的长度成比例支付加班工资或津贴。

【例2-3】已知某企业每月生产甲产品不超过120台，当产量在100台以内时，化验员无须加班，每月工资成本为8 000元；若当产量超过100台时，每台需要支付加班工资100元。该企业工资成本可以用图2-5来表示。

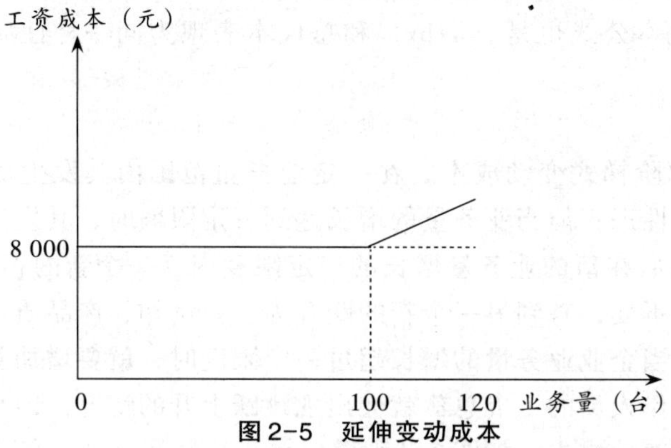

图2-5 延伸变动成本

如图2-5所示，当业务量在100台以内时，化验员每月工资成本为8 000元，相当于一个固定成本，所以，在0～100台这个业务量范围内是固定成本；但是若超过100台，则采用计件工资，每超过1台支付的加班工资为100元，在100~120台这个业务量范围内就是一个变动成本，单位变动成本不变，成本总额随着业务量的增加而同比例增加。

4.曲线式混合成本

曲线式混合成本通常有一个初始量，其一般不变，相当于固定成本；在这个初始量的基础上，成本随着业务量变动但并不存在线性关系，在坐标图上表现为一条抛物线。按照曲线斜率的不同变动趋势，这类混合成本可以进一步分为递增型混合成本和递减型混合成本。

在现实中，成本的种类复杂、形态各异，但是我们总能将这些成本通过一定的方法描述成上述所学的这些成本类型，这需要对混合成本进行分解。

那么，为何要对混合成本进行分解呢？其原因主要是：

（1）混合成本大量存在。

在现实中，大多数成本是以混合成本的形态存在的，较少存在完全意义上的固定成本和变动成本。对一个企业而言，它在某一个会计期间的总成本或其所经营的某一种产品的总成本，事实上是一种更大范围的混合成本。从企业内部管理的需要考虑，无疑也应当区分总成本中的所包含的固定成本部分和变动成本部分，确认这两部分成本同业务量之间的相互关系。换言之，对企业某一个会计期间的总成本或某一种产品的总成本也要进行成本分解，其具体分解方法与混合成本完全相同。

（2）管理工作的需要。

混合成本是既固定又不完全固定、既变动又不完全同比例变动的双重性成本，其同业务量之间的关系不甚清楚。人们无法据以对成本与业务量之间的依存性做出正确分析和判断，因而也就不能满足企业内部管理的需要，不能为企业管理者规划、控制企业的生产经营活动提供有价值的信息。为此，必须采用一定的方法对混合成本进行适当的分解，将其所包含的固定部分和变动部分区分开来，并分别纳入一般意义上的固定成本和变动成本之中，以正确反映企业在一定期间内全部成本同业务量之间的依存关系。这样为企业应用变动成本法、开展本量利分析、进行短期经营决策、实施责任会计等奠定基础。

二、混合成本的分解方法

混合成本的分解方法主要有历史成本分析法、账户分析法、工程分析法等。

（一）历史成本分析法

历史成本分析法是根据过去一定时期内成本与业务量之间的历史资料，采用一定的数学方法对其进行加工处理，从而确定成本中的固定成本和单位变动成本的一种定量分析方法。该方法认为，只要企业的生产经营不发生重大变化，历史成本信息就可以较为准确地反映企业现在和未来的成本变动趋势及规律。历史成本分析法要求企业具有完备的历史成本资料，成本数据与业务应存在相关性。因此，该方法适用于生产条件较为稳定、成本水平波动不大以及历史资料比较完备的企业。

历史成本分析法根据以往若干时期的数据所表现出来的实际成本与业务量之间的依存关系来描述成本的性态，并以此来确定决策所需要的未来成本数据，其基础性工作是收集历史数据。在实际工作中，常用的历史成本分析法包括高低点法、散布图法与回归直线法等。

1.高低点法

高低点法又称两点法，是指通过观察一定相关范围内的各期业务量与相关成本所构成的所有坐标点，从中选出高、低两点坐标，并据此来推算固定成本总额（或混合成本中的固定成本部分）和单位变动成本（或混合成本中的变动部分的单位数额）的一种成本性态分析方法。

高低点法是历史成本分析法中的最简单的一种分析方法。混合成本包含了固定成本和变动成本，在一定范围内总可以用y=a+bx这一数学模型来表述，这就是高低点法的基本原理。a和b两点的计算公式为：

$$\begin{cases}\text{设高点时的成本公式为}y_1 = a + bx_1 \\ \text{设低点时的成本公式为}y_2 = a + bx_2\end{cases}$$

通过解方程可以得到数学表达式为：

$$b=\frac{\Delta y}{\Delta x}=\frac{y_2 - y_1}{x_2 - x_1} \quad \text{（公式 2.2）}$$

$$a=y_1-bx_1\text{或}a=y_2-bx_2 \quad \text{（公式 2.3）}$$

用文字表述如下：

单位变动成本=（业务量最高总成本-业务量最低总成本）÷（最高业务量-最低业务量）

固定成本=业务量最高总成本-单位变动成本×最高业务量

或　　=业务量最低总成本-单位变动成本×最低业务量

求出a和b后，可以得到直线方程y=a+bx。

【例2-4】已知生产企业A的业务量和总成本数据见表2-3。试用高低点法预测当2025年业务量为8万件时的成本总额。

表2-3　**A企业业务量和总成本数据**

年　度	产销量（万件）(x)	成本总额（万元）(y)
2020	6	500
2021	5.5	475
2022	5	450
2023	6.5	520
2024	7	550

首先应该确定高点和低点，本例中的高点为2024年度数据，即点（7，550），低点为2022年度数据，即点（5，450），利用公式2.2和公式2.3计算如下：

$$b=\frac{y_2 - y_1}{x_2 - x_1}=50\text{（元/件）}$$

然后选择低点计算a（也可以选择高点，计算原理相同）如下：

$a=y_2-bx_2=200$（万元）

此时，用数学模型来描述这项混合成本为：

y=200+50x

因为2025年度预测业务量为8万件，所以预测总成本为：

y=200+50×8=600（万元）

高低点法在企业业务量和成本变动趋势比较稳定的情况下使用较为适宜，其计算方便，容易理解。但是高低点法存在缺点，因为只根据样本中的最大值和最小值进行计算，所以容易出现较大误差。

因此，在使用高低点法时应该注意以下问题：

（1）高低点法要选取业务量的最高点和最低点，而不是成本总额的最高点和最低点。当出现高点和低点业务量不止一个时，其基本原则是“高点应选取成本更大者，低点应选取成本更小者”。

（2）高低点法的使用要注意业务量范围。虽然混合成本都能分解成y=a+bx，但是超出一定的业务量范围，成本性态将发生重大变化，会引起a和b的变化，其计算的结果不具有实际意义。

2.散布图法

散布图法又称布点图法或目测画线法，是指将若干期业务量和成本的历史数据标注在坐标纸上，通过目测画出一条尽可能接近所有坐标点的直线，并据此来推算固定成本（或混合成本中的固定成本部分）和单位变动成本（或混合成本中的变动部分的单位数额）的一种成本性态分析方法。该方法将历史数据中的各组点手工绘制到直角坐标系中，然后画出一条直线距离所有点最近，可以直接观察得出截距项a，再将a代入方程式求得b。

散布图法的具体步骤如下：

（1）标出散布点。将各期业务量与相应成本的历史资料作为点的坐标标注在平面直角坐标图上。

（2）画线。通过目测画出一条直线，使其尽可能通过或接近所有坐标点。

（3）读出a。在纵坐标轴上读出该直线的截距，即固定成本总额（或混合成本中的固定成本部分）a。

（4）任选一点P。在直线上任取一点P，假设其坐标值为（x_p，y_p）。

（5）求得b。将x_p和y_p的值代入y=a+bx，计算单位变动成本（或混合成本中的变动部分的单位数额）b。

（6）建立成本性态模型。将a和b的值代入y=a+bx即可。

散布图法的优点是直观，容易掌握，并且考虑了全部的历史成本资料。该方法较高低点法更为科学，其计算结果更为精确。但由于画出成本直线完全靠目测，容易导致不同的人会有不同的画法，出现人为误差，从而影响分析结果的客观性。

高低点法与散布图法的相同点是都认为混合成本可以近似描述为y=a+bx，这是两者的理论基础，两种方法都采用简单的数学方法计量，不够精确。

3.回归直线法

回归直线法是运用最小二乘法（最小平方法）原理对若干期业务量与成本的历史资料进行处理，并据此来推算固定成本（或混合成本中的固定成本部分）和单位变动成本（或混合成本中的变动部分的单位数额）的一种成本性态分析方法。这种方法通过找到一条与全部观测值误差的平方和最小的直线，即回归直线或回归方程y=a+bx，来计算出回归系数a和b的值。

回归直线法的计算公式与计算过程如下：

假设：

$y=a+bx$——①

对①两边求和：

$\sum y = na + b\sum x$——②

对①两边同乘x：

$xy=ax+bx^2$——③

再对③两边求和：

$\sum xy = a\sum x + b\sum x^2$——④

得到方程组：

$$\begin{cases}\sum y = na + b\sum x \\ \sum xy = a\sum x + b\sum x^2\end{cases}$$

解得：

$$\begin{cases}a = \dfrac{\sum y - b\sum x}{n} & \text{（公式2.4）} \\ b = \dfrac{n\sum xy - \sum x\sum y}{n\sum x^2 - (\sum x)^2} & \text{（公式2.5）}\end{cases}$$

【例2-5】承接【例2-4】，A企业业务量和总成本的关系见表2-3。试用回归直线法预测该企业2025年度的成本数据。

首先，根据公式2.4和公式2.5，需要计算以下数据（见表2-4）：

表2-4　**回归直线法计算过程**

年　度	业务量（万件）(x)	成本总额（万元）(y)	xy	x^2
2020	6	500	3 000	36
2021	5.5	475	2 612.5	30.25
2022	5	450	2 250	25
2023	6.5	520	3 380	42.25
2024	7	550	3 850	49
n=5	$\sum x=30$	$\sum y=2\,495$	$\sum xy=15\,092.5$	$\sum x^2=182.5$

将上述计算结果直接代入公式2.4和公式2.5，可以得到：

$$\begin{cases}a = 205 \\ b = 49\end{cases}$$

然后，将a和b代入y=a+bx，得出：

y=205+49x

因为2025年度预测业务量为8万件，所以总成本预测为：

y=205+49×8=597（万元）

将本例计算结果和【例2-4】计算结果进行比较可以发现，用高低点法预测2025年度总成本为600万元，大于回归直线法的597万元。

一般而言，用回归直线法计算的结果更为精确。回归直线法的优点是理论健全，利用了所有样本数据进行计算，结果更加精确；其主要缺点是计算过程比较烦琐，当数据较多时需要借助计算机完成计算。

使用回归直线法需要注意：

（1）模型的适用范围。

回归直线法要求业务量x与总成本y之间基本上保持线性关系。混合成本总额与产销业务量之间线性关系的假定应符合实际情况，所以首先要做的是进行相关程度分析，从而确定业务量x和混合成本总额y之间是否接近线性关系。相关程度分析以相关系数r来表示，r的计算公式如下：

$$r=\frac{n\sum xy-\sum x\sum y}{\sqrt{\left[n\sum x^2-\left(\sum x\right)^2\right]\left[n\sum y^2-\left(\sum y\right)^2\right]}}$$

相关系数r的取值范围一般在-1至+1之间。当r=-1时，说明x与y之间完全负相关；当r=0时，说明x与y之间不存在线性关系；当r=1时，说明x与y之间完全正相关。一般来说，只要当r接近于1时，说明x与y基本正相关，可以运用回归直线法进行分解。

（2）排除非正常值的影响。

因为在回归直线法中使用了所有的观测数据，如果存在非正常值，则很容易促使预测出现偏差。因此，在样本数据充足的情况下，应该排除明显的非正常值。

（3）扩大样本数量。

利用该方法应该注意样本数量不小于10，样本数量越多越好，预测就越精确，同时收集样本数据也要符合成本效益原则。

（二）账户分析法

账户分析法是根据各个成本、费用账户（包括明细账户）的内容，直接判断其与业务量之间的依存关系，从而确定其成本性态的一种成本分解方法。

该方法所依据的成本账户可以是总账，也可以是明细账，根据明细账所确定的结果将更加准确。账户分析法的优点是简便易行，工作量小，能够获得有关成本和业务量依存关系的直观认识。但这种方法需要分析人员做出主观判断，其结果不可避免地带有一定的主观性。在实际工作中，该方法一般和其他方法结合使用。

账户分析法的具体做法包含：

1.近似分类

近似分类是将比较接近固定成本的项目归入固定成本，将比较接近变动成本的项目归入变动成本。比如我们经常使用的管理费用账户内各项目发生额的大小只要是在正常产量范围内，一般与产量变动没有直接关系，可以将其直接归入固定成本。这类账户还有制造费用中的车间管理部门的办公费、直线折旧法下的设备折旧费等。虽然这类账户与产量的关系比管理费用更为密切，但是由于其在一定时期内还是具有固定不变的特点，仍可以归为固定成本。相反，制造费用的间接材料费、维修费、车间动力费等虽然不能像直接材料、直接人工和产量成正比例变动，但其发生额和产量变动关系密切，因此可以视为变动成本。

2.比例分配

比例分配将不宜简单直接归入固定成本或变动成本的项目通过一定比例分解为固定成本和变动成本两个部分。

【例2-6】某专卖品商场的成本费用本期发生额采用账户分析法进行成本分解，具体见表2-5。

表2-5　　账户分析法　　单位：万元

项　目	总成本	变动成本	固定成本
商品成本	8 000	8 000	
工资	487	187	300
福利费	48		48
广告费	331	231	100
房产租赁费	53		53
保险费	14		14
修理费	45		45
易耗品	100	30	70
水电费	150		150
折旧	250		250
合　计	9 478	8 448	1 030

其中，工资、广告费、易耗品等项目不能直接归入固定成本或变动成本的项目，借助其他方法，按照一定比例将其分解成固定成本和变动成本两个部分。通过表2-5，将总成本分解成固定成本和变动成本，其中固定成本a=1 030万元，假设业务量是完成销售8万件，则用数学模型来表示该专卖品商场的总成本，即y=1 030+1 056x。

（三）工程分析法

工程分析法又称技术测定法，是指由工程技术人员测定有关成本项目的消耗量和业务量之间的关系，逐项研究决定成本高低的每一个因素，并在此基础上直接估算出固定成本和单位变动成本的一种成本分解方法。该方法只能用于成本发生和业务量有直接联系且资源消耗过程能单独观察的成本项目的分析。

该方法的基本步骤为：（1）确定研究的成本项目；（2）对导致成本形成的生产过程进行观察和分析；（3）确定生产过程的最佳操作方法；（4）以最佳操作方法为标准方法，测定在标准方法下成本项目的每一构成内容，并按成本性态分别确定固定成本和变动成本。

【例2-7】财务人员需要对车间燃料成本进行研究，将其作为混合成本进行分解，因此选择某车间的燃料成本作为研究对象。已知燃料用于铸造工段的熔炉，具体分为点火（耗用点火燃料和焦炭）和熔化铁水（耗用焦炭）两项操作。对这两项操作进行观测和技术测定，寻找最佳操作方法。按照最佳操作方法显示，每次点火要使用点火燃料0.1吨、焦炭1.5吨，熔化1吨铁水要使用焦炭0.15吨；每个工作日点火1次，全月工作26天。点火燃料属于固定成本；熔化铁水所用燃料与产量相联系，属于变动成本。点火燃料每吨价格为1 000元，焦炭每吨价格为1 800元。

根据上述资料计算可得：

每日点火固定成本=0.1×1 000+1.5×1 800=2 800（元）

每月点火固定成本=2 800×26=72 800（元）

每吨铸件变动成本=0.15×1 800=270（元）

设燃料总成本为y，铸件产量为x，则每月车间燃料总成本为：

y=72 800+270x

工程分析法在缺乏历史成本数据时同样适用，特别是在新产品的成本分析中非常适用，是一种相对独立的分析方法。这种方法因为是以最佳操作方式为标准方法的，所以可以排除发生在分析期间的无效或不正常支出，还可以排除隐蔽性支出，为制定标准成本和编制预算提供基础数据。当然，这种方法的缺点是实施成本较高，只能针对投入产出过程明显的项目进行成本分析。

混合成本的分解方法各有优点，也各有其缺陷。高低点法、散布图法和回归直线法，仅限于有历史成本资料数据的情况。账户分析法是一种比较粗略的分析方法，在判定某项成本的性态时，还要借助其他方法。工程分析法可能是最完备的方法，可用于研究各种成本性态，但其也不是完全独立的，在进入细节之后要使用其他技术方法作为工具。

随堂测 2-2

第三节　变动成本法与完全成本法

一、变动成本法的形成和发展

通过本章的导入案例，可以发现完全成本法的缺陷：出现每年销售量相同，但是利润不同，甚至出现销售多而利润少或销售少而利润多的现象。这种利润波动是由于成本波动造成的，而且产品成本未按成本性态划分，更难看出其与业务量之间的关系。在完全成本法下，单位产品成本变化是由产量变化引起的还是成本控制的结果很难分清，因此，成本信息用于生产决策和定价时容易产生误导。

完全成本法是指在成本计算过程中，以成本按其经济用途分类为前提条件，将全部生产成本（或称制造成本，包括直接材料、直接人工、全部制造费用）作为产品成本的构成内容，只将非生产成本（或称非制造成本）作为期间成本，并按传统式损益确定程序计量损益的一种成本计算模式。由于完全成本法是将所有制造成本，无论是固定还是变动都吸收到单位产品上，因而又称“成本吸收法”。这种方法广泛用于对外报告的财务会计中。

变动成本法是指在产品成本计算过程中，以成本性态分析为前提，只将变动生产成本作为产品成本的构成内容，而将固定生产成本以及非生产成本作为期间成本，按贡献式损益确定程序计量损益的一种成本计算模式。

变动成本法最初称为“直接成本法”，是由于当时的产品成本只包括与业务量关系比较明显的直接材料和直接人工。后来，人们逐渐发现有些间接制造费用虽然不是直接成本但也随业务量的变动而成正比例变动；而有些直接成本虽然直接计入特定对象，但却并非变动成本。直接成本与变动成本之间以及间接成本与固定成本之间，并非两对完全对等的概念。因此，有学者将直接成本法改称为“变动成本法”，并沿用至今。由于变动成本法能够提供边际贡献，因此在英国该方法又称“边际成本法”。

关于变动成本法的起源，国外会计专著的论述众说不一。资料显示，早在1836年英国的曼彻斯特工厂就出现了其雏形，法国的斯特劳斯·别尔格在1876年曾宣布过直接成本法的初步设想，英国则强调1904年在英国出版的《会计百科全书》中已经记载了与变动成本法有关的内容。

1906年2月，美国《制度》杂志曾刊登过这样一段话，与变动成本法的基本思路有很多相似之处：在生产经营活动的抉择中，为估计其所期望的净损益，第一步就要找出适合衡量一定的生产经营活动效果的单位费用，单位直接收入减去单位直接费用得到单位净收入或单位净贡献，然后以其来抵偿不影响生产经营活动的费用——这些不影响生产经营活动的费用是指不论选择何种生产经营活动方式都一样固定或不变。单位净收入（或单位净贡献）乘以产品数量就可以用来比较由于选择各种不同的生产经营活动而产生的不同损益。这段话实际上已经将成本划分为固定成本和变动成本，同时引入了边际贡献，可见变动成本法的基本思想已经具备。

据美国权威的《柯勒会计辞典》记载，第一篇专门论述直接成本法的论文是由美籍英国会计学家乔纳森·N.哈里斯撰写的，刊于1936年1月15日的《全国会计师联合会公报》上。该文章追溯了1934年哈里斯在杜威-阿尔末化学公司设计的“直接标准成本制造计划”中所发现的问题。当时，该公司销售量上升反而利润下降的现象，引起了哈里斯的注意，矛盾从何而来？他发现，该问题的根源在于采用传统的完全成本法。据此资料，哈里斯对比新旧两种方法对营业净利润的不同影响，揭示了直接成本法的优点。自哈里斯的文章公开发表之后，直接成本法的概念才得以迅速传播。

到了20世纪50年代，随着企业经营环境的改变，竞争的加剧，决策意识的增强，人们逐渐认识到传统的完全成本法提供的会计信息越来越不能满足企业内部管理的需要，必须重新认识变动成本法，充分发挥其积极作用。美国的一些会计师和经理又重新研究并开始在实务中试行变动成本法，还将变动成本法中的边际贡献这一概念用于本量利分析及其他方面。人们很快发现，变动成本法不仅有利于企业加强成本管理，而且对制订利润计划、科学经营决策也十分有帮助。从此，变动成本法开始受到人们的普遍重视。到了20世纪60年代，变动成本法风靡欧美。

二、变动成本法与完全成本法的区别

变动成本法与完全成本法的主要不同之处是将固定制造费用列作期间费用，由当期的销售收入全部负担，由此直接影响到存货成本，从而进一步影响到企业利润。具体来说，两者的不同之处有以下几个方面：

（一）应用前提条件不同

变动成本法首先要求进行成本性态分析，将成本分为固定成本和变动成本。其中，变动成本包括直接材料、直接人工、变动性制造费用和变动性管理费用、销售费用、财务费用[①]；固定成本包括固定性制造费用和固定性管理费用、销售费用、财务

① 很多教材对管理费用、销售费用、财务费用全部视为固定性，或者只对管理费用、销售费用区分固定性和变动性，本书此处为了清晰说明进行了严格区分，后续内容将不进行严格区分。

费用等。

完全成本法首先要求把全部成本按经济用途分类，将成本分为生产成本（制造成本）和非生产成本（非制造成本）。其中，生产成本包括直接材料、直接人工和制造费用；非生产成本包括销售费用、管理费用、财务费用等。

（二）产品成本及期间成本构成内容不同

由于在应用前提条件上的差异，使得两种成本计算方法在产品成本和期间成本构成上有所不同。

完全成本法计算的产品成本把直接材料、直接人工和制造费用（包含变动制造费用和固定制造费用）全部包括在内。其理由是，固定制造费用也是在生产过程中必不可少的，也应计入产品成本。

采用变动成本法计算的产品成本仅由直接材料、直接人工和变动制造费用等变动成本组成，不包括固定制造费用等。其理由是，固定制造费用是与企业的生产能力相联系的。企业生产能力一经形成，不论产品生产与否、生产多少，这些费用仍将按照会计期间发生，因而应视为期间费用，直接计入当期损益，不应计入产品成本。通过表2-6可以更清楚地看出两者在产品成本计算上的差异。

表2-6　**两种成本方法在成本构成上的差异**

比较类别		变动成本法	完全成本法
应用前提条件		以成本性态分类为前提	以成本按经济用途分类为前提
成本构成内容	产品成本	变动生产成本（直接材料、直接人工、变动性制造费用）	生产成本（直接材料、直接人工、制造费用）
	期间成本	（1）变动非生产成本（变动性销售费用、变动性管理费用、变动性财务费用）；（2）固定成本（固定性制造费用、固定性销售费用、固定性管理费用、固定性财务费用）	非生产成本（销售费用、管理费用、财务费用）

【例2-8】 某公司生产了一种A产品，有关A产品的产销量和成本资料见表2-7。试分别采用两种成本方法计算产品成本和期间成本。

表2-7　**A产品产销量和成本资料表**　金额单位：万元

项　目	金额（或数量）	项　目	金　额
本期生产量	3 000万件	直接人工	4 000
本期销售量	2 800万件	变动制造费用	1 500
期初存货	0	固定制造费用	1 500
单价	30元/件	变动销售及管理费用	1 600
直接材料	5 000	固定销售及管理费用	1 800

（1）完全成本计算法：

产品成本总额=直接材料+直接人工+制造费用（变动制造费用+固定制造费用）

=5 000+4 000+1 500+1 500=12 000（万元）

单位产品成本=产品成本总额÷本期生产量=12 000÷3 000=4（元/件）

期间成本总额=销售费用+管理费用=1 600+1 800=3 400（万元）

（2）变动成本计算法：

产品成本总额=直接材料+直接人工+变动制造费用

=5 000+4 000+1 500=10 500（万元）

单位产品成本=产品成本总额÷本期生产量=10 500÷3 000=3.5（元/件）

期间成本总额=固定制造费用+销售费用+管理费用=1 500+1 600+1 800=4 900（万元）

产品成本构成内容上的不同是变动成本法与完全成本法的主要区别，其他方面的区别均由此产生。由于两种方法对固定制造费用的处理方法不同，因此这两种方法计算出的产品成本结果也不同。由上例可见，按照变动成本法确定的产品总成本与单位成本要比按完全成本法确定的数值相应偏低，而变动成本法确定的期间成本要高于完全成本法。

（三）存货成本构成内容不同

当采用变动成本法时，由于产品成本计算只包括变动成本，因此存货也只按变动成本计价，不包括固定成本。当采用完全成本法时，由于产品成本计算包括直接材料、直接人工和全部制造费用，因此在产品、半成品和产成品这些存货也按完全成本计价，既包括所有变动生产成本，又包括固定制造费用（固定生产成本）。因为在产品、半成品及产成品等均"吸收"了一定份额的固定制造费用，所以，完全成本法下的存货计价必然高于变动成本法下的存货计价。

【例2-9】A公司生产甲产品1 500件，单位变动成本30元/件，固定制造费用总额30 000元，假设无期初存货，期末存货为200件。试分别采用变动成本法和完全成本法计算期末存货的价值。

期末存货的具体计算见表2-8。

表2-8 **变动成本法与完全成本法下的存货成本**

项 目	变动成本法	完全成本法
期末存货数量（件）	200	200
单位产品成本（元/件）	30	50
期末存货成本（元）	6 000	10 000

其中，完全成本法下的单位产品成本=30+30 000÷1 500=50（元/件）。

由此可见，甲产品期末存货采用变动成本法计算的成本为6 000元，采用完全成本法计算的成本为10 000元，在两种方法下，期末存货成本差额为4 000元，这一差额也就等于期末存货负担的固定制造费用，即200×（30 000÷1 500）=4 000（元）。可见，完全成本法下的存货计价确实高于变动成本法下的存货计价。

变动成本法与完全成本法下的"产品成本及期间成本构成内容不同"与"存货成本构成内容不同"是同一问题的两个方面，因为产品成本的构成内容不同，所以存货成本的构成内容也不同，而存货成本上的差异也必然导致损益计算可能出现的差异。

（四）销售成本计算不完全相同

从理论上看，计算销售成本的公式有以下三种：

（1）一般公式：

本期销售成本=期初存货成本+本期发生产品成本-期末存货成本　（公式2.6）

（2）特殊公式一：

本期销售成本=单位变动生产成本×本期销售量　（公式2.7）

（3）特殊公式二：

本期销售成本=单位生产成本×本期销售量　（公式2.8）

无论是变动成本法还是完全成本法，都可以按一般公式（公式2.6）计算销售成本。采用该公式就意味着必须只有先计算出期末存货成本后，才能计算本期销售成本。

由于变动成本法的销售成本全部由变动生产成本构成，因此，在以下两种情况下，可以在不计算期末存货成本的情况下，直接按特殊公式一（公式2.7）计算本期销售成本。

第一种情况：期初存货量为零。在这种情况下，单位期末存货成本、本期单位产品成本和本期单位销售成本这三个指标相等，可以用单位变动生产成本指标来表示。

第二种情况：前后期成本水平不变，即各期固定成本总额和单位变动生产成本均不变。在这种情况下，单位期初存货成本、单位期末存货成本、本期单位产品成本和本期单位销售成本这四个指标可以用统一的单位变动生产成本指标来表示。

在完全成本法下，以下两种情况可以直接按特殊公式二（公式2.8）计算本期销售成本。

第一种情况：期初存货量等于零。在这种情况下，单位期末存货成本、本期单位产品成本和本期单位销售成本这三个指标等于单位生产成本指标。

第二种情况：前后期成本水平和产量均不变。只有在这种情况下，单位期初存货成本、单位期末存货成本、本期单位产品成本和本期单位销售成本这四个指标可以用统一的单位生产成本指标来表示。

注意：如果仅仅前后期成本水平不变，也不能直接利用特殊公式二（公式2.8）。这是因为在产品成本中包括了固定性制造费用，不同期间单位产品所负担的固定性制造费用可能因为各期产量不同而发生变化。总之，在完全成本法下，如果期初存货量不为零，往往不宜直接确定单位产品成本，所以在多数情况下，需要应用一般公式（公式2.6）计算其销售成本。

（五）损益确定不同

1.税前利润的计算方法和中间指标不同

变动成本法下：

销售收入-变动成本=边际贡献

边际贡献-固定成本=税前利润

完全成本法下：

销售收入-销售成本=毛利

毛利-非生产成本=税前利润

其中：

销售成本=期初存货成本+本期生产成本-期末存货成本

企业采用完全成本法时，应先将产品销售收入减去按完全成本计算的销售成本，计算出产品销售毛利，再减去销售费用、管理费用和财务费用，计算出税前利润。企业采用变动成本法时，应先将产品销售收入减去销售成本，实际上是收入减去变动成本，计算出边际贡献，然后从边际贡献中补偿固定成本，确定当期税前利润。计算出的边际贡献对于企业进行本量利分析及为企业生产经营预测、决策提供数据有着十分重要的意义。

2.编制的利润表格式有所不同

变动成本法使用贡献式利润表，完全成本法使用传统式利润表。贡献式利润表的中间指标是“边际贡献”，传统式利润表的中间指标是“毛利”。按完全成本法编制的损益表是把所有成本项目按生产、销售、管理等不同经济职能进行排列，主要是适应外部需要而编制的，又称“职能式”损益表（或称“传统式”损益表）。而按变动成本法编制的损益表则是把所有成本项目按成本性态分为变动和固定两大类进行排列，主要是为了便于取得边际贡献信息，以适应企业内部管理层规划与控制经济活动的需要而编制的，又称“贡献式”损益表。

【例2-10】假定A公司全年只产销甲产品，年产量100 000件，每件产品的直接材料15元、直接人工12元、变动制造费用10元，全年固定制造费用800 000元；甲产品年销量90 000件，期初存货为零，产品销售单价为60元/件，全年销售与管理费用总额为100 000元，其中，变动销售与管理费用总额为60 000元，固定销售与管理费用总额为40 000元。请分别按照完全成本法、变动成本法编制简易损益表。

根据以上资料，分别按照完全成本法、变动成本法编制简易损益表见表2-9和表2-10。

表2-9 **完全成本法下传统式损益表** 单位：元

项 目	金 额
销售收入	5 400 000
减：销售成本	
期初存货成本	0
本期生产成本	4 500 000
可供销售产品成本	4 500 000
减：期末存货成本	450 000
销售成本合计	4 050 000
毛利	1 350 000
减：销售及管理费用	100 000
税前利润	1 250 000

表 2-10　　变动成本法下贡献式损益表　　单位：元

项　目	金　额
销售收入	5 400 000
减：变动成本	
变动生产成本	3 330 000
变动销售及管理费用	60 000
变动成本总额	3 390 000
边际贡献	2 010 000
减：固定成本	
固定制造费用	800 000
固定销售及管理费用	40 000
固定成本总额	840 000
税前利润	1 170 000

3.计算的税前利润可能不同

由于固定性制造费用处理的分歧对两种成本方法计算的损益产生了重要影响，产销越不均衡，两种成本方法计算的损益相差越大。只有产销绝对均衡，损益的计算结果才会相同。产销不均衡有很多情况，下面分别举例说明。

（1）连续各期产量稳定而销售量不同。

【例 2-11】 某企业连续三年的产量均为 800 件，而三年的销售量分别为 600 件、800 件、1 000 件。单位产品售价为 120 元/件，单位产品变动成本为 60 元/件，固定性制造费用为 12 000 元。每年的固定销售及管理费用为 6 000 元，变动销售及管理费用分别为第一年 2 000 元、第二年 3 000 元、第三年 4 000 元。请分别采用变动成本法和完全成本法计算当期利润。

根据上述资料，分别采用变动成本法和完全成本法计算当期利润见表 2-11 和表 2-12。

表 2-11　　变动成本法损益表　　单位：元

年份 / 项目	第一年	第二年	第三年
销售收入	72 000	96 000	120 000
变动成本：			
变动生产成本	36 000	48 000	60 000
变动销售及管理费用	2 000	3 000	4 000
边际贡献	34 000	45 000	56 000
固定成本：			
固定制造费用	12 000	12 000	12 000
固定销售及管理费用	6 000	6 000	6 000
税前利润	16 000	27 000	38 000

表 2-12　　完全成本法损益表　　单位：元

项目＼年份	第一年	第二年	第三年
销售收入	72 000	96 000	120 000
销售成本：			
期初存货	0	15 000	15 000
加：本期生产	60 000	60 000	60 000
减：期末存货	15 000	15 000	0
毛利	27 000	36 000	45 000
期间成本：			
固定销售及管理费用	6 000	6 000	6 000
变动销售及管理费用	2 000	3 000	4 000
税前利润	19 000	27 000	35 000

情况 1（第一年）：

如果本期产量>本期销售量，且期初存货为零，那么：

变动成本法下的税前利润<完全成本法下的税前利润

两者差额=期末存货×当期单位固定性制造费用

当期末存货大于期初存货，即当产量大于销售量时，按变动成本法计算的利润小于按完全成本法计算的利润。这是因为期末存货增加的200件所形成的固定性制造费用（12 000÷800×200=3 000（元））在变动成本法下被如数列为当年的成本，而在完全成本法下这部分费用随存货被转入下期，则按完全成本法比按变动成本法少负担了固定性制造费用3 000元，所以，按变动成本法计算的利润（16 000元）小于按完全成本法计算的利润（19 000元），其差额正好是期末存货增加的200件所形成的固定性制造费用3 000元。

情况 2（第二年）：

如果本期产量=本期销售量，或期末存货=期初存货，那么：

变动成本法下的税前利润=完全成本法下的税前利润

两种成本方法求得的税前利润是相同的，因为当年的产量等于销售量或期初存货与期末存货相等。因此，采用完全成本法与采用变动成本法一样，均没有固定性制造费用需结转至下期，或自上期转入的问题，故两种成本方法计算的税前利润相同。本例中的第二年的情况计算的税前利润均为27 000元。

情况 3（第三年）：

如果本期产量<本期销售量，且期末存货为零，那么：

变动成本法下的税前利润>完全成本法下的税前利润

两者差额=期初存货×上期单位固定性制造费用

当期末存货小于期初存货，即产量小于销售量时，按变动成本法计算的利润大于按完全成本法计算的利润。这是因为变动成本法只承担本年的固定性制造费用，而完全成本法除了承担第三年的固定性制造费用外，还需承担第二年转来的固定性制造费用。本例中的第三年，变动成本法下计入第三年损益的固定性制造费用仍为12 000元，而在完全成本法下，第二年的期末存货200件所产生的3 000元固定性制造费用随存货的销售计入第三年的销售成本，则第三年按完全成本法比按变动成本法多承担了200件的固定性制造费用（12 000÷800×200=3 000（元）），因此利润减少了3 000元。

从上述连续三个会计年度来看，由于产量与销售量的总和相同，因此两种成本方法计算出来的税前利润的总数也是相等的。从长期来看，正常的企业应该能够达到产销平衡，由各期产量和销售量之间的关系所决定的两种成本法下税前利润的差异可以互相抵销，这也说明变动成本法更适用于短期经营决策。

（2）连续各期销售量稳定而产量不同。

在此种情况下，销售量稳定变动则表明企业各期的销售收入相同。由于各年固定制造费用总额相等，产量变动则表明在完全成本法下各年单位产品所负担的固定制造费用不同，其单位产品制造成本也不同。

【例2-12】承接【例2-11】，假设该企业连续三年的产量为1 000件、800件、600件，而三年的销售量均为800件，其他成本及费用资料不变。由于各期的销售量相同，因此各期的变动销售及管理费用也相同，假设均为3 000元。请分别采用变动成本法和完全成本法计算当期利润。

根据上述资料，分别采用变动成本法和完全成本法计算当期利润见表2-13和表2-14。

表2-13 **变动成本法损益表** 单位：元

项目 \ 年份	第一年	第二年	第三年
销售收入	96 000	96 000	96 000
变动成本：			
变动生产成本	48 000	48 000	48 000
变动销售及管理费用	3 000	3 000	3 000
边际贡献	45 000	45 000	45 000
固定成本：			
固定制造费用	12 000	12 000	12 000
固定销售及管理费用	6 000	6 000	6 000
税前利润	27 000	27 000	27 000

表2-14　　完全成本法损益表　　单位：元

项目＼年份	第一年	第二年	第三年
销售收入	96 000	96 000	96 000
销售成本：			
期初存货	0	14 400	15 000
加：本期生产	72 000	60 000	48 000
减：期末存货	14 400	15 000	0
毛利	38 400	36 600	33 000
期间成本：			
固定销售及管理费用	6 000	6 000	6 000
变动销售及管理费用	3 000	3 000	3 000
税前利润	29 400	27 600	24 000

从表2-13和表2-14可以得出如下结论：

（1）采用变动成本法，不论产量和存货如何变化，只要销售量相同，各年的损益也一定相等。这是因为各年的销售收入相同，在单位产品的售价和变动成本保持不变的情况下，各年的利润就相等。可见，采用变动成本法计算，决定利润大小的主要因素是产品的销售量，产量高低与存货的增减变化对利润无影响。而完全成本法没有这一特点。

（2）无论是【例2-11】还是【例2-12】的例题情况，当产销不均衡时，两种成本方法对利润的影响均是有规律的。按照两种成本方法计算出来的税前利润之所以会有差别，关键就在于期初存货与期末存货中所包含的固定制造费用的金额变动及其对比关系，可以归纳成如下三条规律作为小结：

①若期末存货中所包含的固定制造费用等于期初存货中所包含的固定制造费用，则两种方法计算的税前利润也必然相等。

②若期末存货中所包含的固定制造费用大于期初存货中所包含的固定制造费用，则按完全成本法计算出的税前利润要大于按变动成本法计算出的税前利润。其计算公式为：

$$\text{完全成本法与变动成本法利润差额}=\text{期末存货的单位固定制造费用}\times\text{期末存货量}-\text{期初存货的单位固定制造费用}\times\text{期初存货量}\quad\text{（公式2.9）}$$

视频

正确理解两种成本计算方法对税前利润的影响

③若期末存货中所包含的固定制造费用小于期初存货中所包含的固定制造费用，则按完全成本法计算出的税前利润要小于按变动成本法计算出的税前利润。其计算公式为：

$$\text{完全成本法与变动成本法利润差额}=\text{期初存货的单位固定制造费用}\times\text{期初存货量}-\text{期末存货的单位固定制造费用}\times\text{期末存货量}\quad\text{（公式2.10）}$$

（六）提供信息作用有所不同

完全成本法提供的信息能揭示外界公认的成本与产品在质的方面的归属关系，按照该方法提供的成本信息有助于促进企业扩大生产，能刺激增产的积极性。变动成本法能够提供反映成本与业务量之间、利润与销售量之间有关量的变化规律的信息，有助于加强成本管理，强化预测、决策、计划、控制和业绩考核等职能，促进以销定产，减少或避免因盲目生产而带来的损失。

三、变动成本法与完全成本法的评价

变动成本法和完全成本法都能为企业管理层提供有用会计信息，只是在特定情况下两种方法各有所长，体现出各自的优缺点。在研究哪种方法更为有用并进行评价时，应特别注意分析其所处的特定环境。

（一）在产品定价、计税和对外报告方面

完全成本法认为固定制造费用是在产品生产过程中发生的必不可少的成本，将其从产品成本中剔除，会低估产品成本。变动成本法认为任何超出变动成本的价格都是对固定成本的补偿和利润的源泉。因此，按照变动成本法计算出的产品成本不完全，不符合产品定价的要求，据此计算出的存货价值和会计损益，也不符合对外报送财务报表的要求和企业所得税法对计算应纳税所得额的要求。完全成本法则符合这些要求，大多数公司在以成本为基础的定价决策中总是以完全成本法数据为决策依据，也是从这一角度出发的。因此，变动成本法不能取代完全成本法。

（二）对资产的态度方面

变动成本法和完全成本法计算的根本区别或分歧就是两者如何看待固定性制造费用。换言之，固定性制造费用到底是一种可以在将来获取收益的资产，还是为了取得收益而已然丧失的资产。完全成本法认为固定性制造费用应该作为可以在将来获取收益的资产，而变动成本法认为固定性制造费用和产品的销售量无关，只和企业是否经营有关，不应该纳入产品成本，而应将其视为为了取得收益而已然丧失的资产，应该在当期予以补偿，确认为费用。固定性制造费用是经过资产负债表进入利润表，还是直接进入利润表，就是两者区别的直观体现。在完全成本法下，固定性制造费用经过资产负债表，在销售商品后作为销售成本再进入利润表。而在变动成本法下，固定性制造费用不像变动性制造费用经过资产负债表，待商品销售之后作为费用再进入利润表，而是直接作为期间费用进入利润表。

从理论上来说，变动成本法符合“收入与费用相匹配”这一公认会计原则的要求。变动成本法的基本原理就是把转作本期费用的成本，按照成本性态分为两大部分：一部分是直接与产品制造有联系的成本，即变动成本，如直接材料、直接人工，以及随着产量变动而变动的制造费用。它们需要按产品销售量的比例，将其中已销售的部分转作销售成本（即当期费用），同本期销售收入（即当期收益）相配合；另外，将未销售的产品成本转作存货成本，以便与未来预期获得的收益相配合。另一部分是同产品制造没有直接联系的成本，即固定成本。它们是为了保持生产能力并使其处于准备状态而引起的各种费用。这类成本与生产能力的利用程度无关，既不会因产量的提高而增加，又不会因产量的下降而减少，随着时间的消逝而逐渐丧失，故应全部列作期间成本，同本期的收益相配合，由当期的利润来负担。变动成本法是完全符合“收入与费用相匹配”这一公认会计原则的要求的，可以避免完全成本法由于受本期产量高低的影响，而把功过延期反映在下一个会计期间的销售成本和盈亏上。

（三）在利润与产销量方面

采用变动成本法，产量的高低与存货的增减对税前利润都没有影响。在销售单

价、单位变动成本、销售组合不变的情况下，企业的税前利润将随销售量同方向变动。这样促使管理层十分重视销售环节，并把主要精力集中在研究市场动态和消费者需求上，从而千方百计地加强促销，力求做到适销对路，防止盲目生产。采用完全成本法计算出的利润额则更多地与生产量相联系，在生产量大、销售量不大的情况下，计算得出的利润仍较大，因而可能导致企业只重生产不重销售，不根据市场需求以销定产，从而影响经济效益，其结果必然是盲目生产，仓库存量积压。

在适时制环境下，企业存货的库存水平都很低。由于产成品存货一直保持在最低水平，每期的存货水平变化不大，因此，完全成本法和变动成本法计算出的利润的差异就会很小。

（四）在成本控制与业绩评价方面

采用变动成本法，需要把成本划分为变动成本和固定成本，可以针对不同形态的成本分别采用不同的成本控制方法。对于随产量变动而变动的成本，可以根据产品的消耗单位定额进行控制；对于相对固定的成本，则根据有关的费用预算进行控制。一般来说，变动成本的高低主要是反映生产部门和采购部门的工作业绩，应主要由生产部门和采购部门负责；固定成本的高低反映的是管理部门的工作业绩，应由管理部门负责。因此，采用变动成本法还有利于各部门业绩的评价，调动各部门的积极性。当采用完全成本法时，不分变动成本和固定成本，在成本控制方面都存在一定的局限性，还可能歪曲各部门努力降低成本的真实业绩。

（五）在决策分析方面

短期生产经营决策通常借助边际贡献进行，各种产品的边际贡献标志着它们的盈利能力。只有采用变动成本法，才便于提供边际贡献信息，揭示销售量、成本和利润之间的依存关系，进行本量利分析，为企业短期生产经营预测和决策提供所需会计信息。就长期决策而言，企业生产能力会发生增减变动，固定成本也会发生变动，因此，长期决策应建立在补偿所有成本的基础之上。完全成本法所提供的会计信息，符合长期决策的需要。

（六）在成本计算和日常管理方面

采用变动成本法，把固定制造费用列作期间成本，从边际贡献总额中一笔减除，可以省掉许多间接费用的分摊手续。这不仅大大简化了产品成本的计算过程，而且避免了间接费用分摊中的主观性。在生产多品种的企业内，变动成本法可以使会计人员从繁重的成本计算工作中解脱出来。

视频

如何正确理解和评价两种成本计算方法

综上，变动成本法的优点主要是：能够促进企业重视市场，做到以销定产；简化成本核算；强化成本控制分析，促进成本降低；便于本量利分析，有利于短期经营决策。变动成本法的缺点主要是：不符合财务会计的产品成本概念以及对外报告的要求；不能满足长期经营决策和定价决策的需要等。

随堂测2-3

尽管变动成本法有一定的局限性，但西方企业几十年来的实践经验证明：变动成本法在强化企业内部经营管理、提高经济效益方面，确实起着巨大的作用。虽然美国会计界的权威机构（如美国注册会计师协会、美国证券交易委员会）反对根据变动成本法编制对外公开发布的基本财务报表，美国国内税务局也不采用这种方法计算税前利润，但他们并不否认这种方法的优越性。事实上，正是由于变动成本法具有上述的优点，美国会计学会（AAA）、全美会计人员联合会（NAA）等组织的有识之士，以及一些大中型企业的经理们和管理会计师们都认为，变动成本法不仅适用于企业内部管理，而且适用于对外报告。目前，很多西方企业采用“双轨制”做法：在期末对产品成本和存货成本的计价、税前利润的计算，以及基本财务报表的编制，均采用完全成本法；而日常在对内强化经营管理方面（如预测分析、决策分析、弹性预算编制、日常控制、业绩评价等），则采用变动成本法。

本章小结

本章主要阐述了管理会计成本性态分类和变动成本法。成本按经济用途分类可分为制造成本和非制造成本；成本按性态分类可分为固定成本、变动成本和混合成本。本章详细阐述了固定成本、变动成本和混合成本的定义、分类及各类成本的通用模型。企业在生产经营过程中发生很多成本以混合成本形式出现，这就要求采用适当的方法对混合成本分析进行分解，常用的分解方法有历史成本分析法、账户分析法、工程分析法，其中历史成本分析法又包括高低点法、散布图法和回归直线法。本章还阐述了变动成本法与完全成本法的主要差别在于对产品成本中的固定性制造费用的处理不同。这也引起了两种成本方法应用的前提条件不同、产品成本的构成内容不同、存货成本的构成内容不同以及分期损益确定的不同等。本章在此基础上还对变动成本法和完全成本法进行了简单评价，指出其优缺点。

本章练习

1. 已知某企业上半年某项混合成本资料见表2–15，并进行相关成本性态分析。

表2–15　**某项混合成本资料表**

月份	1	2	3	4	5	6
业务量x（万件）	6	8	4	7	9	5
混合成本y（万元）	110	115	85	105	120	110

要求：采用高低点法和回归直线法将以上混合成本分解为变动成本和固定成本，并分析产生差异的原因。

2. 已知某企业从事单一产品生产，某年的销售量为100件，产量为200件，期初无存货，单位产品售价为2 000元/件；管理费用与销售费用均为固定成本，两项费用各年总额均为5 000元；单位产品变动制造费用为1 000元/件，固定制造费用为20 000元。

要求：根据上述资料，不考虑销售税金，分别采用变动成本法和完全成本法计算税前利润，并说明差异产生的原因。

参考答案

头脑风暴

1. 为何成本按经济用途分类不能满足企业内部管理的要求？

2. 有人认为变动成本法应该完全取代完全成本法，你认同吗？请说明理由。

头脑风暴提示

分组任务提示

分组任务

1. 比较完全成本法和变动成本法有何差异？
2. 变动成本法和完全成本法的优缺点有哪些？

学思践悟

传统美德教育案例

案例

一个大学生的生活费

讨论问题：请你利用所学的专业知识划分一下固定成本、变动成本、混合成本，并给出节约开支的建议。

注意：结合固定成本、变动成本、混合成本的特点展开讨论，并进行勤俭节约传统品德教育。

教学案例

W公司的两种成本性态分析程序

本章测评

拓展阅读

变动成本法的应用建议和发展趋势

第三章

本量利分析

学习目标： 通过本章的学习，要求学生能够了解本量利分析的基本概念和框架，能够运用本量利分析方法进行保本点的分析，能够运用本量利分析方法进行保利点的分析，了解非线性和不确定条件下的本量利分析，能够编制和理解本量利关系图。

导入案例

常印曾经是某地方小企业的一名管理者，他一直渴望自己能够成为一名老板，因此，他随时随地都在寻找能够发展自己事业的机会。

常印的家就在镇政府所在地，每逢公历的“二、五、八”方圆近百里的村民都会到该镇赶集，他发现每逢赶集日，都有百里以外的企业到这里批发或零售奶油雪糕、冰淇淋。人们要排很长的队伍前来购买这种优质冷饮。尤其是天气渐暖以后，更是如此，前来赶集购买奶油雪糕、冰淇淋的人更多了，有的人很早就来排队，但到最后还是两手空空、悻悻而归。他也时常看到乡村的娃娃们花着高价，吃到的却是劣质的奶油冰淇淋。于是，他决定自己创办一家奶油冰淇淋加工厂，让父老乡亲们随时能够吃到物美价廉的奶油冰淇淋，在酷暑之时为期盼着凉爽的人们驱走燥热。

常印的老家位于外县的一个乡镇，周围方圆几十里都没有一家冷凝厂，人们渴望能有一个随时批发、零售奶油雪糕、冰淇淋的制冷厂家。尤其是生活在这里的农民们，绝大多数都从事机械化农业劳动，秋收后的农闲时间很多，在大半年的空闲时间里，很多人都想趁机搞些能带来收入的“小买卖”。近些年，人们的收入增多了，生活观念也在变化，村里村外的娃娃们，即便成人也是如此，都期盼着能够随时吃到口感好、营养丰富的本地奶油雪糕、冰淇淋。于是，常印坚定了信心，开始进行市场调查。

案例详细资料

经过两个月的调查与考核，常印坐下来重新考虑，他不知道是否应当设立这家奶油冰淇淋加工厂？它能盈利吗？每年能给自己带来多少利润呢？

第一节　保本点分析

本量利分析是对成本、产量（或销量）、利润之间依存关系进行分析的一种简称，又称CVP分析（cost-volume-profit analysis）。它是在成本性态分析和变动成本法的基础上进一步展开的一种分析方法，着重研究销售数量、价格、成本和利润之间的数量关系。本量利分析是管理会计中的一项基础内容，它的基本原理和分析方法在企业预测、决策、计划和控制等多方面有着广泛的用途，能够帮助管理者理解销售价格、销售量、单位变动成本、总固定成本和产品销售组合这些关键因素对利润的影响，是一项非常重要的决策工具。

一、本量利分析的基本方程式及常用指标

（一）本量利分析的基本方程式

建立本量利分析的基本因素包括固定成本、单位变动成本、销量、销售单价、利润（指息税前利润）。依据这些变量之间的关系，可以建立有关本量利分析的基本方程式如下：

利润=销售收入-销售成本

利润=销售单价×销量-（变动成本+固定成本）

利润=销售单价×销量-单位变动成本×销量-固定成本

利润=（销售单价-单位变动成本）×销量-固定成本

为了便于本章内容的学习，我们统一设下列符号：

P—利润　TR—收入　TC—总成本　VC—变动成本总额

PVC—单位变动成本　FC—固定成本　SP—单价　V—销量

因此，本量利分析的基本方程式可用公式表示为：

P=TR-TC=SP×V-PVC×V-FC=（SP-PVC）×V-FC　（公式3.1）

在上述方程式涉及的五个因素中，通常假设其中三个因素为常量，那么剩下的两个因素构成因果函数关系，当已知两者之间的某一因素时，即可求得另一个因素值。

（二）贡献毛益的方程式

1.贡献毛益

贡献毛益（contribution margin，CM），又称毛益贡献、边际贡献、创利额、边际利润等，是指产品销售收入扣除自身的变动成本后为企业所做的贡献。贡献毛益的任务为：一是对固定成本的贡献（补偿）；二是对利润的贡献（形成）。由于变动成本既包括制造过程中的变动成本（即产品变动成本），又包括非制造过程中的变动成本（即期间变动成本），因此，贡献毛益还可以具体分为制造贡献毛益和营业贡献毛益①。在本书中，如非特别申明，贡献毛益是指营业贡献毛益，即已经扣除了全部变动成本后的贡献毛益。

用公式形式表示如下：

贡献毛益=销售收入-变动成本

用字符表示为：

CM=TR-VC　（公式3.2）

由于：

利润=销售收入-变动成本-固定成本

即P=TR-VC-FC　（公式3.3）

因此，贡献毛益也可以表示为：

贡献毛益=利润+固定成本

即CM=P+FC　（公式3.4）

【例3-1】某企业只生产一种产品，单价为80元/件，单位变动成本为50元/件，本月销量为500件，固定成本为9 000元，则：

CM=80×500-50×500=15 000（元）

P=15 000-9 000=6 000（元）

2.单位贡献毛益

单位贡献毛益（per-unit contribution margin，PCM），是指单位价格弥补单位变动成本后的剩余部分，即每销售1件产品带来的利润水平的增加。

用公式形式表示如下：

单位贡献毛益=单位价格-单位变动成本

用字符表示为：

PCM=SP-PVC　（公式3.5）

如【例3-1】中，企业的单位贡献毛益=80-50=30（元）。

① 孙茂竹，文光伟，杨万贵. 管理会计学［M］. 8版. 北京：中国人民大学出版社，2018.

3.贡献毛益率

贡献毛益率（contribution margin ratio，CMR），是指贡献毛益在销售收入中所占的百分率，反映产品给企业做出贡献的能力。

用公式形式表示如下：

$$贡献毛益率=\frac{贡献毛益}{销售收入}\times 100\%=\frac{单位贡献毛益\times 销量}{销售单价\times 销量}\times 100\%=\frac{单位贡献毛益}{销售单价}\times 100\%$$

用字符表示为：

$$CMR=\frac{CM}{TR}\times 100\%=\frac{PCM\times V}{SP\times V}\times 100\%=\frac{PCM}{SP}\times 100\% \qquad （公式3.6）$$

如【例3-1】中，企业的贡献毛益率 $=\frac{30\times 500}{80\times 500}\times 100\%=\frac{30}{80}\times 100\%=37.5\%$。

当企业产销多种产品时，由于各产品的销售单价、单位变动成本存在差异，各自的贡献毛益率也往往不同，我们可以用各种产品的贡献毛益之和与这些产品的总销售收入之比来反映企业每实现1元销售收入所获得的贡献毛益。该比值称为加权平均贡献毛益率或综合贡献毛益率。其用公式表示为：

$$加权平均贡献毛益率=\frac{\sum 各产品贡献毛益}{\sum 各产品销售收入}\times 100\% \qquad （公式3.7）$$

加权平均贡献毛益率也可以用加权平均法计算。设有n种产品，以CM表示总的贡献毛益，以TR表示总的销售收入，则：

$$加权平均贡献毛益率=\frac{CM}{TR}\times 100\%=\frac{CM_1+CM_2+\cdots+CM_n}{TR}\times 100\%$$

$$=(\frac{CM_1}{TR}+\frac{CM_2}{TR}+\cdots+\frac{CM_n}{TR})\times 100\%$$

$$=(\frac{CM_1}{TR_1}\times\frac{TR_1}{TR}+\frac{CM_2}{TR_2}\times\frac{TR_2}{TR}+\cdots+\frac{CM_n}{TR_n}\times\frac{TR_n}{TR})\times 100\%$$

因为：某产品贡献毛益率 $=\frac{CM_t}{TR_t}\times 100\%$

所以：加权平均贡献毛益率 $=\sum$(各产品贡献毛益率 × 各产品占销售比重)　　（公式3.8）

在管理会计实务中，加权平均法应用最为普遍。

【例3-2】某铸造企业主要生产A、B、C、D四种铸件，有关经营数据见表3-1。试计算该企业的加权平均贡献毛益率。

表3-1　　企业有关经营数据表

品　种	本年销售量（吨）	单　价（万元/吨）	单位变动成本（万元/吨）	单位贡献毛益（万元/吨）
A	8 000	0.6	0.4	0.2
B	6 000	0.8	0.5	0.3
C	12 000	0.7	0.45	0.25
D	10 000	0.5	0.3	0.2

解法一：

$$加权平均贡献毛益率=\frac{CM}{TR}\times 100\%$$

$$=\frac{0.2\times 8\,000+0.3\times 6\,000+0.25\times 12\,000+0.2\times 10\,000}{0.6\times 8\,000+0.8\times 6\,000+0.7\times 12\,000+0.5\times 10\,000}\times 100\%$$

$$=36.52\%$$

解法二：

A产品占销售比重 = 20.87%

B产品占销售比重 = 20.87%

C产品占销售比重 = 36.52%

D产品占销售比重 = 21.74%

$$
\begin{aligned}
\text{加权平均贡献毛益率} &= \sum(\text{各产品贡献毛益率} \times \text{各产品占销售比重}) \\
&= \frac{0.2}{0.6} \times 20.87\% + \frac{0.3}{0.8} \times 20.87\% + \frac{0.25}{0.7} \times 36.52\% + \frac{0.2}{0.5} \times 21.74\% \\
&= 36.52\%
\end{aligned}
$$

4.变动成本率

变动成本率是指变动成本在销售收入中所占的比例，其计算公式为：

$$\text{变动成本率} = \frac{\text{变动成本}}{\text{销售收入}} \times 100\% = \frac{\text{单位变动成本}}{\text{销售单价}} \times 100\% \qquad \text{（公式 3.9）}$$

变动成本率与贡献毛益率有着密切的关系，即两者之和等于1。

二、单品种保本点的计算模型

保本点（break even point，BEP），又称盈亏临界点、盈亏分歧点、损益两平点、够本点等，是指企业处于不盈不亏、不赔不赚、利润为零时的业务量点（一般指销售量或销售额）。企业的销售收入扣减变动成本后得到贡献毛益，其首先要用以补偿固定成本，只有补偿固定成本以后还有余额才能为企业提供最终的利润；否则，就会发生亏损。如果贡献毛益刚好等于固定成本，那么就是处于不盈不亏的状态，此时的销售量即为保本点。在该业务量水平上，有关产品的销售收入总额正好等于销售成本总额，即企业收入与变动成本之差（贡献毛益总额）刚好与固定成本持平。

保本点分析就是根据成本、销售收入、利润等因素之间的函数关系，预测企业在何种情况下能够达到不盈不亏的状态。它是本量利分析的基础，企业在规划目标利润、控制利润完成情况、估计经营风险时都要用到保本点分析。它所提供的信息对于企业合理计划和有效控制经营过程极为重要，如预测成本、收入、利润和预计售价、销售量、成本水平的变动对利润的影响等。需要指出的是，除了销售量这个因素外，单价、变动成本和固定成本的变动，同样可以使企业达到不盈不亏的状态。

保本点可以采用公式法和图示法两种方法确定。公式法采用数学模型进行计算，图示法则是将保本点反映在直角坐标系中。

（一）保本点计算的基本模型

根据保本点的定义，我们可以得到：

$$SP \times V - PVC \times V - FC = 0$$

进而可以得到：

$$V = \frac{FC}{SP - PVC}$$

即：保本销售量=固定成本÷（单价-单位变动成本）=固定成本÷单位边际贡献　　（公式 3.10）

上述公式就是保本点的基本模型。在其他因素既定的条件下，保本点的计算可以采取实物量和金额两种方式。

1.按实物量计算

仍以【例3-1】中的数据为条件，则保本点的销售量为：

$$V=\frac{FC}{SP-PVC}=\frac{9\,000}{80-50}=300\text{（件）}$$

2.按金额计算

由 $V=\frac{FC}{SP-PVC}$，可得：

$$V\times SP=FC\times\frac{SP}{SP-PVC}=\frac{FC}{\frac{SP-PVC}{SP}}$$

即：$\text{保本销售额}=\text{保本销售量}\times\text{单价}=\frac{\text{固定成本}}{\text{贡献毛益率}}$ （公式3.11）

在【例3-1】中，企业的贡献毛益率为37.5%，则该企业保本点的销售额为：

$$V\times SP=\frac{9\,000}{37.5\%}=24\,000\text{（元）}$$

（二）保本点计算的模型拓展

1.保本作业率

保本作业率，又称“盈亏临界点作业率”，有些教材又称之为“危险率”，其是以百分比的形式表达保本点临界值的一种方式，是盈亏临界点的销售量占企业正常销售量的百分比。正常销售量，是指在正常市场环境中和企业正常开工情况下产品的销售数量。其计算模型如下：

$$\text{保本作业率}=\frac{\text{保本销售量}}{\text{正常销售量}}\times100\%$$ （公式3.12）

上述比率表示企业实现保本的业务量与正常的业务量的比。由于企业通常按照正常的销售量来安排产品的生产，在合理库存的条件下，产品产量与正常的销售量应该大体相同。因此，保本作业率还可以表明企业在保本状态下生产能力的利用程度。该指标是一项反指标，即保本作业率越小，说明企业在保本状态下生产能力的利用程度越小，也越安全，盈利空间就越大；反之，盈利空间就越小。

仍使用【例3-1】中的数据，企业的正常销售量为500件，则盈亏临界点的作业率为60%（300÷500×100%）。这意味着该企业的作业率只有达到60%以上，才能获得盈利，否则就会发生亏损。

2.安全边际和安全边际率

安全边际，是指正常销售量或现有销售量超过盈亏临界点销售量的差额。这个差额标志着从现有销售量到盈亏临界点有多大的差距，或者说明现有销售量再降低多少才会发生亏损。

安全边际主要用于分析企业经营的安全程度。企业处于不盈不亏状态，意味着当期的贡献毛益已经全部被固定成本抵销，因此，只有企业的销售量超过盈亏临界点的销售量，其超出部分所提供的贡献毛益才能形成企业的最终利润。安全边际越大，说明企业实现的利润越多，发生亏损的可能性就越低，经营也就越安全。它从相反的角度研究了保本点问题。

安全边际可以用绝对数和相对数两种形式表示，计算公式如下：

安全边际（量）=正常销售量或现有销售量-保本销售量 （公式3.13）

$$安全边际率 = \frac{安全边际(量)}{现有销售量或预计销售量} \quad （公式3.14）$$

安全边际率和保本作业率之间存在着这样的关系：

安全边际率 + 保本作业率 = 1

【例3-3】 假设某企业盈亏临界点的销售量为300件，预计正常销售量为500件，销售单价为80元/件，则：

安全边际（量）=500-300=200（件）

或 安全边际（额）=500×80-300×80=16 000（元）

$$安全边际率=\frac{200}{500}\times 100\% = 40\%$$

或 $$安全边际率=\frac{16\ 000}{40\ 000}\times 100\% = 40\%$$

由于安全边际是企业补偿完固定成本之后的销售量，因此，只有安全边际提供的贡献毛益才能为企业提供利润。借助安全边际这一概念，利润可以用如下公式计算：

利润 = 安全边际销售数量 × 单位贡献毛益

$$= 安全边际销售数量 \times 销售单价 \times \frac{单位贡献毛益}{销售单价} \times 100\% \quad （公式3.15）$$

= 安全边际销售收入 × 贡献毛益率

将上式的左右两边均除以产品销售收入，则有：

销售利润率 = 安全边际率 × 贡献毛益率 （公式3.16）

保本作业率及安全边际等概念对企业的生产安排有一定的指导意义。

三、多品种保本点的计算模型

当企业生产多种产品时，可以利用单品种保本点分析的基本原理，计算综合保本点。由于各产品单价、单位变动成本、贡献毛益率以及计量单位的不同，因此，保本点无法用销售量来表示，必须用销售额来表示，反映的是几种产品的综合保本销售额。

综合保本销售额的高低与产品的销售结构比例有着直接联系，一般利用加权平均贡献毛益率来计算，在此基础上，可按销售结构比例进一步计算各产品的保本销售额和保本销售量。其计算公式如下：

$$综合保本销售额 = \frac{固定成本}{加权平均贡献毛益率} \quad （公式3.17）$$

某种产品的保本销售额 = 综合保本销售额 × 该产品占销售比例

$$某种产品的保本销售量 = \frac{该种产品的保本销售额}{该种产品的销售单价} \quad （公式3.18）$$

【例3-4】 仍以【例3-2】中的数据为条件，假定该铸造企业当年的固定成本为5 000元。试计算该企业当年的综合保本销售额以及各产品的保本销售额和保本销售量。

由前述计算可知，该铸造企业的加权平均贡献毛益率为36.52%，因此：

$$综合保本销售额 = \frac{5\ 000}{36.52\%} = 13\ 691.13（元）$$

按销售结构比例计算各产品的保本销售额和保本销售量：

A 产品保本销售额=13 691.13×20.87%=2 857.34（元）

A 产品保本销售量=2 857.34÷0.6=4 762.23（吨）

B 产品保本销售额=13 691.13×20.87%=2 857.34（元）

B 产品保本销售量=2 857.34÷0.8=3 571.68（吨）

C 产品保本销售额=13 691.13×36.52%=5 000（元）

C 产品保本销售量=5 000÷0.7=7 142.86（吨）

D 产品保本销售额=13 691.13×21.74%=2 976.45（元）

D 产品保本销售量=2 976.45÷0.5=5 952.9（吨）

视频

保本点分析技巧

在综合保本销售额的基础上，按销售结构比例所确定的各产品的保本销售额和保本销售量，与按单品种保本点分析方法，首先把固定成本按销售额的比例分配，然后计算各产品的保本额和保本量，其结果是存在差异的，这是因为单品种计算方法假设了固定成本的分配基础。因此，从这一意义上来说，如果几种产品有共同的固定成本，则在综合保本额的基础上再进行分别计算比较符合实际。

四、保本图

虽然保本点能够给管理者传递一个非常有用的信息，但是其并没有说明利润随业务量的变化而如何变化。为了捕捉利润与业务量之间的关系，通常采用图示法将保本点分析反映在直角坐标系中，该图形称为保本图或盈亏临界图。

与公式法相比，图示法具有形象直观、简明易懂的特点，但由于图示法是依靠目测绘制的，因此不可能十分准确，通常应与公式法配合使用。企业在进行成本、业务量和利润的目标规划时往往需要反复测算，测算时采用公式法可能更为方便。

保本图可以根据不同的目的及掌握的不同资料而绘制成不同形式的图形，通常有基本式、贡献毛益式、量利式、单位式等。

（一）基本式保本图

基本式保本图是保本图最基本的形式，其特点是将固定成本置于变动成本之下，从而清楚地表明固定成本不随业务量变动的特征。单品种基本式保本图的绘制方法如下：

（1）绘制直角坐标系，以横轴表示业务量，如销售量、作业率、工时、服务量等，以纵轴表示成本与销售收入。

（2）绘制销售收入线。以坐标原点为起点，并在横轴上任取一个整数销售量，计算其销售收入，在坐标上找出与之相对应的纵轴交叉点，连接这两点并适当向上延伸，即为销售收入线（斜率为销售单价 SP）。

（3）绘制固定成本线。在纵轴上确定固定成本的数值，以此为起点绘制一条平行于横轴的直线，即为固定成本线。

（4）绘制总成本线。在横轴上取一个销售量数值并计算其总成本，在坐标上标出该点，然后将纵轴上的固定成本点与该点连接并同样适当向上延伸，便可画出总成本线（斜率为单位变动成本 PVC）。

上述总成本线与销售收入线的交点即为保本点。当销售水平超过保本点时，总收入线与总成本线所夹的三角区域为盈利区；当销售水平低于保本点时，总收入线与总成本线所夹的三角区域为亏损区。

根据【例3-1】中的相关资料，可绘制基本式保本图，如图3-1所示。

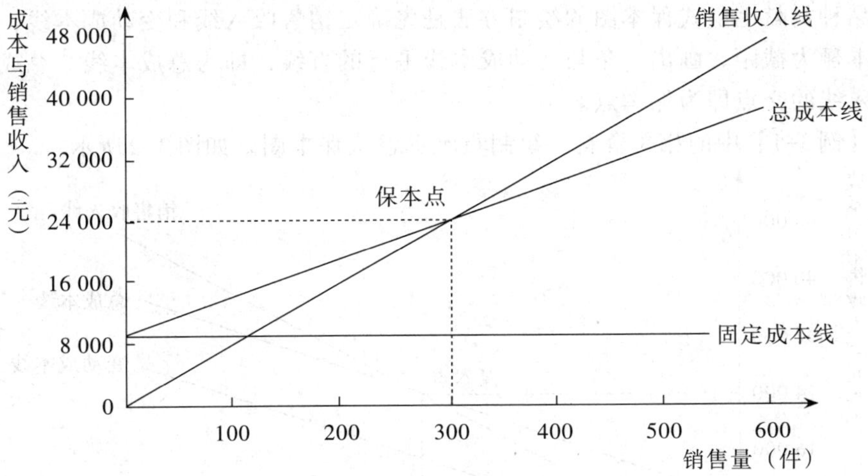

图3-1　基本式保本图

从图3-1中可以看出，只有当销售单价大于单位变动成本时，销售收入线与总成本线才能相交，即存在保本点。这是因为只有当销售单价大于单位变动成本时，才能形成贡献毛益，从而补偿固定成本。保本点的位置取决于固定成本、单位变动成本、销售单价这几个因素。它们之间的关系具体表现为以下几个方面：

（1）在固定成本、单位变动成本、销售单价不变的情况下，即在保本点既定的情况下，销售量越大，实现的利润越多（当销售量超过保本点时），或者说亏损越少（当销售量不足盈亏临界点时）；反之，则利润越少或亏损越多。这是保本图中的基本关系。

（2）在总成本既定的情况下，保本点的位置随销售单价的变动而逆向变动：销售单价越高（表现在坐标图中就是销售收入线的斜率越大），保本点就越低；反之，保本点就越高。

（3）在销售单价、单位变动成本既定的情况下，保本点的位置随固定成本的变动而同向变动：固定成本越大（表现在坐标图中就是总成本线与纵轴的交点越高），保本点就越高；反之，保本点就越低。

（4）在销售单价和固定成本既定的情况下，保本点的位置随单位变动成本的变动而同向变动：单位变动成本越高（表现在坐标图中就是总成本线的斜率越大），保本点就越高；反之，保本点就越低。

基本式保本图同样适用于多品种情况下的保本点分析。在企业所售产品的品种构成比例不变，也就是各产品的加权平均贡献毛益率不变的情况下，总成本线是唯一的。此外，由于各产品的销售单价、单位变动成本、贡献毛益率以及计量单位不同，坐标系横轴通常以组合销售收入表示，此时，销售收入线的仰角为45度；总成本线的斜率为各产品的加权平均变动成本率；总成本线与销售收入线的交点即为综合保本点。

（二）贡献毛益式保本图

贡献毛益式保本图的特点是将固定成本置于变动成本之上，以便形象地反映贡献毛益的形成过程和构成，即产品的销售收入减去变动成本以后就是贡献毛益，贡献毛益再减去固定成本即利润。可以说，贡献毛益式保本图更符合变动成本法的思路，也更符合保本点分析的思路。

单品种贡献毛益式保本图的绘制方法是先确定销售收入线和变动成本线，然后以固定成本额为截距，画出一条与变动成本线平行的直线，即为总成本线。总成本线与销售收入线的交点即为保本点。

按【例3-1】中的相关资料，绘制贡献毛益式保本图，如图3-2所示。

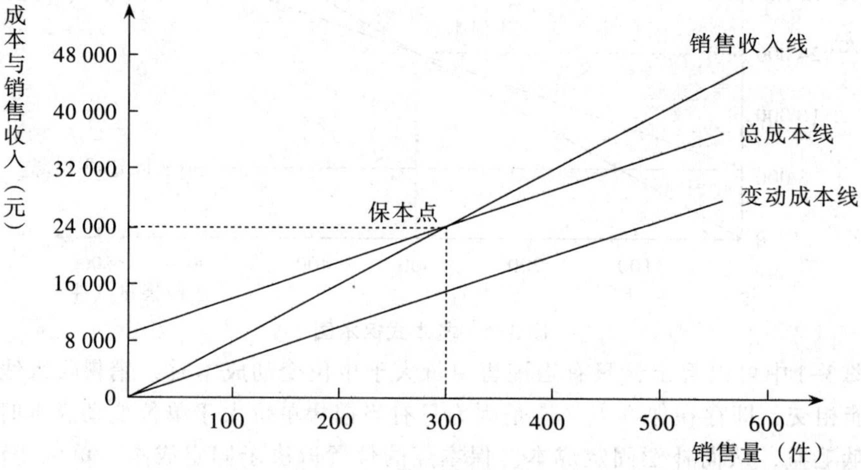

图3-2 贡献毛益式保本图

比较上述两个图示（图3-1和图3-2），由于它们所选取的数据是相同的，因此二者的盈亏临界点也是一致的。

在多品种的情况下，当各产品的品种构成比例不变时，保本点同样可以在贡献毛益式保本图中表示出来。其坐标系横轴也通常以组合销售收入表示，总成本线的斜率为各产品的加权平均变动成本率。

（三）量利式保本图

量利式保本图，简称量利图，又称利润图，其特点是纵轴省略了销售收入与成本因素，直观地反映了利润与业务量之间的依存关系。量利图简明扼要，易于理解，因此受到企业高层经理人员的欢迎。

1.单品种量利图

按【例3-1】中的相关资料，绘制量利式保本图，如图3-3所示。

从图中可以看到，当销售量为零时，企业的亏损就等于固定成本；随着销售量的增长，亏损逐渐减少直至盈利。这是由于贡献毛益逐步补偿固定成本所致的。应该注意的是，当量利图的横轴表示的是销售量时，利润线的斜率为单位贡献毛益，单位贡献毛益越大，利润线的斜率也就越大，保本点的盈亏临界值也就越小；当量利图的横轴表示的是销售收入时，利润线的斜率为贡献毛益率，贡献毛益率越大，利润线的斜率也就越大，保本点的盈亏临界值也就越小。

量利式保本图的绘制方法如下：

（1）绘制直角坐标系，以纵轴表示利润或贡献毛益，以横轴表示业务量，如销售量、销售收入、作业率、工时、服务量等。

（2）在纵轴上找出销售量为零时的利润数，该点刚好等于固定成本数相应的负值。

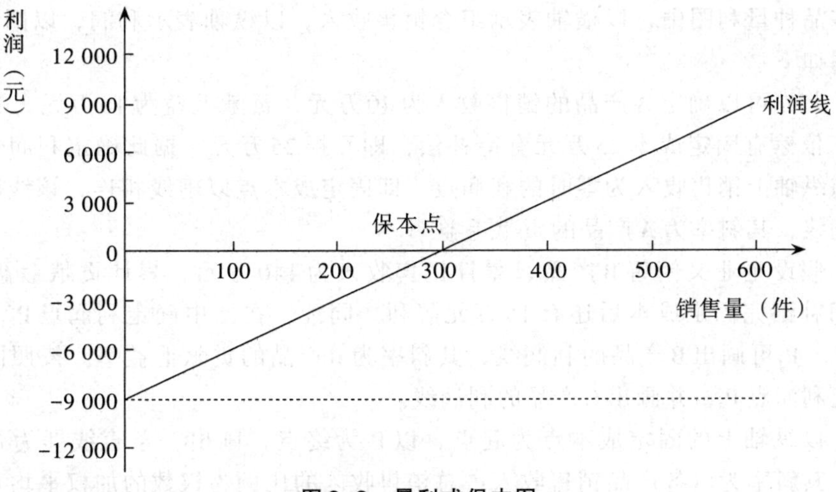

图3-3 量利式保本图

（3）在横轴上任取一销售量，计算在该销售水平下的损益数，并将该点标于坐标系中。连接该点与纵轴上销售量为零时的利润数，并适当向上延伸便可画出利润线。

上述利润线与横轴的交点即为保本点。

2.多品种量利图

多品种量利图的绘制方法和思路与单一品种情况下的量利图大致相同，所不同的是需要按照不同的贡献毛益率画出各产品的利润线，累进绘制贡献毛益，逐步描述对固定成本的补偿和利润的形成。下面举例说明多品种量利图的绘制。

【例3-5】假设某企业年固定成本为40万元，该企业生产和销售A、B、C三种产品，产品有关资料见表3-2。试根据所给资料绘制该企业量利式保本图。

表3-2 某企业产品有关资料表

产品	销售量（件）	销售单价（元/件）	单位变动成本（元/件）	单位贡献毛益（元/件）	贡献毛益（元）
A	5 000	80	50	30	150 000
B	10 000	100	60	40	400 000
C	5 000	60	40	20	100 000

根据表3-2的有关资料绘制该企业量利式保本图，如图3-4所示。

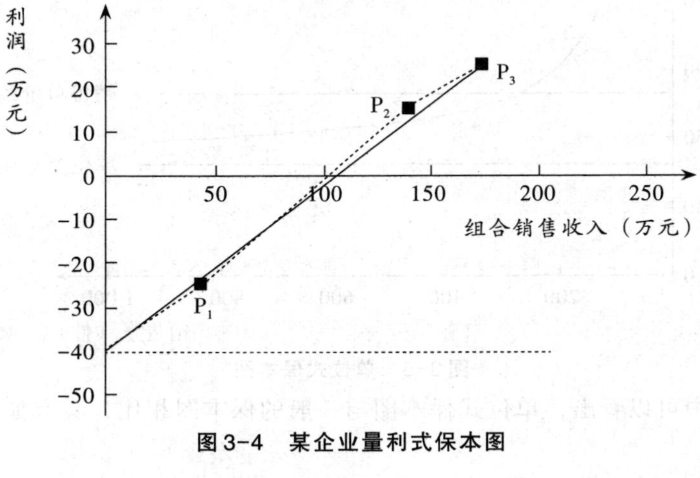

图3-4 某企业量利式保本图

在多品种量利图中，以横轴表示组合销售收入，以纵轴表示利润，以图3-4为例具体说明如下：

（1）首先可以确定A产品的销售收入为40万元，贡献毛益为15万元，补偿固定成本后，依然有固定成本25万元有待补偿，即亏损25万元。据此确定利润点P_1，并将此点与纵轴上销售收入为零时的利润点，即固定成本点以虚线相连，该线即为A产品的利润线，其斜率为A产品的贡献毛益率。

（2）假设企业又销售B产品，累计销售收入为140万元，累计贡献毛益为55万元，说明补偿完固定成本后还有15万元盈利。同理，在图中确定利润点P_2，并以虚线连接P_1、P_2可画出B产品的利润线，其斜率为B产品的贡献毛益率。按照同样的方法可确定利润点P_3，并画出C产品的利润线。

（3）以纵轴上的固定成本点为起点，以P_3为终点，画出一条直线即为企业的总利润线。其斜率为以各产品销售收入占总销售收入的比例为权数的加权平均贡献毛益率，其与横轴的交点即为企业的综合保本点。

需要指出的是，当企业所售产品的加权平均贡献毛益率不变时，总利润线是唯一的，与各产品利润线的绘制顺序没有关系。

除了对多品种综合保本点分析以外，从量利图中还可以看出各产品的获利能力。贡献毛益率越高，利润线的斜率就越大，产品的获利能力也就越强。在本例中，B产品的贡献毛益率最高，其利润线的斜率最大，获利能力最强；A产品次之；C产品最低。

（四）单位式保本图

一般的保本图都是用以描述销售总量、总成本和总利润这三者之间的相互关系，而单位式保本图则是将单位产品（或者其他的单位业务量）售价、单位产品成本和单位产品利润这三者之间的相互关系以及这三者与销售量之间的关系借助直角坐标系方式来加以描述。

根据【例3-1】中的有关资料，绘制单位式保本图，如图3-5所示。

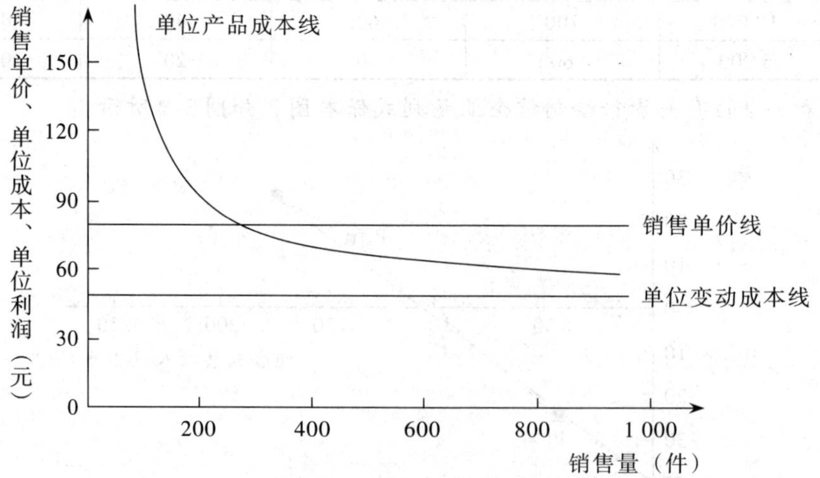

图3-5 单位式保本图

从图3-5中可以看出，单位式保本图与一般的保本图相比，具有如下特征：

（1）单位变动成本“固定”化了，单位变动成本线为一条直线；单位固定成本“变动”化了，单位固定成本线成了一条曲线。当然，单位产品成本线（包含了单位变动成本和单位固定成本）也就成了一条曲线。

（2）当产品销售量越来越小时，企业的亏损就越来越趋于固定成本；而当销售量越来越大时，由于单位产品所负担的固定成本越来越小，因此单位产品成本也就越来越接近于单位变动成本，单位产品利润则越来越接近于单位贡献毛益。

视频

如何利用保本图进行本量利分析

（3）产品销售单价线与单位产品成本线的交点即为保本点，也就是说，在与这一点相应的销售量下，全部的销售收入刚好抵销全部的成本。

除上述几种图形外，保本图还有其他一些较为常见的形式，如现金式、各因素变动前后对照式以及各种复合式等，这些图式都是由上述几种图形演变而来的，服务于特定目的的分析。

五、有关因素变动对保本点的影响

前述对保本点的分析主要建立在销售单价、单位变动成本、固定成本、品种构成等有关因素固定不变的基础之上。但是，在企业的实际经济活动中，这些因素都处于不断的变化之中。若能事先了解有关因素对保本点的影响，就能及时采取措施降低保本点，以避免亏损或减少亏损。

在单品种条件下，影响保本点的主要因素是销售单价、单位变动成本和固定成本的变动；在多品种条件下，还需考虑品种构成的影响。

下面逐一说明有关因素变动对保本点的影响。

【例3-6】某企业生产甲产品，销售单价为30元/台，单位变动成本为20元/台，月固定成本为3 000元，则保本点的销售量为：

$$V=\frac{3\ 000}{30-20}=300\text{（台）}$$

（一）销售单价变动对保本点的影响

销售单价对保本点的影响最为直接。在一定的成本水平条件下，产品销售单价的变动与保本点的升降存在反方向变化关系。其具体表现为：销售单价越高，保本点越小，同样销售量下实现的利润也就越高；反之，保本点越大，利润也就越低。这是由于单位产品贡献毛益增加，对固定成本的补偿能力提高所致。

假设【例3-6】中，产品销售单价提高到40元/台，则保本销售量为：

$$V=\frac{3\ 000}{40-20}=150\text{（台）}$$

用图示法表现为，产品销售单价提高，销售收入线斜率变大，保本点左移，盈利区域变大。

（二）单位变动成本变动对保本点的影响

在销售单价和固定成本不变的情况下，单位变动成本与保本点的升降同方向变动。这是由于如果单位产品贡献毛益减小，对固定成本的补偿能力降低所致。

假设【例3-6】中，产品单位变动成本提高到25元/台，则保本销售量为：

$$V=\frac{3\ 000}{30-25}=600\text{（台）}$$

用图示法表现为，产品单位变动成本提高，总成本线斜率提高，保本点右移，亏损区域变大，盈利区域变小。

（三）固定成本变动对保本点的影响

在销售单价和单位变动成本不变的情况下，固定成本与保本点的升降同方向变动。这是由于固定成本提高，需要更多的贡献毛益来弥补所致。

假设【例3-6】中，企业月固定成本提高到4 000元，则保本销售量为：

$$V = \frac{4\,000}{30 - 20} = 400\text{（台）}$$

用图示法表现为，固定成本提高，总成本线平行上移，保本点右移，亏损区域变大，盈利区域变小。

（四）产品品种构成变动对保本点的影响

产品品种构成变动影响保本点是因为各产品的获利能力不同所致。当各产品的贡献毛益率不相等时，产品品种构成变动会导致加权平均贡献毛益率上升或下降，从而影响综合保本销售额的变动。概括地说，如果边际贡献率高（获利能力强）的产品销售结构比例提高，那么加权平均贡献毛益率提高，保本点降低；反之，如果贡献毛益率低（获利能力弱）的产品销售结构比例提高，那么加权平均贡献毛益率就会降低，从而导致保本点提高。

【例3-7】假设某企业年固定成本总额为4万元，生产和销售甲、乙、丙三种产品，有关数据资料见表3-3。

表3-3 **某企业有关数据资料表** 金额单位：元

产　品	销售量（件）	销售单价（元/件）	单位变动成本（元/件）	销售收入	占总收入百分比（%）	贡献毛益	贡献毛益率（%）
甲	3 000	16	11	48 000	20	15 000	31.25
乙	6 000	24	12	144 000	60	72 000	50
丙	4 000	12	9	48 000	20	12 000	25
合　计				240 000	100	99 000	

根据表3-3有关资料，计算可得：

$$\text{加权平均贡献毛益率} = 20\% \times 31.25\% + 60\% \times 50\% + 20\% \times 25\% = 41.25\%$$

则有：

$$\text{保本销售额} = \frac{\text{固定成本}}{\text{加权平均贡献毛益率}} = \frac{40\,000}{41.25\%} = 96\,969.7\text{（元）}$$

假定其他条件不变，只是企业产品的品种构成由原来的20：60：20变为20：70：10，即乙产品销售量由原来的6 000件增加到7 000件，丙产品销售量由原来的4 000件减少到2 000件，则改变后的加权平均贡献毛益率和保本销售额计算如下：

$$\text{加权平均贡献毛益率} = 20\% \times 31.25\% + 70\% \times 50\% + 10\% \times 25\% = 43.75\%$$

$$\text{保本销售额} = \frac{\text{固定成本}}{\text{加权平均贡献毛益率}} = \frac{40\,000}{43.75\%} = 91\,428.6\text{（元）}$$

通过对比分析可以发现，由于品种构成的改变，保本销售额也发生了变化。在三种产品中，乙产品贡献毛益率最高，获利能力最强；甲产品次之；丙产品最弱。产品品种构成变动之后，乙产品销售比例有所上升，提高了其加权平均贡献毛益率，使得保本点降低。

在实际工作中，企业拥有的各项经济资源的数量多寡和品种构成等是时常变化的。无论是为实现保本平衡，还是为实现目标利润，企业在同时生产经营多种产品时必须实现的产销数量和结构，都是可以或应当根据自身实际拥有经济资源数量而做出相应的、适当的调整。因此，计算保本点销售额和目标利润，不是保本点分析的目标，而仅仅是生产经营决策的参考凭据之一。管理会计人员还必须根据企业的生产经营规划，运用保本点分析指标，提供使企业成本最低、利润最大的多品种产品生产经营的最佳结构指标或模型。

随堂测 3-1

第二节　保利点分析

保本点为管理层建立了一道经营中的预警线，但企业对其设立的出发点和归宿是为了获利，否则企业无法生存、发展，因此，企业应该在保本点分析的基础上进行进一步的目标利润规划分析。目标利润是根据企业在计划期间的实际生产能力、生产技术水平、原材料和能源供应以及市场需求等情况，在测算价格、成本、销售量水平的基础上提出的利润目标。企业在产品销售单价和成本水平确定的情况下，为确保预先确定的目标利润能够实现而应达到的销售量和销售额，称为保利点。对实现目标利润进行的分析和规划即为保利点分析，它是保本点分析的延伸和拓展。

一、单品种保利点的计算

为便于分析和预测目标利润，需建立保利点的计算模型。此种模型可以分为以下两种：

（一）实现税前目标利润模型

假设P_t为目标利润，V_t为保利销售量，根据本量利分析的基本模型：

$$P=(SP-PVC)\times V-FC$$

则有：

$$P_t=(SP-PVC)\times V_t-FC$$

$$V_t=\frac{P_t+FC}{SP-PVC}=\frac{P_t+FC}{PCM}$$

即为：

$$\frac{\text{保利销售量}}{\text{（实现目标利润的销售量）}}=\frac{\text{目标利润}+\text{固定成本}}{\text{销售单价}-\text{单位变动成本}}=\frac{\text{目标利润}+\text{固定成本}}{\text{单位贡献毛益}}\quad\text{（公式3.19）}$$

将上式的等号两边同乘以产品的销售单价，则有：

$$\frac{\text{保利销售额}}{\text{（实现目标利润的销售额）}}=\frac{\text{目标利润}+\text{固定成本}}{\text{贡献毛益率}}\quad\text{（公式3.20）}$$

【例3-8】沿用【例3-1】的有关资料，某企业只生产一种产品，单价为80元/件，单位变动成本为50元/件，本月销售量为500件，固定成本为9 000元，企业计划月目标利润为30 000元。试确定为实现目标利润应完成的销售量和销售额。

根据上述资料，计算如下：

$$\begin{array}{c}\text{保利销售量}\\(\text{实现目标利润的销售量})\end{array}=\frac{30\,000+9\,000}{80-50}=1\,300\text{（件）}$$

$$\begin{array}{c}\text{保利销售额}\\(\text{实现目标利润的销售额})\end{array}=\frac{30\,000+9\,000}{37.5\%}=104\,000\text{（元）}$$

（二）实现税后目标利润模型

前文所讲的目标利润均为税前利润，但真正影响企业在生产经营中现金流量的现实因素，不是税前利润，而是税后利润。因此，从税后利润着眼，进行目标利润的规划和分析，将更加符合企业生产经营的实际。实现税后目标利润的业务量，可称为保净利点。

由税后利润=税前利润×（1–所得税税率），可得：

$$\text{税前利润}=\frac{\text{税后利润}}{1-\text{所得税税率}}$$

则有：

$$\begin{array}{c}\text{保净利销售量}\\(\text{实现税后目标利润的销售量})\end{array}=\frac{\dfrac{\text{税后目标利润}}{1-\text{所得税税率}}+\text{固定成本}}{\text{单位贡献毛益}} \qquad \text{（公式 3.21）}$$

$$\begin{array}{c}\text{保净利销售额}\\(\text{实现税后目标利润的销售额})\end{array}=\frac{\dfrac{\text{税后目标利润}}{1-\text{所得税税率}}+\text{固定成本}}{\text{贡献毛益率}} \qquad \text{（公式 3.22）}$$

在【例3-8】中，假定其他条件不变，税后目标利润为22 500元，企业所得税税率为25%，则有：

$$\begin{array}{c}\text{保净利销售量}\\(\text{实现税后目标利润的销售量})\end{array}=\frac{\dfrac{22\,500}{1-25\%}+9\,000}{30}=1\,300\text{（件）}$$

$$\begin{array}{c}\text{保净利销售额}\\(\text{实现税后目标利润的销售额})\end{array}=\frac{\dfrac{22\,500}{1-25\%}+9\,000}{37.5\%}=104\,000\text{（元）}$$

二、多品种保利点的计算

若企业生产多种产品，其目标利润销售量和目标利润销售额的确定通常也可以采用多品种保本点分析的“加权平均贡献毛益率法”。首先计算出实现综合目标利润的销售额，然后根据各产品的销售结构比例及其销售单价，分别计算出各产品的目标利润销售额和目标利润销售量。多品种保利点的计算模型和多品种保净利点的计算模型分别如下：

（一）多品种保利点的计算模型

$$\begin{array}{c}\text{综合保利销售额}\\(\text{实现综合目标利润的销售额})\end{array}=\frac{\text{目标利润}+\text{固定成本}}{\text{加权平均贡献毛益率}} \qquad \text{（公式 3.23）}$$

某产品目标利润销售额 = 综合目标利润销售额 × 该产品占销售比例

$$\text{某产品目标利润销售量}=\frac{\text{该产品目标利润销售额}}{\text{该产品销售单价}} \qquad \text{（公式 3.24）}$$

【例3-9】 承接【例3-7】，假定该企业税前目标利润为10万元。试确定该企业的综合保本销售额及各产品的目标利润销售量。

根据已知条件，计算如下：

$$加权平均贡献毛益率 = 20\% \times 31.25\% + 60\% \times 50\% + 20\% \times 25\% = 41.25\%$$

$$\begin{array}{c}综合保利销售额\\(实现综合目标利润的销售额)\end{array} = \frac{100\,000 + 40\,000}{41.25\%} = 339\,394（元）$$

甲产品的目标利润销售额=339 394×20%=67 879（元）

乙产品的目标利润销售额=339 394×60%=203 636（元）

丙产品的目标利润销售额=339 394×20%=67 879（元）

$$甲产品的目标利润销售量 = \frac{67\,879}{16} = 4\,242（件）$$

$$乙产品的目标利润销售量 = \frac{203\,636}{24} = 8\,485（件）$$

$$丙产品的目标利润销售量 = \frac{67\,879}{12} = 5\,657（件）$$

通过计算可知，企业要实现目标利润10万元，在当前的品种构成下，综合销售额需达到339 394元，甲、乙、丙的销售量需分别达到4 242件、8 485件和5 657件。

（二）多品种保净利点的计算模型

$$\begin{array}{c}综合保净利销售额\\(实现税后目标利润的销售额)\end{array} = \frac{\dfrac{税后目标利润}{1 - 所得税税率} + 固定成本}{加权平均贡献毛益率} \quad （公式3.25）$$

三、有关因素变动对保利点的影响

保利点模型是保本点模型的延伸和拓展，影响保本点的因素都可能对实现目标利润产生一致的影响。下面举例说明有关因素变动对保利点的影响。

【例3-10】假设某企业生产和销售单一产品。该企业计划年度内预计销售产品4 000件，预计全年固定成本为60 000元，该产品单价为80元/件，单位变动成本为40元/件，则计划年度的目标利润为：

P_t=4 000×（80−40）−60 000=100 000（元）

（一）销售单价变动对保利点的影响

销售单价对目标利润的影响最为直接。销售单价提高，单位贡献毛益增加，企业只需较少的销售量便能实现目标利润。

在【例3-10】中，假设其他条件不变，销售单价由原来的80元/件提高到90元/件，则：

$$保利销售量 = \frac{100\,000 + 60\,000}{90 - 40} = 3\,200（件）$$

可见，销售量由4 000件减少到3 200件便能实现目标利润。

（二）单位变动成本变动对保利点的影响

单位变动成本与目标利润之间是此消彼长的关系，即单位变动成本提高，目标利润减少，会使企业实现目标利润的销售量增加。

在【例3-10】中，假设其他条件不变，单位变动成本由原来的40元/件提高到60元/件，则实现目标利润的销售量需增加到：

$$保利销售量 = \frac{100\,000 + 60\,000}{80 - 60} = 8\,000（件）$$

（三）固定成本变动对保利点的影响

同上，固定成本增加会使保利销售量增加。这是由于固定成本增加之后，企业需要销售更多的产品来提供贡献毛益以补偿固定成本。在此基础之上销售的产品所提供的贡献毛益才能形成利润。

在【例3-10】中，假设固定成本由原来的60 000元上升到80 000元，则保利销售量需增加到：

$$保利销售量 = \frac{100\,000 + 80\,000}{80 - 40} = 4\,500（件）$$

（四）产品品种构成变动对保利点的影响

产品品种构成变动对保利点的影响与其对保本点模型的影响类似，在此不再赘述。

此外，所得税税率的变动也会对实现税后目标利润产生影响。

（五）多种因素同时变动对实现目标利润的影响

在现实经济生活中，除了所得税税率这一因素外，上述影响利润的诸多因素之间是有关联性的，只不过有的关联性较强，有的则较弱。比如为了提高产品的产量，往往需要增加生产设备，这就会使折旧费用这项固定成本增加；而为了使产品顺利销售出去，可能又会增加广告费这项固定成本。企业采取诸如降低固定成本、单位变动成本或者提高单价等单项措施，可以使利润提高，但企业往往更多地采取综合措施以实现目标利润，这就需要反复进行权衡和测算。

【例3-11】沿用【例3-10】的数据资料，假设该企业计划年度的目标利润为100 000元，当年销售量为3 500件，可实现利润为80 000元（即3 500×（80–40）–60 000）。为了实现目标利润，该企业采取了如下步骤：

首先，经生产部门调查研究，若能充分挖掘生产能力，还能增加产量200件。但为了确保3 700件产品顺利出售，销售部门提出销售价格下降2%，则在该方案下，计划年度的可实现利润为：

3 700×［80×（1–2%）–40］–60 000=82 080（元）

其次，在分析研究产销量和销售价格变动的影响之后，可实现利润与目标利润仍相差17 920元，应该考虑在成本开支上是否有潜力可挖。这里先考虑单位变动成本，在上述产销量和单价已确定的条件下，能使目标利润实现的单位变动成本可计算如下：

由于：

利润 = 单价 × 销售量 – 单位变动成本 × 销售量 – 固定成本

因此：

$$单位变动成本 = \frac{单价 \times 销售量 - 固定成本 - 利润}{销售量}$$

$$= \frac{78.4 \times 3\,700 - 60\,000 - 100\,000}{3\,700}$$

$$= 35.16(元)$$

也就是说，如果单位变动成本能从40元/件降至35.16元/件，则目标利润可以实现。如果生产部门经过分析研究，认为通过降低直接材料、直接人工和其他直接成本，这个目标可以实现，则实现目标利润的分析就可以到此为止；否则，就要在降低固定成本方面进行分析研究。

假定生产部门经过分析研究，认为单位变动成本最低只能降至37元/件，那么，在上述条件下，可使目标利润实现的固定成本降为：

固定成本 = 单价 × 销售量 − 单位变动成本 × 销售量 − 利润
= 78.4 × 3 700 − 37 × 3 700 − 100 000
= 53 180(元)

也就是说，在产销量增至3 700件、单价降低2%和单位变动成本降至37元/件的同时，固定成本若能压缩到53 180元，则目标利润可以实现。

上述分析过程并不是分析“多种因素同时变动对实现目标利润的影响”时的唯一视角，当然也不是唯一顺序。企业应该结合自身的情况，从对实现目标利润影响较大的因素开始，由大到小顺序分析，而且这种分析往往要反复进行。例如，在上述假设中，如果固定成本不能压缩或者不能压缩到53 180元，就需要回头再寻找增收节支的办法并再次测算。

四、实现目标利润的敏感性分析

敏感性分析研究的是，当一个系统的周围条件发生变化时，会导致这个系统的状态发生怎样的变化。假如周围条件的变化导致系统的状态发生较大改变，则认为系统对某个因素是敏感的；反之，则不敏感。

敏感性分析应用在本量利关系中，主要是分析盈亏临界点和目标利润对销售量、销售单价、单位变动成本和固定成本等因素的变动在敏感性上存在的差异。本量利关系中的敏感性分析主要是研究两个方面的问题：一是有关因素发生多大变化时会使企业由盈利变为亏损，即有关因素临界值的确定；二是有关因素变化对利润变化的影响程度，即通过敏感系数来反映。

通过保利点模型可知，在一定的税率条件下，影响目标利润的因素主要有销售量、销售单价、单位变动成本和固定成本。对这些因素进行敏感性分析，了解有关因素对利润的影响程度及变化界限，有助于企业控制和把握它们的变动范围和规律，对于指导企业的管理和决策，保证原定目标利润的实现具有重要意义。

（一）有关因素临界值的确定

销售量、销售单价、单位变动成本和固定成本的变化，都会对利润产生影响。当这种影响是消极的且达到一定程度时，就会使企业无法实现目标利润，甚至利润为零而进入盈亏临界状态；如这种变化超出了上述程度，企业就会转入亏损状态，发生质的变化。

通过分析本量利基本模型可知，销售单价和销售量与利润是同向增减关系，单位变动成本和固定成本与利润是反向增减关系。敏感性分析的目的是要求取保本点及保利点的销售量和销售单价的最小允许值以及单位变动成本和固定成本的最大允许值。

由保利点模型P=（SP−PVC）×V−FC，可以推导出实现目标利润下的各因素临界值的有关公式为：

$$V_t = \frac{FC + P_t}{SP - PVC}$$

$SP_t = \frac{FC + P_t}{V} + PVC$

$PVC_t = SP - \frac{FC + P_t}{V}$

$FC_t = V \times (SP - PVC) - P_t$

当利润减小至零时，各因素临界值的有关公式为：

$V = \frac{FC}{SP - PVC}$ （公式 3.26）

$SP = \frac{FC}{V} + PVC$ （公式 3.27）

$PVC = SP - \frac{FC}{V}$ （公式 3.28）

$FC = V \times (SP - PVC)$ （公式 3.29）

下面沿用【例 3-10】的数据资料进行详细说明。

（1）销售量的临界值（最小值）。

$V_t = \frac{FC + P_t}{SP - PVC} = \frac{60\,000 + 100\,000}{80 - 40} = 4\,000$（件）

$V = \frac{FC}{SP - PVC} = \frac{60\,000}{80 - 40} = 1\,500$(件)

其他条件不变，企业若要实现目标利润，则产品的销售量不能少于4 000件；若要保本，则销售量不能少于1 500件，即减少62.5%（2 500÷4 000×100%），再少就会发生亏损。

（2）销售单价的临界值（最小值）。

$SP_t = \frac{FC + P_t}{V} + PVC = \frac{60\,000 + 100\,000}{4\,000} + 40 = 80$（元/件）

$SP = \frac{FC}{V} + PVC = \frac{60\,000}{4\,000} + 40 = 55$（元/件）

其他条件不变，企业若要实现目标利润，则产品的单价不能小于80元/件；若要保本，则单价不能小于55元/件，即降低31.25%（25÷80×100%），再少就会发生亏损。

（3）单位变动成本的临界值（最大值）。

$PVC_t = SP - \frac{FC + P_t}{V} = 80 - \frac{60\,000 + 100\,000}{4\,000} = 40$（元）

$PVC = SP - \frac{FC}{V} = 80 - \frac{60\,000}{4\,000} = 65$（元）

其他条件不变，企业若要实现目标利润，则产品的单位变动成本不能大于40元/件；若单位变动成本上升到65元/件，即上升37.5%（15÷40×100%），则企业的利润将为零。

（4）固定成本的临界值（最大值）。

$FC_t = V \times (SP - PVC) - P_t = 4\,000 \times (80 - 40) - 100\,000 = 60\,000$(元)

$FC = V \times (SP - PVC) = 4\,000 \times (80 - 40) = 160\,000$（元）

其他条件不变，企业若要实现目标利润，则固定成本不能大于60 000元；若固定成本上升到160 000元，即上升167%（100 000÷60 000×100%），此时，企业的利润将全部被固定成本“吃掉”。

（二）敏感系数与敏感分析表

通过进一步分析比较上述计算过程，我们发现各因素的变动对利润均产生不同的影响，即利润对它们的敏感程度是不同的。例如，在其他条件不变的情况下，销售量减少62.5%与单价降低31.25%，均能使目标利润降为零。可见，利润对某些因素的变化较为敏感，这些因素虽然只发生较小的变动，却导致利润发生较大的变化，因此这些因素被称为敏感因素；反之，则被称为非敏感因素。

测定敏感程度的指标称为敏感系数，其公式为：

$$\text{敏感系数}=\frac{\text{目标值变动百分比}}{\text{因素值变动百分比}}\qquad\text{（公式3.30）}$$

因此：

$$\text{固定成本的敏感系数}=\frac{\text{利润变动百分比}}{\text{固定成本百分比}}=\frac{\dfrac{P_2-P_1}{P_1}}{\dfrac{FC_2-FC_1}{FC_1}}=\frac{\dfrac{-FC_2+FC_1}{P_1}}{\dfrac{FC_2-FC_1}{FC_1}}=-\frac{FC_1}{P_1}$$

可简写为：

$$\text{固定成本的敏感系数}=\frac{\text{利润变动百分比}}{\text{固定成本百分比}}=-\frac{FC}{P}\qquad\text{（公式3.31）}$$

同理可得：

$$\text{销售量的敏感系数}=\frac{\text{利润变动百分比}}{\text{销售量变动百分比}}=\frac{V\times(SP-PVC)}{P}\qquad\text{（公式3.32）}$$

$$\text{单价的敏感系数}=\frac{\text{利润变动百分比}}{\text{单价变动百分比}}=\frac{V\times SP}{P}\qquad\text{（公式3.33）}$$

$$\text{单位变动成本的敏感系数}=\frac{\text{利润变动百分比}}{\text{单位变动成本变动百分比}}=-\frac{V\times PVC}{P}\qquad\text{（公式3.34）}$$

敏感系数绝对值越大，说明目标值（如利润）对该因素越敏感。其中，敏感系数为正值，表示该因素与目标值为同向增减关系；敏感系数为负值，表示该因素与目标值为反向增减关系。

确定敏感系数的目的是使管理人员清楚地知道，在影响利润的诸多因素中，其敏感的程度哪个轻哪个重，以便分清主次，及时采取必要的调整措施，从而确保目标利润的完成。由于SP×V>（SP−VC）×V，因此，单价的敏感系数肯定大于销售量的敏感系数。又因为，SP×V通常既大于FC，又大于VC×V，否则企业将难以为继，所以单价的敏感系数一般应该是最大的。也就是说，涨价是企业提高盈利的最直接、最有效的手段，而价格下跌则是企业最大的威胁。

【例3-12】假设某企业年销售产品7 000件，年固定成本为40 000元，产品单价为50元/件，单位变动成本为30元/件，目标利润为100 000元。若销售量、单价、单位变动成本和固定成本均分别增长20%，试计算各因素的敏感系数。

（1）固定成本的敏感系数。当固定成本增长20%时：

$$FC=40\,000\times(1+20\%)=48\,000(\text{元})$$

$$P=7\,000\times(50-30)-48\,000=92\,000(\text{元})$$

$$\text{利润变动百分比}=\frac{92\,000-100\,000}{100\,000}=-8\%$$

$$固定成本的敏感系数 = \frac{-8\%}{20\%} = -0.4$$

或 $$固定成本的敏感系数 = -\frac{40\ 000}{100\ 000} = -0.4$$

（2）销售量的敏感系数。当销售量增长20%时：

V = 7 000 ×（1 + 20%）= 8 400（件）

P = 8 400 ×（50 − 30）− 40 000 = 128 000（元）

$$利润变动百分比 = \frac{128\ 000 - 100\ 000}{100\ 000} = 28\%$$

$$销售量的敏感系数 = \frac{28\%}{20\%} = 1.4$$

或 $$销售量的敏感系数 = \frac{7\ 000 \times (50 - 30)}{100\ 000} = 1.4$$

（3）单价的敏感系数。当单价增长20%时：

SP = 50 ×（1 + 20%）= 60（元/件）

P = 7 000 ×（60 − 30）− 40 000 = 170 000（元）

$$利润变动百分比 = \frac{170\ 000 - 100\ 000}{100\ 000} = 70\%$$

$$单价的敏感系数 = \frac{70\%}{20\%} = 3.5$$

或 $$单价的敏感系数 = \frac{7\ 000 \times 50}{100\ 000} = 3.5$$

（4）单位变动成本的敏感系数。当单位变动成本增长20%时：

PVC = 30 ×（1 + 20%）= 36（元）

P = 7 000 ×（50 − 36）− 40 000 = 58 000（元）

$$利润变动百分比 = \frac{58\ 000 - 100\ 000}{100\ 000} = -42\%$$

$$单位变动成本的敏感系数 = \frac{-42\%}{20\%} = -2.1$$

或 $$单位变动成本的敏感系数 = -\frac{7\ 000 \times 30}{100\ 000} = -2.1$$

从上面的计算可以看出，在影响利润的诸多因素中，最敏感的是单价（敏感系数3.5，意味着利润将以3.5倍的速率随单价的变化而变化），其次是单位变动成本（敏感系数-2.1），再次是销售量（敏感系数1.4），最后是固定成本（敏感系数-0.4）。管理人员应该要着重抓住这两个重要环节，以实现目标利润。但是，也不能拘泥于敏感系数的高低，而忽视了销售量对利润的重大影响。在销售量看好、生产又有保证的情况下，销售量可以大幅度增加，单价的增幅却可能很小甚至不动。当市场供大于求、销路欠佳、销售量大幅度下降时，企业就宁可降低单价，薄利多销，打开销路。

必须说明的是，上述各因素敏感系数的排序是在【例3-12】所设定条件的基础上得到的，如果条件发生了变化，则各因素敏感系数之间的排列顺序也可能发生变化。如在该例中，把单位变动成本改为10元/件，固定成本改为80 000元，其他条件不变，则目标利润为200 000元（即7 000×（50-10）-80 000）。当各因素分别增长20%时，各因素的敏感系数变为：

$$销售量的敏感系数 = \frac{7\,000 \times (1+20\%) \times (50-10) - 80\,000 - 200\,000}{200\,000 \times 20\%} = 1.4$$

$$单价的敏感系数 = \frac{7\,000 \times [50 \times (1+20\%) - 10] - 80\,000 - 200\,000}{200\,000 \times 20\%} = 1.75$$

$$单位变动成本的敏感系数 = \frac{7\,000 \times [50 - 10 \times (1+20\%)] - 80\,000 - 200\,000}{200\,000 \times 20\%} = -0.35$$

$$固定成本的敏感系数 = \frac{7\,000 \times (50-10) - 80\,000 \times (1+20\%) - 200\,000}{200\,000 \times 20\%} = -0.4$$

上述四个因素按敏感系数（绝对值大小）排列的顺序是：单价、销售量、固定成本和单位变动成本。

为了使管理人员能够直观地了解各因素的敏感程度，可以通过编制表格来表示。表3-4是以【例3-12】中各项数据编制而成的敏感分析表。

表3-4　各因素变动敏感分析表

项目 \ 利润 \ 变动率	+25%	+15%	0	-15%	-25%
固定成本（元）	90 000	94 000	100 000	106 000	110 000
单价（元/件）	187 500	152 500	100 000	47 500	12 500
销售量（件）	135 000	121 000	100 000	79 000	65 000
单位变动成本（元/件）	47 500	68 500	100 000	131 500	152 500

从表3-4中可以清楚地看出，在四个因素中，单价对利润的影响最大。在相同的变动率下，单价变动之后导致的利润对目标利润的偏离率总是最大的；反之，固定成本对利润的影响最小。

对各因素进行敏感性分析时，也可以通过图示法在坐标系中更加直观地表现出来。我们可以选择更多的变动率，以获得更多的数据，并把点在坐标系中标出，将这些点连接起来，能得到一条条的直线，这就是一张敏感分析图。

视频

敏感性分析技巧

关于敏感性分析还有以下两个问题需要说明：

（1）敏感性分析中的临界值问题与敏感系数问题，实际上是一个问题的两个方面。某一项因素达到临界值前的允许或者容忍的程度越高，则利润对这项因素就越不敏感；反之，容忍的程度越低，则表明利润对该因素越敏感。

（2）关于营业杠杆。营业杠杆系数（亦称经营杠杆系数，通常用DOL表示）就是指销售量的敏感系数，计算公式见本书第四章利润预测中的公式4.8。营业杠杆的意思是销售量的一个较小的变动可以导致利润的较大变动，其原理就是基于固定成本在实现利润过程中的特殊作用。

随堂测3-2

第三节　本量利分析的拓展

任何科学的理论体系都要依靠公理和假设才能成立，同样，本量利分析的理论也需要若干基本假设来构建。但这些假设有其严格的适用范围，并且由于种种因素的影响，往往和实际相脱节。因此，有必要对这些基本假设进行分析，严格限定其使用范围，同时指出其不足之处，引导人们思考如何对这些基本假设进行合乎逻辑的扩展。对那些超出基本假设的范围但却更符合实际状况的各种复杂现象，从新的角度进行理论分析，以寻求新的解决方法。

一、本量利分析的基本假设

1.单一成本动因及成本性态可分假设

假设产量是唯一的成本动因，且企业全部的成本均可按成本性态划分为固定成本和变动成本。

2.固定成本不变假设

本量利分析中的模型线性假设首先是固定成本不变假设，但这个假设也只有在一定的相关范围内才能成立。正如本书第二章中描述的那样，超出了这个范围之后，由于新增设备等原因，固定成本会突然增加，其并不是可以无条件地保持不变。

3.变动成本和业务量呈完全线性关系假设

与前一假设一样，变动成本和业务量呈正比例关系的假设也是在一定的相关范围内才能成立。如果产量过低或超负荷生产时，变动成本性质也会发生变化，正如本书第二章中图2-3所示。

4.销售收入和销售数量呈完全线性关系假设

在本量利分析中，通常假设销售单价是个常数，这样，销售收入与销售数量之间就呈现一种完全线性关系。这个假设只有在满足以下条件时才能成立：产品基本上处于成熟期，其售价比较稳定；通货膨胀率甚低。但在市场经济条件下，物价受多种因素的影响而上下波动，是不可避免的，因此，计划销售收入与实际销售收入之间会形成较大的差距。

5.品种结构不变假设

这一假设是指一个生产和销售多种产品的企业，各种产品的销售收入在总收入中所占的比例不会发生变化。如果企业产销的品种结构发生较大的变动，而各种产品盈利水平又不一致时，势必会改变企业产品的综合获利能力，从而导致计划利润与实际利润之间出现较大出入。

6.产销平衡假设

产量的变动会影响成本的高低，而销量的变动则会影响收入的多少。在本量利分析模型中，基于产销平衡的假设，通常不考虑“产量”而只考虑“销量”这一数量因素。但在实际的经济活动中，产销不一定趋于平衡。如果产量与销量有较大的差别，就需要考虑产量因素对本期利润的影响。

二、不完全线性下的本量利分析

当产销量、单价和成本与利润呈完全线性关系时，总销售收入和总成本（即变动成本和固定成本之和）都是一条直线，它们的交点（即保本点）只有一个；但如果它们之间呈不完全线性关系，总销售收入和总成本就会表现为一条折线，它们的交点（即保本点）就可能不是只有一个而是多个。

不完全线性关系是可以将整个业务量范围划分为若干区间，每个区间内收入、成本与业务量之间要么已是完全线性关系，要么比较接近完全线性关系，因此，可以采用划分区间的方法建立利润方程式进行本量利分析。

其基本做法是：通过缩小分析范围的方式，将原本在整个业务量范围内表现为不完全线性关系的收入与业务量、成本与业务量之间的关系，描述为完全的线性关系，并建立一个相应的、线性的本量利模型，进而用前面所介绍的有关内容进行保本点和保利点的分析。

【例3-13】假设某企业生产单一产品，收入、成本随着生产能力利用率的变动而呈现非正比例的变动，如图3-6所示。

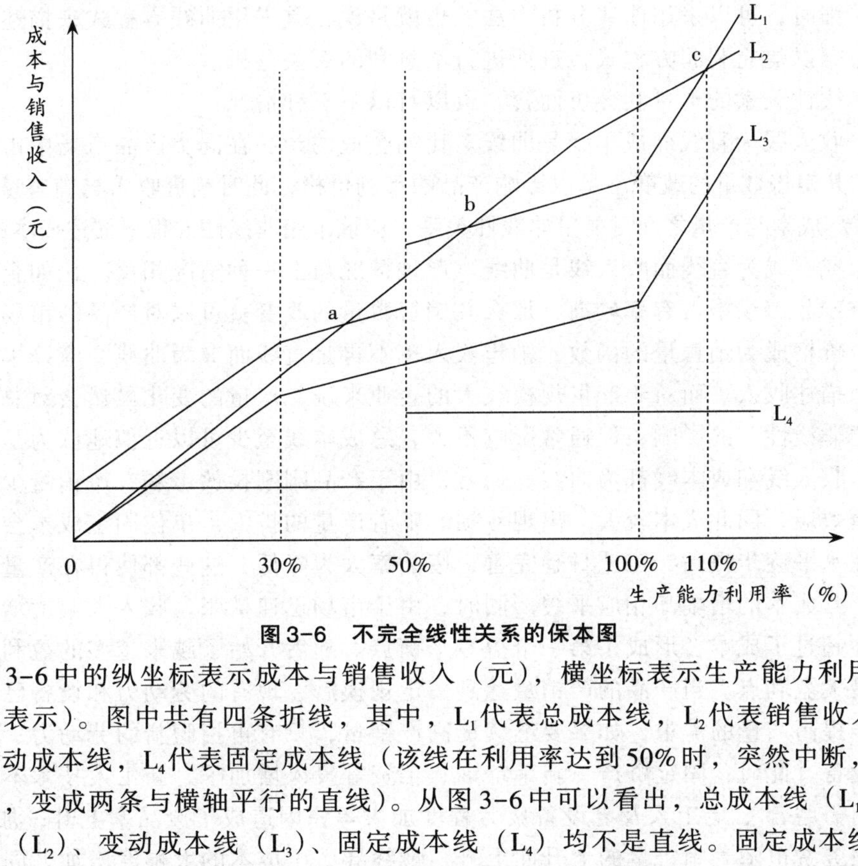

图3-6　不完全线性关系的保本图

图3-6中的纵坐标表示成本与销售收入（元），横坐标表示生产能力利用率（以百分比表示）。图中共有四条折线，其中，L_1代表总成本线，L_2代表销售收入线，L_3代表变动成本线，L_4代表固定成本线（该线在利用率达到50%时，突然中断，呈跳跃式上升，变成两条与横轴平行的直线）。从图3-6中可以看出，总成本线（L_1）、销售收入线（L_2）、变动成本线（L_3）、固定成本线（L_4）均不是直线。固定成本线是以生产能力利用率在50%为分割点，分成两条处在不同水平的平行于横轴的直线。变动成本线是一条经由原点并与多个转折点连接的折线。总成本线由L_3和L_4组成。销售收入线是一条经由原点直至利用率达到90%时出现的转折点连接而成的折线。

由此，我们可以将生产能力利用率的整个范围划分为五个大小不等的区间，即0～30%、30%～50%、50%～90%、90%～100%、100%以上。每一区间内的收入线或者成本线要么是一条直线，要么是一条近似的直线。这样，我们就可以为每一区间建立一个完全线性关系下的数学模型，以进行本量利分析。在【例3-13】中，通过分析可以发现，保本点分别在30%～50%之间、70%～80%之间和110%左右，即总成本线和销售收入线的三个交点a、b和c。

很显然，具体地了解在不同的生产水平下企业的盈亏如何交替，对于正确地进行经营决策和有效地改善生产管理，都是十分有用且必要的。

三、非线性下的本量利分析

线性方程只是描述成本、收入与产销量之间依存关系的一种简化形式。在现实生活中，用非线性方程取代线性方程来描述成本、收入与产销量之间的依存关系，可能更符合客观实际情况。

当收入、成本和业务量之间是非线性关系时，即划分区间后，收入、成本与业务量之间不仅不是完全线性关系，甚至不能比较接近完全线性关系，或者区间必须划分得非常精细时，可以采用曲线分析方法。也就是说，首先用曲线方程式来描述收入与成本，再据以建立利润方程式，进而进行本量利的有关分析。

就非线性关系的本量利分析而言，可以有以下三种情况：

（1）收入线为直线而成本线是曲线。比如企业的产品在同类产品市场中占有率很低，那么其销售数量的改变不足以影响产品的市场价格，此时销售收入与销售量之间呈直线关系。成本与产量之间可能呈非线性关系，应该采用非线性方程来描述成本的形态。

（2）成本线为直线而收入线是曲线。此种情况与上一种情况相反。比如企业的产品在同类产品市场中占有率较高，那么其销售数量的改变就可以对产品的市场价格产生影响，价格成为销售量的函数。销售收入也不再是直线而成为曲线，应该采用非线性方程来描述收入。而对于产量规模较大的企业来说，产量的变化虽然会对总成本产生一些“非线性”的影响，但通常影响不大，总成本线至少可以近似地认为是直线。

（3）收入线和成本线都为曲线。通常，由于产品刚刚投放市场，产销量少，不能形成规模效应，因此成本较大，出现亏损。随着产量的扩大，单位固定成本会持续降低，管理水平逐步提高，工艺日趋完善，废品率大为降低，这些都使得在产量增长的情况下，其成本的增幅却相应平缓。同时，由于市场迅速扩张，收入大幅度增加，使收入最终超过了成本，形成了第一个盈亏平衡点。随后开始了越来越多的盈利，最终达到了最大盈利点。当产品的产销量达到一定规模后，现有的劳动力和设备已难以满足进一步提高产量的需求，如果要继续提高产销量，只有再招聘新的劳动力、增添新的生产设备。此时，固定资产、新手培训、工资等投入增加了，新工人技术不熟练、新设备尚需磨合、老工人及老设备疲劳程度加大等原因造成了废品率上升，加上产品售后服务费也随着销售量的上升而上升，最终导致了成本的大幅度增加。同时，由于折扣销售、降价让利等销售行为的开展，使得收入的增幅并没有随着销售量的增加而同比增加，反而变缓、停滞。因此，最终收入线和成本线形成了第二个盈亏平衡点。最后，随着产品出现亏损，厂家急于抛出库存，进一步降价销售，使得收入线的增幅越来越低，而同时由于产品积压导致保管费用上升，又使得成本线的增幅大为提高，出现了卖得越多而亏得越多的情况。在这种情况下，企业的收入线和成本线就可能均为曲线，需要不同的非线性方程来分别描述收入和成本，进而建立利润方程，并以此方程为基础进行本量利分析。

非线性本量利分析的关键是找出盈亏平衡点和最大盈利点。为此，可依据以下具体步骤和方法进行分析计算：

（1）数据采集。数据采集是整个分析过程的第一步。在实际工作中，可从被分析单位的会计资料中分析取得。数据采集主要确定“销售量-销售收入”和“销售量-成本”两组数据。

（2）曲线方程的拟合方法。根据采集的数据绘制散点图，根据散点图来观察成本、业务量、收入之间的关系。在本量利分析图上只是一个个散落点，如何将这些散落点拟合成正确的收入曲线和成本曲线，并确定曲线的方程式是整个非线性本量利分析的最大难点。传统的方式是建立收入曲线或成本曲线的非线性回归方程，如指数方程、对数方程、高次方程等，然后求取非线性回归方程的系数。通过计算不同方程的置信区间，并比较置信区间大小的方法来确定所选择的回归方程是否适合既定条件下的收入或成本的描述。置信区间越狭窄，说明所选择的回归方程越理想，而计算过程较为烦琐。在非线性回归分析中，最常用的方程式为：

$$y = a + bx + cx^2$$

在计算机技术已经普及的环境下，这个难题可以通过各种统计软件轻易解决。常用的Excel电子表格就能完成从散布点到拟合曲线，再到确定方程式的全过程。其具体方法是：首先将“销售量-销售收入”和“销售量-成本”两组数据分别输入到Excel表中，选中销量收入数据的单元格，选择“插入→图表”，在“图表类型”中选择“xy散布点图”后，单击“完成”按钮。然后在生成的图上选择一个散布点，单击右键选择“添加趋势线”，在弹出的窗口中的“类型”选项卡中选择合适的趋势线（一般选多项式），再在“选项”的选项卡中将“显示公式”一项打钩。确定后就能得出收入曲线和拟合的方程式，同样也可得出成本曲线和拟合的方程式。

（3）盈亏平衡点和最大盈利点的计算。对拟合的收入曲线和成本曲线的方程式联立求解，即可得出两个盈亏平衡点（x_1，y_1）、（x_2，y_2）的值。对收入曲线方程求导数，并令$P_0'=0$，则可求出最大盈利点（x，y）的值。

【例3-14】假定某企业生产和销售单一产品，其收入、成本与产销量之间为非线性关系。通过非线性回归分析，其收入与成本可以由下列回归方程来分别描述：

$$TR = 6.3x + 0.04x^2$$

$$TC = 10 + 0.3x + 0.8x^2$$

有关的本量利分析内容如下：

（1）计算保本点。

$$P = TR - TC = 6.3x + 0.04x^2 - 10 - 0.3x - 0.8x^2 = -0.76x^2 + 6x - 10$$

令P = 0，则有：

$$-0.76x^2 + 6x - 10 = 0$$

解得：

$$x = \frac{-6 \pm \sqrt{6^2 - 4 \times (-0.76) \times (-10)}}{2 \times (-0.76)} = \frac{-6 \pm \sqrt{5.6}}{-1.52}$$

该方程解为：

$x_1=2.391$

$x_2=5.504$

两个方程解说明销售收入线与总成本线有两个交点（即保本点），分别相交于销售量为2.391万件和5.504万件处，如图3-7所示。

（2）计算利润最大化下的销售量和最大利润。求 x 的一阶导数 P_0'，当 $P_0'=0$ 时，可实现利润最大化。

$P_0' = (-0.76x^2 + 6x - 10)' = -1.52x + 6 = 0$

则有：

$x=3.947$

该解说明当产销量达到 3.947 万件时，企业实现的利润最大。此时的利润为：

$P = -0.76x^2 + 6x - 10 = 1.842$（万元）

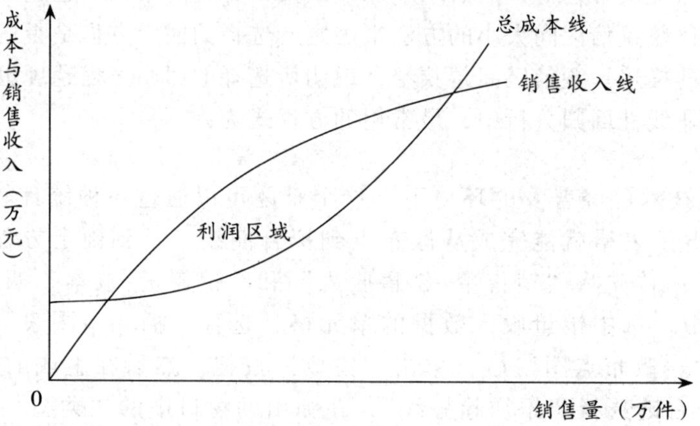

图 3-7 非线性成本与收入之间的关系

（3）计算最优售价。当 x=3.947 时，则有：

$TR = 6.3x + 0.04x^2 = 25.489$（万元）

此时产品的最优售价为：

$SP = \frac{TR}{x} = \frac{25.489}{3.947} = 6.46$（元/件）

四、不确定状况下的本量利分析

不确定状况就是概率状况，不确定状况下的本量利分析就是将概率分析方法应用到本量利分析中。

传统的本量利分析把销售价格和成本性态看作是不变的，在现有的生产能力限度内，盈亏临界点和目标利润所对应的业务量很容易计算，不存在不确定性（或即使存在不确定性，也可以看作微不足道、略而不计）。但在现实生活中，企业经营管理所处的环境变化无常，充满着不确定性。特别是经营管理人员进行决策时必须预测将来，要考虑各种因素的变化，不确定性当然是不可避免的。由于产品的售价、变动成本和固定成本都受到多种因素变动的影响，利润将相应地增加或降低到多少就有多种可能性，而不可能通过一次简单的计算便得到一个确定值。为此，需要对其预期的变动进行概率分析，估计各因素将在何种范围内变动，有关数值在这个范围内可能出现的概率是多少，然后加以综合考虑，才能得以最终确定一个最可能达到的数值。具体来说，可以通过以下四个步骤进行分析：

（1）确定各因素在不同概率条件下的预计数值；

（2）计算各种组合情况下的保本点或目标利润；

（3）根据各种组合下的组合概率计算组合期望值；

（4）以各种组合期望值的合计数作为最终的预测值。

（一）不确定状况下的保本点分析

【例3-15】假设某企业产销单一产品，根据市场调查和技术测定，预计未来年度的单价、单位变动成本和固定成本的估计值及相应的概率见表3-5。

表3-5 **相关因素概率表** 金额单位：元

项 目	单 价（元/件）		单位变动成本（元/件）			固定成本	
估计值	26	24	18	16	14	40 000	50 000
概率（P）	0.8	0.2	0.5	0.3	0.2	0.7	0.3

根据表3-5的资料预测保本点的过程见表3-6。

表3-6 **不确定状况下保本点计算表** 金额单位：元

单 价（元/件）	概率（P）	单位变动成本（元/件）	概率（P）	固定成本	概率（P）	保本点（件）	组合概率（P）	期望值（件）
26	0.8	18	0.5	40 000	0.7	5 000	0.28	1 400
				50 000	0.3	6 250	0.12	750
		16	0.3	40 000	0.7	4 000	0.168	672
				50 000	0.3	5 000	0.072	360
		14	0.2	40 000	0.7	3 333	0.112	373
				50 000	0.3	4 167	0.048	200
24	0.2	18	0.5	40 000	0.7	6 667	0.07	467
				50 000	0.3	8 333	0.03	250
		16	0.3	40 000	0.7	5 000	0.042	210
				50 000	0.3	6 250	0.018	113
		14	0.2	40 000	0.7	4 000	0.028	112
				50 000	0.3	5 000	0.012	60
预期保本点销售量（件）						—	—	4 967

从表3-6中可以看出，由单价、单位变动成本和固定成本三个因素所决定的保本点有12种可能出现的结果，而每一种结果都是这三个因素在各自出现的可能性（即概率）情况下进行计算所得。以每一种结果乘以与这种结果相应的组合概率，就是该种组合下的期望值，而12种结果的期望值的合计数就是保本点销售量的预测数值，即4 967件。

运用概率技术将各种可以预计到的可能性考虑进去，预测的结果会更加接近未来的实际情况。当然，这种方法计算工作量较大，也要求对各因素变动的概率进行较为准确的预测。

（二）不确定状况下的利润分析

在不确定状况下运用概率技术进行利润分析与前面对保本点分析的做法基本相同，其区别在于加入了销售量因素。

【例 3-16】承接【例 3-15】，假定该企业未来年度产品的销售量可以保证达到 8 000件（概率为 1），则未来年度的利润预测见表 3-7。

表 3-7 不确定状况下利润预测表 金额单位：元

销售量（件）	单价（元/件）	概率（P）	单位变动成本（元/件）	概率（P）	固定成本	概率（P）	利润	组合概率（P）	期望值
8 000	26	0.8	18	0.5	40 000	0.7	24 000	0.28	6 720
					50 000	0.3	14 000	0.12	1 680
			16	0.3	40 000	0.7	40 000	0.168	6 720
					50 000	0.3	30 000	0.072	2 160
			14	0.2	40 000	0.7	56 000	0.112	6 272
					50 000	0.3	46 000	0.048	2 208
	24	0.2	18	0.5	40 000	0.7	8 000	0.07	560
					50 000	0.3	−2 000	0.03	−60
			16	0.3	40 000	0.7	24 000	0.042	1 008
					50 000	0.3	14 000	0.018	252
			14	0.2	40 000	0.7	40 000	0.028	1 120
					50 000	0.3	30 000	0.012	360
利润预测值							—	—	29 000

随堂测 3-3

值得一提的是，在本例中，销售量的概率定为 1，如果销售量有多种可能性，还需要确定各种销售水平的概率。

本章小结

本章内容主要包括保本点分析、保利点分析、基于不同状况的本量利分析的拓展三个部分。其中，保本点分析主要介绍了单品种和多品种条件下保本点的计算模型，以及保本图的绘制方法及有关因素变动对保本点的影响。保利点分析主要介绍了单品种和多品种条件下保利点的计算模型，以及有关因素变动对保利点的影响及保利点有关因素的敏感性分析。另外，由于为构建本量利分析的理论体系而提出的基本假设有其严格的适用范围，因此，在对基本假设进行分析后，对那些超出基本假设范围但却更符合实际状况的各种复杂现象从新的角度进行理论分析，解决一些常见的实际问题。本量利分析法基于企业对成本的性态分析，在企业的预测、决策、计划和控制等诸多方面具有广泛的用途。本量利分析法可扩展用于分析产品价格、服务费、成本、所得税以及组织的混合产品或服务的变化对利润的影响，为管理层综合研究各种短期财务变化对收入和成本的影响提供了一个视角。

本章练习

1.某企业生产和销售单一产品，该产品单价为80元/件，单位变动成本为50元/件，固定成本总额为60 000元，预计正常销售量为4 000件。

要求：计算保本销售额、盈亏临界点作业率、安全边际及安全边际率。

2.某企业只生产A产品，2023年年初投产，当年即达到年产5 000件的生产能力，并实现4 000件的销售。2023年该产品贡献毛益率为40%，单位变动成本为60元/件，固定成本为100 000元。经测算，2024年A产品的单价和单位变动成本均不变，但为了实现销售5 000件产品，达到产销平衡，需追加投入20 000元。

要求：

（1）计算A产品2023年贡献毛益和2024年预计盈亏临界点。

（2）计算2024年企业的安全边际指标。

3.某公司生产和销售一种产品，2023年单位变动成本为12元/件，变动成本总额为60 000元，获得税前利润共计18 000元。

要求：

（1）情况1：若该公司计划2024年的变动成本率仍维持2023年的40%的要求，计算该公司2024年的保本销售额。

（2）情况2：若该公司2024年的单位变动成本上升为15元，单价和固定成本与情况1相同，计算此时的保本销售额。

4.某公司生产甲产品，单价为30元/件，单位变动成本为21元/件，固定成本为450元。

要求：

（1）计算此时的保本点销售量。

（2）计算实现目标利润180元时的销售量。

（3）若销售利润率为销售额的20%，计算此时的销售量。

（4）若每单位变动成本增加2元，固定成本减少170元，计算此时的保本点销售量。

（5）若销售量为200件，计算单价应调整到多少才能实现利润350元？（假定单位变动成本和固定成本不变）

5.甲企业为生产和销售单一产品的企业，当年有关数据如下：销售产品4 000件，产品单价为80元/件，单位变动成本为50元/件，固定成本总额为50 000元，实现利润为70 000元；预计明年销售产品5 003件，实现利润为100 000元。

要求：计算销售量、销售单价、单位变动成本及固定成本的敏感系数。

6.某企业只产销一种产品，上年盈亏临界点销售量为600件，单价为150元/件，单位成本为130元/件，其中单位变动成本为120元/件。

要求：通过计算回答下列独立问题：

（1）若使本年利润比上年增长20%，应采取哪些单项措施才能实现目标利润，并对你提出的各项措施测算其对利润的敏感系数？

（2）如果计划年度保证该产品不亏损，应把有关因素的变动控制在何种范围内？

（3）假设该企业拟实现42 000元的目标利润，可通过降价10%来扩大销售量以实现目标利润，但由于受到生产能力的限制，销售量只能达到所需销售量的55%；为此，还需在降低单位变动成本上下功夫，但分析人员认为，经过努力单位变动成本只能降至110元；因此，还要进一步压缩固定成本支出。针对上述现状应如何落实目标利润呢？

参考答案

头脑风暴

1. 你如何理解本量利分析的基本假设？

2. 有人提出本量利分析工具在企业中根本无法应用，你该如何回答？

头脑风暴提示

分组任务

请总结归纳销售量、销售单价、单位变动成本、固定成本的变动是如何影响保本点、保利点、安全边际和利润的？

分组任务提示

学思践悟

企业社会责任教育案例

案例

“本”亏“义”不亏

讨论问题：金山市场公司为何要亏本经营？

注意：请结合企业社会责任进行讨论。

教学案例

锦辉建材商城的决策

本章测评

拓展阅读

多品种保本点计算的其他方法

第四章

经营预测

学习目标： 通过本章的学习，要求学生了解经营预测的基本原则、程序和内容，熟悉常见的销售预测、成本预测、利润预测、资金预测的方法，掌握德尔菲法、加权移动平均法、指数平滑法、直线回归法、倒扣测算法、经营杠杆系数法、销售百分比法等预测方式方法。

导入案例

佳通公司近几年生产销售收入连年快速增长，谁料销售部黄经理这几天却为产品销售情况不佳大为苦恼。原来，去年年底公司设计了一款新产品——户外烧烤机，非常适合一家人外出烧烤。由于工艺比原产品复杂，成本较高，因此其价格比普通烧烤机高出了一倍。为了摸清这批新产品的市场吸引力如何，在春节过后，公司与部分连锁超市和商场联合举办了试销活动，小批量投放市场后十分成功。黄经理连续几天到柜台观察消费者的反应，他看在眼里，喜在心上，决定将该产品大规模投放市场。为了确定计划生产量，以便安排以后月份的生产工作，黄经理根据去年以来的月销售统计数据，运用加权移动平均法，计算出以后月份的预测数。考虑到这次试销活动的成功，他决定按生产能力的80%安排新产品，20%还是生产老产品。2月份的新产品在1月下旬就很快被订购完了，提前实现销售计划。然而到了2月末，3月份的新产品还没有落实销路。询问了几家老客户，他们反映1月份订购的那批货，卖了一个多月还未卖出三分之一，他们现在不愿意继续订购这类新型烧烤机。

对市场上出现的近乎一百八十度的需求变化，黄经理感到十分纳闷，他弄不明白，新产品试销成功为何还会出现滞销呢？他想去销售现场看看，为何会事与愿违呢？难道是预测的数据出现了问题吗？

提示

第一节　经营预测的基本理论

一、经营预测的概念和意义

经营预测是指根据历史资料和现有信息，运用一定的定性、定量预测方法，对未来企业经营过程中的销售、利润、成本、资金等数据进行估计和预测的过程。经营预测是企业管理的必要职能，也是管理会计的主要职能之一。科学预测对于企业经营过程来说意义重大：

1.经营预测是其他管理会计职能实现的前提和基础

现代企业的经营环境复杂而多变，经营决策等工作的难度较大，其必须依赖科学的预测才能进行。企业经营预测是以销售预测为起点，通过成本、利润、资金预测，为管理会计的其他职能的实现提供基础信息和数据。

2.经营预测是知己知彼并提升竞争力的重要手段

面对激烈的市场竞争，企业只有做到知己知彼才能取得竞争优势。通过合理的经营预测，可以充分了解企业未来的生产经营状况，同时也可以针对竞争对手采取必要的竞争策略，以提升竞争力。

3.经营预测是克服管理盲目性并提升管理水平的途径

通过科学预测可以预计企业未来的各种可能性，产生预测成本、利润等数据，又能借助全面预算等管理会计工具，克服企业管理中的盲目性和被动性，提前采取措施避免盲目指挥，提升管理水平。

二、经营预测的基本原则和程序

1.经营预测的基本原则

经营预测的原则是指在经营预测过程中会计人员应遵循的基本要求，主要包括：

（1）预测分析的样本要足够大。根据统计学的抽样理论，抽取样本数量越大，越具有代表性，则预测分析的数值就越准确。但是，样本数量越大，预测成本也就越高，通常以满足准确度要求的样本数量为限。

（2）预测分析的时间要有一定限度。由于预测的时间越长，越会受到许多不确定性因素的影响，会使预测数值偏离实际越远，而预测分析的时间越短越准确。

（3）允许适当的误差范围。预测未来的发展趋势，误差是难免的，预测分析必须充分估计可能发生的误差，误差范围应该控制在以预测数据不影响决策正确性为前提。

（4）选择合适的预测方法。运用任何一种预测分析方法，必须先加以检验测试。每个企业应该选择适合自身和当下环境的一种预测方法，尽可能选用简便易行、成本较低而预测结果比较准确的方法。

2.经营预测的程序

经营预测一般包括以下四个步骤：

（1）确定目标，限定范围。经营预测必须首先明确预测对象和预测目标。这需要根据企业经营的总体目标来设计和选择，还应根据预测的具体对象和内容确定预测的期限和范围。

（2）收集资料，精选样本。通过调查访问、查找记录等，收集有关预测对象过去和现在的大量经济信息。对收集的大量经营信息进行整理、归纳、鉴别，精选样本，尽量从中发现在经营过程中有规律性的内容。

（3）选择方法，判断预测。选择科学的预测方法，建立数学模型，并对上述精选资料进行加工、计算和科学分析，从中找出客观的规律性联系。根据预测模型及掌握的未来信息，进行分析判断，揭示事物的变化趋势，并预测其发展结果。

（4）检查验证，修正数值。通过检查前期预测结论是否符合当前实际，分析产生差异的原因，来验证预测方法是否科学有效。如果实际发生数与预测数值误差较大，则要重新检查原始数据、预测方法等并进行修正，使预测数值更接近实际。

三、经营预测的基本内容

（一）销售预测

销售预测即产品需求量预测，是指根据市场调查所得到的有关资料，通过对有关因素的分析研究，预计和测算特定产品在未来一定时期内的市场销售量水平及变化趋势，进而预测本企业产品未来销售量的过程。销售预测也包含了对销售金额的预测。

（二）成本预测

成本预测是指根据企业未来发展目标和有关资料，运用专门方法推测与估算未来成本水平及发展趋势的过程。

（三）利润预测

利润预测是指在销售预测的基础上，根据企业未来发展目标和相关收入、成本等预测资料，预计、推测或估算未来应当达到和可望实现的利润水平及其变动趋势的过程。

（四）资金预测

资金预测是指在销售预测、成本预测和利润预测的基础上，根据企业未来的经营发展目标并考虑影响资金的各项因素，运用一定方法预计、推测企业未来一定时期内或一定项目所需要的资金数额的过程。

第二节　经营预测的内容和方法

一、销售预测

销售预测是指在充分考虑未来各种影响因素的基础上，结合本企业的销售实际，通过一定的分析方法提出切实可行的销售目标。其主要方法有：

1.销售人员意见法

销售人员意见法是利用销售人员对未来销售情况的判断进行预测。该方法有时是由每个销售人员单独做出预测，有时则是与销售经理共同讨论做出预测。预测结果以地区或行政区划汇总，一级一级汇总，最后得出企业的销售预测结果。销售人员最接近和熟悉市场，直接面对顾客，所以对市场发展和顾客需求最为了解。销售人员意见法操作简单，成本较低，比较实用，是一种被广泛应用的销售预测方法。但是，这种方法可能受到销售人员的个人素质和自身利益影响而失去客观性。使用该方法时，应该配合下列措施：

（1）把企业过去的预测与实际销售量资料、企业的未来规划以及未来经济发展趋势的信息都提供给各销售人员，供他们参考。

（2）组织多名销售人员对同一产品或市场进行预测判断，再将这些数据加以平均处理，以消除人为的偏差。

2.高级经理意见法

高级经理意见法是依据销售经理和其他高级经理的经验与直觉，通过召开包含经销商负责人在内的讨论会，综合参与者平均意见求出销售预测值的方法。这种方法充分利用了高级经理们的经验和综合分析预测能力，而且听取了经销商的意见，快捷实用，成本较低。但是，这种方法受高级经理主观判断的影响，不够客观。

3.消费者期望法

许多企业经常关注新顾客、老顾客和潜在顾客未来的购买意向情况，如果存在少数重要顾客占据本企业大部分销售量这种情况，那么，消费者期望法是很实用的。这种预测方法是通过征询主要顾客的潜在需求或未来购买商品计划的情况，了解顾客购买商品的变化及趋势等，然后在收集消费者意见的基础上分析市场变化，从而预测未来市场需求。

4.专家个人意见法和专家小组法

专家个人意见法是销售经理等向各个专家直接征求意见，要求他们对本企业的产品销售进行判断和预测，然后再综合各个专家的意见，确定预测值。专家小组法是由若干专家组成几个预测小组，分别以小组为单位进行判断和预测，再进行综合论证的一种方法。

5.德尔菲法

德尔菲法通常包括召开一组专家参加的会议，其一般步骤是：(1) 根据市场情况和企业销售特点，选择和邀请做过相关研究或有相关经验的专家进行销售预测。(2) 将与销售预测有关的信息分别提供给专家，请他们各自独立发表自己的意见，并写成书面材料进行预测。(3) 管理者收集并综合各位专家的意见，将销售预测综合后反馈给各位专家，请他们再次发表意见进行预测。如果分歧很大，可以开会集中讨论；否则，管理者分头与专家联络。(4) 如此反复多次，最后形成代表专家组意见的销售预测数据。

【例4-1】某公司准备投资一个新的高新项目，聘请了10位包括高校教授、上市公司总裁等在内的专家，采用德尔菲法对新投资项目所产生的销售收入情况进行预测。公司将该项目有关的详细资料分别发送给10位专家，公司发出信函分别征求意见，请他们做出预测，然后进行汇总分析，再将结果反馈给各位专家，并再次邀请10位专家进行预测，如此反复三次的结果见表4-1。

表4-1 **德尔菲法的运用** 单位：万元

专家编号	第一次预测值	第二次预测值	第三次预测值
1	520	510	505
2	510	505	502
3	508	505	503
4	480	495	500
5	500	500	502
6	530	515	506
7	505	500	502
8	490	495	498
9	495	500	500
10	490	500	505
平均值	502.8	502.5	502.3

根据表4-1中的10位专家的三次预测，最终综合意见确定的预测销售收入应该为502.3万元。

这种方法的优点比较突出：吸收专家参与预测，充分利用专家的经验和学识；采用匿名或背靠背的方式，能使每一位专家独立做出自己的判断；预测过程几轮反馈，使专家的意见逐渐趋同，一般来说预测更加准确。德尔菲法的这些特点使其成为一种有效的判断预测方法。

视频
德尔菲法的使用

以上几种方法都是典型的定性预测方法，往往具有较大的主观性，因此，在销售预测的同时还常常需要借助以下这些定量预测方法。

6.趋势预测分析法

趋势预测分析法是根据事物发展的连续性原理，应用数理统计方法将过去的历史资料按时间顺序排列，然后再运用一定的数学模型来预计、推测计划期销售量（额）的一种预测方法。其主要包括简单平均法、移动平均法、加权移动平均法和指数平滑法等。

（1）简单平均法。

简单平均法即算术平均数，是求出过去几个经营期销售量（额）的算术平均数，以此作为预测期销售量（额）的一个预测值的一种简单预测方法。这种方法只有在销售量（额）保持稳定和没有季节性变动情况下才能使用，当销售量（额）出现某种上升或下降趋势时不能直接使用。

（2）移动平均法。

移动平均法虽然也使用过去几期的差异平均化，但这种方法始终选择最近几期的数据，并逐期向后滚动预测以后各期的销售量（额），这样更能体现销售量（额）的变化趋势，可以在一定程度上减少误差。

（3）加权移动平均法。

加权移动平均法是根据同一个移动期内不同时间的数据对预测值的影响程度，分别给予不同的权数，然后再进行平均移动以预测未来销售量（额）的方法。加权移动平均法不像简单移动平均法那样，在计算平均值时对移动期内的数据同等看待，而是根据越是近期数据对预测值影响越大这一特点，不同对待移动期内的各个数据。对近期数据给予较大的权数，对远期数据给予较小的权数，这样来弥补简单移动平均法的不足。

【例 4-2】假设某企业2020年、2021年、2022年、2023年的销售量分别为10 000件、11 500件、12 000件、12 500件，规定的权数分别为0.1、0.2、0.3、0.4，则用加权移动平均法预测2024年的销售量为：

$$Y_{2024}=10\,000\times0.1+11\,500\times0.2+12\,000\times0.3+12\,500\times0.4=11\,900\text{（件）}$$

（4）指数平滑法。

指数平滑法是以某种指标的本期实际数和本期预测数为基础，引入一个简化的加权系数，即平滑系数α，以求得平均数预测销售量（额）的一种预测方法。它是加权移动平均法的一种变化方法。

$$Y_t=\alpha D_{t-1}+(1-\alpha)Y_{t-1} \qquad \text{（公式 4.1）}$$

式中，Y_t为第t期的销售量预测值，D_{t-1}为第t-1期的销售量实际值，Y_{t-1}为第t-1期的销售量预测值，α为指数平滑系数，其为满足$0<\alpha<1$的常数。

【例 4-3】假设某企业采用指数平滑法预测销售量。2023年的实际销售量为

12 000件，假定2023年的预测销售量为13 000件，指数平滑系数为0.6，则2024年的销售量预测值为：

Y_{2024}=0.6×12 000+（1−0.6）×13 000=12 400（件）

当采用指数平滑法时，指数平滑系数α值越大，则近期实际值所占的权数越大，对预测值影响也越大；指数平滑系数α值越小，则近期实际值对预测值影响也越小。因此，在实际工作中，最困难的是根据企业历史销售量数据，确定一个合适的指数平滑系数。

7.因果预测分析法

因果预测分析法是利用所建立的因果关系数学模型来预测事物未来状况和发展趋势的方法，最常用的方法有一元回归分析法和多元回归分析法。一元回归分析法只涉及两个变量之间的因果关系，多元回归分析法则涉及多个自变量。

一元回归分析法又称直线回归法，假定预测对象销售量的变动因素只有一个，根据直线方程y=a+bx，按照最小二乘法确定一条直线，这条直线和所有样本数据的误差最小，最能反映自变量x与因变量y之间的数量关系。这种方法在本书第二章混合成本分解方法中已经使用。

运用直线回归法的基本方程如下：

$$\sum y = na + b\sum x$$

$$\sum xy = a\sum x + b\sum x^2$$

由此可得公式如下：

$$a = \frac{\sum y}{n} - b\frac{\sum x}{n} \qquad \text{（公式4.2）}$$

$$b = \frac{n\sum xy - \sum x\sum y}{n\sum x^2 - (\sum x)^2} \qquad \text{（公式4.3）}$$

【例4-4】某企业生产一种教学用的电子仪器元件供应某地区的小学生上实验课使用，其销售数量主要受到本地区小学生人数的影响。2019—2023年，该地区小学生人数和电子仪器元件销售数量的历史资料见表4-2。预计2024年该地区小学生人数会增加到9.5万人，则该企业预计销售电子仪器元件可以达到多少万件？

表4-2　　**某企业2019—2023年销售量数据表**

年　度	小学生人数（万人）	电子仪器元件销售量（万件）
2019	8.0	650
2020	7.5	640
2021	7.0	630
2022	8.5	680
2023	9.0	700

假设x为小学生人数，y为电子仪器元件销售量，a为原来固定的电子仪器元件销售量，b为每增加1万人对电子仪器元件销售量增加额的影响，根据资料计算整理如

下（见表4-3）：

表4-3　　直线回归法计算表

年度	小学生人数（万人）x	电子仪器元件销售量（万件）y	xy	x^2
2019	8.0	650	5 200	64
2020	7.5	640	4 800	56.25
2021	7.0	630	4 410	49
2022	8.5	680	5 780	72.25
2023	9.0	700	6 300	81
合计	$\sum x=40$	$\sum y=3\,300$	$\sum xy=26\,490$	$\sum x^2=322.5$

将表中数据代入公式4.2和公式4.3可得：

$$b=\frac{5\times 26\,490-40\times 3\,300}{5\times 322.5-40\times 40}=36$$

$$a=\frac{3\,300}{5}-\frac{36\times 40}{5}=372$$

因此，得到的方程为：

$y=a+bx=372+36x$

预计2024年小学生人数为9.5万人时，该企业电子仪器元件销售量预测值为：

$y=372+36\times 9.5=714$（万件）

多元回归分析法更加符合实际情况，因为企业的经营活动往往受多方面因素的影响，即一个因变量和几个自变量存在依存关系。在因变量同时受到两个或两个以上自变量影响的情况下，就要采用多元回归分析法进行预测。多元回归分析法最基本的方法是二元线性回归分析法，其计算公式如下：

$y=a+b_1x_1+b_2x_2$

根据最小平方法原理得出下列三个标准式组成方程组后再求解方程：

$$\sum y=na+b_1\sum x_1+b_2\sum x_2$$

$$\sum x_1y=a\sum x_1+b_1\sum x_1^2+b_2\sum x_1x_2$$

$$\sum x_2y=a\sum x_2+b_1\sum x_1x_2+b_2\sum x_2^2$$

【例4-5】A企业生产的液晶显示屏主要供应B仪表生产企业和C手机生产企业生产各类仪表和手机使用，B和C两个企业的产量与液晶显示屏的销售额之间存在着密切关系。2019—2023年，B和C两个企业的仪表产量和手机产量与A企业的液晶显示屏销售额资料见表4-4。试采用多元回归分析法预测仪表产量和手机产量的变动对液晶显示屏销售额的影响。

根据上述标准式方程组可得：

$2\,400=5a+180b_1+120b_2$

$87\,410=180a+6\,530b_1+4\,364b_2$

$58\,600=120a+4\,364b_1+2\,926b_2$

解得：

表 4-4 仪表产量和手机产量与液晶显示屏销售额变动资料表

年份	销售额（万元）y	仪表产量（万台）x_1	手机产量（万台）x_2	x_1y	x_2y	x_1x_2	x_1^2	x_2^2
2019	400	32	21	12 800	8 400	672	1 024	441
2020	430	33	22	14 190	9 460	726	1 089	484
2021	470	36	22	16 920	10 340	792	1 296	484
2022	500	39	26	19 500	13 000	1 014	1 521	676
2023	600	40	29	24 000	17 400	1 160	1 600	841
n=5	2 400	180	120	87 410	58 600	4 364	6 530	2 926

$a=-129.888$

$b_1=6.758$

$b_2=15.275$

所以，二元线性回归方程为：

$y=-129.888+6.758x_1+15.275x_2$

如果2024年B企业仪表产量为45万台，C企业手机产量为40万台，则A企业液晶显示屏预测销售额为：

$y=-129.888+6.758\times45+15.275\times40=785.222$（万元）

应用回归技术进行经营预测，不能单纯从数学模型的角度机械地去理解现实中的经济变量，更需要理解以下四个问题：

（1）准确选定起决定性作用的主要因素。预测期内经济变量的影响因素有很多，必须准确选定对预测对象的发展变化能起到决定性作用的一个或若干个主要影响因素，否则回归数学模型建立后将失去实际意义。

（2）回归数学模型的建立是随着主要影响因素的改变而改变的。当回归数学模型的主要影响因素变为次要因素，或未被考虑到的次要因素变为主要影响因素时，需要对原回归数学模型进行更改。

（3）要有足够的样本数据。在正常情况下，收集到的样本数据越多，应用回归数学模型预测经济变量的结果就越准确。

（4）正确理解回归数学模型中的回归系数。回归系数是当自变量增长其单位数值时因变量的增长值，这个变化是反映实际情况的平均值，因此，实际变化所表示的数值是围绕这一平均值上下波动的。

8.季节变动预测法

季节变动是指销售量（额）由于天气条件、文化习俗和生活习惯等因素的影响，随着季节的转变而呈现的周期性变动。季节变动的特点是有规律性的，一般是每年重复出现，其表现为逐年同月（或季）有相同的变化方向和大致相同的变化幅度。在市场销售中，一些商品如电风扇、冷饮、四季服装等往往受到季节影响而出现销售淡季和旺季之分的季节性变动规律。这种方法首先要利用统计方法计算出预测目标的季节指数，以测定季节变动的规律性，然后在已知季节的平均值的条件下，预测未来某月（季）的预测值。

季节变动对产品销售的影响方式，可以用以下两个基本公式来表达：

$$Y_t=T_t+S_t \quad \text{（公式4.4）}$$

$$Y_t=T_t\times S_t \quad \text{（公式4.5）}$$

上式中，Y为销售量，T为趋势值，S为季节增量或季节指数，t为时间。

如果销售量的季节波动与趋势值呈比例关系，则可以采用乘法模型公式4.5；如果销售量的季节波动与趋势值不呈比例关系，则应该采用加法模型公式4.4。公式中的季节可以是季、月、周、日，如果Y代表每个月份产品的销售量，则周期是12；如果其代表每个季度产品的销售量，则周期是4。实际使用季节变动预测法还需要进一步借助一些统计学工具比如霍尔特-温特斯法等来解决实际的复杂问题。

随堂测 4-1

销售预测的定性分析法与定量分析法在实践中常常是相辅相成、配合使用的。在企业无法取得准确完备的数据资料的情况下，只能采用定性分析法。当企业拥有较完备准确的数据资料的情况下，应该首先运用定量分析法进行预测，同时采用一些定性分析法来对一些影响产品销售的非计量因素做出估计和判断，以使预测结果更为准确可靠，从而取得更好的预测效果。

二、成本预测

成本预测是指依据掌握的经济信息和历史成本资料以及成本与各种技术经济因素的相互依存关系，采用科学的方法，对企业成本未来水平及其变化趋势做出的科学推测。这里的成本预测包含单位成本预测，也包含总成本预测。成本预测的一般步骤为：（1）确定成本预测目标；（2）收集相关信息，找出在当期生产条件下可能达到的成本进行比较；（3）提出各种成本降低方案，进行对比分析；（4）选择最优方案，确定正式成本；（5）及时反馈信息，必要时修正成本。

成本预测的主要定量方法有以下几种：

1.历史成本法

历史成本法即历史资料预测法，是根据过去一定时期内成本与业务量之间的历史资料，采用一定的数学方法对其进行加工处理，从而确定成本中的固定成本和单位变动成本的一种定量分析方法。这种方法的前提是成本和业务量存在线性关系（成本习性），在本书第二章混合成本分解方法中已经涉及，常用的历史成本法包括高低点法、散布图法与回归分析法等。

2.因素变动预测法

因素变动预测法是以基年实际产品成本为基础，预见到在各个成本项目中今后一定时期内将受到哪些因素的影响及影响程度，预测今后的产品单位成本及总成本的方法。影响产品成本变动的因素主要有直接材料消耗数量、材料价格、工资水平与劳动生产率和产量变动等。

其用公式表示如下：

$$\text{材料消耗数量变动对单位成本的影响}=\sum\left[\left(\text{计划单位产品耗用材料数量}-\text{基期单位产品耗用材料数量}\right)\times\text{基期材料单价}\right]$$

$$\text{材料价格变动对单位成本的影响}=\sum\left[\left(\text{计划某材料单位价格}-\text{基期某材料单位价格}\right)\times\text{计划单位产品耗用材料数量}\right]$$

$$\text{工资和劳动生产率变动对单位成本的影响}=\left(1-\frac{1+\text{平均工资增长率}}{1+\text{劳动生产率增长率}}\right)\times\text{基期单位成本工资费用}$$

$$\text{产量变动对单位成本中的固定费用的影响}=\left(1-\frac{1}{1+\text{产量增长率}}\right)\times\text{基期单位成本固定费用}$$

3.倒扣测算法

倒扣测算法是在事先确定目标利润的基础上，首先预计产品的售价和销售收入，然后扣除价内税和目标利润，余额即为目标成本的一种预测方法。这种方法建立在产销平衡的基础之上。

单一产品生产条件下产品目标成本=预计销售收入-应交税费-目标利润 （公式4.6）

$$\text{多产品生产条件下全部产品目标成本}=\sum\text{预计销售收入}-\sum\text{应交税费}-\text{总体目标利润} \quad \text{（公式4.7）}$$

【例4-6】 A企业生产甲产品，假定产销平衡，预计甲产品销售量为5 000件，单价为600元/件，增值税税率为13%，另外还需缴纳10%的消费税。假设该企业甲产品购进货物占销售额的预计比例为40%，若该企业所在地区的城市维护建设税为7%，教育费附加为3%，同行业先进的销售利润率为20%。试预测该企业的目标成本。

目标利润=5 000×600×20%=600 000（元）

应交税费=5 000×600×10%+［5 000×600×10%+5 000×600×（1-40%）×13%］×（7%+3%）

=353 400（元）

目标成本=5 000×600-353 400-600 000=2 046 600（元）

4.比率测算法

比率测算法是倒扣测算法的延伸，它是依据成本利润率来测算单位产品目标成本的一种预测方法。

单位产品目标成本=产品预计价格×（1-税率）÷（1+成本利润率）

5.直接测算法

直接测算法是根据上年预计成本总额和企业规划确定的成本降低目标来直接推算目标成本的一种常用预测方法。这种方法建立在上年预计成本水平的基础之上，适用于可比产品目标成本的预测。

$$\text{目标成本}=\text{按上年预计平均单位成本计算的计划年度可比产品成本总额}\times\left(1-\text{计划期预计成本降低率}\right)$$

$$\text{上年预计平均单位成本}=\left(\text{上年1—9月实际平均单位成本}\times\text{上年1—9月实际产量}+\text{上年第4季度预计产量}\times\text{上年第4季度预计单位成本}\right)\div\left(\text{上年1—9月实际产量}+\text{上年第4季度预计产量}\right)$$

$$\text{按上年预计平均单位成本计算的计划年度可比产品成本总额}=\sum\text{上年预计平均单位成本}\times\text{计划期产量}$$

三、利润预测

利润预测包括营业利润的预测、投资净收益的预测和营业外收支净额的预测。在利润总额中，通常营业利润占的比例最高，是利润预测的重点。目标利润是指企业在未来一段时期内经过努力希望达到的最优化利润控制目标。目标利润的预测一般有下列步骤：

第一，调查研究，确定利润率标准。从可供选择的利润率的计算口径上看，其主要包括销售利润率、产值利润率、资金利润率等。利润率既可以是平均利润率、历史最高水平利润率，又可以是国内外同行业、本地区和本企业的利润率。

第二，计算目标利润基数。

目标利润基数=预定的销售利润率×预计产品销售额

=预定的产值利润率×预计总产值

=预定的资金利润率×预计资金平均占用额

第三，修正目标利润。对影响利润的因素进行分析，形成目标利润预测值。比较目标利润基数与目标利润预测值，修正目标利润。

目标利润=目标利润基数+目标利润修正值

第四，分解目标利润，纳入预算体系。目标利润一经确定就应立即纳入预算执行体系，层层分解落实，以此作为采取相应措施的依据。

本章介绍利润预测的定量方法主要有：本量利分析法、相关比率法、因素分析法、经营杠杆系数法等。

1.本量利分析法

本量利分析法主要根据成本、业务量和利润三者之间的变化关系，分析某一因素的变化对其他因素的影响。这一方法可用于利润、成本和业务量预测。本量利分析法是以成本性态研究为基础进行的，在本书第三章本量利分析中已经详细介绍。

2.相关比率法

相关比率法是根据利润与有关指标之间的内在关系，对计划期间的利润进行预测的一种方法。常用的相关比率主要有销售利润率、产值利润率、销售成本利润率、资金利润率等。

（1）销售利润率预测法。

计划期产品销售利润额=预计计划期产品销售收入×产品销售利润率

销售利润率说明了每一元的销售收入可以获得多少利润，只要能预计出计划期产品销售收入，就可以测算出预计的产品销售利润额，这是一种常用的利润预测方法。

（2）产值利润率预测法。

计划期产品销售利润额=预计计划期产品总产值×产品产值利润率

产值利润率说明了每一元的工业总产值提供利润的情况，只要能预计出计划期产品总产值，就可以测算出计划期产品销售利润额。

（3）销售成本利润率预测法。

计划期产品销售利润额=预计计划期产品销售成本×产品销售成本利润率

销售成本利润率说明了每耗费一元的成本取得的利润，能反映出成本升降的经济效果，只要能预计出计划期产品销售成本，就可以据此测算出预计的产品销售利润额。

3.因素分析法

因素分析法是在本期已实现的利润水平基础上，充分估计计划期影响产品销售利润的各因素增减变动的可能，来预测企业计划期产品销售利润的数额。影响产品销售利润的主要因素有产品销售数量、产品销售成本、产品销售价格、产品品种结构及产品销售税金等。

（1）预测产品销售量变动对利润的影响。

在其他因素不变的情况下，计划期产品销售数量增加，利润额也会随之增加；反之，计划期产品销售数量减少，利润额也会随之下降。

（2）预测产品成本降低对利润的影响。

在产品价格不变的情况下，降低产品成本会使利润相应增加。由于成本降低而增加的利润，可根据经预测确定的产品成本降低率来求得。

（3）预测产品价格变动对利润的影响。

如果计划期产品销售价格比上期有所提高，则销售收入也会增多，从而使利润额增加；反之，如果产品销售价格降低，也会导致利润额的减少。销售价格增减同样会使销售税金相应地随之增减，这一因素也要考虑进去。

（4）预测产品品种结构变动对利润的影响。

由于各个不同品种的产品利润率是不同的，而预测计划期利润时，是以本期各种产品的平均利润率为依据的。如果计划期不同利润率产品在全部产品中所占的销售比例发生变化，就会引起全部产品平均利润率发生变动，从而影响利润额的增加或减少。因此，应根据预测的计划期产品品种结构变动情况，确定计划期平均利润率，然后通过比较本期和计划期利润率的差异，计算计划期由于品种结构变动而增加或减少的利润额。

（5）预测产品销售税率变动对利润的影响。

产品销售税率变动直接影响利润的增减。如果税率提高，可使利润减少；如果税率降低，则使利润增加。

因素分析法要分清是一种因素产生影响，还是几种因素同时影响利润的预测。本书第三章本量利分析中的敏感性分析就是在一定假设条件下，单价、单位变动成本、固定成本、销售量四个因素对利润影响的定量分析，此处不再赘述。

4.经营杠杆系数法

经营杠杆系数法是根据有关产品的经营杠杆同其产销量和利润之间的相互关系，借助于经营杠杆系数预测企业未来一定期间利润的方法。

经营杠杆是指由于固定成本的存在而导致的利润变动率大于产销量变动率的一种经济现象。由于固定成本在相关范围内保持不变，当产销量变动时，使单位固定成本成反比例变动，而导致单位产品利润变动，最终使得有关产品的利润变动率大于其产销量变动率，这里的利润是指息税前利润。

经营杠杆的作用大小用经营杠杆系数（DOL）来衡量，它是利润变动率同产销量变动率的比值：

经营杠杆系数（DOL）=利润变动率÷产销量变动率

=基期边际贡献÷基期利润 （公式4.8）

利用经营杠杆系数进行利润预测和销售增减率预测的公式如下：

目标利润额=基期利润×（1+产销量变动率×经营杠杆系数） （公式4.9）

预计销售增减率=（目标利润−基期利润）÷（基期利润×经营杠杆系数） （公式4.10）

【例4-7】A企业生产一种甲产品，2024年的产销量为5 000件，售价为200元/件，单位变动成本为120元/件，获利为210 000元，试计算经营杠杆系数。如果2025年计划销售增加10%，试计算预测可实现的利润。

基期边际贡献=5 000×（200−120）=400 000（元）

经营杠杆系数=400 000÷210 000=1.9

预计可实现利润=210 000×（1+10%×1.9）=249 900（元）

【例4-8】A企业上一年度完成销售额100 000元，实现利润额20 000元，如果经营杠杆系数为3，下一年度目标利润为26 000元，试计算下一年度销售增长率为多少时才能实现目标利润？

预计销售增长率=（26 000−20 000）÷（20 000×3）×100%=10%

四、资金预测

资金预测是对企业未来资金需求总量的预测，有定性预测方法，也有定量预测方法。定性预测方法比如德尔菲法，定量预测方法主要有分析调整法、销售百分比法、资金习性预测法等。

1.分析调整法

分析调整法是以上年度的实际资金需要量为基础，根据预测年度的生产经营任务和加速资金周转的要求，进行分析调整，来预测资金需要量的一种方法。这种方法计算比较简单，容易掌握，但预测结果不太精确。因此，该方法通常用于品种繁多、规格复杂、用量较小、价格较低的资金占用项目的预测，也可以用来测算企业全部资金的需要量。

当采用这种方法时，企业首先应在上期资金平均占用额的基础上，剔除其中呆滞积压的不合理部分，然后再根据预测期生产经营的任务和加速资金周转的要求进行测算。分析调整法的基本模型是：

$$\text{预测期资金需要量}=(\text{上期资金实际占用额}-\text{上期不合理资金占用额})\times(1\pm\text{预测期销售增减率})\times(1\pm\text{预测期资金周转速度变动率})$$ （公式4.11）

【例4-9】A公司上年度实际资金平均占用额为5 000万元，其中不合理平均占用额为100万元，预计本年度销售增长10%，资金周转速度加快5%，则根据公式4.11预测本年度资金需要量为：

（5 000−100）×（1+10%）×（1−5%）=5 120.5（万元）

2.销售百分比法

销售百分比法是根据销售额与资产负债表和损益表相关项目之间的比率关系预测各项目短期资金需要量的方法。例如，某企业每年销售100元商品，必须有50元存货，即存货与销售额的百分比是50%，若销售额增至200元，那么该企业需有100元存货，即200×50%=100（元）。可见，在已知某项目与销售额的比率固定不变的情况下，便可预测未来一定销售额下该项目的资金需要量。

销售百分比法假设企业部分资产项目（如应收账款）、负债项目（如应付账款）与销售收入之间存在稳定的百分比关系，一般称这些项目为敏感项目，根据预计销售收入的变动额和相应的百分比来预测资产项目、负债项目的变动额，然后利用“资产=负债+所有者权益”这一会计等式来确定资金需要量。运用销售百分比法，一般需借助预计损益表和预计资产负债表。

（1）预计损益表。

预计损益表是运用销售百分比法的原理预测留存收益的一种报表。通过编制预计损益表，可以预测留存收益这种内部筹资的数额，也可以为编制预计资产负债表预测外部资金需求数额提供依据。

编制预计损益表的基本步骤如下：

第一，收集基年实际损益表资料，计算确定损益表各项目与销售额的百分比。

第二，确定预测年度销售额预计数，根据基年实际损益表各项目与实际销售额的比率，计算预测年度预计损益表各项目的预计数，并编制预测年度预计损益表。预计损益表与实际损益表的内容、格式相同。

第三，根据预测年度净利润预计数和预定的留用比例，测算留存收益的数额。

【例4-10】A公司2024年实际损益表及有关项目与销售额的百分比见表4-5。若该企业2025年预计销售收入为1 400万元，假设企业所得税税率为25%，则2025年经测算编制的预计损益表见表4-6。

表4-5　**2024年A公司实际损益表**　金额单位：万元

项　目	金　额	占销售收入的百分比（%）
营业收入	1 000	100.00
减：营业成本	750	75.00
销售费用	15	1.50
管理费用	120	12.00
财务费用	15	1.50
利润总额	100	10.00
减：所得税费用	25	
净利润	75	

表4-6　**2025年A公司预计损益表**　金额单位：万元

项　目	金　额	占销售收入的百分比（%）	2025年预计数
营业收入	1 000	100.00	1 400
减：营业成本	750	75.00	1 050
销售费用	15	1.50	21
管理费用	120	12.00	168
财务费用	15	1.50	21
利润总额	100	10.00	140
减：所得税费用	25		35
净利润	75		105

若该企业净利润的留用比例为50%，则2025年预测企业留存收益额为525 000元，即1 050 000×50%=525 000（元）。

(2) 预计资产负债表。

预计资产负债表是运用销售百分比法的原理预测外部资金需求量的一种报表。通过编制预计资产负债表，可以预测资产和负债及留存收益等有关项目的数额，进而预测企业外部资金需求的数额。

【例4-11】 某大型国企2024年12月31日的资产负债表（简表）见表4-7。该企业2024年实现销售收入300 000万元，扣除所得税费用后可以获得5%的销售净利润，当年不支付股利。如果2025年的销售收入增加到400 000万元，试根据预计资产负债表预计2025年的资金需要总量。

表4-7 **某国企资产负债表（简表）**

2024年12月31日

单位：万元

资 产	金 额	负债和所有者权益	金 额
货币资金	15 000	短期借款	60 000
应收账款	30 000	应付账款	30 000
预付款项	35 000	应付职工薪酬	30 000
存货	90 000	其他非流动负债	30 000
固定资产	70 000	实收资本	60 000
		留存收益	30 000
资产总计	240 000	负债和所有者权益总计	240 000

第一步，预计销售增长率。

销售增长率=（400 000−300 000）÷300 000×100%=33.33%

第二步，将资产负债表中的随销售额变动而变动的资产和负债项目（敏感项目）分离出来，确定销售百分比。

从资产负债表来看，除了预付款项外，随着销售额的增加而增加的资产项目有：货币资金、应收账款、存货等；随着销售额的增加而增加的负债和所有者权益项目有：应付账款、应付职工薪酬等，又称为自发性负债。

计算各敏感项目2024年的销售百分比。根据基年各敏感项目的数额及基年销售收入的数额计算基年销售百分比。以货币资金为例计算敏感项目的销售百分比如下：

货币资金销售百分比=15 000÷300 000×100%=5%

其他各敏感项目的销售百分比计算见表4-8。

表4-8 **某国企销售百分比计算表**

资 产	销售百分比	负债和所有者权益	销售百分比
货币资金	5%	短期借款	不变动
应收账款	10%	应付账款	10%
预付款项	不变动	应付职工薪酬	10%
存货	30%	其他非流动负债	不变动
固定资产	不变动	实收资本	不变动
		留存收益	变动
资产总额	45%	负债和所有者权益总额	20%

第三步，编制预计资产负债表，确定需要增加的资金数额。

从表4-8中可以看出，每增加100元的销售收入，企业必须取得45元的资金来源；同时，由于自发性负债的存在，自动增加了20元的资金来源，这样还需要筹集25元的资金，用于弥补销售额增加对资金的需要。

某国企预计资产负债表（简表）见表4-9。

表4-9　**某国企预计资产负债表（简表）**　金额单位：万元

项　目	2024年12月31日 资产负债表	2024年 销售百分比（%）	2025年 预计资产负债表
资产			
货币资金	15 000	5	20 000
应收账款	30 000	10	40 000
预付款项	35 000	不变动	35 000
存货	90 000	30	120 000
固定资产	70 000	不变动	70 000
资产总额	240 000	变动	285 000
负债和所有者权益			
短期借款	60 000	不变动	60 000
应付账款	30 000	10	40 000
应付职工薪酬	30 000	10	40 000
其他非流动负债	30 000	不变动	30 000
负债合计	150 000	变动	170 000
实收资本	60 000	不变动	60 000
留存收益	30 000	变动	50 000
所有者权益合计	90 000	变动	110 000
负债和所有者权益总额	240 000		280 000
可用资金总额			280 000
需要筹资总额			5 000
合　计			285 000

从表4-9中可以看出，留存收益50 000万元为基年留存收益30 000万元与2025年预计留存收益20 000万元（即400 000×5%）之和。可用资金总额280 000万元为2025年预计负债170 000万元与预计所有者权益110 000万元之和。

企业需要对外筹集的资金总额为：

285 000-280 000=5 000（万元）

通过以上计算可以看出，该企业2025年预计资金需要总量为285 000万元，与2024年相比增加资金45 000万元，除考虑负债、资金来源自动随着销售量增长而增加外，仍需要对外筹措资金5 000万元。

因此，根据预测资产总量，减去已有的资产、负债的自发增长和内部提供的资金来源便可以得到外部资金的需求量，上述过程也可以通过下面公式计算得到：

$$\text{预计对外筹资需要量}=\text{变动性资产销售百分比}\times\text{新增销售额}-\text{变动性负债销售百分比}\times\text{新增销售额}-\text{预测期销售额}\times\text{计划销售净利率}\times(1-\text{股利支付率}) \quad \text{（公式4.12）}$$

【例4-11】中，预计对外筹资需要量通过公式计算为：

预计对外筹资需要量=100 000×45%-100 000×20%-400 000×5%=5 000（万元）

上述计算结果和表4-9的结论保持一致。从公式4.12可以看出，净利率和股利支付率共同决定了保留盈余所能提供的资金数额，上例中若改变一个条件，比如股利支付率为50%，则计算过程如下：

预计对外筹资需要量=100 000×45%-100 000×20%-400 000×5%×（1-50%）=15 000（万元）

可见，由于需要支付股利，企业的对外资金需求数量增加了10 000万元。

在使用上述公式计算时需要注意，这里留存收益增加额的计算方法假设了计划销售净利率可以涵盖增加的利息。这一假设的目的是摆脱资金需求预测的数据循环问题。在资金需求预测过程中，需要先确认的是留存收益的增加额，然后再确认需要增加的借款数额，但是借款数额的改变反过来会影响留存收益。在股利支付率确定后，留存收益受到净利润的影响，净利润受到利息支付的影响，利息受到借款数额的影响，借款数额增加额又需根据留存收益增加额而定，这就成了一个数据的循环问题。因此，我们假设销售净利率可以涵盖借款增加的利息，先确定留存收益，以避免数据的循环问题。

视频

正确使用销售百分比法预测资金需求量

3.资金习性预测法

资金习性预测法是根据资金习性预测未来资金需要量的方法。资金习性，是指资金的变动与产销量之间的依存关系。按照资金与产销量之间的依存关系，可以把资金分为不变资金、变动资金和半变动资金。

不变资金是指在一定的产销量范围内，不受产销量变动的影响而保持固定不变的那部分资金。例如，为维持营业而占用的最低数额的现金、原材料的保险储备需要的资金，以及厂房、机器设备等固定资产占用的资金。

变动资金是指随产销量的变动而同比例变动的那部分资金。它一般包括直接构成产品实体的原材料、外购件等占用的资金。另外，在最低储备以外的现金、存货、应收账款等也具有变动资金的性质。

半变动资金是指虽然受产销量变化的影响，但不成同比例变动的资金。例如，一些辅助材料所占用的资金，如设备使用的润滑油，产量增加导致润滑油需求量增加，但是不同比例增加。半变动资金可采用一定的方法划分为不变资金和变动资金两个部分。

假设产销量为自变量x，资金需要量为因变量y，它们之间的关系可用下列公式表示：

$$y=a+bx$$

随堂测4-2

上式中，a为不变资金，b为单位产销量所需变动资金，a、b的数值可采用高低点法或回归直线法求得，详见本书第二章内容，此处不再细述。

本章小结

经营预测是指根据历史资料和现有信息，运用一定的定性、定量预测方法，对未来企业经营过程中的销售、成本、利润、资金需求等数据进行估计和预测。经营预测对于提升管理水平和竞争力的意义重大。销售预测有定性预测方法和定量预测方法：其中，定性预测方法主要有销售人员意见法、高级经理意见法、消费者期望法、专家个人意见法和专家小组法以及德尔菲法等；定量预测方法主要有趋势预测分析法、因果预测分析法、季节变动预测法等。成本预测主要有历史成本法、因素变动预测法、倒扣测算法、比率测算法、直接测算法等定量方法。利润预测的定量方法主要有本量利分析法、相关比率法、因素分析法、经营杠杆系数法等，利润预测和本量利分析紧密联系在一起。资金预测的定量预测方法主要有分析调整法、销售百分比法、资金习性预测法等。

本章练习

1. 甲公司当年下半年A产品各月的实际销售量见表4-10。

表4-10　　甲公司实际销售量

月　份	7月	8月	9月	10月	11月	12月
实际销售量（件）	1 000	1 100	1 400	1 200	1 300	1 350

要求：请分别使用简单平均法、加权移动平均法（假设权数分别为0.1、0.1、0.1、0.2、0.2、0.3）、指数平滑法（假设12月原来预测为1 400件，指数平滑系数为0.5），预测明年1月A产品的销售量。

2. 某企业通过调查发现，甲产品的销售量与当地居民人均月收入有关，已知本地区连续6年的相关历史资料见表4-11，该企业生产甲产品的市场占有率为25%，假设2025年当地居民人均月收入为7 000元。

表4-11　　本地区相关历史资料表

年　份	2019年	2020年	2021年	2022年	2023年	2024年
居民人均月收入（元）	3 500	4 000	4 300	5 000	5 500	6 000
甲产品实际销售量（吨）	10	11	12	14	15	16

要求：请预测2025年该企业甲产品的销售量。

参考答案

头脑风暴

头脑风暴提示

有人认为销售预测中的定量预测比定性预测更加精确，定性预测的主观性太强而不宜使用。你认同该观点吗？为什么？

分组任务提示

分组任务

德尔菲法有哪些优缺点？一般在什么情况下使用？

本章测评

拓展阅读

固定资产资金需求预测方法

第五章

作业成本法

学习目标： 通过本章的学习，要求学生熟悉作业成本法的形成和发展，掌握资源、作业、作业链和价值链、成本动因、成本库（作业中心）、制造中心等基本概念，运用作业成本法计算产品成本，并能将作业成本法和传统成本计算方法（完全成本法）进行比较，发现两者的差异和对产品成本的影响；要求学生正确评价作业成本法，理解作业成本法的应用条件；要求学生熟悉作业成本管理的特点及其主要策略。

导入案例

你一定听说过“80/20法则”，它指的是企业80%的利润来自20%的顾客。你也肯定知道多数企业都确实存在这种比例失调的问题。那么，到底哪些顾客属于能带给企业滚滚财源的那20%的顾客呢？你的最大客户。这种回答虽是个简单的现成答案，却往往是错误的。而正确的回答通常是中等规模的顾客会给你带来最好的回报。你需要运用作业成本法和作业成本核算的管理工具，逐一检查你的每一位顾客。根据作业成本控制顾问Gary Cokins的报告，高科技半导体制造商LSI Logic采用了作业成本法后，发现“他们大约90%的利润来自10%的顾客，仅此一点并非不寻常，出奇之处在于公司在半数顾客身上都是亏本的”。该公司借助作业成本法，检查自身在每位顾客身上所投入的广告、销售和服务的真实成本，并计算出每位顾客能给企业带来多少利润。

高科技半导体制造商LSI Logic在半数顾客身上亏本的原因可能是什么？为何作业成本法能够检查公司在每位顾客身上投入的真实成本和所得的利润？

提示

第一节　作业成本法的形成和发展

作业成本法（activity-based costing，ABC），是指以作业为产品成本计算对象，并以作业动因为基础来分配制造费用的一种成本计算方法。其理论依据是：作业消耗资源，产品消耗作业。

一、作业成本法的形成背景及原因

（一）传统的成本计算方法可能造成成本扭曲和管理误导

在经济社会不十分发达、科学技术相对落后的环境下，劳动密集型企业往往是常年大批量生产少数几种产品，直接材料、直接人工在产品成本中所占比例较高，而制造费用等间接成本所占比例较低。在这样的企业中，按照传统的成本计算方法，直接材料和直接人工可以直接追溯到对象，制造费用等间接费用按照产品产量或与产量密切相关的人工工时、人工成本等单一成本分配基础分配到各有关产品，产品成本的真实性不会出现太大问题。这是因为：一方面这类企业间接成本的主要内容无外乎厂房、设备的折旧以及燃料和动力等，这些成本的大小和产品产量本身存在一定的因果关系。某种产品的产量越高，消耗的人工工时越多，使用机器设备等固定资产时间越长，耗用的燃料和动力越多，自然负担的成本也越多。另一方面，由于间接成本在产品成本中所占比例较低，即使分配不够精确，对产品单位成本的影响也相对较小。因此，可以在企业中采用这种传统分配方法，相反地，追求过细的成本分配方法，不仅不具有实际意义，而且不符合管理会计的成本效益原则。

随着经济和技术的发展，20世纪70年代以来，在电子技术的基础上形成了生产的高度电脑化、自动化，使得产品生产从订货开始，直到设计、制造、销售等所有阶段使用的各种自动化系统综合成一个整体，这些为生产经营管理革命性的变革提供了技术上的可能性。企业产品和服务朝着多品种、小批量、个性化的方向发展，在一些技术密集型企业中，产品成本中的直接材料和直接人工所占比重较低，而制造费用所占比重较高。在这些企业中，采用单一的产品产量基础分配制造费用，往往会造成产品成本的扭曲，成本信息失真，导致决策失误。在多品种制造企业中，许多产品实际上是在侵蚀着企业的利润，而这却被传统成本方法提供的信息所掩盖。特别是在弹性制造系统下，用于产品设计、制样、取得订单、材料采购以及生产设备的调整等方面的费用大大增加，需要更多的组织协调费用。据统计，早在20世纪80年代，间接费用在生产成本中的比例就不断扩大，美国为35%，日本为26%，而在美国、日本生产的电子和机器制造业中，日本高达50%～60%，而美国更高达75%。产品的多样化造成各种产品在技术层次上相差较大，产品成本组成差异较大。

20世纪80年代，美国哈佛商学院的罗伯特·卡普兰（Robert S. Kaplan）教授发现，业界普遍认可的“80/20法则”（即一个企业80%的利润由20%的产品产生的广泛理念），掩盖了更令人惊讶的事实：20%的产品事实上可以产生225%的利润。亏损产品应该停产或转产，但是企业可能始终认为其是盈利的，甚至扩大其产能；而一些本来高盈利的产品在传统成本信息下可能是低盈利甚至是亏损的，企业却要缩减其产能甚至停产放弃。很明显，传统的成本计算和分析方法使得产品成本发生了扭曲，可能会对管理形成误导从而造成重大而持久的损失。

【例5-1】 某奶制品公司根据单位产品所用黄油数量来分配制造费用，因为黄油是制造费用的主要动因。生产脱水牛奶需要使用昂贵的机器，但其几乎不含黄油，这样，增加的制造费用基本上被分配到冰淇淋和其他产品中。脱水牛奶的成本看起来就很低。由于成本信息扭曲，管理层削减了冰淇淋而增加了脱水牛奶的生产，导致盈利进一步下降。

（二）竞争和技术环境的变化迫使企业精确核算成本

全球化和新技术快速发展造成企业竞争压力不断上升，加上各种成本的上升导致传统企业毛利不断下降，企业管理者必须准确知道每一种产品的成本及盈利状况才能生存。竞争和技术飞速发展还直接导致产品生命周期缩短，如果慢慢发现产品成本计算的错误，公司可能没有时间做出成本和价格调整，所以迫切需要提高企业成本计算的正确性和及时性。企业生产经营管理思想和方法的深刻变化，都要求对成本会计进行革新和发展，呼唤一种新的成本计算方法的诞生。于是，以作业量为成本分配基础，以作业为成本计算基本对象，旨在为企业作业管理提供更相关、更精确的成本核算方法——作业成本法应运而生。

视频

为何需要作业成本法

综上，在制造业中两个直接引发作业成本法产生的因素已经出现，即制造费用的比例和结构发生重大变化，竞争导致更精确的成本核算方法的迫切需求。

二、作业成本法的形成及发展

作业成本法的产生最早可以追溯到20世纪30年代末40年代初期，当时美国会计大师埃里克·科勒（Eric Kohler）所面临的问题是如何正确计算水力发电行业的成本，于是其将作业的观念引入会计和管理中。1952年，科勒在其编著的《会计师词典》中系统阐述了作业会计思想，提出了作业、作业会计等概念。

在1971年出版的《作业成本计算和投入产出会计》一书中，乔治·斯托布斯（George J. Staubus）首次在作业的基础上设计出了一套成本管理系统，对作业、成本、作业会计、作业投入产出系统等概念做出了全面、系统的阐述，标志着作业成本法的萌芽和成型。

对作业成本法给予明确解释的主要是美国的罗宾·库珀（Robin Cooper）和罗伯特·卡普兰，他们发展了斯托布斯的思想，提出了以作业为基础的成本计算，又称作业成本计算，并率先把这种成本核算方法简称为ABC。1988年，库珀在夏季号《成本管理》上发表了《一论作业成本法的兴起：什么是作业成本法系统》一文。库珀认为，产品成本就是制造和运送产品所需全部作业成本的总和，成本计算的最基本对象是作业。同年，库珀又在秋季号和冬季号《成本管理》上"两论"作业成本法，分别发表了《二论作业成本法的兴起：何时需要作业成本法系统》和《三论作业成本法的兴起：需要多少成本动因并如何选择》。库珀在"三论"作业成本法的同时，与卡普兰联手在《哈佛商业评论》上发表了《正确计量成本才能做出正确决策》一文。1989年的春季，库珀又写了《四论作业成本法的兴起：作业成本法系统到底看起来像什么》。从此，作业成本法开始得到会计界的普遍重视，可以说，库珀与卡普兰的这些文献基本上奠定了作业成本法的理论基础，作业成本法已经趋于成熟。

到了20世纪末期，以美国、英国等国家为代表的西方会计界开始对作业成本法的理论和实践产生广泛研究兴趣，许多会计学者发表并出版了大量研究探讨作业成本法的论文和专著，作业成本法已成为人们广泛接受的一个概念和术语。随着作业成本法理论的日趋完善，其在西方国家的一些企业中开始得到了推广应用，理论和实践相结合又促使了作业成本法的发展和完善。

三、作业成本法在中国的引入和应用

20世纪80年代，随着我国改革开放政策的实施，计划经济逐步向市场经济过渡，我国企业的市场主体地位不断确立，随之带来了管理理念的巨大转变。随着经济的进一步发展，我国企业的制造环境和竞争环境也发生了较大的变化。在这种背景下，我国的一些会计学专家也相继发表论文，向国内的企业介绍作业成本核算和管理方法。1995年，厦门大学的余绪缨教授在《会计研究》上撰文，向国内学者介绍作业成本法。为了分析说明作业成本法在我国应用的现实性和可行性，1997年，余绪缨教授又在《当代财经》上连续公开发表8篇学术论文，全面而系统地阐述了作业成本法的基本框架、思路，以及作业成本计算和企业内部管理的内在联系，为我国作业成本法的发展做出了重要贡献。

自20世纪90年代我国引入作业成本法以来，在理论界的推动下，国内许多大型企业的高层管理者认识到作业成本法的优势：作业成本法较之传统的成本核算方法，在产品成本核算上更为精确，从而更有利于产品的准确定价，而且作业成本法还能为公司战略以及企业的日常经营活动提供决策支持。市场竞争程度较高行业的某些大型企业，如科龙集团、美的集团、海尔集团、康佳集团等都结合企业自身的资源计划或制造资源计划系统，在其内部管理过程中尝试运用了作业成本法，并取得了一定成效。与此同时，作业成本法也逐步进入了我国高等学校编著的一些教材中，得到了广泛的认可和传播。

随堂测5-1

第二节 作业成本法的基本理论

一、作业成本法的基本概念

作业成本法是指将间接成本和辅助资源更准确地分配到作业、生产过程、产品、服务及顾客的一种成本计算方法。作业成本法通过对在生产过程中发生的所有作业活动追踪，进行动态反映，计量作业与成本对象的成本，便于评价作业业绩与资源的利用情况。作业成本法包括作业成本计算和作业管理两个方面的内容。

作业成本法确定分配间接费用的合理基础——作业，并引导管理人员将注意力集中在发生成本的原因——成本动因上，而不是仅仅关注成本结果的本身。通过对作业成本的计算和有效控制，来克服传统以数量为基础的成本系统中的间接费用责任不清的缺陷，将以前不可控的间接费用变成可控，因此说作业成本计算是一场真正的成本会计革命。

（一）资源（resources）

如果把整个制造中心（即作业系统）看成一个与外界进行物质交换的投入-产出系统，则所有进入该系统的人力、物力、财力等都属于资源范畴。一个企业所有的消耗都来自资源，资源是成本的源泉。作业成本法将资源作为成本计算的对象，是要在价值形成的最初形态上反映被最终产品吸纳的有意义的资源耗费价值。

（二）作业（activity）

作业是作业成本法下最基本的概念，是进行作业成本计算的核心和基础。作业就是基于一定目的，以人为主体，消耗一定资源的特定范围内的工作，或者简单表述为企业为了某一特定目的而进行的消耗资源的活动或事项。比如签订采购合同是一项作业，将原材料运到仓库是作业，对一批产品进行质量检验也是作业。

作业应该具备以下一些共同的特征：

(1) 作业必须以人为主体。

(2) 作业必定消耗一定的资源。不管自动化程度有多高，都离不开人的参与，作业以人为主体必然要消耗人力资源，同时也要消耗一定的物质资源。

(3) 作业的范围可以被限定。由于作业区分的依据是作业动因，而作业动因对于特定企业是客观的，因此作业范围可以得到本质上的限定。

(4) 区分不同作业的标志是作业目的。

(5) 作业可以被量化。这是作业最重要的特性。作业的可计量性使作业识别具有了现实意义，也使基于作业的成本计算有了客观依据。

对作业进行科学分类是作业识别和作业分析的基础，可以从作业的层次上把作业分为单位作业、批别作业、产品作业和维持性作业四类：

(1) 单位作业，即使单位产品受益的作业，此类作业是重复性的，每生产一个单位产品就需要作业一次，所消耗的成本随着产品数量而变动，与产品产量成比例变动，比如直接材料、直接人工等。例如，使用普通车床生产某种产品零件，每加工一个零件，都要完成将工件固定在卡盘上、切削、用卡尺自测质量、将零件从卡盘上卸下等一系列动作，完成这一系列动作就是执行一次作业。这类作业的产出一般以产品或零部件的件数来计量。在生产多种产品、多种零件的情况下，一般以机器工时或人工工时来计量。

（2）批别作业，即使一批产品或顾客受益的作业。例如，对每一批产品的检验、机器的准备、原材料的处理、订单的处理等。这些作业与产品的批次数量成比例变动。批别作业和单位作业的主要区别在于完成批量水平作业所需要的资源不依赖每批次所包含的单位数量。

（3）产品作业，即使某种产品的每个单位都受益的作业。例如，对每一种产品编制数控规划、材料清单、测试线路、处理工程变更等。这种作业的成本与产品产量及批次无关，但与产品品种或产品线数量成比例变动。

（4）维持性作业，即使某个机构或某个部门受益的作业，为维持工厂生产而从事的作业，与产品的种类和某种产品的多少无关，又称能量层次作业或管理级作业。比如安全设施建设、工厂管理、暖气供应、人员培训等。这种作业的成本为全部生产产品的共同成本。

此外，如果某项作业对顾客或企业组织而言是必要的，它能为最终产品增加价值，那么该项作业就是必要作业，称为增值作业（value-added activity）；反之，就是不必要作业，称为非增值作业（non value-added activity）。

（三）作业链和价值链

企业的一切活动都表现为作业活动，因此，现代企业实质上就是一个为了满足顾客需要而建立的一系列前后有序的作业集合体。这个有序的集合体就是作业链概念。各项作业之间彼此成为顾客，将作业链上的所有作业汇总起来，即可为外部顾客提供有价值的服务。

作业链同时表现为价值链。每完成一项作业要消耗一定量的资源，而作业的产生又形成了一定的价值，转移给下一个作业，按此逐步推移，直到最终将产品提供给企业的外部客户。最终产品作为企业内部一系列需要的总产出，凝聚了各个作业上形成的最终转移给顾客的价值。因此，作业链同时表现为价值链，作业的推移同时也表现为价值逐步在企业内部的积累和转移，最后形成转移给外部客户的总价值，这个总价值就是产品的成本。

（四）成本动因（cost driver）

成本动因是指决定成本发生的那些重要的活动或事项，即导致成本发生的活动或因素，可以称为成本诱因或成本驱动因素。成本动因可以是一个事件、一项活动或作业，它支配成本行为，决定成本的产生。作业成本法的成本分配主要采用直接追溯和动因追溯，尽可能减少不准确的分摊。

直接追溯是指将成本直接确定分配到某一成本对象的过程。这一过程是可以实地观察的，得到的产品成本最准确。比如确定一台笔记本电脑使用的显示器、集成电路、独立声卡及其他零部件，都可以通过观察实现；确定某种产品专用生产线耗用的人工工时，可以通过观察记录投入该生产线的工人人数和工作时间数据来准确计算。虽然通过直接追溯取得成本数据是最精确的，但并不是所有成本都适合采用该方法，而且其投入的成本和精力也最多。

动因追溯是指根据成本动因将成本分配到各成本对象的过程。企业在生产活动过程中耗用的各项资源其成本不是都能直接追溯到成本对象的，对于不能直接追溯的成本，尤其是间接成本，作业成本法则强调其使用动因追溯方式。动因追溯虽然不像直接追溯那样准确，但是只要因果关系建立得恰当，成本分配的结果同样可以达到较为准确的程度。

将间接成本分配到各产品中，必须要了解成本行为，识别恰当的成本动因。成本动因的选择一般要符合以下两个标准：（1）成本动因与资源消耗及支持业务的发生之间必须具有合理的因果关系；（2）关于成本动因的数据是可以获得的，即成本动因必须是可以量化的。根据成本动因在资源流动中所处的位置，通常将其分为资源动因和作业动因。

资源动因是指资源被各种作业消耗的方式和原因，它反映作业中心对资源的消耗情况，是资源分配到作业中心的标准。例如，如果人工费用主要和从事各项作业的人数有关，那么就可以按照人数来向各作业中心（作业成本库）分配人工方面的费用。这里从事各项作业的人数就是一个资源动因。再如，产品质量检验工作（一项作业）需要有检验人员、专用设备，并耗用一定的能源（电力）。检验作业作为成本对象，耗用各项资源（人工、能源等），构成检验作业的成本。其中，检验人员的工资、专用设备的折旧费等成本，一般可以直接计入检验作业；而能源成本往往不能直接计入（除非为设备专门安装电表进行电力耗费记录），需要根据设备核定的功率和设备的开动时间来分配。这里设备额定功率乘以开动时间就是能源成本的动因。设备开动导致能源成本的发生，设备的功率乘以开动时间这一动因作为能源成本的分配基础，将检验专用设备耗用的能源成本分配到检验作业中。常见的资源动因见表5-1。

表5-1　**常见的资源动因表**

作　业	资源成本动因
安装作业	安装小时
清洁作业	平方米
物料移动作业	搬运次数、搬运距离
人事管理作业	雇员人数、工作时间
能源消耗	电表、装机功率和运行时间
制作订单作业	订单数量
顾客服务作业	服务电话次数、服务产品品种数、服务时间

作业动因是指各项作业被最终产品或服务消耗的方式和原因。它反映产品消耗作业的情况，是作业中心的成本分配到产品中的标准。例如，如果各种产品或服务的每份订单上所消耗的费用基本相当，那么就可以按照订单份数来向各种产品或服务分配订单作业成本。这里订单的份数就是一项作业动因。再如，某车间生产某种产品，每种产品又分成若干批次完成，每批产品完工后都需要进行质量检验。假定对于任何产品的每一批次进行质量检验所发生的成本相同，则检验的次数就是检验成本的作业动因，它是引起产品检验成本变动的因素。某一会计期间发生的检验作业总成本（包括

检验人工成本、设备折旧、能源成本）除以检验的次数，就是每次检验所发生的成本。某种产品应承担的检验作业成本，等于该产品的检验批次乘以每次检验发生的成本。常见的作业类型及作业动因见表5-2。

表5-2 **常见的作业类型及作业动因表**

作业分类	常见作业动因
单位水平作业	产品或零部件产量、机器工时、人工工时、耗电千瓦时数等
批次水平作业	采购次数、生产准备次数、机器调试次数、材料或半成品转移次数、抽样检验次数
产品水平作业	按产品品种计算的图纸制作份数，按产品品种计算的生产工艺改变次数，模具、样板制作数量，计算机控制系统和产品测试程序的开发数，按产品品种下达的生产计划书份数
维持水平作业	企业规模、设备数量、厂房面积等

此外，根据成本动因对生产是否有利，可将成本动因分为积极性成本动因和消极性成本动因。

（1）积极性成本动因，是指有助于形成产品，产生收入和利润的成本动因，如销售订单、生产通知等。

（2）消极性成本动因，是指已导致资源的耗费，而无助于产品价值增加，对利润产生不利影响的成本动因，如报废单、重复运送产品等。

（五）成本库（cost pool）

成本库又称“作业中心”，是指作业所发生的成本的归集，在作业成本法中是具有相同性质成本动因的组合。在传统的成本会计中，以部门进行各类制造费用的归集。而在作业成本法中，将每一个作业中心所发生的成本或消耗的资源归集起来作为一个成本库。一个成本库是由同质的成本动因组成的，它对库内同质费用的耗费水平负有责任。作业成本法要求应以同质的成本库来归集费用和单独分配费用，并使之归属于各有关产品。

（六）制造中心

制造中心作为成本计算的对象，实质上是指计算制造中心产出产品的成本。我们可以理解为，作业是资源的顾客，作业中心是作业的顾客，制造中心是作业中心的顾客。

二、作业成本法的成本计算步骤

作业成本法的基本原理为：生产导致作业的产生，作业导致成本的产生，成本与费用是通过作业联系在一起的，或者将其概括为“作业消耗资源，产品消耗作业”。因此，作业成本计算法的成本计算程序，就是把各资源库成本分配给各作业，再将各作业成本库中的成本分配给最终产品。资源的耗费量与作业直接相关，但与最终产出量没有直接关系，成本应按作业进行汇集。

这一过程可以概括为以下三个步骤：

（1）识别资源和作业。作业成本法首先要识别企业的资源并确认产品在生产过程中的主要作业，将其作为作业中心，以便按作业中心汇集费用。

（2）归集成本或资源，分配至各作业中心的成本库。该步骤的任务是要确认每一个成本中心的资源耗用量，将同质作业的成本库合并为同质成本库。同质成本库是指可以用一项共同的成本动因解释其成本变动的成本集合。同质作业引发的成本可以合并分配，以减少计算工作量。

（3）将归集各作业中心的成本分配到成本对象即最终产品、服务或顾客中去。成本计算最终要计算出产品成本，在作业成本法下，产品成本由作业成本构成，汇集的作业成本按各产品消耗的作业量的比例分配，计算出各产品的作业成本，从而确定各产品的成本。本章第三节中将通过具体案例展示作业成本法的成本计算步骤。

三、作业成本法与完全成本法的区别与联系

（一）作业成本法与完全成本法的主要区别

1.成本计算对象和范围不同

完全成本法的成本计算对象是产品，成本计算范围是产品成本，具有唯一性。作业成本法的成本计算对象是作业和产品，成本计算范围有所拓宽，包含了产品成本、作业成本，不仅能够消除成本信息缺陷，而且作业层面的信息能够使企业管理层改善经营管理。

2.成本计算程序不同

完全成本计算方法分两步进行，中间的成本中心是按部门建立的。第一步除了把直接成本追溯到产品之外，还要把不同性质的各种间接费用按部门归集在一起；第二步是以产量为基础，将间接费用分配到各种产品。因此，在完全成本法下，间接成本的分配路径是“资源—部门—产品”。

在作业成本法下，成本计算的第一阶段，除了把直接成本追溯到产品以外，还要将各项间接费用分配到各有关作业和作业中心，并把作业看成是按产品生产需求重新组合的“资源”；在第二阶段，按照作业消耗与产品之间不同的因果关系，将作业成本分配到产品。因此，作业成本法下的间接成本的分配路径是“资源—作业—产品”。

3.间接费用分配标准不同

在完全成本法核算制度下，是用数量动因将成本分配到产品，间接费用的分配标准是直接人工工时或机器小时等，实质上就是产量或业务量。作业成本法认为，资源消耗成本的产生取决于成本动因，制造费用的分配应以成本动因为尺度。成本动因是决定作业的工作负担和作业所需资源数量的因素，是决定成本的根本原因，将资源分配到成本对象的标准应是成本动因，这种成本动因表现形式的多样化决定了分配标准的多样化。

4.产品成本计算结果和作用不同

因为成本计算的理论基础和程序的差异，导致两种成本计算方法的结果存在较大差异。作业成本法会使得工艺较为简单产品的单位产品成本比完全成本法要低，而对于工艺较为复杂产品的单位产品成本较完全成本法要高，从而纠正了完全成本法对于制造费用占比较高和产品成本分配上的不正确性。因此，作业成本法计算的成本信息

更加准确，为企业加强管理并做出科学决策提供了依据。完全成本法则可能因提供了不准确的信息而造成企业的决策失误。

（二）作业成本法与完全成本法的联系

1.作业成本法以完全成本法为基础

视频

作业成本法和完全成本法的比较

随堂测5-2

作业成本法是在完全成本法基础上发展起来的，与完全成本法在直接材料和直接人工的计算方法上并无差异。只是在计算间接费用时，作业成本法是根据实际情况在保留原有的分配标准的同时，把那些与机器小时或人工工时联系不大的间接费用根据成本动因选择另外的分配标准。

2.二者的最终目的都是正确计算最终产出成本

在完全成本法核算制度下，成本计算的目的是通过各种材料、费用的分配和再分配，最终计算出产品生产成本。在作业成本法下，企业发生的间接费用或间接成本先在有关作业之间进行分配，进入成本库，然后再按各产品耗用作业的数量，把作业成本计入产品成本，从而计算出最终产品或服务的生产成本。

第三节　作业成本法的成本计算与评价

一、作业成本法的成本计算

作业成本法的基本指导思想是："作业消耗资源，产品（服务或顾客）消耗作业"。根据这一基本指导思想，可以把作业成本法成本计算的三个程序步骤展开如下，并举例说明：

（一）确认和计量各种资源耗费、识别认定各项作业

资源可以简单地区分为货币资源、材料资源、人力资源、动力资源等几类。有关各类资源耗费的信息可以从企业的总分类账中得到。作业成本法并不改变企业所耗资源的总额，其改变的只是资源总额在各种产品之间的分配额以及资源总额在存货和销售成本之间的分配额。

作业的认定需要对每项消耗资源的作业进行定义，从而识别每项作业在生产活动中的作用、与其他作业的区别，以及每项作业与耗用资源的联系。每个企业的经营规模、工艺流程和组织结构都不同，因此，每个企业都应该根据自身具体情况认定作业。作业认定方法主要有两种：根据企业总的生产流程，自上而下进行分解；通过与企业员工和管理层进行交谈，自下而上确定他们所做的工作，并逐一认定各项作业。

【例5-2】根据某企业生产流程的分析和工厂的布局，原材料仓库与生产车间之间有500米的距离，从而必然存在材料搬运作业，这项作业就是将生产用的原材料从仓库运送到生产车间。通过另一种形式，即与从事相关作业的员工或经理交谈，也可以识别和认定该项作业，比如与从而搬运作业的员工进行交谈，提问"你是做什么的"，也很容易得出在生产过程中有这样一项搬运作业，它的主要作用是把原材料从仓库运往车间。

在实务中，自上而下和自下而上这两种方式往往需要结合起来运用。经过这样的程序，就可以把生产过程中的全部作业一一识别出来，并加以认定。为了对认定的作业进一步分析和归类，在作业认定后，企业需按顺序列出作业清单。但是，不管运用哪一种方法，必须要考虑成本效益原则，明确企业对信息的需求量和详细程度，不能只追求准确性而不管取得信息的成本和代价。

（二）将资源分配到作业

这一步骤包括以下几个方面：

（1）确认作业所包含的资源种类，也就是确认一项作业所包含的成本要素（项目）。以检验部门检验产品成本为例，检验作业主要消耗了三项资源，即工资、材料、折旧。

（2）确立各类资源的资源动因，将资源分配到各受益对象——作业和作业中心，并据此计算出作业中的该成本要素的成本额。

（三）选择作业动因并将作业成本库的总成本分配到具体产品或服务

这一步骤包括以下几个方面：

（1）确认各作业的作业动因，并统计作业动因的总数，据此分别计算各作业的单位作业动因的制造费用分配率。

（2）统计各产品所耗作业量（或作业动因数），根据分配率和作业量计算产品承担的制造费用，开列产品成本单。

下面通过举例并展示其过程，将作业成本法和传统成本计算法（完全成本法）进行比较。

【例5-3】甲公司为大型生产企业，某部门负责全公司原材料及零部件的存货控制，该部门全年的总成本为1 500 000元，主要为人力成本。该部门共有员工12人，其中，6人负责管理外购零部件，3人负责管理原材料，还有3人负责将原材料和零部件分配到车间。

根据该部门的主要工作内容设置三个作业中心，即管理外购零配件作业中心、管理原材料作业中心、分配存货作业中心，然后将总成本分配到各作业中心，其成本动因是作业人数，以此为基础得出每个作业中心的成本。

该部门人均成本=1 500 000÷12=125 000（元）

管理外购零配件作业成本=6×125 000=750 000（元）

管理原材料作业成本=3×125 000=375 000（元）

分配存货作业成本=3×125 000=375 000（元）

将作业成本分配到产品中去，其成本动因是收货和发货的次数。已知该企业外购零部件25 000批、原材料10 000批，共生产产品5 000批，则可计算单位作业成本如下：

管理外购零配件单位作业成本=750 000÷25 000=30（元）

管理原材料单位作业成本=375 000÷10 000=37.5（元）

分配存货单位作业成本=375 000÷5 000=75（元）

已知该企业生产A产品1 000件，全部A产品共分10批装配而成，共耗用外购零部件200批、原材料50批，A产品应分配的存货控制相关间接费用为：

200×30+50×37.5+10×75=8 625（元）

A产品应负担的单位间接费用=8 625÷1 000=8.625（元）

【例5-4】A公司主要生产三种电子产品，分别为产品X、产品Y、产品Z。产品

X是三种产品中工艺最简单的一种，公司每年销售10 000件；产品Y工艺相对复杂一些，公司每年销售20 000件，在三种产品中销量最大；产品Z工艺最为复杂，公司每年销售4 000件。A公司设有一个生产车间，主要工序包括零部件排序准备、自动插件、手工插件、压焊、技术冲洗及烘干、质量检测和包装。A公司的原材料和零部件均为外购。A公司一直采用传统成本计算法计算产品成本。

1.传统成本计算法（完全成本法）

（1）A公司有关成本资料见表5–3。

表5–3 A公司成本资料表

项　目	产品X	产品Y	产品Z	合　计
产量（件）	10 000	20 000	4 000	34 000
直接材料（元）	500 000	1 800 000	80 000	2 380 000
直接人工（元）	580 000	1 600 000	160 000	2 340 000
制造费用（元）				3 894 000
全年直接人工工时（小时）	30 000	80 000	8 000	118 000

（2）在传统成本计算法下，A公司以直接人工工时为基础分配制造费用见表5–4。

表5–4 A公司制造费用分配表

项　目	产品X	产品Y	产品Z	合　计
直接人工工时（小时）	30 000	80 000	8 000	118 000
分配率	3 894 000÷118 000=33（元/小时）			
制造费用（元）	990 000	2 640 000	264 000	3 894 000

（3）采用传统成本计算法计算的产品成本资料见表5–5。

表5–5 A公司产品成本单 金额单位：元

项　目	产品X	产品Y	产品Z
直接材料	500 000	1 800 000	80 000
直接人工	580 000	1 600 000	160 000
制造费用	990 000	2 640 000	264 000
合　计	2 070 000	6 040 000	504 000
产量（件）	10 000	20 000	4 000
单位产品成本（元/件）	207	302	126

2.公司的定价策略及产品销售方面的困境

（1）A公司的定价策略。

A公司采用成本加成定价法作为定价策略，按照产品成本的125%设定目标售价见表5–6。

表5-6　　　　　　　　　　**A公司产品定价表**　　　　　　　　　　单位：元

项　目	产品X	产品Y	产品Z
产品成本	207	302	126
目标售价（产品成本×125%）	258.75	377.5	157.5
实际售价	258.75	328	250

（2）产品销售方面的困境。

近几年，A公司在产品销售方面出现了一些问题。产品X按照目标售价正常出售，不受影响。来自外国公司的竞争迫使A公司将产品Y的实际售价降低到328元，远远低于目标售价377.5元。产品Z的目标售价原定于157.5元，A公司收到的订单数量非常多，超过其生产能力，因此公司将产品Z的售价不断提升，一直提高到250元。即使在250元这一价格下，A公司收到的订单依然很多，其他公司在产品Z的市场上无力与A公司竞争。上述情况表明，产品X的销售及盈利状况正常，产品Z是一种高盈利、低产量的优势产品，而产品Y是公司的主要产品，年销售量最高，但现在却面临不断降价、利润减少的严重困境，因此产品Y成为公司管理人员关注的焦点。在分析过程中，管理人员对传统成本计算法提供的成本资料的正确性产生了怀疑，他们决定使用作业成本法重新计算产品成本并重新定价。

3.作业成本法计算产品成本

（1）管理人员经过分析，认定了公司发生的主要作业并将其划分为几个同质作业成本库（作业中心），然后将间接费用（制造费用）归集到各作业成本库（作业中心）。这一具体过程此处不详述，得到的归集结果见表5-7。

表5-7　　　　　　　　　　**A公司作业成本库**　　　　　　　　　　单位：元

作　业	制造费用金额
装配工作	1 212 600
材料采购	200 000
物料处理	600 000
起动准备	3 000
质量控制	421 000
产品包装	250 000
工程处理	700 000
管理工作	507 400
合　计	3 894 000

（2）管理人员认定各作业成本库的成本动因（作业动因），并计算单位作业成本，分别见表5-8、表5-9。

表 5-8　　成本动因表

作 业	成本动因（作业动因）	作业量			
		产品X	产品Y	产品Z	合计
装配工作	机器小时（小时）	10 000	25 000	8 000	43 000
材料采购	订单数量（张数）	1 200	4 800	14 000	20 000
物料处理	材料移动（次数）	700	3 000	6 300	10 000
起动准备	准备次数（次数）	1 000	4 000	10 000	15 000
质量控制	检验小时（小时）	4 000	8 000	8 000	20 000
产品包装	包装次数（次数）	400	3 000	6 600	10 000
工程处理	工程处理时间（小时）	10 000	18 000	12 000	40 000
管理工作	直接人工工时（小时）	30 000	80 000	8 000	118 000

表 5-9　　单位作业成本表　　金额单位：元

作 业	成本动因（作业动因）	全年制造费用	全年作业量	单位作业成本
装配工作	机器小时（小时）	1 212 600	43 000	28.2
材料采购	订单数量（张数）	200 000	20 000	10
物料处理	材料移动（次数）	600 000	10 000	60
起动准备	准备次数（次数）	3 000	15 000	0.2
质量控制	检验小时（小时）	421 000	20 000	21.05
产品包装	包装次数（次数）	250 000	10 000	25
工程处理	工程处理时间（小时）	700 000	40 000	17.5
管理工作	直接人工工时（小时）	507 400	118 000	4.3

（3）管理人员将作业成本库的制造费用按单位作业成本分摊到各产品，其过程见表 5-10。

表 5-10　　制造费用按单位作业成本分配表　　金额单位：元

作 业	成本动因（作业动因）	单位作业成本	产品X		产品Y		产品Z	
			作业量	作业成本	作业量	作业成本	作业量	作业成本
装配工作	机器小时（小时）	28.2	10 000	282 000	25 000	705 000	8 000	225 600
材料采购	订单数量（张数）	10	1 200	12 000	4 800	48 000	14 000	140 000
物料处理	材料移动（次数）	60	700	42 000	3 000	180 000	6 300	378 000
起动准备	准备次数（次数）	0.2	1 000	200	4 000	800	10 000	2 000
质量控制	检验小时（小时）	21.05	4 000	84 200	8 000	168 400	8 000	168 400
产品包装	包装次数（次数）	25	400	10 000	3 000	75 000	6 600	165 000
工程处理	工程处理时间（小时）	17.5	10 000	175 000	18 000	315 000	12 000	210 000
管理工作	直接人工工时（小时）	4.3	30 000	129 000	80 000	344 000	8 000	34 400
合 计	—	—	—	734 400	—	1 836 200	—	1 323 400

（4）经过重新计算，管理人员得到的产品成本资料见表5-11。

表5-11 作业成本法下A公司产品成本单 金额单位：元

项 目	产品X	产品Y	产品Z
直接材料	500 000	1 800 000	80 000
直接人工	580 000	1 600 000	160 000
装配工作	282 000	705 000	225 600
材料采购	12 000	48 000	140 000
物料处理	42 000	180 000	378 000
起动准备	200	800	2 000
质量控制	84 200	168 400	168 400
产品包装	10 000	75 000	165 000
工程处理	175 000	315 000	210 000
管理工作	129 000	344 000	34 400
合 计	1 814 400	5 236 200	1 563 400
产量（件）	10 000	20 000	4 000
单位产品成本	181.44	261.81	390.85

4.问题的解决

采用作业成本法取得的产品成本资料令人吃惊。产品X和产品Y在作业成本法下的产品成本都远远低于传统成本计算法下的产品成本。这为公司目前在产品Y方面遇到的困境提供了很好的解释。两种成本计算法下产品成本售价的比较见表5-12。

表5-12 两种成本计算法下产品成本售价比较表 单位：元

项 目	产品X	产品Y	产品Z
产品成本（传统成本计算法）	207.00	302.00	126.00
产品成本（作业成本法）	181.44	261.81	390.85
目标售价（传统成本计算法下产品成本×125%）	258.75	377.50	157.50
目标售价（作业成本法下产品成本×125%）	226.80	327.26	488.56
实际售价	258.75	328.00	250.00

由表5-12可知，根据作业成本法计算的产品成本，产品Y的目标售价应为327.26元，A公司原定的377.50元目标售价显然是过高而不合理的，其缺乏市场竞争力。A公司现有的328.00元实际售价与目标售价基本吻合。产品X的实际售价258.75元高于重新确定的目标售价226.80元，是一种高盈利的产品。产品Z在传统成本计算法下的产品成本显然被低估了，A公司制定的目标售价过低，导致实际售价250.00元低于作业成本法计算得到的产品成本390.85元，这意味着长期来看生产销售越多，企业亏损越

多。如果售价不能提高或产品成本不能降低，A公司应该考虑放弃生产产品Z。

A公司的管理人员利用作业成本法取得较传统成本计算法更为准确的产品信息，可以对公司的定价策略进行及时调整，并进一步利用作业成本法提供的相对准确的信息对公司的其他决策进行分析和调整。

二、作业成本法的评价

（一）作业成本法的优越性

1.提供更加准确的成本信息

成本信息可以更加准确地反映资源耗费的实际情况，能更加准确地衡量产品及服务的盈利能力，这是作业成本法最大的优点。一方面，作业成本法扩大了追溯到个别产品的成本比例，减少了成本分配对于产品成本的扭曲；另一方面，其采用多种成本动因作为间接成本的分配基础，使得分配基础与被分配成本的相关性得到改善。有了正确的成本信息才能进行科学的定价，科学的定价才能准确衡量产品的盈利能力。

2.形成不断改进的业绩评价体系

作业成本法区分了增值作业与非增值作业，形成了不断改进的业绩评价体系。增值作业能够增加客户价值，因此要提高作业效率、降低成本；非增值作业不增加客户价值，需要消除以降低成本。进行作业成本法分析的最终目的就是通过分析，增加增值作业，减少非增值作业。而基于作业成本法的业绩评价，能够清晰地反映具体的作业、资源在增加顾客价值中起到的作用，揭示增值作业、非增值作业以及可供资源、实际使用资源的差别，促使管理者更加重视过程管理、行为管理以及人员激励，有利于企业杜绝浪费，提高企业经济效益。

3.促进成本管理进入作业层次

由于成本和作业之间存在明确的因果关系，使得成本信息便于理解，促进企业管理进入作业管理层次，有利于成本控制。作业成本法提供了了解产品作业过程的途径，使管理人员知道成本是如何发生的。这一方法促使从成本动因上改进成本控制，包括改进产品设计和生产流程等，可以消除非增值作业、提高增值作业的效率，有助于持续降低成本和不断消除浪费。作业消耗公司资源，产生了产品成本，只有直接关注作业的使用效率而不是产品，公司才能做到有效控制成本。

4.为战略管理提供信息支持

战略管理需要相应的信息支持，作业成本法与价值链分析概念一致，可以为其提供信息支持。例如，价值链分析需要识别供应作业、生产作业和分销作业，并且识别每项作业的成本驱动因素，以及各项作业之间的关系。再如，成本领先战略是公司竞争战略的选择之一，实现成本领先战略，除了规模经济之外，需要有低成本完成作业的资源和技能，这些都需要作业成本法提供基础信息。

（二）作业成本法的局限性

1.成本动因选择具有主观性

作业成本计算过程中选择最佳的成本动因难免带有主观性和武断性，所选择的成本动因并不总是客观和可以检验的，有时甚至难以选择。比如厂房租赁费用和车间的一些维持性成本，就很难选择合适的成本动因。成本动因选择的主观性和武断性不仅为作业成本法的有效实施增加了难度，同时也为管理层操纵成本和利润提供了可能，导致对结果进行审计更加困难。作业成本法虽然大大减少了产品成本计算上的主观分配情况，但并未从根本上消除。

2. 实施作业成本法的成本较高

作业成本法的成本动因远多于完全成本法，成本动因的数量较大，实施作业成本法的费用较高，信息取得成本大幅提高。在企业业务量大、生产经营过程复杂且品种繁多的情况下，不仅成本计算过程相当复杂，而且需要完成许多基础性的信息收集整理工作。随着企业生产环节的变化，技术的创新和产品结构的调整，又需要重新进行作业的划分或调整工作，其费用多、时间长。

3. 成本信息降低可比性

传统产品成本计算只包括直接材料、直接人工和制造费用，而作业成本法下的产品成本其内涵要广阔得多，可以包括一切为生产该产品而发生的费用，即全部产品成本的概念。对于间接费用的分配基础两者差别很大，在两种成本核算系统下，不仅同一个企业取得的成本信息存在重大差别，而且同一种产品的成本信息也会有很多不同，因此，可比性不强。另外，作业成本法下的不同企业之间很难进行成本信息的比较。

4. 提供信息的决策有用性受到影响

作业成本法依据的和提供的仍然是历史成本信息，其在未来决策中所发挥的作用必然受到影响。由于作业成本法的基础资料来自现行的权责发生制，因此其计算结果还受诸如折旧等成本期末分配的影响；再加上动因选择的主观性，使得作业成本法成本信息的正确性和客观性受到一定影响，从而影响信息的决策有用性。

5. 不符合对外财务报告的需要

采用作业成本法的企业，为了使对外财务报表符合企业会计准则的要求，需要重新调整成本数据。这种调整不仅工作量大，而且技术难度大，有可能出现混乱。

（三）作业成本法的应用条件

作业成本法的优势比较明显，但是也存在一定的问题和局限性，因此，符合下列条件的企业更加适合采用和推广作业成本法：

（1）制造费用占产品成本比例较高的企业适合采用作业成本法。这些公司的制造费用占产品成本比例高，传统成本计算法下的成本信息更容易发生扭曲，会对决策造成重大影响，更应该采用作业成本法。

（2）产品多样性程度高的企业适合采用作业成本法。产品多样性包括产品产量的多样性、规模的多样性、原材料的多样性以及产品组装的多样性。如果企业面临着产品品种数量多、差异性大而且大部分产品属于小批量生产的情况，则更适合采用作业成本法。

（3）行业竞争非常激烈的企业适合采用作业成本法。当企业面临十分激烈的外部竞争和企业产品多样性不断增加时，传统成本计算法对成本信息扭曲造成决策失误带来的损失更大。在激烈的竞争环境下，更容易出现价格战，公司必须精确核实每一种产品的成本，以保持价格优势。

（4）实力雄厚、规模比较大的企业适合采用作业成本法。由于大规模企业拥有更强大的信息沟通渠道和更完善的信息管理基础设施，并对信息的需求更为强烈，因此，这类企业对作业成本法更感兴趣。由于实施作业成本法投入的精力多、费用高，因此，只有规模较大的企业才能符合成本效益原则。

随堂测5-3

第四节　作业成本管理

作业成本法包括作业成本计算和作业管理两个方面的内容。作业成本管理（activity-based costing management，ABCM）是指企业利用作业成本计算所获得的信息进行作业管理，以达到不断消除浪费、实现持续改善、提高客户价值，并最终实现企业战略目标的一系列活动。

一、作业成本管理的特点

作业成本管理的特点如下：

（1）作业成本管理的对象包括产品和作业，而且更加关注作业。

（2）职责的划分超越部门界限。传统成本管理方法一般以部门（或生产线）作为责任中心，以该部门可控成本作为对象。作业成本管理以作业及相关作业形成的价值链来划分职责，以价值链作为责任控制单元，而价值链是超越部门界限的。

（3）控制标准的选择更加科学。传统成本管理方法以企业现实可能达到的水平作为控制标准，而且这一标准是相对稳定的，是企业现实可能达到的，而不是最高水平的标准。作业成本管理以实际作业能力成本即最优或理想成本作为控制标准（不考虑现实的低效率和技术故障，次、废品以及非正常停工等因素的情况下，可能达到的最高产出水平）。

（4）优化考核对象。传统成本管理方法以是否达到该标准及达到该标准的程度作为考核依据，对部门和相关责任人进行奖惩。作业成本管理以不断消除浪费所取得的成果和接近最优标准的程度作为业绩，实现的业绩可以用财务指标，也可以用非财务指标来衡量，对作业链中的各种作业的执行者，即“团队”（“不是”某一部门和某一责任人）实施奖惩。

（5）重视消除非增值成本。作业成本管理高度重视非增值成本，并注重不断消除非增值成本，从而提升效率和企业价值。

二、作业成本管理的主要策略

降低成本是进行作业管理的主要目的，从作业成本管理的角度来看，降低成本的途径主要是改善作业，通过提高增值作业的效率、消除非增值作业、作业共享的策略。

企业通过作业成本管理降低成本的主要途径有：

（一）减少作业消耗

以改善作业方式降低企业经营所消耗的时间和资源，就是改善必要作业的效率或改善短期内无法消除的无附加值作业。例如，改善机器准备作业，就可以减少准备次数及其成本。

立即消除一项非增值作业是难以实现的，但是经过努力可以降低对其的需求。例如，不合格品的返工作业，产品合格率提高了，不合格产品减少了，对这项作业的需求也就降低了。对于一项增值作业来说，降低需求等于提高效率。例如，一部机器可以加工6片风扇的叶子，用于组装一台特殊用途风扇，如果改变设计，一台风扇只需3片叶子。这样需求降低后，该部机器每个工作日的产出可供两台风扇使用，相当于工作效率提高了一倍。

（二）努力消除非增值作业

一个企业应该首先确认非增值作业，进而采取有效措施予以消除。例如，厂商为确保产品是否用了优质的原料生产，因此常对购入的原料进行检验，但是此项作业一般在供应商信用不佳时才采用，如果选择提供高质量原料的优质供应商，就可以消除原料检验作业，降低成本。再如，生产半成品完成后，要将半成品转运到其他车间继续进行加工，这项作业就是非增值作业，应该努力消除，通过重新设计生产线，促使半成品不用搬运就能马上进行加工。

立即消除某项非增值作业比较困难，但是必须着手考虑和实施必要的措施，逐步达到消除的目标。消除一项作业，往往不是只针对该项作业采取措施，而是很有可能涉及其他若干项作业，甚至涉及整个生产流程或经营过程。例如，产品质量检验是一项非增值作业，在产品质量不能保证达到百分之百合格的情况下，消除该项作业是不可能的，需要在整个生产过程甚至包括研发、设计、采购等其他过程中进行全面的质量改善，才能消除质量检验作业。

（三）选择成本最低的作业方案

在采用不同作业可以达到相同目的的情况下，应选择成本最低的作业方案。例如，产品的某个零件可以采用不锈钢加工，也可以使用普通钢材加工，如果通过表面处理普通钢材可以达到同样的效果，且不影响产品质量和不降低客户价值，在这种情况下，就应选择成本低的后一种作业。

（四）作业共享

作业共享是指几种产品分享一项作业的产出，这也是提高作业效率的一个有效途径。例如，原来一部机器只为一种产品加工专用的螺钉、螺母，如果经过工艺改进，该部机器可为多种产品提供服务，则避免了生产能力的闲置，从而降低了成本。

（五）重新配置资源

企业消除非增值作业，提高增值作业的效率，往往会造成作业能力的闲置。闲置能力主要表现在厂房、设备、人员等方面的资源多余。如果不能将闲置资源充分利用或处置，则消除浪费的效果就不能得以充分实现。企业管理会计人员应该编制增值与非增值成本报告，报告实际作业产出与增值作业标准数量的差距，以及增值与非增值成本，有利于企业管理人员决策时充分考虑资源的供给，重新配置资源。例如，接受或拒绝一份临时的产品订单，零件是外购还是自制，以及如何确定产品的结构、处置闲置的固定资产（出租或出售）和人员的调整等。

随堂测5-4

本章小结

技术和需求的变化使得企业制造费用所占比例不断提高，传统的成本计算对实际成本的扭曲程度日益扩大，容易误导管理决策，再加上竞争的迫切需求，直接引发作业成本法的产生。作业成本法的基本原理是：生产导致作业的产生，作业导致成本的产生，成本与费用是通过作业联系在一起的。作业成本法的成本计算程序是在建立作业中心的基础上，首先把各资源库成本分配给各项作业，再将各作业成本库中的成本分配给最终产品。作业成本法能够提供更加准确的成本信息、形成不断改进的业绩评价体系、促进成本管理进入作业层次、为战略管理提供信息支持。降低成本是进行作业管理的主要目的，从作业成本管理的角度来看，降低成本的途径主要是改善作业，通过提高增值作业的效率、消除非增值作业、作业共享等策略。

本章练习

假设某企业生产A、B两种产品，其生产工艺以机械化为主，所需要的人工成本较少。某企业有关A、B两种产品的生产成本基本资料见表5-13。

表5-13　　**产品生产成本资料表**　　金额单位：元

成本项目	A产品（30 000件）	B产品（5 000件）	合 计
直接材料	60 000	15 000	75 000
直接人工	6 000	2 000	8 000
制造费用			160 000
合 计			243 000

某企业的制造费用总额为160 000元，A、B两种产品复杂程度不同，耗用的作业量也不同。在对生产经营过程进行分析后，该企业的会计主管认为有7种主要作业，分别设立7个作业成本库，并选定了相应的成本动因，有关资料见表5-14。

表5-14　　**制造费用及作业资料表**

作业名称	制造费用（元）	成本动因	成本动因数		
			A产品	B产品	合计
机器能量	16 000	生产单位产品的机器小时	30 000	10 000	40 000
产品设计	8 000	设计时间	100	300	400
机器调整	10 000	调整次数	2	8	10
检验成本	32 000	检验次数	600	1 000	1 600
材料处理	41 200	材料移动次数	600	20 000	20 600
订货成本	13 200	购买订单数量	100	1 100	1 200
其他作业	39 600	机器小时	100	300	400
合 计	160 000	—	—	—	—

其中：A产品每批1 000件，共30批，每批检验20件、移动20次，共移动600次；B产品每批10件，共500批，每批检验2件、移动40次，共移动20 000次。

要求：请分别采用作业成本法与传统成本计算法（假设以直接人工成本作为制造费用的分配标准）计算A、B两种产品的成本，并进行比较。

参考答案

头脑风暴

1. 你认为一个企业符合哪些条件才可以实施作业成本法？
2. 作业成本管理和传统成本管理进行比较的差异是什么？

头脑风暴提示

分组任务

作业成本法与完全成本法的区别与联系有哪些？

分组任务提示

教学案例

莫科公司工程零件制造案例

本章测评

拓展阅读

作业成本法融入企业全面预算管理

第六章

短期经营决策

学习目标： 本章是管理会计中的重点章节。通过本章的学习，要求学生了解短期经营决策中的决策概念，熟悉短期经营决策中的各种成本概念，掌握企业经营决策中的品种决策、生产组织决策、定价决策的基本方法，熟练运用差量分析法、边际贡献分析法、成本无差别点分析法解决企业短期生产经营中的实际问题。

导入案例

本地某饮料生产企业原来生产多种同一品牌的饮料，每年最多可以生产2 000万瓶。由于市场竞争激烈，生产的几种产品都无利可图，目前该企业只生产一种A饮料，只用了80%的产能。该产品单位成本为1.8元/瓶，其中的单位变动成本为1.5元/瓶（含单位产品销售费用0.05元/瓶），正常批发价为2元/瓶。本地某大型批发商因为销售旺季的到来，希望以1.48元/瓶的价格贴牌生产200万瓶，并自行承担相关的销售费用。该企业预估生产该批贴牌饮料还需要订购一批新品牌的商标标签，费用大概一次性支付2万元。有一部分管理人员认为不能接受该订单，因为1.48元/瓶的售价低于产品单位成本，还低于单位变动成本，而且要去重新订购商标标签，生产越多亏损越多。

但是，财务经理李明却认为还是有利可图的，他的分析如下：

从表面分析，1.48元/瓶的价格低于单位变动成本1.5元/瓶，不仅不能弥补固定成本，连变动成本都弥补不了，而且远远低于原来2元/瓶的饮料批发价。但是，由于企业的剩余产能还有400万瓶，大于客户订单的200万瓶，如果接受了客户的订单，企业不需要负担额外的销售费用，只需要支付商标标签费，而且如果能留住这样的大客户对企业未来的发展意义重大。

请问你认同财务经理李明的分析吗？为何在决策过程中大家没有使用“利润”这一常用概念？

提示

第一节　决策和成本的概念

决策分析是企业管理的核心，决策的正确与否关系到企业的兴衰存亡。在管理会计的各项职能中也充分体现了参与经营决策的功能。

一、决策的概念、分类和程序

（一）决策的概念和分类

决策是指为了达到既定的目标，根据预测所获得的信息进行判断，在几个可以相互替代的不同方案中选择最优方案的过程。一般来说，决策有明确的目标，并且有若干可行的方案可以选择，需要决策者经过综合分析评价选优来确定方案。

决策主要有以下几种分类：

1.短期决策、长期决策

按照决策期的长短，决策可以分为短期决策和长期决策。

短期决策是指对那些只涉及1年以内的一次性专门业务，并仅对该时期内的收支盈亏产生影响的问题做出选择的决策。短期决策主要包括短期的生产、销售、定价、存货决策等，一般不包括新的固定资产投资决策。这类决策主要考虑如何合理、充分利用现有的人力、物力、财力和经营环境，取得最大的经济效益。长期决策是指对那些报酬期限超过1年，并对较长时间内的收支盈亏产生影响的问题做出选择的决策。比如固定资产投资决策往往是长期决策。

2.确定型决策、风险型决策、不确定型决策

按照决策支持信息的特点，决策可以分为确定型决策、风险型决策、不确定型决策。

确定型决策是指未来客观条件或自然状态明确、固定，所有备选方案经计量、分析后均可得到一贯确定结果的有关决策。在确定型决策条件下，企业管理者完全了解某一决策事件所面临的客观环境和基本情况，对每一决策分类备选方案的预期效益都能够通过直接计算而确切掌握。

风险型决策是指未来客观环境或自然状态不能完全肯定，但其即将出现或发生的困难性大小可以预先估计的有关决策。在风险型决策条件下，企业管理者无法预先肯定某一决策事项所面临的两种或两种以上的客观环境和基本情况，但他们可以通过调查研究或者凭借实践经验，大体上估计出有关环境将会出现的概率。

不确定型决策是指未来客观环境或自然状态不明确、不固定的有关决策。在不确定型决策条件下，企业管理者无法预先选定某一事项所面临的两种或两种以上的客观环境和基本情况，甚至连它们即将出现或发生的困难性大小也无法估计，只能凭借决策者的经验和心理素质做出主观判断。

3.独立决策、互斥决策、优化组合决策

按照决策项目之间的关系，决策可以分为独立决策、互斥决策、优化组合决策。

独立决策是指只需对一个备选方案做出接受或拒绝选择的决策，又称单一方案的决策。比如亏损产品是否停产的决策，是否接受特殊价格追加订货的决策等。互斥决策是指需要在两个或两个以上的备选方案中选出唯一的最优方案的决策，属于多方案决策。比如开发一种新产品的品种决策，零部件或配件自制外购的决策等。优化组合决策是指在多个备选方案中选出一组最优的组合方案的决策，也属于多方案决策，往往有限制条件。在长期投资决策中，该类决策得到较为普遍的应用。

4.战略决策、战术决策、业务决策

按照决策的重要程度，决策可以分为战略决策、战术决策、业务决策。

战略决策是指解决全局性、长远性、战略性的重大决策问题的决策。战略决策一般由最高层决策者做出，通常包括企业目标的确定、企业组织结构的调整等重大问题决策。战术决策是指在企业内贯彻的决策，属于战略决策执行过程中的具体决策，如企业的生产决策、定价决策、销售决策、购买决策以及筹资决策、投资决策等。业务决策是指日常生产经营过程中为了提高生产经营效率而做出的牵涉范围小，对企业生产经营产生局部影响的决策，如企业生产进度的安排和监督、库存的控制等。

5.程序化决策、非程序化决策

按照决策涉及的问题性质，决策可以分为程序化决策和非程序化决策。

程序化决策又称常规性决策，是指对重复出现的日常管理问题做出的决策。这类决策有先例可循，能按既定的程序、处理方法和标准进行决策，其多属于日常的业务决策。非程序化决策是指对管理中的新型问题做出的决策。这种决策没有常规可循，虽然可以参照过去类似情况的做法，但需要按新的情况重新研究，进行决策。它多属于战略决策和一些新的战术决策，这种决策在很大程度上依赖决策者的智慧和经验。

（二）决策的一般程序

在管理活动中，决策一般需要经历以下程序：

1.明确问题，确定目标

决策的首要环节是提出并确定决策问题，即确定决策需要解决什么问题。企业在从事生产经营活动中会遇到很多决策问题。例如，关于产品生产方面的决策问题，有生产能力如何提高、生产工艺如何改进等。然后，在明确问题的基础上确定决策的主要目标。决策目标的内容、含义必须明确，不能模棱两可，还要有可以计量目标的具体标准，尽量做到定量化。

2.分析矛盾，制订方案

在决策目标确定后，要深刻分析与决策对象有关的各种矛盾，制订切实可行的备选方案。备选方案的拟订，实际上是为实现目标探索多种可行途径。每个备选方案都要注意结合实际，量力而行，扬长避短。

3.收集资料，分析比较

针对各备选方案收集与其有关的各种信息、数据，进行加工整理，测算出各备选方案的预期收入与预期成本。例如，对原有生产设备是否进行改造的方案，要分别计算改造和不改造生产设备给企业带来的收益及为此而发生的各项成本与支出（包括机会成本）。

4.综合评价，确定方案

在运用可计量因素进行比较分析的基础上，还应结合各种非计量因素对决策对象的影响，综合评价各备选方案综合效益的大小，并进行排序，最终评选出最优方案。最优方案应是经济合理性、技术先进性和客观条件可能性相结合的备选方案。

5.组织实施，追踪反馈

最优方案的选定并不是决策过程的结束，从全局的观点看，整个决策过程还应包括决策方案的组织实施以及实施过程的跟踪与信息反馈。在实施过程中，要准确反馈信息，及时发现问题，采取对应措施，修改方案和调整目标。只有这样才能保证整个决策过程始终处在一种动态的良性循环状态中。

二、短期经营决策中的成本概念

经营决策是对企业未来经营活动所面临的问题，如有关未来的经营战略、经营方向、经营目标、经营措施和方法等做出决定的过程。短期经营决策一般是指在一个经营年度或经营周期内能够实现其目标的决策。由于市场竞争的日益加剧、市场形势的变化多端，企业应根据各种变化正确地进行决策，确定如何组织生产、生产什么、生产多少、价格如何确定等有关经营方向和经营方针方面的问题。由于短期经营决策只会影响或决定企业近期经营实践的方向、方法和策略，因此一般属于战术决策。

短期经营决策的特点有：决策方案不涉及追加长期项目的投资；经营问题已经明确，决策目标基本形成；各种备选方案具有技术可行性；一般为单一方案或互斥方案的决策形式；销售量、价格、成本等变量均在相关范围内波动且明确等。

短期经营决策的目标是以尽可能取得最大经济效益为直接目标，使企业在一个经营年度或经营周期内获得更多的“利润”，因此，成本的大小与短期经营决策目标的实现密切相关。在短期经营决策中，涉及的成本主要有：

（一）差量成本

差量成本又称差别成本，是指一个方案相对于另一个方案在相关成本上的差量。广义的差量成本是指不同备选方案预期成本之间的差异数。例如，A方案相对于B方案的差量成本可以表述为：

$差量成本|_{A-B}$=A方案相关成本-B方案相关成本

在实务中，对于不同经济效益的比较，可以通过差量成本的计算来进行评判，从而确定最优方案。

【例6-1】 某企业生产A零件的自制成本为3 000元，外购该零件的支出为3 200元，生产设备无其他用途，则外购方案与自制方案的差量成本为200元，因此应该选择自制该零件的方案。

狭义的差量成本是指由于生产能力利用程度的不同（业务量增加或减少）而形成的成本差别，这种成本又称增量成本。在大型生产企业中，资本的有机构成较大，固定成本在全部成本中占有较高的比例。由于固定成本主要与企业生产能力的形成有直接联系，生产能力一经形成，无论其如何利用，固定成本在短期内都不会随产量的增减而变化。因此，现有生产能力的利用程度就成为影响成本高低的一个重要因素。

【例6-2】 A公司生产一种产品，每年最大生产能力为5 000件，每年固定成本为15 000元，单位变动成本为45元/件，其生产能力利用程度不同而引起成本的差量见表6-1。

表6-1 **差量成本表** 金额单位：元

产量（件）	总成本	差量成本
0	15 000	—
1 000	60 000	45 000
2 000	105 000	45 000
3 000	150 000	45 000
4 000	195 000	45 000
5 000	240 000	45 000
6 000	350 000	110 000

从表6-1可知，在生产能力的相关范围（0～5 000件）内，差量成本总额与变动成本总额相同，均为45 000元。但是，超出相关范围后，如产量达到6 000件时，其差量成本总额为110 000元。由于此时差量成本不仅包括变动成本，而且包括固定成本，因此在数额上与仅包括变动成本的差量成本不相等。据以上分析可以得出这样的结论：变动成本是差量成本，但差量成本不一定是变动成本，在相关范围内，差量成本等于变动成本。

使用差量成本进行决策，排除了在决策过程中的不相关成本因素，便于决策者更清晰地挑选方案。但是要注意，差量成本是方案之间的成本差异，而不是指某一方案的成本；差量成本属于相关成本，而相关成本不是指实际发生的成本只有这么多。例如，自制和外购方案选择、追加批量产品生产（追加订货）决策、设备出租或出售（设备购买或租赁）决策，都可以用到差量成本进行决策。

（二）边际成本

边际成本是指产量每增加或减少一个单位所引起成本增加或减少的数额。从经济理论上讲，边际成本就是产量向无限小变化时引起的成本变动数额，可以用其来测定产量变动对成本变动的影响。但在实际生产经营活动中，在企业产品产量向无限小变化时，只能小到一个单位（如一件产品、一批产品等），若产品产量变化小到一个单位以下（如1/10个单位），就没有什么实际意义了。显然，由产量变动而引起的差量成本是边际成本这个理论概念的表现形式。比如企业生产某种产品，当产量为1 000件时，生产总成本为3 000元；当产量为1 001件时，生产总成本为3 020元。这里的生产总成本变动额20元即是第1 001件产品的边际成本。

从数学理论上讲，边际成本是总成本对产量的导数。若总成本y=a+bx，则边际成本y′=（a+bx）′=b，这就清楚地表明产量变动一个单位所引起的成本变动额就是单位变动成本。由此可见，在相关范围内，单位变动成本与边际成本相一致；此外，如果把不同产量作为不同方案来理解，边际成本实际上就是不同方案所形成的差量成本。

在管理会计中，相对于差量成本和边际成本的概念，还有差量收入和边际收入的概念。差量收入是指两个不同方案预期收入之间的差额。边际收入是指产品产量每增加或减少一个单位所引起的收入的增加或减少。差量收入、边际收入往往与差量成本、边际成本结合起来使用，为决策提供依据。

（三）机会成本

机会成本是指被放弃的次优方案可能获得的潜在利益（一般指最大收益）。机会成本产生的根源是资源的稀缺性，是企业某项资产的用途选择。如果一项资产只能用来实现某一职能而不能实现其他职能时，不会产生机会成本。例如，企业有一幢厂房，可以用于生产经营，也可以对外出租，用于生产经营可获利15万元，而对外出租可获利10万元，那么，厂房用于生产经营的机会成本就是放弃对外出租而获利的10万元。机会成本不是实际支出或现金流出，在财务上也不需要入账，但是在经营决策时应作为一个重要的因素予以考虑，属于决策相关成本。

（四）重置成本与历史成本

重置成本又称现时成本，是指按照现在的市场价格购买原有某项资产所需支付的成本。历史成本则是指某项资产应当按照取得时的实际成本计价。历史成本是过去实际发生的成本，对于当前的各种决策问题没有多大关系，属于决策无关成本。而重置成本在某些决策问题中却是不可忽视的重要因素。例如，某企业仓库有1年前购入的A原料50 000千克，单价为每千克50元，购货总成本为2 500 000元，由于市场发生变化，现在购买A原料每千克需要55元。若按历史成本考虑，如果销售A原料每千克售价超过50元即可，但该原料出售后如需要重新购进时，由于物价上涨的重置成本为55元，使公司的购货成本上升。因此，企业在对销售原材料和定价进行决策的过程中，必须考虑重置成本这一因素。

（五）沉没成本

沉没成本又称沉入成本、沉落成本，是指过去已经发生并无法由现在或将来的任何决策改变的成本。这类成本“一经支付就一去不复返”，因此，未来经济活动决策时一般不需考虑，即与决策无关。沉没成本是针对特定决策而言的，比如当企业决策设备以旧换新时，旧设备的部分沉没成本又将转化为与决策有关的成本，因为其残值或变现价值要冲减一部分应支付的现金，从而对付现成本产生影响。

（六）付现成本

付现成本是指由现在或将来的任何决定所能够改变其支出数额的成本。付现成本与沉没成本是按费用是否以现金支付来划分的，其中付现成本是指决策方案的实施需要动用现金支付的成本。当企业资金短缺时，决策者对付现成本比对总成本更为重视，在决策时会选择付现成本最小的方案来代替总成本最低的方案。因此，付现成本是与决策有关的成本。例如，某小企业急需购置一辆运货汽车，现有两个方案可供选择：第一方案的购车费用是400 000元，但需立即支付全部车款；第二方案的购车费用是420 000元，只需先付200 000元，其余分10个月付清，每月支付22 000元。若该小企业现有货币资金230 000元，没有股票等金融资产可供出售，企业要求的最低现金持有量是20 000元，在短期内无应收账款可以收回也无法贷款。在这种情况下，企业管理层会选择第二方案。因为第二方案的总成本虽然大于第一方案，但现在购买的付现成本低于第一方案，并且采用第二方案多支付的总成本可以通过汽车尽早投入营运所获得的收益加以补偿。

视频

正确认识几种成本

（七）专属成本与共同成本

专属成本又称特定成本，是指可以明确归属于企业生产的某种产品，或为企业设置的某个部门而发生的成本。这类成本有具体而明确的归属对象，没有产品或部门就不会发生这些成本，因此，专属成本是与特定的产品或部门相联系的特定的成本。变动成本大多属于专属成本，部分固定成本也属于专属成本，称为专属固定成本。例如，某企业有一台机床专门用来加工A产品，该机床每年计提折旧5 000元，缴纳保险费500元，于是这5 500元就是A产品的专属固定成本。

共同成本是与专属成本相对应的成本概念，是指为多种产品的生产或为多个部门的设置而发生的，应由这些产品或这些部门共同负担的成本。共同成本没有具体、明确的归属对象，通常应由几种（几批）产品或几个部门共同分担。例如，企业管理人员的工资、生产车间的照明费、几种产品共同使用的机器折旧费等均属于共同成本。在决策时，一般专属成本是与决策有关的成本，要考虑在内，而共同成本则不用考虑。

（八）可避免成本与不可避免成本

可避免成本又称可免成本，是指方案（或决策）改变时可以避免的成本，如广告费、职工培训费等。此外，与某一方案有直接联系的变动成本也属于可避免成本。这些成本都是与特定方案直接相关联的成本，当方案被舍弃时，成本即不会发生。可见，可避免成本是有关备选方案差量成本的一个组成部分，为了正确评估有关方案的经济性，需将可避免成本考虑进去。一般而言，酌量性成本就属于可避免成本。

不可避免成本又称难免成本，是指无论选择哪一种方案都不可避免要发生的支出。例如，按直线法提取的固定资产折旧费、管理人员工资等都属于不可避免成本。作为不可避免成本，无论决策者选择何种决策方案，其必然会发生，且具体发生数额也不因有关方案的取舍而有所改变。不可避免成本是在决策前已经客观存在的成本，其与新的备选方案的取舍无直接关系，在决策中往往不予考虑。一般而言，约束性成本属于不可避免成本。

（九）可延缓成本与不可延缓成本

可延缓成本是指在生产经营中对其延缓开支，不会对企业未来的生产经营活动产生重大不利影响的那部分成本。例如，企业已在预算中决定对办公楼进行装修，但企业的生产线突发事故，急需更换一批关键设备，由于资金有限，只能推迟办公楼的装修。由于推迟办公楼装修的方案不会影响企业生产经营活动的正常进行，因此，与之有关的成本即可延缓成本。

不可延缓成本是与可延缓成本相对应的一个成本概念，是指如果延缓执行某一特定决策方案，会对企业未来的生产经营活动产生重大不利影响，则与该方案相联系的成本就称为不可延缓成本。例如，在上述举例中由于企业的生产线突发事故，更换关键设备的购置方案是不可以推迟执行的，否则会影响企业生产经营活动的正常进行，因此，与购置设备有关的成本即不可延缓成本。

（十）相关成本与无关成本

相关成本是指对企业经营管理有影响或在经营管理决策分析时必须加以考虑的各种形式的成本。比如差量成本、边际成本、重置成本、付现成本、机会成本、专属成本、可避免成本、可延缓成本都属于决策相关成本。

无关成本是指过去已经发生，或虽未发生但对未来经营没有影响的成本。也就是说，当进行决策分析时，企业可予以舍弃，无须加以考虑的成本。比如沉没成本、共同成本、不可避免成本、不可延缓成本都属于决策无关成本。

这里需要强调的是，某项成本究竟属于相关成本还是无关成本，必须要结合具体的决策情况来判断，不能抛开决策内容来讨论相关成本和无关成本。总之，成本的相关性是绝对的，而无关性是相对的。

三、短期经营决策中的相关收入与相关业务量

在短期经营决策中，和相关成本相联系的是两个非常重要的相关概念，即相关收入和相关业务量。

相关收入是指与特定决策方案相联系的、能对决策产生重大影响的、在短期经营决策中必须予以充分考虑的收入。如果某项收入只属于某个经营决策方案，即若这个方案存在，就会发生这项收入，若该方案不存在，就不会发生这项收入，那么，这项收入就是相关收入。相关收入的计算，要以特定决策方案的单价和相关业务量为依据。

相关业务量是指在短期经营决策中必须认真考虑的、与特定决策方案相联系的产量或销量。相关业务量对决策方案的影响往往是通过对相关收入和相关成本的影响实现的。在本章第四节中关于半成品是否深加工的决策和第六节中关于是否接受特殊价

格订货的决策，都需要认真考虑相关业务量问题，而不是笼统地考虑全部产量。有时计算某一产品的相关收入与相关成本所使用的相关业务量也不一定相同，需要具体分析。

随堂测6-1

对相关收入、相关成本、相关业务量理解的重要性，在差量分析法中的表现尤为突出，而许多对具体决策方案的相关收入和相关成本的确认和计量所发生的失误，往往是由于对相关业务量的判断错误所引发的。

第二节 短期经营决策的基本方法

短期经营决策面临各种生产经营情况，需要根据具体情况采用不同的方法进行决策。本节中的决策方法主要为确定条件下的常用决策方法，包括差量分析法、边际贡献分析法、成本无差别点分析法三种；还有在不确定条件下的决策方法的简单介绍。

一、差量分析法

通过比较不同备选方案的收入、成本差量的基础上，根据不同备选方案之间的差量收入、差量成本计算的差量利润来选取最优方案的方法，就是差量分析法，又称差别分析法。这种方法一般适用于确定型的决策，其具体计算公式如下：

差量利润$|_{A-B}$=差量收入$|_{A-B}$−差量成本$|_{A-B}$　　（公式6.1）

差量收入$|_{A-B}$=A方案相关收入−B方案相关收入　　（公式6.2）

差量成本$|_{A-B}$=A方案相关成本−B方案相关成本　　（公式6.3）

如果差量利润$|_{A-B}$>0，则A方案利润>B方案利润，选择A方案；反之亦然。

【例6-3】A公司生产甲、乙两种产品，预计销售数量、销售单价及单位变动成本见表6-2。试采用差量分析法为该公司做出究竟生产哪一种产品比较有利的决策。

表6-2　**A公司预计销售数量、销售单价及单位变动成本**

项　目	甲产品	乙产品
预计销售数量（件）	600	1 200
预计销售单价（元/件）	30	14
预计单位变动成本（元/件）	17	8

（1）运用公式法求解。

运用上述公式6.1、公式6.2、公式6.3，分别求解。

计算生产甲产品与生产乙产品的差量收入：

差量收入$|_{甲-乙}$=甲产品的预期收入−乙产品的预期收入

=30×600−14×1 200=1 200（元）

计算生产甲产品与生产乙产品的差量成本：

差量成本$|_{甲-乙}$=甲产品的预期成本−乙产品的预期成本

=17×600−8×1 200=600（元）

计算生产甲产品与生产乙产品的差量利润：

差量利润$|_{甲-乙}$=甲、乙产品的差量收入-甲、乙产品的差量成本

=1 200-600=600（元）

因为生产甲产品比生产乙产品多出600元的利润，所以应选择生产甲产品的方案比较有利。

（2）通过差量分析表求解。

上述计算过程，也可以通过编制差量分析表的方式来求解。

甲、乙产品差量分析表见表6-3。

表6-3　　甲、乙产品差量分析表　　单位：元

项　目	甲产品	乙产品	差　量
销售收入	18 000（30×600）	16 800（14×1 200）	1 200
销售成本	10 200（17×600）	9 600（8×1 200）	600
销售利润	7 800	7 200	600

通过表6-3同样可以得到生产甲产品更为有利的结论，运用公式法和列表计算差量利润本质上无任何区别。

适用差量分析法的决策问题非常普遍，比如中间产品（半成品、联产品、副产品）是否应做进一步的加工和特殊价格的订货能否接受等短期经营决策问题。此外，在某些特殊情况下，还可以通过计算相关成本的差量来进行决策。相关成本差量分析法是在短期经营决策中，当各备选方案的相关收入不发生变化或相等时，通过比较各方案的相关成本指标，做出方案选择的一种方法。该方法实质上是差量分析法的一种特殊形式。

二、边际贡献分析法

边际贡献分析法即贡献毛益分析法，就是通过对比各备选方案预期所提供的边际贡献大小来确定最优方案的决策方法。在短期经营决策中，固定成本总额在相关范围内并不随业务量的增减变动而变动，因此可以将固定成本作为非相关成本，只需对不同方案所创造的边际贡献进行对比分析，就可确定最优方案。边际贡献分析法常用于如何充分利用生产能力的决策，适用于收入成本型方案的选择，尤其是多方案的选择。

运用边际贡献分析法进行决策时，一般不能以单位边际贡献指标作为评价标准，而应以边际贡献总额指标作为方案取舍的依据，或者以单位生产能力所提供的边际贡献（单位受限资源边际贡献）大小作为方案取舍的依据。在生产能力一定的前提下，不同方案单位产品耗费的生产能力可能有所不同，因此，各方案能够生产的产品产量也可能不同。如果用单位边际贡献评价各备选方案，就可能导致决策失误，因为单位边际贡献最大的方案不一定是边际贡献总额最大的方案。如果在决策中发生了专属固定成本，则需从边际贡献中扣除后再进行比较，即比较剩余边际贡献（贡献毛益净额）。

【例6-4】A公司使用同一台机器设备既可以生产甲产品，又可以生产乙产品。该机器设备的最大生产能力为12 000定额工时，生产甲产品每件需120定额工时，生

产乙产品每件需80定额工时。甲、乙两种产品的售价及成本见表6-4。试据此资料做出该公司应生产哪种产品较为有利的决策。

表6-4　　A公司产品销售单价、单位变动成本及固定成本总额

项　目	甲产品	乙产品
销售单价（元/件）	480	240
单位变动成本（元/件）	380	160
固定成本总额（元）	4 000	

（1）通过计算边际贡献总额选择最优方案。

由于无论生产哪种产品，固定成本总额都稳定不变，故在决策时固定成本属于决策无关成本，不需考虑，可选用边际贡献分析法进行决策。根据上述资料，可编制边际贡献总额计算表见表6-5。

表6-5　　边际贡献总额计算表

项　目	甲产品	乙产品
最大产量（件）	100（12 000÷120）	150（12 000÷80）
销售单价（元/件）	480	240
单位变动成本（元/件）	380	160
单位边际贡献（元/件）	100	80
边际贡献总额（元）	10 000	12 000

表6-5中的计算表明，尽管甲产品的单位边际贡献大于乙产品，但生产乙产品能比生产甲产品创造更多的边际贡献总额，多2 000元。因此，该公司生产乙产品更为有利。

（2）通过计算单位定额工时边际贡献选择最优方案。

若根据每个定额工时所能创造的边际贡献的大小进行分析，需要编制单位定额工时边际贡献表见表6-6。

表6-6　　单位定额工时边际贡献表

项　目	甲产品	乙产品
销售单价（元/件）	480	240
单位变动成本（元/件）	380	160
单位边际贡献（元/件）	100	80
单位产品所需定额工时（小时/件）	120	80
单位定额工时边际贡献（元/小时） （单位受限资源边际贡献）	0.83（100÷120）	1（80÷80）

单位定额工时边际贡献指的是单位生产能力所提供的边际贡献，生产能力12 000定额工时就是受限资源，也是单位受限资源边际贡献的概念。通过表6-6的计算可以

清楚看出，生产乙产品产生的单位定额工时边际贡献要比生产甲产品大，说明乙产品单位定额工时能创造更多的边际贡献，对有限资源利用效率更高，因此，应该选择生产乙产品。

三、成本无差别点分析法

成本无差别点是一个临界点，也是一个业务量，即使得两个方案总成本相等时的业务量。通常情况下，在两个备选方案中，固定成本较高但单位变动成本较低的成本组合称为重型成本结构；相反，固定成本较低而单位变动成本较高的成本组合称为轻型成本结构。运用成本无差别点进行决策时，在成本无差别点确定以后，可根据备选方案成本结构的“轻”或“重”选择不同业务量下的最优方案。

如果方案1和方案2的成本公式分别为$y_1=a_1+b_1x$和$y_2=a_2+b_2x$，则：

$$\text{成本无差别点}=(\text{方案1固定成本总额}-\text{方案2固定成本总额})\div(\text{方案2单位变动成本}-\text{方案1单位变动成本})$$

$$=\frac{a_1-a_2}{b_2-b_1}$$ （公式6.4）

其选优标准如下：

（1）当预期业务量高于成本无差别点时，应选择具有重型成本结构的方案作为最优方案；

（2）当预期业务量低于成本无差别点时，应选择具有轻型成本结构的方案作为最优方案；

（3）当预期业务量等于成本无差别点时，原则上选择哪种方案均可，但具体决策时还要考虑两个备选方案的其他影响因素，如设备加工精度、设备负荷状态等。

成本无差别点分析法除了可以通过公式法采用成本“轻”或“重”型结构来选择决策方案外，还可以通过制图（图形法）来进行决策。成本无差别点分析法适用于成本型决策，即只涉及成本不涉及收入的两个方案的决策，比如零部件自制还是外购、不同工艺进行加工等决策。

【例6-5】 A公司拟购置一台车床，现有两个方案可供选择。第一方案是购买方案，需耗资120 000元，预计使用年限8年，每年需支付维修保养费8 900元，使用期满估计有残值12 000元；第二方案是向B公司租用，合同规定每天租金160元。假定该车床每天的营运成本为120元。试据此资料进行决策，确定在何种情况下选择哪种方案最优。

（1）运用公式法。

根据分析可知，此项决策的关键在于每年开机天数（即业务量），应根据两个不同方案的成本和业务量之间的关系来确定在什么业务量下哪个方案较优。

因为：

$a_1=[(120\,000-12\,000)\div 8]+8\,900=22\,400$（元），$b_1=120$元/天

$a_2=0$，$b_2=160+120=280$（元/天）

根据公式6.4可得：

$$\text{成本无差别点}=\frac{a_1-a_2}{b_2-b_1}=140\text{（天）}$$

计算结果表明，当每年开机140天时，两个方案的总成本相等，此时选择哪个方案都是可行的；若每年开机天数超过140天，则选择具有重型成本结构的第一方案（即购买方案）为最优方案；如果每年开机天数不足140天，则选择具有轻型成本结构的第二方案（即租赁方案）比较有利。

（2）采用图形法。

采用图形法相对于公式法更加直观、形象，有利于进行决策分析。

由于购买方案总成本 $y_1=a_1+b_1x=22\ 400+120x$，租赁方案总成本 $y_2=a_2+b_2x=280x$，据此可以在坐标系中画出这两个方案的总成本线（如图6-1所示）。

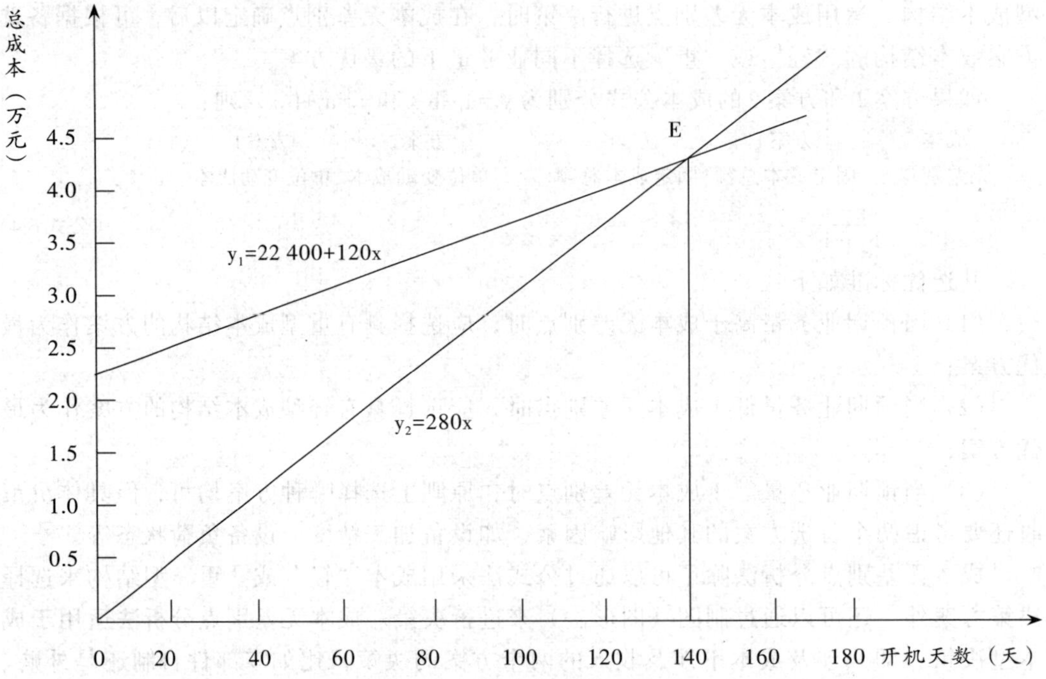

图6-1　成本无差别点图示法

上图6-1表明，E点就是两个方案总成本相交之点，即为成本无差别点，所对应的业务量为140天，这时两个方案的总成本相等，即 $y_1=y_2$。通过图形法同样可以得出相同的结论：当业务量大于成本无差别点业务量（即开机天数大于140天）时，$y_1<y_2$，在E点的右边，应该选择第一方案（即购买方案）作为最优方案；当业务量小于成本无差别点业务量（即开机天数小于140天）时，$y_1>y_2$，在E点的左边，这时选择第二方案（即租赁方案）成本较低，比较适合。

成本无差别点和保本点是不同的，二者的区别主要表现在以下三个方面：

（1）含义不同。成本无差别点是指两个备选方案总成本相等时的业务量；而保本点是指企业不亏不盈（利润为零）时的业务量。

（2）图形不同。成本无差别点是指两个备选方案总成本线的相交点；而保本点是指企业的销售收入、销售成本两条线的相交点。

（3）作用不同。成本无差别点用于生产领域，用来说明在两个备选方案中如何根据不同业务量来选择最优方案；而保本点则用于流通领域，借此分析产品的保本销售量（额）以及超过保本点后可实现的利润。

四、在不确定条件下的决策方法

（一）概率分析法

概率分析法是指对企业在经营过程中的诸多因素在一定范围内的变动程度做出估计，把影响决策的各种现象都考虑进去，运用概率理论进行决策，因而使决策更加接近于实际情况的分析方法。

其一般步骤为：

（1）确定与决策结果有关的变量；

（2）确定每一变量的变化范围；

（3）凭借决策者假定或以历史资料为依据，确定每一变量的概率；

（4）计算各变量相应的联合概率；

（5）将不同联合概率条件下的结果加以汇总。

【例6-6】某公司拟购置一套设备生产机械产品，目前市场上有A、B两种型号的设备出售，售价分别为30万元和27万元，预计使用年限相同（均为10年）。经调查预测，该产品未来的销售状态及年均收益等资料见表6-7。

表6-7　**产品未来的销售状态及年均收益资料表**　金额单位：万元

销售状态	概　率	使用A设备年均收入	使用B设备年均收入
畅销	0.8	12	8
滞销	0.2	−2	3

A设备未来收益期望值=0.8×12×10+0.2×（−2）×10−30=62（万元）

B设备未来收益期望值=0.8×8×10+0.2×3×10−27=43（万元）

计算结果表明，A设备同B设备相比，未来收益期望值要多出19万元，故应选择购置A设备方案为最优方案。

（二）大中取大法、小中取大法、大中取小法

在不确定条件下的决策过程中，如果决策者对未来持乐观态度，可采用大中取大法。大中取大法又称最大的最大收益值法，是指在几种不确定的随机事件中，选择最有利的市场需求情况下的收益值最大的方案作为终选方案的决策方法。小中取大法是指在几种不确定的随机事件中，选择最不利的市场需求情况下的收益值最大的方案作为终选方案。显然，主张使用该方法的决策者比较保守和稳健。大中取小法又称最小的最大后悔值法，是指在几种不确定的随机事件中，选择最大后悔值中的最小值的方案作为终选方案。后悔值，即损失额，是指在各种不同需求情况下的最大收益值超过本方案收益值的差额，表示如果选错方案将会受到的损失额。企业采用这种方法时，要求决策者比较稳健。在短期经营决策中的“收益值”一般是指“边际贡献总额”或“税前利润”的概念。

【例6-7】某公司准备开发一种新产品，根据市场调查提出三种不同的产量方案，并预计销路不同情况下的边际贡献总额，有关资料见表6-8。试按大中取大法、小中取大法、大中取小法分别为该公司做出生产数量的决策。

表6-8　　新产品产量和销路情况资料表　　单位：元

销路情况 / 产量方案（件）	畅　销	一　般	滞　销
A方案（2 000）	40 000	29 000	17 000
B方案（2 500）	49 000	28 000	21 500
C方案（3 000）	58 500	33 600	18 600

（1）依据题意编制大中取大法、小中取大法分析表见表6-9。

表6-9　　大中取大法、小中取大法分析表　　单位：元

销路情况 / 产量方案（件）	畅　销	一　般	滞　销	最大收益值	最小收益值
A方案（2 000）	40 000	29 000	17 000	40 000	17 000
B方案（2 500）	49 000	28 000	21 500	49 000	21 500
C方案（3 000）	58 500	33 600	18 600	58 500	18 600

从表6-9中可以发现，在大中取大法下，最大收益值均集中在“畅销”栏，而最大收益值中的最大值是58 500元，因此，产量为3 000件的C方案为最优方案。在小中取大法下，最小收益值均集中在“滞销”栏，而最小收益值中的最大值是21 500元，因此，产量为2 500件的B方案为最优方案。

（2）依据题意编制大中取小法分析表见表6-10。

表6-10　　大中取小法分析表　　单位：元

销路情况 / 产量方案（件）	畅　销	一　般	滞　销	最大后悔值
A方案（2 000）	58 500-40 000=18 500	33 600-29 000=4 600	21 500-17 000=4 500	18 500
B方案（2 500）	58 500-49 000=9 500	33 600-28 000=5 600	21 500-21 500=0	9 500
C方案（3 000）	58 500-58 500=0	33 600-33 600=0	21 500-18 600=2 900	2 900

从表6-10中可见，最大后悔值中的最小值是2 900元，因此，产量为3 000件的C方案应作为最优方案。

五、微分极值法和线性规划法等数学方法

微分极值法是指将高等数学中的微分极值原理应用于短期经营决策而形成的一种决策方法，主要适用于最佳单价决策和最优批量决策。本章第六节中的边际分析法就是微分极值法的具体应用。

线性规划是运筹学的一个重要概念，是指专门用来对具有线性联系的极值问题进行求解的一种现代数学方法。“线性”是指所有变动因素的相互影响是直线关系。线性规划能够帮助管理者在有若干约束条件（如机器设备的生产能力条件、材料供应条件、人员配备条件、资金供应条件、生产技术条件、产品销售条件等）的情况下，对

合理组织人力、物力、财力做出最优决策，使企业的有限资源得到最佳应用，并以最小化的成本获得最大化的经济效益。

线性规划法研究的问题主要有以下两类：其一是对于已拥有的一定数量的人力、物力、财力资源，研究如何合理使用，才能发挥它们的最大经济效益。其二是对于已确定的一项任务，研究如何统筹安排，才能以最少的人力、物力、财力资源完成该项任务。上述两类问题实质上是同一问题的两个方面，就是寻求实际经济问题的某个整体指标的最优化。在线性规划法下，约束条件的数学表达式为：

$$\begin{cases} a_{11}x_1 + a_{12}x_2 + \cdots + a_{1n}x_n \leqslant b_1 \\ a_{21}x_1 + a_{22}x_2 + \cdots + a_{2n}x_n \leqslant b_2 \\ a_{m1}x_1 + a_{m2}x_2 + \cdots + a_{mn}x_n \leqslant b_m \end{cases}$$

上式中，x_1，x_2，…，x_n为相关自变量；a_{11}，a_{12}，…，a_{mn}为约束条件的结合系数；b_1，b_2，…，b_m为特定资源常数。

目标函数M的数学表达式为：

$$M=c_1x_1+c_2x_2+\cdots+c_nx_n$$

式中的c_1，c_2，…，c_n为目标函数的组合系数。这是从数学上进行量的分析，就是求函数的最大值或最小值。

随堂测6-2

第三节　产品功能成本决策

一、产品功能成本决策的依据

在保证产品质量和功能的前提下，通过改进产品设计结构，可以大大降低产品成本。国内外有关资料显示，通过改进产品设计结构所降低的成本数额，可以占事前成本决策取得成本降低额的70%～80%。可见，大力推广功能成本决策，不仅可以保证产品必要的功能及质量，而且可以确定努力实现的目标成本，从而降低产品成本。产品功能成本决策，是指将产品的功能（产品所担负的职能或作用）与成本（为获得产品一定的功能必须支出的费用）进行对比，以寻找降低产品成本途径的管理活动。其目的在于以最低的成本实现产品适当的、必要的功能，从而提升产品价值，提高企业的经济效益。

产品功能与成本之间的关系，可用下面公式简单表示：

价值（V）=功能（F）÷成本（C）　　（公式6.5）

从公式6.5可以看出，功能与价值成正比，功能越高，价值越大，反之则越小；成本与价值成反比，成本越高，价值越小，反之则越大。

通过这个公式，我们可以分析得出提高产品价值的基本途径有五种：成本不变，功能提高；功能不变，成本降低；功能提高，成本降低；成本提高，功能提高更多；功能降低，成本降低更多。当然，最理想的方式是功能提高、成本降低，这是提高竞争力的最有效方式。

二、产品功能成本决策的一般步骤

产品功能成本决策的一般步骤如下：

第一步是选择分析对象。

选择的一般原则是：选择产量大的产品；选择结构复杂、零部件多的产品；选择体积大或重量大的产品；选择投资时间长的老化产品；选择畅销产品；选择工艺复杂、工序繁多的产品；选择生产环节问题多的产品；选择废品率高、退货多的产品。

第二步是围绕分析对象收集各种资料。

分析对象确定后，应深入进行市场调查，收集各种资料作为分析研究的依据。所需资料大致包括以下几个方面：产品的需求状况；产品的竞争状况；产品设计、工艺加工状况；产品分析资料；同类产品资料等。产品分析资料是指产品成本构成、成本水平、消耗定额、生产指标等资料。对于收集的各种资料应进行详细分析，去粗取精，去伪存真，从而提升所分析资料的可靠性。

第三步是功能评价。

该步骤主要采用评分法和强制确定法进行功能评价。

第四步是进行试验与提案。

在第三步功能评价的基础上，针对功能过剩和价值过低的产品或零部件进行调整，提出新的可供试验的方案。按照新的方案进行产品试生产，在征求各部门意见后改进试验方案，然后再将其作为正式方案提交高级管理层进行审批和落实。

三、功能评价方法

功能评价的方法有很多，目前使用得比较广泛的是评分法和强制确定法。

（一）评分法

该方法按产品或零部件的功能重要程度打分，通过确定不同方案的价值系数来选择最优方案。

【例6-8】 A企业为改进某高端型机械手表，有三个方案可供选择，并从走时、夜光、防水、防震、外观等五个方面进行5分制评分，评分结果见表6-11。

表6-11　**手表功能评分表**

项　目	走　时	夜　光	防　水	防　震	外　观	总　分	选　择
方案1	4	4	5	4	5	22	√
方案2	5	5	3	5	4	22	√
方案3	5	4	4	3	4	20	×

在上述方案中，方案3的总分最低，可以直接将其淘汰。对于方案1和方案2，应结合成本资料进行第二轮比较分析，有关成本资料见表6-12。

表6-12　**成本比较表**

项　目	预计销售量（件）	单位产品直接材料和直接人工（元/件）	制造费用总额（元）	单位产品制造成本（元/件）
方案1	5 000	280	80 000	296
方案2	5 000	280	50 000	290

根据表6-12数据的资料，进行价值分析：

如果方案1的成本系数为100，则方案2的成本系数为：290÷296×100=97.97。

那么，方案1和方案2的价值系数分别为：

V_1=22÷100=0.220

V_2=22÷97.97=0.225

尽管方案2的功能评分和方案1相同，但是因为其成本低所以价值系数高，因此，应该选择方案2。

（二）强制确定法

强制确定法是在价值工程中用于评价产品功能重要程度的一种常用评价方法。强制确定法的应用步骤是：

（1）对组成产品的各种零件强制确定打分，以确定某零件的功能得分。具体打分采取零件一一对比进行，重要的打1分，不重要的打0分，因此，该方法又称“0～1评分法”或“一对一比较法”。打分者可吸收用户代表参加，使评价产品功能更能体现用户的意愿。

（2）计算各零件的功能评价系数。

（3）计算各零件的成本系数。

（4）计算各零件的价值系数。

（5）根据价值系数的大小，确定重点改进对象。

0～1评分法需要把构成产品总成本的零部件或功能排列起来，各零部件之间轮换、一对一进行比较，重要的得1分，不重要的得0分；自身与自身相比，可记为“x”或“1”分。然后，将各零部件得分与零部件得分总和相除，即可求出功能评价系数。其用公式表示为：

$$F_i = \frac{f_i}{\sum f_i} \qquad \text{（公式6.6）}$$

式中：

F_i—i对象的功能评价系数；

f_i—i对象的功能重要得分；

$\sum f_i$—全部对象得分总和。

【例6-9】某企业生产的产品由A、B、C、D、E、F六个零件组成，重要性为D>C>A>B>F>E（见表6-13）。试用0～1评分法求得各零件的功能评价系数，并根据计算的价值系数，确定重点改进对象。

表6-13　**产品零件成本构成表**　单位：元

产　品	现实成本	零件构成					
		A	B	C	D	E	F
甲	500	—	200	—	200	—	100
乙	600	100	—	300	200	—	—
丙	150	—	—	—	—	150	—
丁	250	120	—	50	—	—	80
合　计	1 500	220	200	350	400	150	180

根据上述资料，利用0～1评分法，可以得到表6-14。

表6-14 **0～1评分法得分表**

零　件	A	B	C	D	E	F	总　分
A	1	1	0	0	1	1	4
B	0	1	0	0	1	1	3
C	1	1	1	0	1	1	5
D	1	1	1	1	1	1	6
E	0	0	0	0	1	0	1
F	0	0	0	0	1	1	2
合　计							21

所以：

零件A的功能系数=4÷21=0.190，成本系数=220÷1 500=0.147；

零件B的功能系数=3÷21=0.143，成本系数=200÷1 500=0.133；

零件C的功能系数=5÷21=0.238，成本系数=350÷1 500=0.233；

零件D的功能系数=6÷21=0.286，成本系数=400÷1 500=0.267；

零件E的功能系数=1÷21=0.048，成本系数=150÷1 500=0.100；

零件F的功能系数=2÷21=0.095，成本系数=180÷1 500=0.120。

根据表6-13和表6-14，可以得出表6-15，从而计算出价值系数。

表6-15 **零件价值系数计算表**

零　件	功能评价系数	成本系数	价值系数（V_i）
A	0.190	0.147	1.29
B	0.143	0.133	1.08
C	0.238	0.233	1.02
D	0.286	0.267	1.07
E	0.048	0.100	0.48
F	0.095	0.120	0.79

当运用强制确定法时，价值系数V_i的计算结果有三种情况：

第一种，如果是$V_i>1$，则说明该零件功能比较重要，但分配的成本较少，应具体分析，可能功能与成本分配已较为理想，或者有不必要的功能，或者应该提高成本。比如例题中的零件A。

第二种，如果是$V_i<1$，则说明该零件分配的成本很多，而功能要求不高，应作为价值工程活动的研究对象，功能不足则应提高功能，成本过高应着重从各方面降低成本，使成本与功能比例趋于合理。比如例题中的零件E和零件F。

第三种，如果是$V_i=1$或接近于1，则说明该零件功能与成本匹配，从而不作为价值工程活动的选择对象。比如例题中的零件C。

如果出现$V_i=0$时，则要进一步分析，如果是不必要的功能，该零件则取消；但如果是最不重要的必要功能，要根据实际情况处理。

从以上分析可以看出，对产品零件进行价值分析，可以清楚地找出究竟哪些零件应该作为成本降低的主要对象，促使每个零件的价值系数尽可能趋近于1。强制确定法从功能和成本两个方面综合考虑，比较简便适用，不仅能明确揭示价值工程的研究对象所在，而且具有数量概念。但是，这种方法是人为打分，只有0和1两种评价标准，不能准确反映功能差距的大小，只适用于零件之间功能差别不太大且比较均匀的对象，而且一次分析的零件数量不能太多，以不超过10个为宜。当零件数量很多时，可以先用ABC分类法、经验分析法选出重点零件，再用强制确定法细选；也可以用逐层分析法，从部件选起，然后在重点部件中选出重点零件。另外，还可以采用0~4评分法代替0~1评分法。此方法的打分规则和0~1评分法相同，只不过当零部件一一进行轮换对比时，把打分组距拉大，若两者的重要性相差很大，则重要的给4分，另一个给0分；若两者的差别不是很大，则较重要的给3分，另一个给1分；若两者的重要性程度相等或相近，则分别给2分。在任何情况下，两者给分合计数均为4分，其他计算方法同0~1评分法。

随堂测6-3

强制确定法根据价值系数V偏离1的程度决定对象选择的优先顺序，有时不能有效选出对提高价值影响更大的对象。其原因是价值系数是个比值，不能考虑到成本和功能比重大、更能提高价值的对象，还需要借助其他方法。

第四节 品种决策

品种决策主要面临的是解决生产什么产品的问题，包括生产何种新产品决策，亏损产品是否停产决策，零部件是自制还是外购决策，半成品是否进一步加工决策等问题。在品种决策中，经常以成本作为判断方案优劣的标准，有时也以边际贡献作为判断标准，需要具体分析。

一、新产品决策

情况一，如果企业有剩余的生产能力可供使用，或者可以利用过时的老产品空出来的生产能力，在有几种新产品可供选择而每种新产品都不需要增加专属固定成本时，新产品决策应选择提供边际贡献总额最多的方案。

情况二，如果新产品投产将发生不同的专属固定成本，在决策时就应以各种产品的剩余边际贡献额（边际贡献净额、贡献毛益净额）作为判断方案优劣的标准。剩余边际贡献额等于边际贡献总额减去专属固定成本。剩余边际贡献额越大，该产品就越可取。

情况三，如果新产品在开发生产过程中还涉及某项资源受限（如原材料、人工工时、机器工时等），此时应该计算比较各备选方案的单位受限资源边际贡献（单位资源贡献毛益），选择单位受限资源边际贡献最大者来进行决策。

【例6-10】某企业现只生产一种甲产品，原设计生产能力为10 000机器小时，而实际开工率只有原设计能力的75%。现拟将剩余生产能力用于开发新产品乙和丙。生产乙产品和丙产品的单位定额工时分别为25机器小时和20机器小时。假定剩余生产能力只允许开发一种新产品，其他有关资料见表6-16。请问该企业应该生产哪一种新产品？

表6-16 预计销售单价和成本信息表

项　目	甲产品（实际数）	乙产品（预计数）	丙产品（预计数）
销售单价（元/件）	300	500	400
单位变动成本（元/件）	200	350	260
固定成本总额（元）	25 000		

此时，可以计算乙、丙两种产品的边际贡献总额，因为剩余25%的生产能力即为2 500机器小时，如果生产乙产品可以生产2 500÷25=100（件），如果生产丙产品可以生产2 500÷20=125（件）。边际贡献总额计算见表6-17。

表6-17 边际贡献总额计算表

项　目	乙产品	丙产品
产销量（件）	100	125
销售单价（元/件）	500	400
单位变动成本（元/件）	350	260
单位边际贡献（元/件）	150	140
边际贡献总额（元）	15 000	17 500

很明显，该企业应该选择生产丙产品，因为生产丙产品提供的边际贡献总额要大。实际上，由于该企业能够使用的生产能力只有25%，即2 500机器小时，此题也属于前述第三种情况的某项资源受限，因此可以通过计算单位受限资源边际贡献来进行决策，具体见表6-18。

表6-18 单位受限资源边际贡献计算表

项　目	乙产品	丙产品
销售单价（元/件）	500	400
单位变动成本（元/件）	350	260
单位边际贡献（元/件）	150	140
单位受限资源边际贡献（元/件小时）	6（150÷25）	7（140÷20）

通过表6-18的分析可知，该企业应该选择生产丙产品。可见，不管采用边际贡献总额还是采用单位受限资源边际贡献进行决策，企业都应该选择优先生产丙产品以获取更多收益，两者的判断结果是保持一致的。

【例6-11】承接【例6-10】，假定该企业剩余生产能力只允许开发一种新产品。若生产乙产品需购买一台小型设备，发生专属固定成本1 600元，而生产丙产品需支付专属固定成本5 200元，其他条件不变。请问该企业应选择生产哪种新产品？

此时，采用剩余边际贡献总额进行决策，计算见表6-19。

表6-19 剩余边际贡献总额计算表

项 目	乙产品	丙产品
产销量（件）	100	125
销售单价（元/件）	500	400
单位变动成本（元/件）	350	260
单位边际贡献（元/件）	150	140
边际贡献总额（元）	15 000	17 500
减：专属固定成本（元）	1 600	5 200
剩余边际贡献总额（元）	13 400	12 300

可见，如果生产乙产品和生产丙产品都发生了专属固定成本，此时在原来边际贡献总额的基础上扣除专属固定成本后，乙产品的剩余边际贡献总额要大，因此，选择生产乙产品。

二、亏损产品决策

企业在生产多种产品的过程中，往往会因质量较差或款式陈旧等原因造成某种产品的滞销或积压，导致经营亏损。就亏损产品是否应停产而言，其衡量标准不是有关产品的收入总额是否能够补偿全部成本、是否能够提供经营净利润，而是看其总收入在补偿变动成本之后能否提供边际贡献。只要能够提供边际贡献，就表明此产品在经济上是有益的，如果没有更好的替代品，则这种产品就应该继续生产下去。因此，按完全成本法进行计算、分析，企业很容易做出停止亏损产品生产的决策，但在管理会计中基于变动成本法进行计算、分析，其结论可能并不相同。

（一）剩余生产能力不能转移，亏损产品是否继续生产决策

剩余生产能力不能转移是指当亏损产品停产后，其闲置的生产能力不能用于其他方面获取收益。在这种情况下，一般可采取边际贡献分析法做出亏损产品是否继续生产的决策。

【例6-12】某公司生产A、B、C三种产品，固定成本总额为112 500元，按完全成本法计算损益见表6-20。请问亏损产品是否应该继续生产？

表6-20 完全成本法下利润计算表 单位：元

项 目	A产品	B产品	C产品	合 计
销售收入	100 000	100 000	25 000	225 000
销售成本	75 000	107 500	22 500	205 000
利润	25 000	−7 500	2 500	20 000

根据表6-20提供的资料，该公司生产B产品亏损7 500元，如果认为停止B产品的生产可以减少亏损7 500元，从而使公司利润增加7 500元，达到27 500元，则是错

误的。因为如果停止B产品的生产，该公司的生产能力必然会有剩余，固定成本并不会随着生产能力的下降而减少，这样原来由B产品负担的固定成本势必转由A、C两种产品来负担。

在本例中，如果该公司的固定成本总额为112 500元，并按各种产品的销售比例进行分配。固定成本分配率和各种产品分摊的固定成本计算如下：

固定成本分配率=112 500÷225 000=0.5

A产品分配的固定成本=100 000×0.5=50 000（元）

B产品分配的固定成本=100 000×0.5=50 000（元）

C产品分配的固定成本=25 000×0.5=12 500（元）

按变动成本法计算损益见表6-21。

表6-21 **变动成本法下利润计算表** 单位：元

项　目	A产品	B产品	C产品	合　计
销售收入	100 000	100 000	25 000	225 000
变动成本	25 000	57 500	10 000	92 500
边际贡献	75 000	42 500	15 000	132 500
固定成本	50 000	50 000	12 500	112 500
利润	25 000	−7 500	2 500	20 000

若B产品停止生产，则固定成本分配率和各种产品分摊的固定成本计算如下：

固定成本分配率=112 500÷125 000=0.9

A产品分配的固定成本=100 000×0.9=90 000（元）

C产品分配的固定成本=25 000×0.9=22 500（元）

按变动成本法重新计算损益见表6-22。

表6-22 **变动成本法下利润计算表（停产B产品）** 单位：元

项　目	A产品	C产品	合　计
销售收入	100 000	25 000	125 000
变动成本	25 000	10 000	35 000
边际贡献	75 000	15 000	90 000
固定成本	90 000	22 500	112 500
利润	−15 000	−7 500	−22 500

从表6-21和表6-22可知，由于停止B产品的生产，该公司不仅没有增加利润，反而由盈利20 000元变为亏损22 500元，两者相差42 500元，而这个差额正是B产品提供的边际贡献。这就是说，尽管B产品是亏损产品，但仍能为企业提供42 500元的边际贡献，用以补偿固定成本，因此不能停止B产品的生产。

由此我们可以得出结论，当亏损产品仍能为企业提供边际贡献时，在停止生产又不能增加其他产品的生产或转产新产品的情况下，亏损产品应继续生产。因此，当剩余生产能力不能转移时，只要亏损产品提供的边际贡献总额大于零，亏损产品就不应停产。

（二）剩余生产能力能够转移，亏损产品是否转产决策

判断亏损产品是否应转产，其总体原则是：只要转产的产品是利用亏损产品停产后闲置出来的生产能力，而不占用其他产品的生产能力，同时其所提供的边际贡献扣除伴随转产所需发生的有关成本费用之后的边际贡献净额大于原亏损产品的边际贡献总额，那么这项转产方案就是可行的。同理，如果亏损产品停产后闲置出来的设备不用于转产而出租给其他单位，只要租金净收入（即租金总收入扣除合同上规定应由出租者负担的某些维修费用以后的净额）大于亏损产品提供的边际贡献总额，那么停产出租方案是可行的。由于短期内转产或出租都不涉及原来固定成本的增减，因此，当对此类决策进行分析时可采用边际贡献分析法。

【例6-13】 承接【例6-12】，若该公司在B产品停产后，可用其剩余的生产能力转而生产D产品，并能取得同样的销售收入，其他数据见表6-23。请问是否应该转产？

表6-23　**变动成本法下利润计算表（转产D产品）**　单位：元

项　目	A产品	C产品	D产品	合　计
销售收入	100 000	25 000	100 000	225 000
变动成本	25 000	10 000	30 000	65 000
边际贡献	75 000	15 000	70 000	160 000
固定成本	50 000	12 500	50 000	112 500
利润	25 000	2 500	20 000	47 500

根据表6-23的资料，由于D产品提供的边际贡献70 000元比B产品的边际贡献42 500元要多27 500元，因而转产D产品可以增加收益27 500元，说明转产方案是可行的。

【例6-14】 承接【例6-12】，若该公司在B产品停产后，可用其剩余的生产能力转而生产D产品，并能取得同样的销售收入，变动成本为30 000元，但需购置一台专业检测设备，费用为28 000元。请问此时是否应该转产？

根据上述资料可得：

D产品的剩余边际贡献=70 000−28 000=42 000（元）

因为D产品提供的边际贡献此时要扣除专属固定成本，所以得到生产D产品的剩余边际贡献为42 000元，比生产B产品获得的边际贡献42 500元少了500元，因此，此时不应该转产，而应该继续生产B产品。

【例6-15】 承接【例6-12】，若该公司不生产D产品，可以将现有生产B产品的设备出租，租金为68 000元，但是设备每年还需要定期维修，出租方支付费用为10 000元。请问此时是否应该停产？

根据上述资料可得：

租金净收入=68 000−10 000=58 000（元）

此时，租金净收入为58 000元大于亏损产品B产品提供的边际贡献总额42 500元，因此，停产出租方案是可行的，可以多出15 500元的收益。

（三）亏损产品增产决策

在生产、销售条件允许的情况下，大量发展能够提供边际贡献的亏损产品，也会使得企业的利润增加，甚至会扭亏为盈。

【例6-16】承接【例6-12】，假如市场允许企业在原有销售价格的基础上增加B产品销量的20%，该公司为此不需要增加其他设备和人员，其余产品销量也不受影响。请问此时是否应该增产？

根据上述资料可得（见表6-24）：

表6-24　**变动成本法下利润计算表（增量B产品）**　单位：元

项　目	A产品	B产品	C产品	合　计
销售收入	100 000	120 000	25 000	245 000
变动成本	25 000	69 000	10 000	104 000
边际贡献	75 000	51 000	15 000	141 000
固定成本	50 000	50 000	12 500	112 500
利润	25 000	1 000	2 500	28 500

如果能够增加销量20%，B产品的销售收入由100 000元变成120 000元，则B产品可以顺利扭亏为盈，从而实现利润1 000元。

（四）亏损产品不提供边际贡献的停产决策

当亏损产品不提供边际贡献时，企业也应该慎重决定是否停产。首先，企业要考虑是否尚有潜力可挖。若能通过改善经营管理，降低成本或适当提高产品售价等手段转亏为盈，就应该不停产。其次，即使无潜力可挖，企业也应考虑亏损产品停产后是否影响其他产品的销售等因素，从战略角度进行综合考虑。比如从丰富产品线、促进相关产品销售角度来说，不能随便停产。最后，部分产品（比如一些廉价药品）的生产尽管可能无利可图，但是从社会效益角度出发是应该继续生产的。

视频

亏损产品决策的思路

三、自制与外购决策

在企业生产经营活动中，生产产品所需的某些零部件，既可自行制造，又可从市场上购买。采用外购方式取得某种零部件，必须支付买价、运杂费等；采用自制方式取得某种零部件，则应支出原材料、动力、人工费等成本。对于这类问题的决策，除了要求保证零部件的质量和及时供应外，企业还应考虑成本的高低，以成本较低的方案为最优方案。比较所选方案的预期成本大小来确定最优方案，通常采用差量分析法、成本无差别点分析法等。

由于自制或外购的决策所依据的情况各不相同，企业应该根据零部件年需用量确定和不确定分别进行考虑。

（1）零部件年需用量确定，企业具备剩余生产能力，但是不能出租或转产。

在这种情况下，由于企业有多余的生产能力，自制零部件不需要增加固定成本。固定成本保持不变，既不会因自制而增加，又不会因外购而减少，这时，固定成本属于非相关成本。选择最优方案的原则为：

自制变动成本 > 外购成本或自制单位变动成本 > 外购单价，则应该外购
自制变动成本 < 外购成本或自制单位变动成本 < 外购单价，则应该自制　　（公式6.7）

【例6-17】某公司为生产S型产品每年需用A零件5 000个。已知该公司车间正常生产能力为20 000机器小时，尚有25%的剩余生产能力可以加工A零件5 000个，自制每个A零件需要直接材料2.8元、直接人工2.2元、变动制造费用1.5元，又知每个A零件的市场价格为7.25元。试比较自制和外购哪个方案有利。

自制变动成本=（2.8+2.2+1.5）×5 000=32 500（元）

外购成本=7.25×5 000=36 250（元）

因为自制变动成本小于外购成本，所以该公司所需A零件选择自制方案有利。

另外，可以利用公式6.7对自制单位变动成本和外购单位价格直接进行比较：

自制单位变动成本6.5元<外购单位价格7.25元

自制方案每个零件的成本降低了0.75元，5 000个零件共降低了3 750元，同样应该选择自制方案。

（2）零部件年需用量确定，企业具备剩余生产能力，且可出租或转产。

企业的剩余生产能力，可用于自制零部件，也可将其设备出租或转产获取收益。在这种情况下，应将转产获得的边际贡献或出租得到的租金净收入视为自制方案的机会成本。方案选优的原则为：

自制变动成本 + 自制机会成本 > 外购成本，则应该外购
自制变动成本 + 自制机会成本 < 外购成本，则应该自制　　（公式6.8）

【例6-18】承接【例6-17】，其他条件不变，若该公司的剩余生产能力不用于自制A零件但可以用于生产B产品，又知B产品每年提供的边际贡献为4 500元。试对自制还是外购做出决策。

自制变动成本=（2.8+2.2+1.5）×5 000=32 500（元）

自制机会成本=4 500元

外购成本=7.25×5 000=36 250（元）

自制变动成本+自制机会成本=37 000元>外购成本36 250元

因此，在剩余生产能力可以转产并获得边际贡献的情况下，该公司所需的A零件宜选择外购方案，可以节省750元。

（3）零部件年需用量确定，企业不具备剩余生产能力。

由于企业没有剩余生产能力，因此若自制零部件必须添置设备，则相应地增加了固定成本。此时增加的固定成本属于专属固定成本（即专门用于自制某种零部件发生的固定成本）。专属固定成本属于相关成本，在决策时必须加以考虑。最优方案的选择原则为：

自制变动成本 + 自制专属固定成本 > 外购成本，则应该外购
自制变动成本 + 自制专属固定成本 < 外购成本，则应该自制　　（公式6.9）

【例6-19】承接【例6-17】，其他条件不变，若该公司没有剩余生产能力，为生

产自制A零件必须添置设备，现拟从租赁公司租用，每年租金为3 000元。试对自制还是外购做出决策。

自制变动成本=（2.8+2.2+1.5）×5 000=32 500（元）

自制专属固定成本=3 000元

自制变动成本+自制专属固定成本=35 500元

外购成本=7.25×5 000=36 250（元）

因为自制变动成本与自制专属固定成本之和为35 500元，小于外购成本36 250元，所以该公司尽管没有剩余生产能力也应选择租用设备自制方案，可以节省750元。

（4）零部件年需用量不确定的自制与外购决策。

在这种情况下，可以采用成本无差别点进行决策。需要注意的是，固定成本水平与单位变动成本水平恰好互相矛盾是该方法的应用前提，具体决策依据本章第二节中的关于成本无差别点分析法的具体介绍。此外，成本无差别点在零部件自制与外购决策中还可以使用以下公式计算：

成本无差别点=自制增加的专属固定成本÷（购买价格–自制单位变动成本）（公式6.10）

【例6-20】A公司生产所用的乙部件需要从市场上购买，市价为20元/件。如果安排自制，每年将需要发生专属固定成本30 000元，单位变动成本为14元/件。请运用成本无差别点分析法做出决策。

解法1：

成本无差别点=自制增加的专属固定成本÷（购买价格–自制单位变动成本）

=30 000÷（20–14）=5 000（件）

解法2：

设自制方案的固定成本为a_1，单位变动成本为b_1，外购方案的固定成本为a_2，单位变动成本为b_2，则：

因为$a_1=30\ 000>a_2=0$，而$b_1=14<b_2=20$，符合成本无差别点分析法进行决策的条件，所以按照公式6.4可得：

成本无差别点=$(a_1-a_2)\div(b_2-b_1)$

=（30 000–0）÷（20–14）=5 000（件）

两种方法无本质区别，结论也相同：当乙部件全年的需用量在0～5 000件之间变动时，则应该外购；当乙部件全年的需用量超过5 000件时，则应该自制。此题还可以通过图形法来分析得出相同结论，此处略。

视频

自制还是外购决策中的"红船精神"

最后，决策者应该从战略角度来看自制与外购决策。自制或外购决策属于产业链纵向整合的范畴，财务因素并非唯一重要的因素。若放弃自制，从长远角度看可能影响到企业的战略优势，企业仍然应该选择自制。若选择外购，可能导致一些不良情况的发生，如员工的士气受到影响、供应的准时程度下降、供货的质量不能保证等，还可能会泄露企业的商业秘密等。

四、中间产品进一步加工决策

产品加工到何种程度再出售才最有利呢？这是企业在经营管理过程中经常遇到的

决策问题。一般来说，产品是否进一步加工，主要包括半成品、联产品、副产品等情况，不论哪种情况，进一步加工前的成本都与决策无关，属于非相关成本。因此，决策时只需通过比较进一步加工后增加的收入是否能抵补为此增加的成本来选择进一步加工或直接出售，可以借助差量分析法等方法。

（一）半成品是否进一步加工决策

半成品既可以直接出售，又可以加工后再出售。直接出售半成品，成本与售价相对低些，进一步加工后再出售，因售价升高可获得较高的销售收入，但需追加一定的成本。选择方案应遵循下列原则：

进一步加工后的销售收入-半成品的销售收入>进一步加工的追加成本，则应该进一步加工

进一步加工后的销售收入-半成品的销售收入<进一步加工的追加成本，则应该直接出售

（公式6.11）

在上述公式中，左边为差量收入，右边为差量成本，进一步加工的追加成本包括追加的变动成本和专属固定成本。

【例6-21】某公司年生产A半成品10 000件，每件A半成品的变动成本为20元、固定成本为5元、销售价格为35元。若对A半成品继续进行加工，每件需支付追加变动成本8元，另需租入一台加工设备，年租金5 000元，每件的售价可以提升到50元。试对A半成品是否进一步加工做出决策。

进一步加工后的销售收入=50×10 000=500 000（元）

半成品的销售收入=35×10 000=350 000（元）

进一步加工的追加成本=8×10 000+5 000=85 000（元）

因为进一步加工后的销售收入与半成品的销售收入的差量为150 000元，大于进一步加工的追加成本85 000元，所以该公司应选择进一步加工A半成品的方案。

此例也可以通过差量分析表计算得到，具体见表6-25。

表6-25　**差量分析表**　单位：元

方　案	进一步加工	直接出售	差　量
差量收入	500 000（50×10 000）	350 000（35×10 000）	150 000
差量成本	85 000（8×10 000+5 000）	0	85 000
差量利润	415 000	350 000	65 000

差量分析表的计算分析结果也是选择进一步加工方案较优，因为进一步加工比直接出售半成品可多获利65 000元。

【例6-22】某企业常年组织生产甲半成品，其单位成本为180元/件，市场售价为200元/件，年销售量为2 000件，单位变动成本为160元/件，固定成本总额为40 000元。甲半成品经过深加工可以加工成市场售价为400元/件的乙产成品，每完成1件乙产成品另需追加变动性的加工成本150元。假定该企业已具备将全部甲半成品深加工为乙产成品的能力，但甲和乙的投入产出比为1∶0.85。如果不进行深加工，设备可以对外出租获得租金50 000元。试做出是否应将甲半成品深加工为乙产成品的决策。

（1）首先要正确区分不同方案下的相关业务量。

“将全部甲半成品深加工为乙产成品”方案的相关业务量为：2 000×0.85=1 700（件）。

“直接全部出售甲半成品”方案的相关业务量为2 000件。

（2）其次要正确区分不同方案下的相关收入和相关成本。

将全部甲半成品深加工为乙产成品的相关收入=400×1 700=680 000（元）

直接全部出售甲半成品的相关收入=200×2 000+50 000=450 000（元）

将全部甲半成品深加工为乙产成品的相关成本=150×1 700=255 000（元）

直接全部出售甲半成品的相关成本=0

进一步加工后的销售收入−半成品的销售收入=680 000−450 000=230 000（元）

进一步加工的追加成本=255 000−0=255 000（元）

因为进一步加工后的销售收入−半成品的销售收入（差量收入230 000元）<进一步加工的追加成本（差量成本255 000元），所以不应该进一步加工甲半成品为乙产成品，否则会减少收益25 000元。

（二）联产品是否进一步加工决策

联产品是指在同一生产过程中生产出来的若干经济价值较大的产品。有些联产品，既可在分离后立即出售，又可继续加工后再行出售。对于这一类联产品，是进一步加工后再出售还是直接出售，也是企业经常遇到的决策问题。由于联产品分离前所发生的成本属于联合成本，与决策无关，而联产品在分离后继续加工所发生的追加变动成本和专属固定成本都属于可分成本，是与决策相关的成本。因此，在决策时对相关收入和相关成本进行比较，并按下列原则选择方案：

进一步加工后收入 − 分离后即售收入 > 可分成本，则应该进一步加工
（公式6.12）
进一步加工后收入 − 分离后即售收入 < 可分成本，则应该分离即出售

【例6-23】A公司在同一生产过程中生产出甲、乙两种联产品，有关资料见表6-26。试分别为甲、乙两种联产品做出是否进一步加工的决策。

表6-26 **甲、乙两种联产品成本信息表** 金额单位：元

联产品	产量（件）	联合成本	分离后立即出售价格（元/件）	分离后进一步加工成本	加工后售价（元/件）
甲	500	18 000	120	10 000	150
乙	300	9 600	150	5 600	165
合　计	800	27 600	—	15 600	—

根据上述资料，可得表6-27和表6-28的差量分析表。

表6-27 **甲联产品差量分析表** 单位：元

项　目	进一步加工（1）	分离即出售（2）	差量（3）=（1）-（2）
差量收入	75 000（150×500）	60 000（120×500）	15 000
差量成本	10 000	0	10 000
差量利润	65 000	60 000	5 000

表6-28 乙联产品差量分析表 单位：元

项目	进一步加工（1）	分离即出售（2）	差量（3）=（1）-（2）
差量收入	49 500（165×300）	45 000（150×300）	4 500
差量成本	5 600	0	5 600
差量利润	43 900	45 000	-1 100

从以上差量分析表可知，甲联产品继续加工后再出售比分离后即出售可多获得5 000元的差量利润；而乙联产品分离后即出售比继续加工后再出售可多获得1 100元的差量利润。因此，A公司应对甲联产品进一步加工后再出售，而对乙联产品分离后即出售比较有利。

当然，某些生产决策中的情况可能更为复杂。

【例6-24】某企业对同一种原材料进行加工，可同时生产出甲、乙、丙三种联产品，其年产量分别为5 000千克、3 000千克、2 000千克。其中，甲、乙两种联产品只能立即出售，不能进一步加工，只有丙联产品既可以直接出售，也可以加工成为丁产品后再行出售。该企业已有将80%的丙联产品深加工为丁产品的能力，而且将丙联产品加工为丁产品的生产能力无法转移。每深加工1千克的丙联产品需要额外追加变动成本40元。丙联产品与丁产品的投入产出比为1∶0.7。如果该企业每年需要额外支出88 000元的租金租入一台设备，可以使深加工能力达到100%。丙联产品不深加工直接出售的单价为270元/千克，加工为丁产品再行出售的单价为480元/千克。该企业计划年度可以在以下三个方案中做出选择：①将80%的丙联产品深加工为丁产品再出售；②将全部丙联产品深加工为丁产品再出售；③直接出售全部丙联产品。试就以上三种方案做出丙联产品是否深加工为丁产品的决策。

（1）“将80%的丙联产品深加工为丁产品再出售”方案确认的相关收入的相关业务量包括丁产品的产销量和直接出售的丙联产品销量：

①丁产品的产销量=2 000×80%×0.7=1 120（千克）

直接出售丙联产品销量=2 000×（1-80%）=400（千克）

相关收入=480×1 120+270×400=645 600（元）

②该方案确认可分成本的相关业务量是丙联产品的产量，为2 000千克。

可分成本（追加变动成本）=2 000×80%×40=64 000（元）

（2）“将全部丙联产品深加工为丁产品再出售”方案确认的相关收入的相关业务量就是丁产品的产销量：

①丁产品的产销量=2 000×0.7=1 400（千克）

相关收入=480×1 400=672 000（元）

②该方案确认可分成本的相关业务量是丙联产品的产量，为2 000千克。

追加变动成本=2 000×40=80 000（元）

专属固定成本=88 000元

（3）“直接出售全部丙联产品”方案的相关业务量为2 000千克，相关收入=270×2 000=540 000（元），相关成本为0。

将以上分析结果编制成相关损益分析表，具体见表6-29。

表6-29　　　　联产品进一步加工分析表　　　　单位：元

项目 \ 方案	将丙联产品深加工为丁产品		直接出售丙联产品
	深加工80%	深加工100%	
相关收入	645 600	672 000	540 000
相关成本	64 000	168 000	0
其中：追加变动成本	64 000	80 000	0
专属固定成本	0	88 000	0
相关边际贡献总额	581 600	504 000	540 000

通过表6-29的计算可以看出，应将80%的丙联产品加工为丁产品后再出售为最佳方案。通过和【例6-23】比较可以发现，本例联产品与经过深加工而形成的最终产品之间的投入产出比为1∶0.7，而且深加工能力有限，这样计算分析要更加复杂。

（三）副产品是否进一步加工决策

副产品是指经济价值很低或没有经济价值的联产品。对副产品是否进一步加工的决策，与联产品大致相同。可以说，副产品是否进一步加工的决策是联产品是否进一步加工的决策的特例。其所不同的是，副产品如不继续加工而作为废料需支付一定的处理费用；若进一步加工，则可节约这部分处理费用，相当于增加了收入。因此，在决策时，只要分析副产品进一步加工后的销售额与节约废料处理费用之和是否超过可分成本即可。选择方案的原则为：

进一步加工后的销售收入 + 废料处理费用 > 可分成本，则应该进一步加工
进一步加工后的销售收入 + 废料处理费用 < 可分成本，则应该做废料处理　　（公式6.13）

此外，在企业的生产过程中，不可避免地会出现废品。对于那些不可修复的废品，不存在如何处置的决策问题；但对于那些可修复的废品，就会有是否深加工（即进行修复）的决策问题，其决策过程和副产品决策过程类似。很多企业都会面临工业“三废”直接排放还是处理后再排放的决策问题。如果仅从财务角度分析，同以上两种决策相类似，直接排放不会发生相关收入，只能发生因排污而引起的排污费或罚款；而处理后再排放可以节约环保税或不发生罚款，但需要追加一定的处理费用。在处理工业“三废”的过程中，往往会取得一定的综合利用的收入，应将其作为相关收入。但从社会环保的角度看，企业必须无条件地控制工业“三废”，绝不允许超标排放工业“三废”，不存在决策的余地。因此，如果涉及工业“三废”直接排放还是处理后再排放的决策，一定是在符合直接排放标准的前提下进行的。

视频
短期经营决策中的思政元素

五、产品组合优化决策

在生产多品种产品的企业中，经常会碰到在一定的约束条件下，如何对有限的经济资源充分加以利用，并在各产品之间做出最有利分配的优化决策问题，即产品组合优化决策。例如，为了充分利用材料、设备、工时、资金等有限资源，往往需要应用线性规划的方法来实现产品生产的最优组合，以便实现利润最大化或成本最小化。

【例6-25】某公司有A、B两个车间，共同生产甲、乙两种产品，但生产甲、乙两种产品受到A、B两个车间的加工工时总数的限制。每种产品对资源的耗用量及其单位边际贡献情况见表6-30。请问每种产品每周的生产量应为多少才可以获得最大收益？

表6-30　**单位产品消耗工时及单位边际贡献情况表**

项　目	单位产品加工工时		车间每周最高工时
	甲产品	乙产品	
A车间（工时）	3	4	72
B车间（工时）	6	2	66
单位边际贡献（元）	12	8	—

本例中的限制资源是两个车间所能提供的用于生产甲、乙两种产品的加工工时总数，属于在多种条件限制情况下两种产品的合理优化组合决策，可用线性规划图解法求解。

（1）将上述资料以数学方式表示。

设甲产品每周生产量为X_1，乙产品每周生产量为X_2，M为边际贡献总额，则该公司的目标是使M（边际贡献总额）值为最大，即$M_{max}=12X_1+8X_2$。

A车间对甲、乙生产量的限制用数学式表示为：$3X_1+4X_2 \leqslant 72$；

B车间对甲、乙生产量的限制用数学式表示为：$6X_1+2X_2 \leqslant 66$。

同时，X_1和X_2必须大于或等于零，即$X_1 \geqslant 0$，$X_2 \geqslant 0$。

以上各数学式可以表达为：在$M_{max}=12X_1+8X_2$的要求下，使X_1和X_2的生产满足下列条件：

$$\begin{cases} 3X_1 + 4X_2 \leqslant 72 \\ 6X_1 + 2X_2 \leqslant 66 \\ X_1 \geqslant 0 \\ X_2 \geqslant 0 \end{cases}$$

（2）将限制条件按等式绘于坐标图上。

线性规划图解法示意图，如图6-2所示。在图上，由横坐标（$X_1 \geqslant 0$）、纵坐标（$X_2 \geqslant 0$）以及直线$3X_1+4X_2 \leqslant 72$和$6X_1+2X_2 \leqslant 66$所围成的四边形ABCD为解的可行域，即在此范围内，任一点将为满足问题的限制条件。其中，BC线为A车间的最高产量线，CD线为B车间的最高产量线。

（3）寻求最优解。

最优解不仅要满足约束条件的要求，而且要使目标函数M值为最大。线性规划的定理证明，目标函数的最大值或最小值必在一个极点上，因此，只要比较各极点的目标函数值，就能找到最优解。在本例中，极点是A、B、C、D，其坐标分别为A（0，0）、B（0，18）、C（20/3，13）、D（11，0），由联立方程组$3X_1+4X_2=72$和$6X_1+2X_2=66$求得，取整后为C（6，13）。将各极点坐标值代入目标函数进行比较，哪一点的M值最大，哪一点的坐标值便为X_1和X_2的值。

相关计算如下：

A点：$M=12X_1+8X_2=0$；

B点：$M=12X_1+8X_2=12\times0+8\times18=144$；

C点：$M=12X_1+8X_2=12\times6+8\times13=176$；

D点：$M=12X_1+8X_2=12\times11+8\times0=132$。

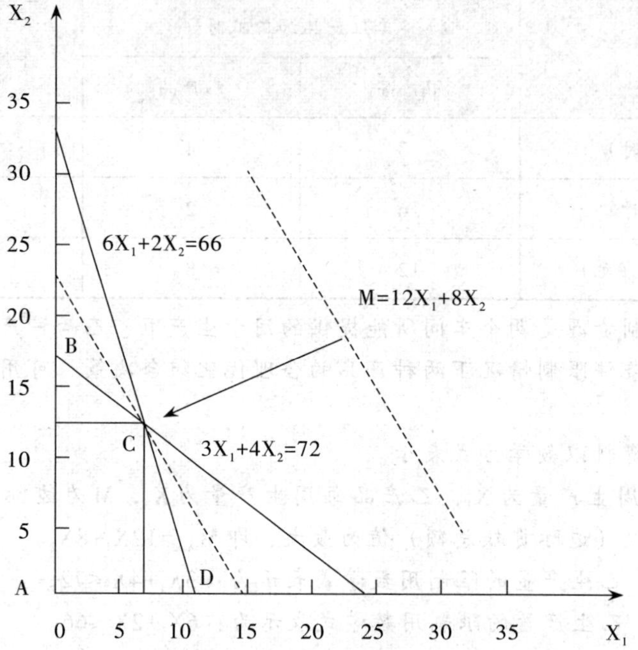

图6-2 线性规划图解法示意图

随堂测6-4

可见，当$X_1=6$，$X_2=13$时，目标函数M值最大。

决策结论：该公司产品生产的最优组合为甲产品生产6件、乙产品生产13件，此时公司现有资源既能得到充分利用，而且边际贡献总额为最大。

第五节　生产组织决策

生产组织决策主要是根据已经确定的生产任务组织如何安排生产，包括最优生产批量决策、生产工艺决策、追加任务分配决策、赶工决策等问题。

一、最优生产批量决策

在成批生产的企业中，经常会遇到究竟每批生产多少数量、全年分几批生产最为经济的问题。这就是“最优生产批量”的决策问题。对最优生产批量进行决策分析，主要考虑“生产准备成本”和“储存成本”两个成本因素。制造产品的直接材料、直接人工等生产成本，属于与批量无关的非相关成本，不予考虑。另外，通常也不考虑由于停工待料造成的缺货成本。

“生产准备成本”又称“调整准备成本”，是指在每批投产前，需要进行调整机器、清理现场、准备工卡模具、布置生产线、下达派工单、领取原材料、准备生产作业记录和成本记录等一些调整准备工作而发生的成本。这种成本与每批数量的多少没有直接联系，但与生产的批数成正比。

“储存成本”是指产品（或零部件）在储存过程中所发生的仓储费、搬运费、保险费、占用资金支付的利息等，这部分储存成本与储存量的多少成正比例变动，具有变动成本的性质。另一部分储存成本是指仓库房屋、机械设备的折旧费、维修费以及通风照明费等，这部分储存成本在一定期间内的发生额是固定不变的，具有固定成本的性质。

成批生产的全年总产量（或需要量）一般是固定的，每批的产量越大，全年生产的批数（或批次）就越少，生产的调整准备成本就越低，但是每批的产量越大，又会增加期末存货量，从而增加平均储存成本。相反地，每批的产量越小，全年生产的批数（或批次）就越多，生产的调整准备成本就越高，但是每批的产量越小，又会使期末存货量下降，从而减少平均储存成本。可见，与最优生产批量有关的成本就是每批投产前的生产准备成本和随着储存量变动而变动的平均储存成本之和，而且这两类成本的性质是相互矛盾的。

最优生产批量就是在决策分析过程中要确定一个适当的生产批量，使其全年的生产准备成本与全年的平均储存成本之和最低。因此，最优生产批量又称“经济生产批量”或“最低成本批量”。

1.单一产品最优生产批量模型决策

最优生产批量决策与材料采购决策不同。在产品的生产过程中，存货往往不是一次性到货入库陆续领用的，本工序在产品或半成品的生产完工往往是陆续入库并转移供下一工序陆续领用的。

假定设下列符号：

A—全年产量（或需要量） Q—生产批量 A/Q—生产批次

S—每批生产准备成本 X—每日产量 Y—每日消耗量（或销售量）

C—每单位产品或零部件年储存成本 T—年储存成本和年准备成本之和

经过推导，可以得到以下计算公式：

年储存成本=年平均储存量×单位产品年储存成本

$$=\frac{1}{2}Q\left(1-\frac{Y}{X}\right)C \quad \text{（公式6.14）}$$

$$\text{年准备成本=生产批次×每批准备成本}=\frac{A}{Q}\times S \quad \text{（公式6.15）}$$

$$\text{年总成本 }T=\frac{1}{2}Q\left(1-\frac{Y}{X}\right)C+\frac{AS}{Q} \quad \text{（公式6.16）}$$

$$\text{最优生产批量 }Q^*=\sqrt{\frac{2AS}{C\left(1-\frac{Y}{X}\right)}} \quad \text{（公式6.17）}$$

$$\text{年最低总成本 }T^*=\sqrt{2ASC\left(1-\frac{Y}{X}\right)} \quad \text{（公式6.18）}$$

【例6-26】某企业计划生产A产品3 600件，每日可生产100件，每日消耗量为20件，每批调整准备成本为200元，每件产品储存成本为5元。请计算最优生产批量以及最优批量时的总成本。

最优生产批量可以直接使用公式6.17得到：

$$Q^* = \sqrt{\frac{2 \times 3\,600 \times 200}{5 \times \left(1 - \frac{20}{100}\right)}} = 600（件）$$

最优批量时的总成本可以直接使用公式6.18得到：

$$T^* = \sqrt{2 \times 3\,600 \times 200 \times 5 \times \left(1 - \frac{20}{100}\right)} = 2\,400（元）$$

因此，当每批生产600件时，每批相关总成本最低为2 400元，还可进一步计算年准备成本和年储存成本，实际上两者都是1 200元。

2.单一产品利用逐次测算法计算最优生产批量决策

逐次测试法是指根据企业有限的生产能力和各项限制因素等数据，分别计算不同生产批量情况下的全年生产准备成本和全年平均储存成本并加以比较，使得全年总成本最低的一种方法。

【例6-27】某公司全年需要甲零件18 000件，专门生产甲零件的设备每日能生产75件，每日一般平均耗用60件。每批生产准备成本为150元，单位零件全年平均储存成本为2元/件。假定不同的生产批量分别为2 000件、3 000件、3 600件、4 500件、6 000件、12 000件、18 000件。请计算不同生产批量下的全年总成本，并确定最优生产批量。

最优生产批量的最低总成本逐次测试见表6-31。

表6-31　**最优生产批量的最低总成本逐次测试表**　金额单位：元

每批产量（件）	2 000	3 000	3 600	4 500	6 000	12 000	18 000
全年批数（次）	9	6	5	4	3	1.5	1
平均储存量（件）	200	300	360	450	600	1 200	1 800
全年生产准备成本	1 350	900	750	600	450	225	150
全年平均储存成本	400	600	720	900	1 200	2 400	3 600
全年总成本	1 750	1 500	1 470	1 500	1 650	2 625	3 750

从表6-31的最后一行数据可以看出，全年总成本最低为1 470元，其相应的批量为3 600件，那么3 600件就是最优生产批量，相对应的最优生产批数为每年投产5次。

二、生产工艺决策

生产工艺是指加工制造产品或零部件所使用的机器、设备及加工方法的总称。

同一种产品往往可以用不同类型的设备来加工制造，但加工的成本却有较大的差别。一般来说，普通的、比较简易的设备一次调整所需的调整准备费较少，但加工一件产品所需的加工费较多；而比较高级的专用设备则与其相反，一次调整所需的调整准备费较多，但加工一件产品所需的加工费较少。由于一次调整所需的调整准备费对于一批产品来说是固定的，调整一次后加工的产品批量越大，每件产品分摊的调整准备费就越少；而加工一件产品所需的加工费在一定条件下是相对固定的，不受加工批量大小的影响。

从一件产品完整的加工成本来看，选用哪种类型的设备较为合算，与一次加工的批量大小有直接联系。例如，一次加工的批量很小，用普通的、比较简易的设备进行加工会比较合理；一次加工的批量要大到一定的程度，比较高级的专用设备就经济得多。因此，生产工艺的选择，要和所需加工的产品的批量大小联系起来进行考虑，才能得到比较正确的结果。由此，生产工艺的决策，可采用本章第二节中提到的成本无差别点分析法，确定不同生产工艺的成本分界点（不同生产工艺总成本相等时的产量点），从而可以根据产量确定选择生产工艺。其确定的原则和本章第二节中成本无差别点分析法备选方案成本结构的“轻”或“重”选择不同业务量下的最优方案是一致的。

【例6-28】某公司决定生产汽车用的A零件，有甲、乙两种不同的工艺方案可供选择。如果采用甲方案为较先进的设备进行生产，其固定成本为192 000元，单位变动成本为64元/件。如果采用乙方案为普通设备进行生产，其固定成本为128 000元，单位变动成本为96元/件。请用成本无差别点分析法为该公司做出采用何种工艺方案的决策。

（1）甲方案的成本函数：$y_1=a_1+b_1x=192\ 000+64x$

乙方案的成本函数：$y_2=a_2+b_2x=128\ 000+96x$

（2）当$y_1=y_2$时，或者直接使用公式可得：

$x=(a_1-a_2)\div(b_2-b_1)$

$=(192\ 000-128\ 000)\div(96-64)=2\ 000$（件）

（3）决策结论：当A零件的需用量小于2 000件时，应选择乙方案；当A零件的需用量等于2 000件时，甲方案或乙方案均可；当A零件的需用量大于2 000件时，应选择甲方案。此题也可以通过图形法求解。

【例6-29】某公司计划生产甲产品，共有A、B、C三种不同的工艺方案，其成本资料见表6-32。请分析如何选择不同工艺进行生产。

表6-32　**三种工艺成本资料表**

项目 / 工艺方案	专属固定成本（元）	单位变动成本（元/件）
A	700	5
B	600	6
C	800	2

根据上述资料，可以绘制不同生产工艺成本决策图，如图6-3所示。

由图6-3可知，X_{ac}点为A、C两个方案的成本无差别点（成本分界点），X_{bc}点为B、C两个方案的成本无差别点，X_{ab}点为A、B两个方案的成本无差别点。设X_{ac}、X_{bc}、X_{ab}三个成本无差别点的产量分别为x_1、x_2、x_3，则三个成本无差别点的产量可以计算如下：

$$\begin{cases}700 + 5x_1 = 800 + 2x_1 \\ 600 + 6x_2 = 800 + 2x_2 \\ 700 + 5x_3 = 600 + 6x_3\end{cases}$$

解得：

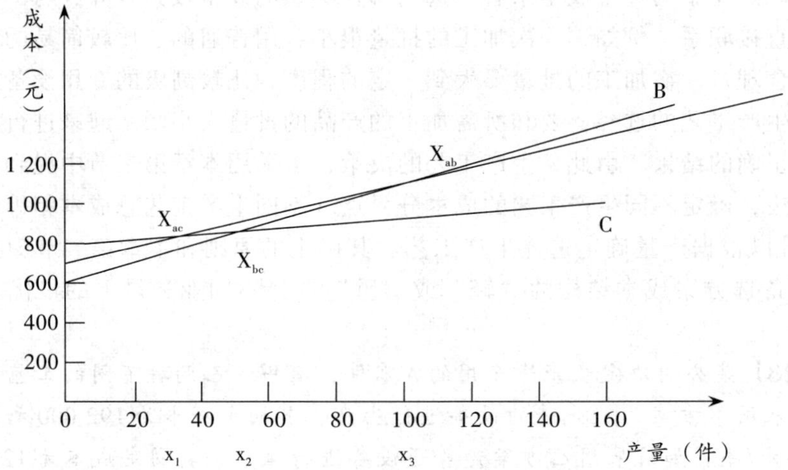

图6-3 不同生产工艺成本决策图

$$\begin{cases}x_1 = 33.33 \\ x_2 = 50 \\ x_3 = 100\end{cases}$$

于是，整个产量区间被划分为0～33件、33～50件、50～100件、100件以上四个区域。从图6-3中可以看出，在0～50件之间（含0～33件、33～50件两个区域），B方案的成本最低，其为最优方案；在50件以上（含50～100件、100件以上两个区域），C方案的成本最低，其为最优方案。

三、追加任务分配决策

当公司下属的若干分厂同时具备独立完成某一生产任务的剩余生产能力时，应将任务下达给哪个分厂呢？传统的做法是将其布置给单位成本最低的分厂。由于按完全成本法计算的单位成本中包括一部分无关的固定成本，因此，往往导致错误的决策。其正确的做法是：当不涉及追加专属固定成本时，以各分厂单位变动成本孰低作为取舍标准；当涉及专属固定成本时，考虑各分厂相关的变动成本与专属固定成本的合计孰低进行决策。

【例6-30】某大型公司现有在1年内加工10 000件A产品的任务，其下属的甲、乙分厂目前均有独立完成该项任务的剩余生产能力。甲分厂上报的生产A产品的单位计划成本为15元/件（其中单位变动成本为10元/件），乙分厂上报的生产A产品的单位计划成本为14元/件（其中单位变动成本为11元/件）。请就以下情况做出正确分配追加任务的决策：

（1）甲、乙分厂均不需要追加专属固定成本。

（2）甲分厂若要完成该项任务，需要重新启用一台检测设备（该设备原始价值120 000元，使用年限10年，期末无残值，已使用2年）。

在第一种情况下，只要比较单位变动成本即可。因为甲分厂单位变动成本小于乙分厂单位变动成本，所以应安排由甲分厂生产，这样可为公司节约成本开支10 000元。

差量成本$|_{甲-乙}$=（10−11）×10 000=−10 000（元）

在第二种情况下，需要分析决策相关成本。

甲分厂完成追加任务的相关成本=追加任务的变动成本+专属固定成本

=10×10 000+120 000÷10=112 000（元）

乙分厂完成追加任务的相关成本=11×10 000=110 000（元）

差量成本$|_{甲-乙}$=112 000−110 000=2 000（元）

因此，可以得出结论，应由乙分厂完成此项任务，这样可为公司节约2 000元的成本开支。

四、赶工决策

对某些一次性的工程或生产而言，缩短工作时间，提前完成生产任务，不仅能够降低固定成本和变动成本，而且可以获得额外收益。但是，提前完工往往需要追加一定的费用，因此，如何在增加收益和增加成本之间寻找能给企业带来最大利益的结合点，就成为一个必须要解决的问题。这一问题可以通过成本计划评审法来完成。

成本计划评审法于1958年是由美国海军特种计划局和洛克希德航空公司在规划和研究在核潜艇上发射“北极星”导弹的计划中首先提出的。在此基础上，其于1962年又发展成为既控制时间又控制成本的成本计划评审法，该方法被广泛运用于各种赶工决策。成本计划评审法是把工程项目当作一个系统，用网络图或表格或矩阵来表示各项具体工作的先后顺序和相互关系，以时间为中心，找出从开工到完成所需时间最长的关键线路，并围绕关键线路对系统进行统筹规划、合理安排以及对各项工作的完成进度进行严密控制，以达到用最少的时间和资源消耗来完成系统预定目标的一种计划与控制方法。

成本计划评审法的基本要点是：将一项工程或生产项目分解为前后相连的若干工序，并预计它们所需的正常时间和赶工时间、正常成本和赶工成本，以求在赶工安排中提高经济效益。赶工时间是指尽可能提前完成任务所需的全部时间；赶工成本是指尽可能提前完成任务所需的全部成本。成本计划评审法还要求运用一些符号画出工程或项目的网络图，以便在安排赶工过程中不断完善网络图。图6-4就是简单的网络图示例。

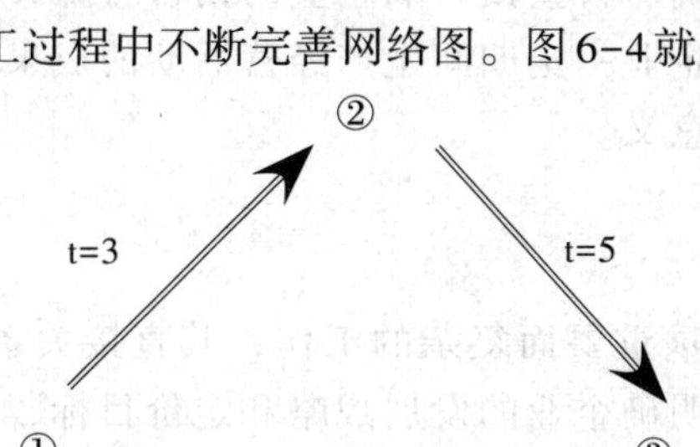

图6-4 简单的网络图示例

图6-4中的箭头单线或双线表示某项工作，圆圈表示工作起止的时间点，可以将

序号填入，表示工作的先后顺序。其中，t表示工作所需时间；①⟶②⟶③表示关键线路，即在所有加工线路中所需时间最长的加工线路，稍有延误就会延长整个项目的完成时间，如果能在此赶工将会使得整个项目提前完成。

绘制网络图的要点如下：

（1）应该根据工程或项目的内在联系合理安排先后顺序，务必真实反映整个工艺流程。

（2）不能出现闭环路线，即箭头线不能从某一点出发，又回到该点。

（3）任何一条箭头线的首尾都应该有圆圈，不能从箭头线中间引出另一条箭头线。

成本计划评审法工作的前提和原则为：

（1）提前完工的时间与因赶工而增加的成本之间存在着线性关系是前提条件。需要就每一项可以赶工的工作，计算其赶工成本斜率，即提前一个单位时间完工需要增加的成本数。

其计算公式如下：

$$成本斜率 = \frac{赶工成本 - 正常成本}{正常时间 - 赶工时间} \qquad（公式6.19）$$

（2）应在关键线路上寻找需要赶工的工作。

（3）若同时存在多条关键线路，则应在这几条关键线路上同时安排赶工，并提前同样的时间。

（4）优先安排成本斜率低的工作。

（5）安排赶工的工作的成本斜率原则上应低于提前完成整个项目一天的收益额。在特殊情况下（如果赶工可以将企业生产能力转向其他更有利的工作），成本斜率可以等于提前完成整个项目一天的收益额。

随堂测6-5

第六节　定价决策

企业生产的各种产品，无论是新产品还是老产品，都必须有合理的价格。定价决策是指在流通领域中，围绕产品的销售量、成本和利润等因素影响对产品的销售价格进行的决策。定价决策正确与否直接影响企业的销售行为，从而影响企业内部各项生产经营工作，最终关系到企业一定期间生产经营活动的成果。因此，定价决策在企业生产经营活动中具有重要意义。

一、影响价格的基本因素

产品价格的制定是一项重要而复杂的工作，其直接关系到价格机制的效果如何。为做好这项工作，首先要明确企业的发展战略和定价目标，然后考虑影响产品价格的基本因素。

1.定价目标是制定价格的首要因素

企业制定价格的目标一般是追求利润最大化、实现既定的投资利润率、保持或提高市场占有率、稳定价格、通过价格竞争战胜对手等。为了实现这些不同的目标，企业的定价往往差异很大。比如为了追求短期内的利润最大化，企业往往采取提高定价的策略；为了实现稳定市场，可能采用稳定价格的策略；为了实现战胜竞争对手，可能采取价格战大幅降价的策略。

2.成本是供给价格的最低界限

成本是价格形成的基础，成本与利润之和则构成价格。成本的高低决定着价格的高低，当价格大于成本时，生产者有利可得；当价格与成本持平时，盈亏平衡；当价格小于成本时，生产者非但不能盈利，反而会亏损。任何一个生产者都不愿生产亏本产品，因此，成本是供给价格的最低界限。商品的价格，不仅不能低于成本，而且还要大于成本并有一定的收益。这样，才能使企业有能力扩大再生产并不断发展壮大。

3.购买力是需求价格的最高界限

需求量的大小取决于可以用来购买能够满足消费者一部分已形成需要的商品的货币资金总额——购买力。消费者购买力的大小受收入水平的高低及其用于商品支出的比例大小的影响。因此，购买力是需求价格的最高界限。在一定时期内，当用于购买某种商品的货币支付能力大时，对该商品的需求量就大；反之则小。在制定和调整价格时，要充分考虑消费者的购买力大小，使绝大多数消费者有能力满足购买的要求。

4.供求关系是制定价格的重要依据

价格的变化还受供求关系的影响。供求关系的变动规定着价格水平的高低，决定着价格与价值是否发生背离以及背离的方向和程度。一方面，当供不应求时，价格会高于价值；反之，当供过于求时，价格就会降低，甚至会低于价值。另一方面，供求相悖的幅度越大，价值与价格背离的程度就越高；反之则越低。如果价格的波动能正确地反映供求关系，就能反射出正确的市场信息，从而引导商品和生产要素合理流动。当然，对产品的定价，还要考虑较长时期的供求状况，不能只分析供求现状而经常变动价格，这样会影响生产者或消费者的利益。同样，还要考虑消费者的心理，不能一味地降价。有时候，商品降价可能会给消费者造成心理上的错觉，使其怀疑商品的质量，产生等待、观望的心理。

5.遵循政府价格调控政策与法规是基本前提

任何商品价格的制定和调整都要受国家关于价格相关政策和法规的制约。因此，企业制定产品价格时，既要考虑企业经营目标，又不可忽视国家关于价格的相关政策、法规对产品价格的影响。比如为落实“房子是用来住的，不是用来炒的”的定位，很多城市都采取“限价”的相关政策，房地产企业要充分遵循这些政策和规定。

6.竞争因素是定价的重要参考

产品竞争的程度不同，对定价的影响也不同。竞争越激烈，对价格影响越大，很多情况下同质产品的竞争就是价格的竞争。由于竞争因素是定价必然考虑的一个方面，因此企业必须充分了解竞争者的情况，比如主要竞争对手有哪些、主要竞争对手实力如何以及主要竞争对手的定价策略如何。在某些特定情况下，比如在价格战过程中，商品定价主要根据竞争对手的策略来进行，甚至会低于成本出售。在现代互联网技术发达的市场条件下，消费者可以通过网络进行充分比价，从而选择同类产品中的价格最低者。

7.充分考虑商品的市场生命周期因素

商品的市场生命周期包括四个阶段，即投入期、成长期、成熟期、衰退期，在不同的阶段定价策略有所不同。企业应该非常清楚地知道产品处在哪个阶段，并采取对应的产品策略，配合相应的产品定价方式。比如投入期的产品策略和定价方式包括：快速撇脂策略，即以高价格、高促销费用推出新产品；慢速撇脂策略，即以高价格、低促销费用推出新产品；快速渗透策略，即以低价格、高促销费用推出新产品；慢速渗透策略，即以低价格、低促销费用推出新产品。

8.不能忽视科学技术因素

科学发展和技术进步，以及其在生产中的推广和应用，必将导致新产品、新工艺、新材料代替老产品、老工艺、旧材料，从而形成新的产业结构、消费结构和竞争结构。这些科技进步因素可能导致企业产品变得相对过时，不得不降低价格或者采用新技术后提高价格。

9.充分兼顾相关工业产品的销售量

某些产品的销售量往往取决于相关工业产品的销售情况，该类产品销售价格的制定，可以根据其相关工业产品的预测资料进行。比如纺织业、轮胎业的价格制定必然要充分兼顾服装业和汽车工业的预计销售数量和价格水平。

当然，价格的制定是一个复杂动态的过程，一般同时受到多种因素的影响，随着内外环境的变化而及时调整，甚至针对不同的客户提供不同的价格都是有必要的。

二、产品定价的常用方法

1.成本基础导向定价法

基于成本的定价反映了市场价格的长期趋势，保证生产消耗得以补偿，保证企业必要的利润是定价的基本要求。成本是构成产品价格的基本因素，也是价格的最低经济界限。在一个竞争的市场上，偏离成本基础的价格都不能维持长久。基于成本的定价相对简便，符合信息的成本收益原则，因为在市场不断变化的情况下，管理者不可能花费大量的时间对每一件产品的边际成本和需求弹性进行分析。

（1）以单位成本为基础的定价方法。

以单位成本为基础的定价方法一般采用成本加成定价法。

销售单价=单位成本+单位成本×成本加成率=单位成本×（1+成本加成率）　　（公式6.20）

比如某产品单位成本为40元/件，成本加成率为50%，则销售单价就应该是60元/件，即40+40×50%=60（元/件）。

因为单位成本的确定方式不同，所以又分成以下三种情况：

第一种情况，单位成本按完全成本法计算。

产品成本=直接材料+直接人工+全部制造费用

销售收入=产品成本+期间成本+目标利润

两边同时除以销售数量，可得：

销售单价=单位产品成本+［（期间成本+目标利润）÷销售数量］

$$=单位产品成本\times(1+\frac{期间成本+目标利润}{生产成本总额})\qquad（公式6.21）$$

成本加成率（成本毛利率）=（期间成本+目标利润）÷生产成本总额　（公式6.22）

【例6-31】A公司生产甲产品的单位产品成本（包括直接材料、直接人工、制造费用）为100元/件，生产数量为1万件，期间成本为20万元，目标利润为40万元。试用成本加成定价法计算目标售价。

成本毛利率=（期间成本+目标利润）÷生产成本总额=（20+40）÷100=60%

销售单价=单位产品成本×（1+成本毛利率）=100×（1+60%）=160（元）

第二种情况，单位成本按变动成本法计算。

产品成本=直接材料+直接人工+变动制造费用

期间成本=固定制造费用+销售、管理、财务费用

销售收入=产品成本+期间成本+目标利润

两边同时除以销售数量，可得：

销售单价=单位变动生产成本+［（期间成本+目标利润）÷销售数量］

$$=\text{单位变动生产成本}\times\left(1+\frac{\text{期间成本}+\text{目标利润}}{\text{变动生产成本总额}}\right)$$　（公式6.23）

成本加成率（变动成本贡献率）=（期间成本+目标利润）÷变动生产成本总额　（公式6.24）

还可以表述为：

变动成本贡献率=（目标利润+变动性非生产成本+固定成本）÷变动生产成本总额　（公式6.25）

【例6-32】A公司生产乙产品的单位变动生产成本为80元/件，变动生产成本总额为140万元，固定性制造费用为20万元，销售费用、管理费用合计为4万元，目标利润为18万元。试用成本加成定价法确定销售单价。

变动成本贡献率=（期间成本+目标利润）÷变动生产成本总额

=（4+20+18）÷140=30%

销售单价=单位变动生产成本×（1+成本加成率）

=80×（1+30%）=104（元）

需要注意的是，在成本加成定价法下，同一产品无论单位成本是按照完全成本法计算还是按照变动成本法计算，两者计算出的目标售价是一致的。

第三种情况，考虑销售税率情况下的成本加成定价。

①成本利润率定价法。

$$\text{销售单价}=\frac{\text{单位预测成本}\times(1+\text{成本利润率})}{1-\text{销售税率}}$$　（公式6.26）

成本利润率=产品目标利润总额÷产品预测总成本×100%　（公式6.27）

②销售利润率定价法。

$$\text{销售单价}=\frac{\text{单位预测成本}}{1-\text{销售利润率}-\text{销售税率}}$$　（公式6.28）

销售利润率=产品目标利润总额÷产品目标销售收入×100%　（公式6.29）

【例6-33】某企业计划投资300万元生产甲产品，根据市场调查，甲产品预计每年销售50万件，此时总成本预计为500万元，该企业要求该项投资的利润率为25%，假设销售税率为10%。试确定甲产品的销售单价。

单位预测成本=500÷50=10（元/件）

目标利润总额=300×25%=75（万元）

单位目标利润=75÷50=1.5（元/件）

成本利润率=75÷500×100%=15%

$$销售利润率 = 75 \div \frac{500+75}{1-10\%} \times 100\% = 11.74\%$$

按照成本利润率定价法：

$$销售单价 = \frac{10\times(1+15\%)}{1-10\%} = 12.78（元）$$

按照销售利润率定价法：

$$销售单价 = \frac{10}{1-10\%-11.74\%} = 12.78（元）$$

大多数工业企业采用成本利润率定价法，商业企业一般采用销售利润率定价法，按照上述例题两者计算的结果也是一致的。

成本加成定价法的优点比较明显，其预测企业成本比预测市场需求更加可靠，可以减少价格调整次数，可以保证成本得到补偿又能实现一定的利润。然而，成本加成定价法也存在明显的不足，它只考虑产品本身成本的补偿和获取的预期利润，而基本忽视了产品的社会价值、市场供求和竞争情况，也没有考虑消费者的心理因素。因此，根据此种方法确定的产品价格，有时很难为客户所接受，或者缺乏市场竞争力，最终导致企业预期利润难以实现。当企业生产多种产品时，其更是难以准确分摊间接费用，导致定价不准。由此可见，该方法适用于非竞争性产品的定价，而竞争性产品的定价则应采用以市场为基础、以需求为导向的定价方法。

（2）损益平衡定价法。

损益平衡定价法即盈亏平衡定价法，是运用损益平衡原理进行产品价格的制定，实际上是本量利分析在定价决策中的应用，即提供目标利润时的价格。根据本书第三章本量利分析的计算公式简单推导，可以得到下列公式：

单价=（目标利润+固定成本+变动成本）÷销售数量　　（公式6.30）

如果考虑销售税率，则：

目标利润=单价×销售数量×（1-销售税率）-固定成本-单位变动成本×销售数量　　（公式6.31）

$$单价 = \frac{目标利润+固定成本+变动成本}{销售数量\times(1-销售税率)} \quad （公式6.32）$$

上述公式是实现目标利润情况下的产品单价，当公式中的目标利润为零时就是保本价格的计算公式。

【例6-34】A企业生产甲产品，固定成本为40 000元，目标利润为60 000元，单位变动成本为5元/件，销售税率为10%，预计销售数量为50 000件。试预计甲产品的单价。

$$保本价格=\frac{40\,000+5\times 50\,000}{50\,000\times(1-10\%)}$$

$$=6.44（元/件）$$

$$实现目标利润产品单价=\frac{60\,000+40\,000+5\times 50\,000}{50\,000\times(1-10\%)}$$

$$=7.78（元/件）$$

从上述计算可知，甲产品的最低价格（保本价格）为每件6.44元，当每件价格为7.78元时，可以实现目标利润。

2.市场需求导向定价法

以市场需求为导向的定价方法又称按需定价的方法，这种定价方法优先考虑的是消费者对价格的接受程度，企业必须研究确定什么样的价格才能使产品销售不仅符合社会需要，又能给企业带来最佳效益。以需求为导向的定价方法主要包括用于最佳单价决策的边际分析法、用于调价决策的利润无差别点法和利润增量法等。

（1）边际分析法。

边际分析法是指根据微分极值原理，通过分析不同特定价格与销售量组合条件下的产品边际收入、边际成本和边际利润之间的关系，做出相应定价决策的一种定量分析方法。

从数学意义上看，边际收入是以销售量为自变量的销售收入函数的一阶导数；边际成本是以销售量为自变量的销售成本函数的一阶导数；边际利润是以销售量为自变量的销售利润函数的一阶导数，它又等于边际收入与边际成本之差。按照微分极值原理，如果利润的一阶导数为零，即边际利润为零，边际收入等于边际成本，此时的利润达到极大值。这时的单价就是最佳单价。

管理会计定价决策中的最佳单价决策就是要设法找到能使企业获得最大利润的价格。但是，在高等数学中，只有对连续的、不间断的、处处可微的函数才可以求导。而在实际生活中，无论是以销售量为自变量的销售收入函数，还是成本函数，或是利润函数，它们都不是连续函数，因此，也就无法进行求导，无法按照严格的数学定义计算边际收入、边际成本和边际利润指标。在管理会计中，我们定义的边际收入是指销售量每增加或减少一个单位所形成的销售收入差；边际成本是指销售量每增加或减少一个单位所形成的成本差；边际利润则是指销售量每增加或减少一个单位所形成的利润差。这里的一个销售量单位可以指一件产品，也可以指一批产品。在这种情况下，仍然可以根据“边际收入等于边际成本”或“边际利润等于零”的条件来判断能否找到销售最佳单价。如果确实无法找到能使“边际利润等于零”的单价，也可以根据“边际利润为不小于零的最小值”这个条件，来判断最佳单价的位置。

假定单价与需求量之间存在如下函数关系：

$p=\varphi(x)$，则销售收入函数为 $TR=g[\varphi(x)]$，总成本函数为 $TC=f(x)$，于是利润函数可写为：

$$P=TR-TC=g[\varphi(x)]-f(x)$$

对上式求一阶导数，可得：

$$P'=(TR-TC)'=TR'-TC'$$

在上式中，利润的导数 $P'=MP$ 为边际利润，销售收入的导数 $TR'=MR$ 为边际收入，总成本的导数 $TC'=MC$ 为边际成本。

因为 $P''<0$，所以当 $MP=MR-MC=0$ 时，利润 P 有极大值。

令边际收入（MR）-边际成本（MC）=0，可以求得极值点销量 x_0，将 x_0 代入价格和利润模型，可分别求得极值点单价 $p_0=\varphi(x_0)$ 和极值点利润 $P_0=g[\varphi(x_0)]-f(x_0)$。

x_0 和 $\varphi(x_0)$ 被称作极值点“销量-单价”的优化组合。如果这种极值点是唯一的，则 x_0 与 $\varphi(x_0)$ 为最优的“销量-单价”组合；若极值点不止一个，则可以通过比较极值利润，最终确定最优的“销量-单价”组合。

边际分析法的优点是以微分极值原理为理论依据，可直接对收入与成本函数求导，计算结果比较精确。其缺点在于单价与销量的函数关系以及总成本函数关系不容易确定，另外只有可微函数才能求导数，对于非连续函数则无法运用公式法，只能借助列表法等其他方法才能求得最佳单价。

【例6-35】某产品售价与销量的关系式为p=60−2x，单位变动成本与销量的关系式为b=20+0.5x，固定成本a为70万元。试用边际分析法计算最佳单价。

依据题意，建立的总收入模型为：

$TR=px=(60-2x)x=60x-2x^2$

求导得到边际收入为：

$MR=60-4x$

总成本模型为：

$TC=a+bx=70+(20+0.5x)x=70+20x+0.5x^2$

求导得到边际成本为：

$MC=20+x$

令MR=MC，可求得最佳销量为：

$x_0=8$（万件）

将$x_0=8$代入p=60−2x，可求得最佳单价为：

$p_0=44$（元/件）

显然，当按44元/件的价格销售8万件产品时，企业可实现的最大利润为：

$P_0=(p-b)x-a=(44-20-0.5\times8)\times8-70=90$（万元）

（2）利润无差别点法。

利润无差别点销售量是指某种产品为确保原有盈利能力，在调价后应该至少达到的销售量指标。

利润无差别点销售量=（固定成本+调价前可获利润）÷（拟调单价−单位变动成本）

=调价前可获边际贡献÷拟调后单位边际贡献　　（公式6.33）

该方法的决策标准是：若调价后可望实现销售量大于利润无差别点销售量，可以调价；若调价后可望实现销售量小于利润无差别点销售量，则不能调价。

【例6-36】当某企业生产经营A产品的售价为100元/件时，可以实现的销售量为10 000件，固定成本为300 000元，单位变动成本为60元/件，实现利润为100 000元。假设企业现有最大生产能力为19 000件。试用利润无差别点法评价不同条件下的调价方案是否可行。

（1）若将售价调低为85元/件，预计市场容量可以达到16 500件。

利润无差别点销售量=（固定成本+调价前可获利润）÷（拟调单价−单位变动成本）

=（300 000+100 000）÷（85−60）=16 000（件）

因为最大生产能力19 000件大于预计市场容量16 500件，且可望实现销售量16 500件大于利润无差别点销售量16 000件，所以应该考虑调价。

调价后利润=（85−60）×16 500−300 000=112 500（元）

（2）若调低售价为80元/件，预计市场容量可以达到23 000件，但是企业必须追加50 000元的固定成本才能具备生产23 000件产品的能力。

利润无差别点销售量=（固定成本+调价前可获利润）÷（拟调单价−单位变动成本）

=（300 000+50 000+100 000）÷（80−60）=22 500（件）

因为最大生产能力=预计市场容量=23 000件，且可望实现销售量23 000件大于利润无差别点销售量22 500件，所以应该调价。

调价后利润=（80-60）×23 000-300 000-50 000=110 000（元）

（3）若调高售价为110元/件，只能争取到7 000件的订货单（若剩余生产能力可以转移，预计可以获得边际贡献60 000元）。

利润无差别点销售量=（固定成本+调价前可获利润）÷（拟调单价-单位变动成本）

=（300 000+100 000-60 000）÷（110-60）=6 800（件）

因为最大生产能力19 000件大于预计市场容量7 000件，且可望实现销售量7 000件大于利润无差别点销售量6 800件，所以应该提价。此处的剩余生产能力可以转移获得边际贡献60 000元视为机会成本，在调价前利润中扣除。

此外，如果调价不会直接涉及成本水平，而且最大生产能力满足调价需要，又不能将其转移，则通过计算调价后的利润增量来判断调价方案的可行性，即通过差量分析法来进行判断。

3.竞争导向定价法

这种定价方法以市场上相互竞争的同类产品的价格为定价的基本依据，并随着竞争状况的变化进行调整。比如企业产品与同行业竞争产品的平均价格（即现行市场价格水平）保持一致。这种方法主要应用于产品差异性小的产品。

三、新产品销售的定价方法

因为新产品是企业不曾生产和销售过的产品，所以在定价时一般具有“不确定性”的特点。因此，许多企业对于新产品的定价，往往先采用“试销”的方法，在某几个选定的地区分别采用不同的价格推销其新产品。通过试销，首先摸清产品可能遇到的竞争情况，销售量与价格的关系，以及在不同价格、不同销售量下提供的贡献毛益等重要信息，然后根据这些信息制定能产生最大贡献毛益的价格，或最能适应企业长远目标的合理价格。新产品的定价方法主要是撇脂定价法和渗透定价法。

1.撇脂定价法

撇脂定价法即在试销初期，新产品以较高的价格投放市场，尽可能在产品寿命周期的初期就赚取最大的利润，待市场扩大，产品趋于成长或成熟阶段时，再把价格逐渐降低。这种策略能够保证在试销初期获取巨额利润，并可以保障新产品在研制试产阶段的成本尽快加以补偿。但是，正因为试销的巨额利润，会迅速引来竞争者，高价往往不能维持长久。因此，这种定价策略多适用于开始没有竞争对手，或者竞争对手不太能模仿的产品，以及容易开辟市场的新产品。

2.渗透定价法

这种定价方法主要适用于其他企业已经在市场上销售，同时已经享有一定的品牌声誉的产品，或是使消费者改变原来习惯或传统观念的新产品。企业在试销初期采用低价以吸引消费者，为新产品开路，等到产品品牌创出，赢得市场好评后，再逐步提价。这种方法尽管在试销初期利润有所牺牲，但其能有效地取得竞争优势，便于产品在市场上确定长期领先的地位，从而能给企业带来持久的利润，是一种长期的定价策略。

视频

新产品如何有效定价

四、特殊价格的订货决策

特殊价格订货是指产品的订货单价不但低于产品的正常订货价格，而且低于产品的单位成本的订货。是否接受特殊价格订货的前提条件是企业是否存在剩余生产能力。不管是否接受追加订货，共同性固定成本都要发生，与决策无关。若接受特殊价格订货，就需要追加成本，既包括追加的变动成本，又包括追加的专属固定成本。

解决此类决策问题的基本原则为：

特殊订货追加单位变动成本+特殊订货追加单位专属固定成本<特殊订货单价，则应该接受追加订货（公式6.34）

特殊订货追加单位变动成本+特殊订货追加单位专属固定成本>特殊订货单价，则应该拒绝追加订货（公式6.35）

【例6-37】 某公司本年度计划生产A产品1 000件，市场正常售价为每件80元，成本水平见表6-33。

表6-33 **A产品成本信息表**

成本项目	成本总量（元）	单位成本（元/件）
直接材料	24 000	24
直接人工	12 000	12
变动制造费用	4 000	4
固定制造费用	10 000	10
销售及管理费用	5 000	5
合 计	55 000	55

年初，另一家企业要追加订货200件，价格只能给到每件50元。该公司就以下情况分别做出是否应接受特殊价格订货的决策：

（1）企业最大生产能力1 200件，剩余能力不能转移，接受特殊价格订货不会增加专属成本。

（2）企业最大生产能力1 100件，其余条件同上。

（3）企业最大生产能力1 200件，剩余能力不能转移，但追加订货加工需要租用专门设备，年租金1 200元。

首先，计算出接受特殊价格订货所需追加的单位变动成本=24+12+4=40（元）。

在第一种情况下，接受特殊价格订货并没有超出企业的生产能力，故不需要增加固定成本。

因为特殊订货追加单位变动成本+特殊订货追加单位专属固定成本=40元<特殊订货单价50元/件，所以应该接受特殊价格订货。

如果使用差量分析法，接受特殊价格订货相对于不接受而放弃特殊价格订货：

差量收入$|_{接受-放弃}$=50×200=10 000（元）

差量成本$|_{接受-放弃}$=40×200=8 000（元）

接受特殊价格订货追加成本就是200件的变动成本，不接受特殊价格订货的成本没有，又因为闲置生产能力不能转移，所以也没有机会成本。

差量利润$|_{接受-放弃}$=10 000−8 000=2 000（元）>0

因此，接受特殊价格订货所获得的贡献毛益直接转化为利润，即10×200=2 000（元）。接受特殊价格订货可使利润增加2 000元，故应该接受。

在第二种情况下，企业最大生产能力1 100件，剩余能力不能转移，接受特殊价格订货不会增加专属成本，但是接受特殊价格订货就必须减少正常销售数量。

因为特殊订货单位成本=40+80×100÷200=80（元/件）>特殊订货单价50元/件，所以不应该接受特殊价格订货。

如果使用差量分析法，接受特殊价格订货相对于不接受而放弃特殊价格订货（接受就必须减少正常销售数量）：

差量收入$|_{接受-放弃}$=50×200−80×100=2 000（元）

差量成本$|_{接受-放弃}$=40×200−40×100=4 000（元）

差量利润$|_{接受-放弃}$=2 000−4 000=−2 000（元）<0

从计算结果可以看出，同样不应该接受特殊价格订货，否则会减少利润2 000元。

在第三种情况下，接受特殊价格订货没有超过企业最大的生产能力，但需要租用专门设备，且剩余能力不能转移。

因为特殊订货追加单位变动成本+特殊订货追加单位专属固定成本=40+1 200÷200=46（元/件）<特殊订货单价50元/件，所以应该接受特殊价格订货。

如果使用差量分析法，接受特殊价格订货相对于不接受而放弃特殊价格订货：

差量收入$|_{接受-放弃}$=50×200=10 000（元）

差量成本$|_{接受-放弃}$=40×200+1 200=9 200（元）

差量利润$|_{接受-放弃}$=10 000−9 200=800（元）>0

计算结果表明，接受特殊价格订货可使利润增加800元，故应该接受。

以上特殊价格订货决策相关例题并没有考虑其他更多因素，在有些情况下企业虽然生产能力不足，但是可以通过工人加班等方式来解决，不过这种方式同样存在新增成本，需要认真分析和计算。

随堂测6-6

本章小结

决策分析是企业管理的核心，正确的决策需要经过一定的程序。短期经营决策以尽可能取得最大经济效益为直接目标，使企业在一个经营年度或经营周期内获得更多的"利润"，所以成本的大小和短期经营决策目标的实现密切相关。沉没成本、共同成本、不可避免成本、不可延缓成本均属于决策无关成本；差量成本、边际成本、重置成本、付现成本、机会成本、专属成本、可避免成本、可延缓成本都属于决策相关成本。短期经营决策方法为确定条件下的常用决策方法，包括差量分析法、边际贡献分析法、成本无差别点分析法三种，还有不确定条件下的决策方法。产品功能成本决策是将产品的功能与成本对比，寻找降低产品成本途径的管理活动，其目的在于以最低的成本实现产品适当的、必要的功能，从而提升产品价值，提高企业的经济效益。品种决策主要面临的是解决生产什么产品的问题，包括生产何种新产品决策、亏损产品是否停产决策、零部件是自制还是外购决策、半成品是否进一步加工决策等问题。在品种决策中，经常以成本作为判断方案优劣的标准，有时也以边际贡献作为判断标准，需要具体分析。生产组织决策主要是根据已经确定的生产任务，组织如何安排生产，包括最优生产批量决策、生产工艺决策、追加任务分配决策、赶工决策等问题，情况相对更加复杂，需要具体分析。企业生产的各种产品，无论是新产品还是老产品，都必须有合理的价格。定价决策正确与否直接影响企业的销售行为，从而影响企业内部各项生产经营工作，最终关系到企业一定期间生产经营活动的成果。常用的定价方法有：成本基础导向定价法、市场需求导向定价法、竞争导向定价法等。

本章练习

1.某企业只生产一种产品，全年最大生产能力为1 200件。该企业年初已按每件100元的价格接受正常任务1 000件，该产品的单位完全生产成本为80元/件（其中单位固定生产成本为30元/件）。现有一客户要求以每件70元的价格追加订货。

要求：请考虑以下不相关的情况，分析企业是否应该接受低价追加订货的决策，并说明理由。

（1）剩余能力无法转移，追加订货量为200件，不增加专属成本。

（2）剩余能力无法转移，追加订货量为200件，但因有特殊要求，企业需追加1 000元专属成本。

（3）其他情况同（1），但剩余能力可用于对外出租，可获租金收入5 000元。

（4）剩余能力无法转移，追加订货量为300件，但因有特殊要求，企业需追加1 000元专属成本。

2.某企业在生产中全年需用某零件8 000个，该零件单位生产成本资料见表6-34。

表6-34　**某零件单位生产成本资料表**　单位：元/个

成本项目	单位实际成本
直接材料	6
直接人工	5
变动制造费用	3
固定制造费用（专属）	2
固定制造费用（共同）	6
单位成本合计	22

某外商有意愿供应该零件，开价为18元/个。

要求：

(1) 如果该企业停止生产该零件，其有关生产设备别无他用，则是否应向外商购入该零件？

(2) 如果该企业停产该零件后，其有关生产设备可改产另一种新产品，每年可提供50 000元的净利，则是否应向外商购入该零件？

参考答案

头脑风暴

1. 请问亏损产品应该如何科学决策？

2. 你觉得贡献毛益分析法、差量分析法、成本无差别点分析法的择优决策的本质是什么？请对这些决策方法进行对比分析？

头脑风暴提示

分组任务

1. 差量成本、变动成本、边际成本之间的关系是什么？

2. 产品定价过程中应该考虑哪些主要方面？

分组任务提示

学思践悟

企业社会责任和奉献精神

案例

赛格方向盘总成制造有限公司废弃物处理实例

讨论问题：作为赛格公司的财务负责人，你是否同意建造污废处理车间对有害废弃物进行处理？请说明理由。

注意：以从社会效益角度分析为主，强调企业社会责任。

案例

亏损廉价药是否应该停止生产

讨论问题：对于药企该不该继续生产这种亏损的廉价药？该如何解决这一问题？

注意：强调企业的社会责任和奉献精神，不能仅仅考虑财务效益。

执政为民

案例

“最多跑一次”改革

讨论问题：请你从产品功能成本决策提升价值的途径谈谈“最多跑一次”的意义何在？注意：可以结合执政为民，从社会主义制度的优越性角度进行讨论。

教学案例

国有企业甲公司的生产经营决策案例

本章测评

拓展阅读

非标准产品的定价

第七章

存货管理与决策

学习目标： 通过本章的学习，要求学生掌握存货相关成本的特点，掌握传统存货管理的基本模型，理解传统存货管理存在的问题，熟悉适时制存货系统，并了解存货管理发展的一些新理论和新方法。

导入案例

小张是一名专业咨询师，在一家全国性会计师事务所管理咨询部门工作。最近他提交了一份关于一家挖土机公司的咨询报告。公司管理人员王总对于报告中所提出的适时制JIT系统降低成本的建议感到非常惊讶，特别邀请小张再次面谈。小张愉快地接受了邀请，并进行了详细介绍。

请结合案例详细资料，回答以下问题：

案例详细资料

1. 为何公司要储备存货？哪些是存货成本？

2. 采取哪些措施能够将存货成本降到最低水平？

3. JIT系统是如何降低存货水平的？

第一节 存货管理概述

存货（inventory）是指在经营循环过程中为销售或耗用目的而储备的各种有形资产。在制造企业中，存货通常包括原材料、委托加工材料、包装物、低值易耗品、在产品、产成品等。产品的质量、产品的定价、企业的加班时间、对顾客提出要求的反应能力以及企业整体的盈利能力，都受到企业存货管理水平的影响。存货管理的水平对于企业建立长期竞争优势具有重要的意义。在早期的大批大量的生产方式下，人们认为存货是必要的，但是又不能太多，其包含了很多成本。

一、存货成本

当企业确切地知道市场对某种产品或材料在一个特定阶段（通常为1年）的需求量时，与存货相关的成本主要有两项：如果存货是外购的材料或商品，那么这些与存货相关的成本称为订货成本和持有成本；如果存货是自制的材料或商品等，那么这些成本称为生产准备成本和持有成本。

订货成本（ordering costs）是指从下订单至收到订货整个过程中付出的成本，如订单处理成本（办公成本和单据）、运输保险成本和卸货成本等。通常这些成本与订货次数成正比。

生产准备成本（setup costs）是指用于生产某种特定产品或部件的设备和设施的准备成本，如闲置生产工人工资、闲置生产设备成本（丧失的收益）和试运行成本（人工成本、材料成本和间接制造费用）等。这些成本往往与生产准备次数成正比。

订货成本和生产准备成本在性质上是相类似的，都表示取得存货时必须发生的成本。这一概念在本书第六章关于最优生产批量决策的介绍中已经出现。

持有成本（carrying costs）是指持有存货的成本，如保险费、存货财产税、无形损耗、存货占用资金的机会成本和场地占用费等，其就是在本书第六章关于最优生产批量决策的介绍中提到的储存成本。持有成本（储存成本）则随着存货持有数量的变化而成正比例变化。

如果无法确切地了解市场需求，那么就存在第三类存货成本——缺货成本。缺货成本（stock-out costs）是指由于存货数量不能满足生产销售的需要而给企业带来的损失。这种成本包括因停工待料而发生的损失、加速生产的成本、采用应急措施发生的超额成本、销售机会的丧失及由于供货不足而丧失的对客户的信用等。缺货成本属于机会成本，在计量上存在一定的困难。

此外，存货的购置成本又称采购成本，是指购买或取得存货所花费的费用，通常包括存货的买价、运杂费、装卸费、保险费、相关税费等，它主要取决于购货数量和单位购置成本两个因素，其与存货的订货成本一起构成了存货的取得成本。如果不存在数量折扣等优惠情况，存货的购置成本一般视为决策无关成本。

二、持有存货的目的

（一）平衡订货成本（或生产准备成本）和持有成本（储存成本）

企业的经营目标要求与存货相关的成本最小化。持有成本最小化会导致小批量的订货或生产，鼓励保持少量存货甚至零存货；而订货成本最小化则要求订货批量大、订货次数少（或生产准备成本最小化会导致生产批次少、生产批量大），从而鼓励保持较大数量的存货。企业愿意持有存货的原因之一就是需要在两类成本之间实现平衡，以使订货成本和持有成本的总和最小。

（二）满足不确定的需求

即使订货成本或生产准备成本小到可以忽略，由于缺货成本的存在，公司仍然会持有存货。由于供应上的不确定性，公司会保持一定数量的原材料和零配件存货。如果发生由于罢工、恶劣天气等原因引起的供货延迟或中断，原材料和零配件等缓冲存货的存在可确保生产活动的顺利进行。生产过程中的不确定性也促使了保持额外存货的需要。例如，不合格品的存在促使企业会决定按照超出需要量的生产量来组织生产。同样，由于某台机器故障而出现某一生产流程产量下降，为保证向顾客和生产流程供货的连续性，也需要一定的缓冲存货。最后，如果产品的需求量超出预计水平，那么产成品的缓冲存货可以使企业有能力按时交货，从而使顾客满意。

（三）出自其他的考虑

尽管平衡相互冲突的两类成本和应付需求的不确定性被认为是企业持有存货的主要原因，但还有其他一些因素起到作用。例如，企业购买超出正常数量的原材料，可以获取数量折扣，也可以避免预期价格上升的影响；利用机器效率和人工效率指标来考核经营业绩也可以导致相关存货水平提高。

视频

存货成本及目的

三、存货管理

存货管理是指恰当地控制存货水平及其从采购、入库、保管到出库等一系列的管理活动。存货管理包括两个方面：一是以控制存货最佳持有量为目的的经营管理；二是以管理存货的出入库与保管情况为目的的会计管理。本章主要探讨前者，即以控制存货最佳持有量为目的的经营管理。

随堂测 7-1

第二节　传统存货管理与决策方式

一、经济订货批量模型决策

传统存货管理主要解决两个问题，即“应该订购（或生产）多少订货量”和“什么时候订货”，经济订货批量模型是针对第一个问题提出的解决方案。经济订货量（economic order quantity，EOQ），是指在保证生产或销售顺利进行的前提下，可以使存货相关成本最低的每批采购量。

基本模型的假设是：（1）企业能够及时补充存货；（2）集中到货；（3）不允许缺货；（4）需求量稳定，能够预测；（5）存货单价不变；（6）企业现金充足，不会因为短缺而影响进货；（7）所需存货市场充足。此时，在选择订货量或生产批量大小时，我们只需要关心订货成本（或生产准备成本）和持有成本。

在基本模型下，总订货成本（或生产准备成本）可用下述公式表示：

$$TC=\frac{D}{Q}\times K+K_C\times\frac{Q}{2}=\text{订货成本}+\text{持有成本}$$

其中：

TC=总订货成本（或生产准备成本）和持有成本（储存成本）

K=每次的订货成本或每批次的生产准备成本

D=已知的年需求量

Q=每次订货的数量（或生产批量）

K_C=每单位存货1年的持有成本

$$Q=EOQ=\sqrt{\frac{2KD}{K_C}} \qquad \text{（公式 7.1）}$$

$$TC（EOQ）=\sqrt{2KDK_C} \qquad \text{（公式 7.2）}$$

经济订货量的计算主要采用上述公式，以下举例加以说明。

【例7-1】 ABC公司大批量生产一种产品，每年需要消耗的原材料甲总量（D）10 000千克，每千克原材料的年储存成本（K_C）2元，每次的订货成本（K）25元。ABC公司不允许出现缺货，即要求当存货数量降低到零时，下一批订货随即全部入库。

$$Q=EOQ=\sqrt{\frac{2KD}{K_C}}=\sqrt{\frac{2\times 10\,000\times 25}{2}}=500\text{（千克）}$$

将Q=500代入总成本，可以得出总成本为1 000元，或者使用公式7.2计算得到相同的结果。

$$TC（EOQ）=\sqrt{2KDK_C}=\sqrt{2\times 10\,000\times 25\times 2}=1\,000\text{（元）}$$

此时，订货次数为20次，订货成本为500元，平均存货持有量为250千克，年储存成本为500元，订货成本与持有成本相等。这是EOQ模型导致的必然结果。

在实际工作中，企业在采购过程中，如果订购批量较大时，通常会得到供货方给予的一定数量的折扣（商业折扣或价格折扣）。存货的购置成本（存货进价），就由经济订货批量基本模型中的决策无关成本变成了决策相关成本。

存货相关总成本=存货进价（购置成本）+订货成本+持有成本（储存成本）　　（公式7.3）

【例7-2】某企业生产全年需用甲材料9 000千克，该材料单价为6元/千克，每千克年储存成本为3元，每次订货成本为60元。供货商为了促销，决定按采购数量给予一定的购货折扣。当一次订货量达到1 000千克以上时，可获3%的折扣；当一次订货量在3 000千克以上时，可获5%的折扣。试为该企业选择最佳经济订货批量。

$$Q=EOQ=\sqrt{\frac{2KD}{K_C}}=\sqrt{\frac{2\times 9\,000\times 60}{3}}=600\text{（千克）}$$

每次订货批量为600千克时的存货相关总成本为：

存货相关总成本=9 000×6+9 000÷600×60+600÷2×3=55 800（元）

每次订货批量为1 000千克时的存货相关总成本为：

存货相关总成本=9 000×6×97%+9 000÷1 000×60+1 000÷2×3=54 420（元）

每次订货批量为3 000千克时的存货相关总成本为：

存货相关总成本=9 000×6×95%+9 000÷3 000×60+3 000÷2×3=55 980（元）

通过计算比较可知，每次订货批量为1 000千克时的存货相关总成本最低（54 420元），所以此时的最佳经济订货批量为1 000千克。

考虑到其他一些实际情况，人们在这些存货经济批量基本模型的基础上进行了扩展，常见的有一次订货边进边出模型、订单批量受限模型、存储量受限模型等。下面主要介绍存货陆续供应和使用的情况。

在建立基本模型时，假设存货一次全部入库，故存货增加时存货量变化为一条垂直的直线。事实上，各批存货可能陆续入库，使存货量陆续增加。尤其是产成品入库和在产品转移，几乎总是陆续供应和陆续耗用的，如图7-1所示。

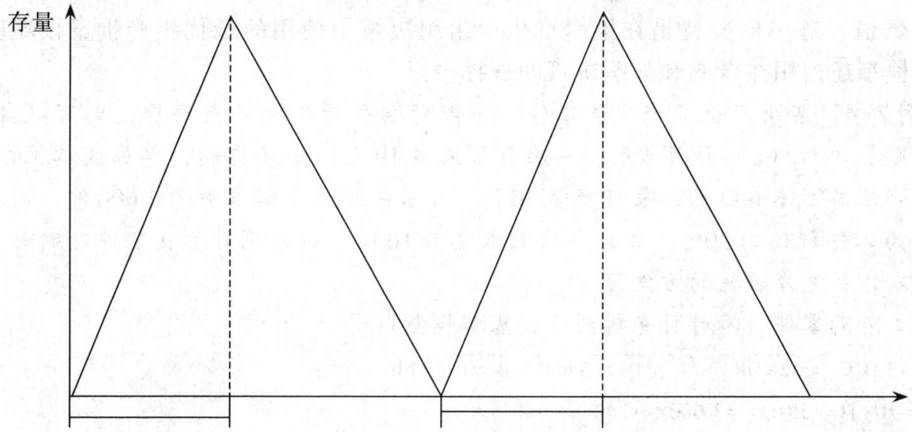

图7-1　陆续供货时存货数量变动

假设每批订货数为Q，每日送货量为P，故该批全部送达所需日数为Q/P，称之为送货期。

因零件每日耗用量为d，故送货期内的全部耗用量为：

$$\frac{Q}{P}\times d$$

由于零件边送边用，因此每批送完时最高库存量为：

$$Q-\frac{Q}{P}\times d$$

平均存量则为：

$$\frac{1}{2}\times(Q-\frac{Q}{P}\times d)$$

这样，与批量有关的总成本为：

总成本=订货成本+持有成本（储存成本）

$$TC(Q)=\frac{D}{Q}\times K+\frac{1}{2}\times(Q-\frac{Q}{P}\times d)\times K_C$$

$$=\frac{D}{Q}\times K+\frac{Q}{2}\times(1-\frac{d}{P})\times K_C$$

当订货成本与储存成本相等时，TC有最小值，此时推导可得：

$$Q^*=\sqrt{\frac{2KD}{K_C}\times\frac{P}{P-d}} \qquad \text{（公式7.4）}$$

$$TC(Q^*)=\sqrt{2KDK_C\times(1-\frac{d}{P})} \qquad \text{（公式7.5）}$$

【例7-3】 某零件年需用量（D）为3 600件，每日送货量（P）为30件，每日耗用量（d）为10件，单价（U）为10元/件，一次订货成本（生产准备成本）（K）为24元，单位储存变动成本（K_C）为2元/件。试计算该零件的经济订货量和相关总成本。

$$Q^*=\sqrt{\frac{2KD}{K_C}\times\frac{P}{P-d}}=\sqrt{\frac{2\times24\times3\,600}{2}\times\frac{30}{30-10}}=360\text{（件）}$$

$$TC(Q^*)=\sqrt{2KDK_C\times(1-\frac{d}{P})}=\sqrt{2\times24\times3\,600\times2\times(1-\frac{10}{30})}=480\text{（元）}$$

因此，在陆续供应和使用的经济订货批量模型中，要清楚地知道每日送货量和耗用量的数值，这一模型就是在第六章生产组织决策中使用的最优生产批量模型。此外，该模型还被用在自制和外购决策的选择中。

【例7-4】 某生产企业使用A零件，可以外购并能瞬时补充存货，也可以自制。如果外购，单价（U）每件4元，一次订货成本10元；如果自制，单位成本3元/件，每次生产准备成本600元，每日产量50件。A零件的全年需求量为3 600件，储存变动成本为零件价值的20%，每日平均需求量为10件。试分别计算A零件外购和自制的总成本，并选择较优的方案。

（1）外购零件（瞬时补充模型——基本模型）：

$$TC(EOQ)=\sqrt{2KDK_C}=\sqrt{2\times10\times3\,600\times4\times0.2}=240\text{（元）}$$

TC=DU+TC（EOQ）=3 600×4+240=14 640（元）

（2）自制零件（陆续供应和使用模型）：

$$TC(Q^*)=\sqrt{2KDK_C\times(1-\frac{d}{P})}=\sqrt{2\times600\times3\,600\times3\times0.2\times(1-\frac{10}{50})}=1\,440\text{（元）}$$

TC=DU+TC（Q^*）=3 600×3+1 440=12 240（元）

由于自制的总成本（12 240元）低于外购的总成本（14 640元），因此应该选择自制方案。

视频

经济订货批量模型

二、再订货点决策

经济订货批量模型解决了“应该订购（或生产）多少订货量”的问题，但没有解决“什么时候订货”的问题，即再订货点（reorder point，ROP）应该如何确定。再订货点是下新订单（或开始准备新一轮生产）的时点，在存货管理的实践中通常利用存货的库存量来表示，它是订货提前期和存货耗用速率的一个函数。订货提前期（lead time）是指从发出订单（或开始生产准备）到最终收到存货所需要的时间。

再订货点=订货提前期×单位时间耗用量 （公式7.6）

【例7-5】 承接【例7-1】，假设ABC公司从发出订货申请到收到原材料甲需要4天的时间，公司每天耗用50千克原材料甲，那么可以确定：

再订货点=4×50=200（千克）

即当原材料库存还剩200千克时，采购部门就应该发出订货单。

如果订货提前期内存货的消耗出现超额耗用，或由于一些不确定因素，导致提前期延长，就有可能出现缺货现象。为防止缺货现象的出现，企业通常会考虑设置一个安全的储备量，起到一定的缓冲作用。安全储备量实质上起到的是一种保险作用，其大小取决于存货消耗的稳定性、未来存货需求预测的准确性以及单位缺货成本的高低，部分企业通过决策负责人的经验判断决定安全储备量。

考虑安全储备量后的再订货点可以根据如下公式计算：

再订货点=订货提前期×单位时间正常耗用量+安全储备量 （公式7.7）

【例7-6】 承接【例7-5】，假设由于市场方面的问题，ABC公司预计原材料甲交货期可能出现延误，为此采购部门经理建议设置100千克的安全储备量。ABC公司的再订货点为：

再订货点=4×50+100=300（千克）

即当ABC公司采购部门的原材料甲的库存还剩300千克时，就应该发出订货申请。

三、其他存货管理方法

（一）ABC法

有些企业的存货种类繁多，存货与存货之间差异很大。有的存货品种数量不多，但价值却很高，无疑是存货管理的重点；而有的存货尽管品种数量繁多，但相对价值和绝对价值都不高，即使管理不那么严格，问题也不会很大。针对这种情况，企业可以实行存货的分类管理，ABC法就是其中的一种。

ABC法将企业的全部存货按一定标准区分为A、B、C三类。其中，归于A类的是那些品种少、单位价值高、对企业具有重要影响的存货，这类存货的品种数量约占全部存货品种数量的10%，而其金额约占全部存货金额的70%。归于C类的是那些数量多、单位价值较低的存货，这些存货的品种数量约占全部存货品种数量的70%，而其金额约占全部存货金额的10%。而B类存货，其品种数量及金额均约占全部存货的20%。在日常管理中，对A、B、C三类存货实行区别管理，即对A类存货应进行重点管理；对B类存货的控制措施应比A类存货适当宽松一些；而对C类存货，则采用简化的办法进行控制，一般以不影响生产经营活动为最低要求。

ABC法适用于那些存货库存量大、种类繁多、价值差别较大的企业，通过“抓大放小”的分类管理，在有效提高管理效率的同时也降低了存货管理的成本。但在实施过程中，要注意这种以金额为标准的分类方法并不一定适合所有的存货，如有的存货按金额和数量属于C类，但如果其是生产中的重要部件，一旦缺货将发生企业整体生产的停滞，企业可以在以金额为标准的基础上再结合其他因素来划分存货的类别。

（二）红线法、双箱法

红线法，就是在储存材料的容器中画一条警戒线，当库存量下降到警戒线时，企业就向外发出订单，补充存货。红线法主要适用于液态存货的管理。双箱法指的是企业将存货分为大小两箱储存，当大箱内的存货用完时即向外发出订单补充存货，同时以小箱内的存货维持正常的生产需求，当小箱内的存货用完时，新的存货也到达了。红线法和双箱法的基本原理相同，红线和小箱都代表了再订货点。这两种方法主要用于那些数量多、价值低的存货（即ABC法下的C类存货）。

四、传统存货管理存在的问题

正如前面的举例所示，EOQ模型在促使存货持有成本和订货成本（生产准备成本）之间达成最优平衡方面是非常有用的，而利用安全储备量也有助于应对不确定事件的发生。尽管EOQ模型在数学模型上是相对完美的，但其是建立在一系列假设基础上、针对个别存货需求的存货管理模型，实际应用效果并不令人满意。

下面我们针对传统存货管理存在的问题做出简要的分析：

（一）没有考虑存货相互之间的联系

以EOQ模型为核心的传统存货管理模型是面向零件的，其没有考虑不同存货之间的联系，而是针对每项存货分别确定再订货点。但在实际生产经营中，各类存货之间存在着某种量上的联系，如为组装一套桌椅，在需要一张桌子的同时也就产生了六把椅子的需求。这样极有可能在装配时发生各类存货的不匹配，从而出现缺货的情况，而这种不匹配并不是预测精度的问题，而是传统方法的内在缺陷所致的。

（二）存货的需求是非连续、均匀的

传统方法假设存货的需求是连续、均匀的，而实际上生产中的存货的消耗是间断的、不稳定的。市场导向型的企业以市场订货为基础安排生产，对原材料存货的需求也应以之为基础。此外，订货的时间应该从属于存货的需求时间，当存货库存一旦低于再订货点，企业并非马上发出订单，如服装厂根据客户订单设计款式并采购布料，不同订单采用的布料各不相同，当一批订单结束且专用的布料也用完时，并不需要再重新填满仓库。

（三）制造环境的变化

在EOQ模型出现的年代，企业生产大量的少数几种标准化产品，由于受到当时通信和生产设备的限制，企业的订货成本和生产准备成本非常高。EOQ模型的储存成本与订货成本此增彼减的假设是存在的，因此，EOQ模型在美国许多行业发展史上占有着重要的位置。但是，在新的经济环境下，这个假设越来越呈现出不切实际的现象。随着计算机应用和互联网的发展，订货变得非常简便，即便国外的商品也能随时采购，订货成本大大降低。此外，由于科技的进步和市场竞争的加剧，企业面临巨大的压力，要继续保持竞争优势就必须加快产品的推陈出新，在增加产品多样性的同

随堂测7-2

时降低成本。制造环境的变化对存货管理产生重大的影响，促使许多公司放弃了经济批量模型。

第三节　存货管理的新发展

20世纪后半期，众多的产品进入了一个市场需求多样化的新阶段，同时对质量的要求也越来越高，随之给制造业提出了新的课题，即如何有效地组织多品种小批量生产。过去，这种生产方式带来的库存过剩情况会引起设备、人员、非必需费用等一系列的浪费，从而影响企业的竞争能力甚至生存。在这种历史背景下，很多新的管理理念和方法相继诞生，对存货管理影响最大的是ERP系统以及日本丰田公司前副社长大野耐一提出的准时制生产方式。

一、ERP存货管理

（一）ERP的发展回顾

随着经济环境的变化，传统存货管理的问题逐步得到社会的认识。1970年，J.A. Orlicky等人在美国生产和库存管理协会（APICS）的学术年会上，提出了物料需求计划（material requirements planning，MRP）的概念和基本框架。物料需求计划是一种以计算机为基础的生产计划与控制系统，它根据总生产进度计划中规定的最终产品的交货日期，编制所构成最终产品的装配件、部件、零件的生产进度计划以及对外的采购计划、对内的生产计划。它可以用来计算物料需求量和需求时间，从而降低库存量。物料需求计划解决了库存管理如何才能符合生产计划的要求，即企业如何才能在规定的时间、规定的地点，按照规定的数量得到真正需要的物料。

20世纪80年代初期，人们在MRP的基础上形成了MRPⅡ。MRPⅡ全称制造资源计划（manufacturing resource planning），其英文缩写还是MRP，为了以示区别而记为MRPⅡ。MRPⅡ将企业经营、财务和生产各子系统结合成一个有机的整体。MRPⅡ超越MRP的地方首先在于其集合了生产和财务两个方面的管理功能，从而能及时协调企业生产活动中的物流和资金流；其次在于其具有模拟功能，能根据不同的决策方针模拟出各种未来将发生的结果，并且很容易把这种模拟转化成财务结果。

ERP是由美国加特纳公司（Gartner Group Inc.）在20世纪90年代初期首先提出的，ERP（enterprise resource planning）即企业资源计划，是在MRPⅡ的基础上通过物流、信息流和资金流，把客户需求和企业内部的生产活动，以及供应商的制造资源整合在一起，即把经营过程的所有参与者如供应商、客户、制造工厂、分销商网络纳入一个紧密的供应链中，体现完全按用户需求制造的一种供应链管理思想的功能网链结构模式。当然，无论是MRPⅡ，还是ERP，都已经超出了存货管理的狭义范畴，而演化成为企业经营的全面管理系统。

（二）基于ERP的存货管理

相对于传统的存货管理，基于ERP的存货管理主要利用计算机信息处理速度以及信息的高存储性对库存信息进行扩充，从而提供更多的管理信息。

基于ERP的存货管理建立了独立需求和从属需求的概念。独立需求是指该存货的需求独立于其他存货之外，不受其他存货需求的影响；从属需求是指存货的需求与其他存货有关联，通常是从其他存货的需求中派生出的需求。例如，汽车零部件的需求由汽车的整车需求来决定，生产阶段的汽车需求由销售阶段的需求来决定。一般而言，最终产品是独立需求项，而其他如原材料、零部件等都属于从属需求项。ERP对每类存货建立一个独立、唯一的存货代码，并形成完整的物料清单，物料清单反映了存货的从属关系以及相互数量的配比关系。独立需求项的需求量和需求时间通常由预测、客户订单等外在因素确定，而一旦独立需求项确定后，从属需求项的需求量和需求时间就可以由ERP来决定，从而大大降低了缺货的概率，减少相应的缺货成本。

基于ERP的存货管理增加了库存的时间坐标，按时间记录库存状态。传统的存货管理模式大体上包含如下几个指标：库存量、已订货量、需求量和可供货量。假设某企业存货记录显示：材料A库存100千克，已经发出订货200千克，计划生产需要用330千克，那么，说明该企业材料A短缺30千克，因此应该增加订货。这些指标解决了“订什么货”和“订多少货”的问题，但却没有解决“应什么时候订货”的问题。从表面上看，当可供货量为负值的时候，就应该订货。但具体分析时就会碰到很多问题，如已发出的订货什么时候到？是一次到还是分次到？什么时候才是该批订货的实际需求时间？对于这些问题，可以通过时间坐标来解决。ERP的存货管理可以提供不同时间存货的库存量、已订货量、需求量和可供货量的相关数据，随着管理的深入，时间可以由月到天，甚至是实时的。

此外，根据管理层的不同需求，ERP的存货管理还可以得到订货通知、订货变更通知（要求提前或推迟已下达订单的完工日期）、撤销订单通知（要求撤销或推迟已下达的订单）、存货库存状态分析的备用数据等许多有关存货的相关信息。

二、适时制存货管理

JIT是just-in-time的缩写，即适时制或准时制，于20世纪后半期由日本丰田汽车公司首先创立，随后被西方发达国家采纳，并逐渐得到广泛推广和应用的一种生产管理模式。适时制改变了传统的推进式生产方式，采取需求拉动式生产。JIT存货管理要求存货只在刚好需要的时候取得并进入生产，管理的目标是实现存货量最小化、周转率最大化。

（一）JIT的基本特征

日本企业创建适时制始于对传统的生产系统的研究，意图在于消除非生产时间和无效率的非增值作业，使生产周期等于对产品必要加工的增值时间。传统的产品生产周期=加工时间+材料整理+储存时间+等待时间+运送时间+检验时间。加工时间为产品生产必不可少的时间，通过加工可增加产品价值的属于增值时间，而整理、储存、等待、运送和检验等时间则属于非增值时间。为了尽可能地减少非增值时间，适时制改变了传统的由前向后推进式的生产系统，成为从后向前需求拉动式的生产系统。需求拉动式的适时生产系统要求生产企业必须根据客户订货或市场要求的数量、品种、质量标准和交货时间组织生产，安排采购。前一生产工序必须严格按照后一生产工序所要求的有关在产品、半成品，或零部件的数量、规格、质量和需求时间安排生产，前一生产工序生产品种、生产数量、产品质量和产出时间只能根据后一生产工序的具体要求而定，如此从后向前，直至材料采购。

适时制生产管理模式是对管理方式的创新，其特点可归纳如下：

1.按制造单元组织生产活动

实施适时生产系统，要求企业以制造单元（工作间）组织生产，整个生产过程由若干制造单元构成。每个制造单元由一组制造特定产品的不同机器和设备组成。材料或零部件在制造单元内按加工顺序从一种设备向另一种设备转移。工人被分配到每个单元并培训操作本单元所有的机器。制造单元之间的距离很近，进入制造单元和离开制造单元的材料或半成品、零部件，只经由两个制造单元之间的库存点，而非传统生产系统下的中心仓库。

2.雇员分组和授权

适时制以产品为中心组织生产，设置制造单元，每个单元都需要获得简单快速的支持性服务，服务部门的员工如质量工程师将被分配到各个单元。单元工人在更大程度上参与企业的管理，管理层寻求工人的意见用于改进生产过程。

3.实施全面的质量控制

适时生产系统必须实施全面的质量控制，因为在适时生产系统下，企业生产经营的各个环节基本实现零存货，如果采购、生产的某一环节没有严格的质量控制，某个制造单元出现残次品，就会影响整个生产过程，导致整个生产过程的中断和混乱，造成的损失将是难以估计的。因此，实施全面的质量控制是适时生产系统的必要条件。

4.与供应商建立良好的合作关系

适时生产系统需要采用适时采购系统，即要求材料、外购零部件在生产需用时保质、保量、适时地到达现场，直接使用。采购的关键问题在于选择供应商，需要考虑价格、质量、交货时间等问题。在适时制下，质量和供货的可靠性成为越来越重要的因素，因为如果材料或零部件质量缺乏可靠性，或到货不及时将会引起整个生产系统的停顿和崩溃，以及销售时机的丧失。质量的可靠性还可以免除到货检验、次品退还、返工废弃等成本。因此，适时制将选择少数质量过硬、供货及时和信誉可靠的供货商，并同他们建立长期合作的伙伴关系。

（二）JIT存货管理

JIT存货管理又称零库存管理，JIT存货管理的主要观点如下：

1.不承认生产准备成本（订货成本）存在的合理性

JIT采用了一种与持有成本和生产准备成本（订货成本）之和最小化完全不同的方法。JIT不承认生产准备成本（订货成本）存在的合理性，并尽可能将其消除。JIT通过长期合同、持续进货系统、电子数据交换系统、缩短生产准备时间来降低存货的订货成本和生产准备成本。

2.将存货库存降到最低

当生产准备成本和订货成本变得微不足道时，剩下的就只有持有成本（储存成本）需要最小化，这可以通过将存货降至超最低水平来实现。

JIT认为满足不确定性需求而持有存货也是站不住脚的。例如，企业过去通过存货来保证按照要求的日期进行交货，JIT认为可以通过降低生产准备时间、提高产品质量以及采用单元式制造来缩短交付时间。再如，企业过去通常通过存货来应对机器故障、材料或零件不合格、原材料或零件供应中断造成的停产，JIT则认为存货的存在看似解决了问题，而实质上是掩盖了企业存在的问题。JIT主张重视综合预防性维修、全面质量控制、看板管理以及与供应商建立良好的关系，从而根本上解决上述问题。

按照传统的观点，公司储存存货可以从数量折扣中受益，并避免所购物品将来涨价的风险。JIT认为不储存存货也能达到此目的，JIT主要是选定一些尽可能靠近企业的供应商并与其谈判，签订长期合同，让供应商更广泛参与到企业的生产经营中。供应商的选择价格不是关键，供应商的业绩、零配件的质量和按需送货的能力才是关键。签订长期合同削减了下达订单的次数、减少了与供应商的谈判成本，有助于降低订货成本，同时大量的订购本身也会降低订购的单价。

三、供应链存货管理

供应链管理（supply chain management，SCM）是指在满足一定的客户服务水平的条件下，为了使整个供应链系统成本达到最小化而把供应商、制造商、仓库、配送中心和渠道商等有效地组织在一起进行的产品制造、转运、分销及销售的管理方法。供应链管理包括计划、采购、制造、配送、退货五大基本内容。

（一）供应链管理提出的背景

1.全球一体化

纵观全世界技术和经济水平的发展，全球一体化的程度越来越高，跨国经营越来越普遍。就制造业而言，产品的设计可能在日本，而原材料的采购可能在中国大陆或者巴西，零部件的生产可能在中国台湾、印度尼西亚等地同时进行，然后在中国大陆组装，最后销往世界各地。在这一产品进入消费市场之前，相当多的公司事实上参与了产品的制造，而且由于不同的地理位置、生产水平、管理能力，从而形成了复杂的产品生产供应链网络。目前，全球产品生产日益丰富，产品消费者拥有了越来越多选择产品的机会，而技术上的进步则带来了产品生命周期的缩短，也导致了产品需求波动的加剧。市场供求格局对供应链适应能力的要求达到了前所未有的高度。

2.横向产业模式的发展

目前已经几乎不可能由一家庞大的企业控制着从供应链的源头到产品分销的所有环节，而是在每个环节，都有一些企业占据着核心优势，并通过横向发展扩大这种优势地位，集中资源发展这种优势能力。而现代供应链则将由这些分别拥有核心优势能力的企业环环相扣而成。同时，企业联盟和协同理论正在形成，以支撑这种稳定的链状结构的形成和发展。

3.企业X再造

随着全球一体化浪潮和横向产业模式的发展，企业已经意识到自身处在供应链的一个环节之上，就需要在不断增强自身能力的同时，增强与上下游之间的关系，这种关系是建立在相互了解、协同作业的基础之上，只有相互为对方带来源源不断的价值，这种关系才能够永续。2002年，杰姆斯·钱皮（James Champy）将此归结为《企业X再造》，为企业向外部拓展过程中如何突破跨组织之间的各种界限出谋划策。随着互联网技术的发展，这种共享、协作的观念也一同跨出企业。

（二）供应链管理的存货管理

在供应链管理中，存货管理是在供应链成员中进行协调，以使存货投资与成本最小；而传统的物流管理则是把存货向前推或向后延，具体情况是根据供应链成员中谁最有主动权而定。事实上，传统的物流管理把存货推向供应商并降低渠道中的存货投资，仅仅是转移了存货。解决这个问题的方法是通过提供有关生产计划的信息，比如共享有关预期需求、订单、生产计划等信息，减少不确定性，并使安全库存降低。

供应商库存管理计划（VMI）是在供应链管理中存货管理优化的一种方法。供应商管理库存是零售商把库存管理权交由供应商代为行使，这一模式突破了企业之间的边界，合作双方通过电子数据交换系统实现高效率的信息资源共享，使供应商能够及时掌握每一家零售门店的每日进、销、存数据，并根据这些数据预测该门店的实际需求，最后再结合即时库存情况，给予科学、合理的供货，其结果是双方都获得了效益最大化，从而得到了“双赢”。

宝洁公司与沃尔玛公司早在1987年就开始了供应商库存管理的合作，企业双方通过电子数据交换系统EDI和卫星通信系统实现了数据对接，借助于这一信息系统，宝洁公司突破了公司之间的边界。以纸尿裤单一商品为例，宝洁公司能够在第一时间知晓沃尔玛物流中心纸尿裤的即时库存情况，同时通过与各门店的POS系统对接，掌握了沃尔玛各门店纸尿裤的销量、库存、价格等数据。宝洁公司掌握了这些数据后，能够在两个方面获得利益：一是在第一时间掌握了市场需求信息，为制订符合市场需求的生产和研发计划创造了条件；二是通过销售跟踪，做到及时补货，防止出现商品结构性问题所带来的损失（即滞销商品库存过多，而畅销商品断货）。实施了VMI后，沃尔玛获得的利益表现为：一是由于宝洁公司的及时补货，减少了脱销发生的概率，增加了销量；二是减少了不必要的库存备货，降低了库存成本。由于很多作业都是由计算机系统来实现的，因此双方都减少了人力资源成本。

随堂测7-3

近年来，我国企业的竞争力不断增强，在全球产业链中占据越来越重要的位置。很多企业在存货管理方面都进行了有益尝试，并结合企业自身特点，加强对于信息化、数字化技术的使用，从而形成了自己的存货管理方式。

本章小结

与存货相关的成本主要有订货成本（生产准备成本）、持有成本（储存成本）、缺货成本、购置成本。出于订货成本和持有成本的权衡、避免停工产生的缺货成本以及获取折扣优惠等原因，企业持有一定的存货。传统方法基于订货成本和持有成本的考虑，计算经济订货批量和再订货点，同时考虑订货数量折扣和陆续供应、陆续耗用等因素后使模型得以更加完善。但是，即使对经济批量模型进行扩展，也难以解决传统方法存在的问题。因此，基于ERP的存货管理以及JIT的存货管理应运而生，前者强调计划推动，后者强调需求牵引，目前两者有结合的迹象。

本章练习

1.某公司全年需要甲材料720 000千克，每次的采购费用为800元，每千克的材料保管费为0.08元。

参考答案

要求：若每次采购材料6 000千克，则储存成本、订货成本及存货总成本为多少？经济批量为多少？最低的存货成本以及其中的储存成本、订货成本为多少？

2. 某公司A材料的年需要量为4 000件，每件标准价格为20元。已知每次的订货成本为60元，单位材料的年储存成本为3元。该公司从销售单位获悉的销售政策为：一次订货量不足1 000件时，按照标准价格计算；每次订货量在1 000件以上2 000件以下的，价格优惠2%；每次订货量在2 000件以上的，价格优惠3%。

头脑风暴提示

要求：计算最佳经济订货批量和相关最低总成本。

头脑风暴

有人认为JIT存货管理（零库存管理）在很多行业并不适合推广，请问你赞同吗？可以结合当年新冠疫情等情况来考虑该问题。

分组任务

供应链存货管理有何优点（特点）？为何供应链存货管理是未来存货管理的发展趋势？

分组任务提示

教学案例

家乐福存货管理的启示

本章测评

拓展阅读

约束理论在存货管理中的应用

第八章

长期投资决策

学习目标： 本章主要由现金流量估算、投资决策评价指标、典型的投资决策及投资决策的扩展等四部分构成。通过本章的学习，学生能够熟练掌握项目投资的现金净流量计算以及各种投资决策评价指标的含义、计算方法及应用，灵活掌握针对不同决策方案会采取的相应评价指标，了解投资决策的敏感性分析的方法和通货膨胀情况下的投资决策分析。学习完本章内容后，学生应该能够熟练运用投资决策方法进行投资决策分析。

导入案例

红光公司是生产电机的民营型企业，该公司生产的电机质量优良、价格合理，长期以来供不应求。为了扩大生产能力，红光公司准备建立一条新生产线。

王禹是该公司的财务人员，主要负责筹资和投资工作。财务总监张力要求王禹收集建设新生产线的有关资料，写出投资项目的财务评价报告，以供公司管理层决策参考。王禹经过10多天的调查研究，得到以下有关资料：

该生产线的初始投资是125万元，分2年投入。第1年年初投入100万元，第2年年初投入25万元。第2年可完成建设并正式投产。投产后，每年可生产电机1 000台，每台销售价格是3 000元，每年可获销售收入300万元。投资项目可使用5年，5年后残值可忽略不计。在投资项目经营期间企业要垫支流动资金25万元，这笔资金在项目结束时可如数收回。该项目生产的产品年总成本的构成情况如下：

原材料	20万元
工资费用	30万元
管理费（扣除折旧）	30万元
折旧费	20万元

王禹又对红光公司的各种资金来源进行了分析研究，得出公司加权平均的率为10%。

提示

王禹根据以上资料，计算出该投资项目的营业现金流量、现金流量、净现值，并把这些数据资料提供给公司各方面管理者参加投资决策会议。

请你帮助王禹完成相关工作，并做出合理解释。

视频

长期投资决策基础

长期投资（long-term investment）是指涉及投入大量资金，投资所获得报酬要在较长时间内逐渐收回，能在较长时间内影响企业经营获利能力的投资。与长期投资项目有关的决策，称为长期投资决策。广义的长期投资包括固定资产投资、无形资产投资和长期证券投资等内容。其中，固定资产投资在长期投资中所占比例较高，因此狭义的长期投资特指固定资产投资。本章主要论述狭义的长期投资决策。

第一节　现金流量的估算

由于项目投资的投入、回收及收益的形成均以现金流量的形式表现，因此，在整个项目计算期的各个阶段，长期投资项目都有可能发生现金流量，必须逐年估算每个时点上的现金流入量和现金流出量以及净现金流量。

一、估算现金流量的假设

1.投资项目的类型假设

假设对内长期投资项目只包括单纯固定资产投资项目、完整工业投资项目和更新改造投资项目三种类型。

2.财务可行性分析假设

假设投资项目已经具备了经济、技术、社会效益可行性，投资决策者仅是为了进行项目财务可行性分析而估算现金流量。

3.全部投资假设

假设在估算现金流量时，只考虑全部投资的运动情况，而不具体区分自有资金和借入资金，实际存在的借入资金也将作为自有资金统一对待。

4.建设期投入全部资金假设

不论项目的原始总投资是一次投入还是分次投入，除个别情况外，假设它们都是在建设期内投入的。

5.生产经营期与折旧年限一致假设

假设投资项目主要固定资产的折旧年限与其生产经营期相同。

6.时点指标假设

不论现金流量具体内容所涉及的价值指标实际上是时点指标还是时期指标，均假设按照年初或年末的时点指标处理。其中，假设建设投资在建设期内有关年度的年初或年末发生，流动资金投资则在生产经营期的期初（年初）发生；生产经营期内各年的收入、成本、费用、折旧、摊销、利润、税金等项目的确认均在年末发生；项目最终报废或清理均发生在终结点（但更新改造项目除外）。

7.确定性假设

假设与项目现金流量有关的价格、产销量、成本水平、企业所得税税率等因素都是确定的，均为已知常数。

二、项目净现金流量的估算

项目净现金流量（net cash flow，NCF），又称现金净流量，是指在项目计算期内现金流入量与现金流出量之间的差额。它是计算项目投资决策评价指标的重要依据。

项目某年的净现金流量=该年现金流入量-该年现金流出量

$NCF_t=CI_t-CO_t$（t=0，1，2，…，n）

其中：

NCF_t—第t年净现金流量；

CI_t—第t年现金流入量；

CO_t—第t年现金流出量。

以完整的工业投资项目为例，每年项目建设期、生产经营期和项目终结点的净现金流量可以分别计算如下（流出记为负，流入记为正）：

初始净现金流量=-初始投资额

=-（固定资产投资+垫支流动资金等）

生产经营期年营业净现金流量=年营业收入-年付现成本-所得税　（公式8.1）

=营业收入-（营业成本-折旧摊销等）-所得税

=营业收入-营业成本-所得税+折旧摊销等

=税后经营净利润+折旧摊销等　（公式8.2）

或 $$\text{生产经营期年营业净现金流量}=\text{营业收入}\times(1-\text{所得税税率})-\text{年付现成本}\times(1-\text{所得税税率})+\text{折旧摊销}\times\text{所得税税率} \quad \text{（公式8.3）}$$

终结点净现金流量=固定资产净残值或变价净收入+原垫支流动资金回收额

估算现金流量的目的在于评价投资项目的可行性，以便于做出正确的决策。因此，在估算过程中估计的投资金额、营业收入和付现成本，都必须与这个投资项目相关。现金流出必须是因为实施这个项目而发生的支出，现金流入必须是这个项目导致的流入。有些现金流出，在做出项目投资决策前已经发生（即沉没成本），视为不相关现金流量。由于受投资资金限制在决策过程中因选择本项目而放弃其他项目所造成的机会成本，必须作为选中项目的成本来考虑。另外，要考虑该投资项目对企业其他部门现金流量的有利或不利影响，并把这种影响视为项目的收入或成本。

投资项目发生的现金流出量包括收益性支出（即付现成本）与资本性支出（即长期资产投资支出）两类。二者都是为取得应税收入而发生的，都可以全额在税前扣除。而二者区别在于：

（1）收益性支出只与发生当期的应税收入有关，应一次性在发生当期税前扣除，即现金流出与抵减所得税发生在同一期间。

（2）资本性支出与若干期间的应税收入有关，在付现当期不能一次性在税前扣除，需要在相关长期资产的预计使用期限内，分期全额在税前扣除，即先发生现金流出、再分期抵减所得税。

实际上，非付现成本对现金流量的影响是通过所得税引起的。

【例8-1】某公司准备添置一项设备以扩充生产能力，现有甲、乙两个方案可供选择。假设企业所得税税率为40%，公司资金成本为10%。

甲方案采用购买方式需投资30 000元，使用寿命5年，采用直线法计提折旧，5年后设备无残值，在5年中每年的销售收入为15 000元，每年的付现成本为5 000元。

乙方案采用建造方式，建设期为1年，年初和年末分别投入20 000元，投产前还需垫支流动资金3 000元。其使用寿命、折旧方法与甲方案相同，5年后有净残值5 000元，在5年中每年的销售收入为18 000元，付现成本第1年为6 000元，以后随着设备陈旧逐年将增加修理费300元。

两个方案各年的净现金流量可以计算如下：

（1）甲方案每年折旧额=30 000÷5=6 000（元）

每年净利润=15 000−5 000−6 000−（15 000−5 000−6 000）×40%=2 400（元）

NCF_0=−30 000元

$NCF_{1\sim5}$=15 000−5 000−（15 000−5 000−6 000）×40%=8 400（元）

或 $NCF_{1\sim5}$=6 000+2 400=8 400（元）

（2）乙方案每年折旧额=（40 000−5 000）÷5=7 000（元）

NCF_0=−20 000元

NCF_1=−（20 000+3 000）=−23 000（元）

NCF_2=18 000−6 000−（18 000−6 000−7 000）×40%=10 000（元）

NCF_3=18 000−6 300−（18 000−6 300−7 000）×40%=9 820（元）

NCF_4=18 000−6 600−（18 000−6 600−7 000）×40%=9 640（元）

NCF_5=18 000−6 900−（18 000−6 900−7 000）×40%=9 460（元）

视频

正确理解和估算现金流量

NCF_6=18 000−7 200−（18 000−7 200−7 000）×40%+5 000+3 000=17 280（元）

$NCF_{2\sim6}$也可以采用折旧加税后经营净利润来计算：

NCF_2=7 000+［18 000−（6 000+7 000）−（18 000−6 000−7 000）×40%］=10 000（元）

NCF_3=7 000+2 820=9 820（元）

NCF_4=7 000+2 640=9 640（元）

NCF_5=7 000+2 460=9 460（元）

NCF_6=7 000+2 280+5 000+3 000=17 280（元）

随堂测 8-1

第二节　长期投资决策评价指标

投资决策评价指标（evaluation index of investment decision）是指用于衡量和比较投资项目可行性，以便据以进行方案决策的定量化标准与尺度。按照是否考虑资金时间价值分类，可分为静态评价指标和动态评价指标。按照指标性质不同，可分为在一定的范围内越大越好的正向指标和越小越好的反向指标两大类。只有静态投资回收期属于反向指标。按照指标在决策中的重要性分类，可分为主要指标、次要指标和辅助指标。

本节主要从财务评价的角度探讨投资决策评价指标。

一、静态投资回收期

1.静态投资回收期指标的定义

静态投资回收期（static investment payback period）就是不考虑资金时间价值的回收期，又称全部投资回收期，简称回收期，是指以投资项目经营净现金流量抵偿原始总投资所需要的全部时间。该指标以年为单位，有以下两种形式：包括建设期的投资回收期（记作PP）和不包括建设期的投资回收期（记作PP′）。显然，当建设期为s时，PP′+s=PP。只要求出其中一种形式，就可以很方便地推算出另一种形式。

2.静态投资回收期指标的计算方法

（1）每年净现金流量相等时的投资回收期计算方法。

当投资项目生产经营期每年的净现金流量相等时，可以采用简单公式求得不包括建设期的投资回收期。

投资回收期（PP′）=原始总投资÷年净现金流量　　（公式8.4）

（2）每年净现金流量不相等时的投资回收期计算方法。

当生产经营期内各年净现金流量不相等时，就不能采用上述公式加以计算。在此种情况下，先计算累计净现金流量，当某年的累计净现金流量正好为0时，此年限即为投资回收期；当累计净现金流量无法直接找到0时，可利用相邻的正值或负值用比例法计算回收期，也可以用列表法计算出其投资回收期。

【例8-2】依【例8-1】的资料，分别计算甲、乙两个方案的投资回收期。

甲方案投资回收期（PP′）=30 000÷8 400=3.57（年）

因为甲方案的建设期为0，所以PP也是3.57年。

乙方案到经营期第4年年末的累计净现金流量为：43 000−10 000−9 820−9 640−

9 460=4 080（元）；经营期第5年的净现金流量为17 280元。

因此，乙方案投资回收期（PP′）=4+4 080÷17 280=4.24（年）。

因为乙方案有1年的建设期，所以PP=4.24+1=5.24（年）。

3.静态投资回收期法的决策标准

静态投资回收期是个非折现的绝对量反指标，在实践中应用较为广泛。当评价方案可行性时，包括建设期的回收期比不包括建设期的回收期用途更广泛。该方法的决策标准是：投资回收期最短的方案是最佳方案。因为投资回收期越短，说明投资方案的风险越低，经验上一般认为少于项目计算期的1/2为宜。从这一角度看，还应将各方案的静态投资回收期与基准投资回收期（即投资者要求的投资回收期）进行对比，只有投资回收期小于或等于基准投资回收期的方案才是可行方案。

4.静态投资回收期指标的优缺点

静态投资回收期指标的优点是：第一，能够直观地反映原始投资的返本期限，可在一定程度上反映项目投资的风险程度；第二，便于理解，方法简单，计算不难；第三，可以直接利用项目的净现金流量信息。其缺点是：第一，没有考虑资金时间价值因素；第二，没有考虑回收期满后继续发生的净现金流量的变化情况。

二、投资报酬率

1.投资报酬率指标的定义

投资报酬率（return on investment，ROI），又称投资利润率，是指项目生产经营期正常年度税前利润或平均税前利润占投资总额的百分比。有时，分子也可以用息税前利润或净利润表示。

2.投资报酬率指标的计算方法

投资报酬率的计算公式为：

投资报酬率（ROI）=经营期年平均利润额÷投资总额×100%　　（公式8.5）

【例8-3】以【例8-1】资料为例，甲、乙两个方案的投资利润率分别计算如下：

甲方案的投资利润率=（15 000-5 000-6 000）÷30 000×100%=13.33%

乙方案的投资利润率=［（5 000+4 700+4 400+4 100+3 800）÷5］÷43 000×100%=10.23%

3.投资报酬率法的决策标准

投资报酬率是一个非折现的正指标，因此投资项目的投资利润率越高越好。在对单一项目进行评价时，计算出来投资利润率高于投资者要求的最低利润率才可行；在对不同投资项目进行比较时，以投资利润率高的项目为优。

4.投资报酬率指标的优缺点

投资报酬率指标的优点是计算比较简单，便于操作。其缺点在于：第一，没有考虑资金时间价值；第二，不能正确反映建设期的长短、投资方式的不同以及回收额的有无对项目的影响；第三，无法直接利用净现金流量信息；第四，计算公式的分子是时期指标，分母是时点指标，计算口径上的可比性较差。因此，该指标只能作为投资决策的辅助指标。

三、动态投资指标

1.动态投资回收期

动态投资回收期（dynamic investment pay-back period）是指在考虑货币时间价值的条件下，以投资项目净现金流量的现值抵偿原始投资现值所需要的全部时间，即动态投资回收期是项目从投资开始起，到累计折现现金流量等于零时所需的时间。

一般来说，求出的动态投资回收期也要与行业标准动态投资回收期或行业平均动态投资回收期进行比较，低于相应的标准认为项目可行。

投资者一般都十分关心投资的回收速度，为了降低投资风险，都希望越早收回投资越好。动态投资回收期是一个常用的经济评价指标。动态投资回收期弥补了静态投资回收期没有考虑资金的时间价值这一缺点，使其更符合实际情况。

动态投资回收期要比静态投资回收期长，原因是动态投资回收期的计算考虑了资金的时间价值，这正是动态投资回收期的优点。但考虑时间价值后，其计算相对比较复杂。

动态投资回收期的计算公式为：

$$\sum_{t=0}^{P_t}(CI_t - CO_t)(1 + i_c)^{-t} = 0 \qquad \text{（公式 8.6）}$$

式中，i_c为基准收益率；P_t为需要计算的投资回收期，也可以按如下公式计算：

P_t=（累计折现值出现正值的年数-1）+上年累计折现值的绝对值÷当年净现金流量的折现值

假设基准动态投资回收期为P_c，如果P_t小于P_c，则项目可行；否则其不可行。

投资回收期是反映项目在财务上偿还能力的重要经济指标，除特别强调项目偿还能力的情况外，其一般只作为方案选择的辅助指标。

【例 8-4】某项目有关数据见表 8-1。假设基准收益率i_c为 10%，基准动态投资回收期P_c为 8 年。试计算该项目动态投资回收期。

表 8-1　**项目投资回收期计算表**　单位：元

指标＼年份	0	1	2	3	4	5	6	7	8	9	10
投资支出	20	500	100								
其他支出				300	450	450	450	450	450	450	450
收入				450	700	700	700	700	700	700	700
净现金流量	−20	−500	−100	150	250	250	250	250	250	250	250
累计净现金流量	−20	−520	−620	−470	−220	30	280	530	780	1 030	1 280
折现值	−20	−455	−83	113	171	155	141	128	117	106	97
累计折现值	−20	−475	−558	−445	−274	−119	22	150	267	373	470

注：表中计算数据结果保留整数。

根据动态投资回收期的计算公式计算各年累计折现值。动态投资回收期就是累计折现值为零的年限。

P_t=（累计折现值出现正值的年数-1）+上年累计折现值的绝对值÷当年净现金流量的折现值

=（6-1）+119÷141=5.84（年）

由于P_t小于P_c（8年），该项目通过了本指标的检验。本指标除考虑了资金的时间价值外，还具有静态投资回收期的相同特征，通常只宜用于辅助评价。

2.净现值

（1）净现值指标的定义。

净现值（net present value，NPV），是指在项目计算期内，按投资者要求的投资报酬率计算的各年净现金流量现值的代数和，也就是按投资者要求的投资报酬率计算的项目生产经营期各年净现金流量的现值与建设期各年净现金流量的现值的差额。

（2）净现值指标的计算方法。

净现值指标的基本计算公式为：

$$净现值(NPV)=\sum_{t=0}^{n}\frac{NCF_t}{(1+i_c)^t}=\sum_{t=0}^{n}NCF_t\cdot(P/F,i_c,t) \quad （公式8.7）$$

式中，n为投资项目的项目计算期；NCF_t为第t年的净现金流量；i_c为折现率（即投资者要求的投资报酬率，可以选择行业基准收益率、资金成本、市场利率或其他设定的折现率）。

净现值指标的计算公式也可以表述为：

净现值=项目投产后各年净现金流量的现值合计-原始投资的现值合计 （公式8.8）

【例8-5】依【例8-1】的资料，假定投资者要求的投资报酬率为公司的资金成本10%。试计算甲、乙两个方案的净现值。

甲方案的原始投资在建设起点一次投入，建设期为0，投产后每年的净现金流量相等，表现为普通年金形式，因此，其净现值可以用普通年金的现值公式求得。

甲方案原始投资额NCF_0=-30 000元

甲方案投产后每年相等的净现金流量$NCF_{1\sim5}$=8 400元

$NPV_{甲}$=-30 000+8 400×（P/A，5，10%）

=-30 000+8 400×3.7908=1 842.72（元）

乙方案的原始投资在建设期内分两次投入，建设期为1年，投产后每年产生的营业净现金流量不相等，且项目终结时还有净残值和流动资金的回收额，因此，只能用一般的方法计算其净现值。

乙方案原始投资额NCF_0=-20 000元；NCF_1=-23 000元。

乙方案投产后每年的净现金流量分别为10 000元、9 820元、9 640元、9 460元和17 280元。

$NPV_{乙}$=（-20 000-23 000×0.9091）+10 000×0.8264+9 820×0.7513+9 640×0.6830+9 460×0.6209+17 280×0.5645

=-3 055.14（元）

（3）净现值法的决策标准。

在只有一个备选方案采纳与否的决策中，净现值大于或等于0，则财务上可行。因为净现值大于或等于0，意味着该投资方案投资后能为投资者带来大于或等于其折现率（即投资者要求的投资报酬率，又称必要投资报酬率）的投资收益。而在多个备选方案的互斥选择决策中，应选用净现值是正值且最大者。

上例中，甲方案的净现值为正数（1 842.72元），说明该方案投资后投资者可望获得的投资报酬率（又称预期投资报酬率）将超过投资者要求的报酬率（折现率）10%，因而在财务上是可行的，可以接受。而乙方案的净现值为负数（-3 055.14元），说明该方案投资后投资者可望获得的投资报酬率达不到投资者要求的报酬率（折现率）10%，因而在财务上是不可行的，应予以放弃。

净现值指标是一个折现的绝对值正指标，是投资决策评价指标中最重要的指标之一，其计算形式又与净现值率、获利指数、内含报酬率指标的计算有关，是计算其他折现的决策评价指标的基础。因此，必须熟练掌握该指标的计算技巧。

（4）净现值指标的优缺点。

净现值指标的优点是：第一，充分考虑了资金的时间价值，比较科学；第二，计算时能利用项目计算期内的全部净现金流量信息；第三，可以根据投资者的要求来选择折现率，考虑了投资的风险性。因为折现率的高低选择与投资者对项目的投资风险高低预期有关，投资者认为所冒投资风险越高，选择的折现率就会越高。投资者选择的折现率越高，计算出的项目净现值就越小，投资项目达到投资者要求的可能性就越低。因此，在净现值法下，选择一个合理的折现率非常关键。其缺点是：第一，由于该指标是一个绝对值指标，因而无法比较投资额不相等的投资方案的优劣，此时不得不再使用其他指标进行决策；第二，该指标也无法从动态的角度直接反映投资项目可望实现的实际报酬率水平；第三，对投资者而言，选择合理的折现率（必要投资报酬率）比较困难。

3.净现值率

（1）净现值率指标的定义。

净现值率（net present value rate，NPVR）是反映投资项目的净现值占原始投资的现值的百分比的指标，也可以将其理解为单位原始投资的现值所创造的净现值。

（2）净现值率指标的计算方法。

净现值率的计算公式为：

$$净现值率(NPVR)=\frac{投资项目的净现值}{原始投资的现值}\times 100\% \qquad (公式8.9)$$

【例8-6】依【例8-1】和【例8-5】的资料，分别计算甲、乙两个方案的净现值率为：

$NPVR_{甲}=1\ 842.72\div 30\ 000\times 100\%=6.14\%$

$NPVR_{乙}=-3\ 055.14\div 40\ 909.3\times 100\%=-7.47\%$

（3）净现值率法的决策标准。

只有净现值率大于或等于0的投资项目才具有财务可行性。因为只有投资项目的净现值率大于或等于0，投资者投资后才能取得大于或等于其要求的投资报酬率的投资收益。

在上例中，甲方案的净现值率为6.14%，从财务角度看，其可行；而乙方案的净现值率小于0，因此其财务上不可行。

（4）净现值率指标的优缺点。

净现值率指标是一个折现的相对量评价指标。该指标的优点是：考虑了资金的时间价值，可以从动态的角度反映投资项目的资金投入与净产出（净现值）之间的关系，因此可以用来比较投资额不同的方案的优劣，从而弥补净现值指标在这一方面的缺陷。其缺点与净现值指标相似，同样无法直接反映投资项目投资后可望实现的实际报酬率究竟是多少。

4.内部收益率

（1）内含报酬率指标的定义。

内含报酬率（internal rate of return，IRR），又称内部收益率，是项目投资后可望达到的实际投资报酬率，所以又称真实报酬率。它是指能够使未来现金流入量现值等于未来现金流出量现值的折现率，或者说是能使投资项目净现值为零的折现率。

净现值、净现值率等指标虽然考虑了资金的时间价值，可以说明投资项目投资后可望实现的报酬率将高于、等于或低于投资者要求的投资报酬率（即选定的折现率），但都没有揭示项目投资后本身可望实现的实际报酬率（预期投资报酬率）究竟是多少。而内含报酬率指标克服了这项缺陷，因为其本身就是投资项目可望达到的实际投资报酬率，即真实报酬率。

（2）内含报酬率指标的计算方法。

当投资项目满足以下特殊条件时，可用简便法求得内含报酬率：①项目全部投资均于建设起点一次投入，建设期为0，即建设起点第0年的净现金流量等于原始投资的负值；②项目投产后每年净现金流量相等，呈现普通年金形式。

在简便法下，内含报酬率IRR可按下列公式确定：

$$(P/A,IRR,n)=\frac{I}{NCF} \quad \text{（公式8.10）}$$

其中，

I——在建设起点一次投入的原始投资；

NCF——在投产后每年相等的净现金流量。

其具体计算程序如下：

第一，计算年金现值系数，年金现值系数（C）=原始投资额÷年均净现金流量。

$$(P/A,IRR,n)=\frac{I}{NCF}$$

第二，根据计算出来的年金现值系数，查询n年的年金现值系数表。

第三，若在n年的年金现值系数表上恰好能够找到等于系数值C的年金现值系数（P/A，r_m，n），则该系数所对应的折现率r_m即为所求的内含报酬率IRR。

第四，若在年金现值系数表上找不到事先计算出来的系数值C，则可利用系数表上同期略大于及略小于该系数值的两个临界值C_m和C_{m+1}以及相对应的两个折现率r_m和r_{m+1}，应用内插法计算近似的内含报酬率。

【例8-7】某投资项目在建设起点一次性投资254 580元，当年完工并投产，经营期为15年，每年可获净现金流量50 000元。试按简便法计算该项目的内含报酬率。

（P/A，IRR，15）=254 580÷50 000=5.0916

查询15年的年金现值系数表，因为（P/A，18%，15）正好等于5.0916，因此该项目的IRR就是18%。

【例8-8】依【例8-1】和【例8-5】所列的甲方案净现金流量信息，可计算甲方案的内含报酬率如下：

$$(P/A, IRR, 5) = \frac{30\,000}{8\,400} = 3.5714$$

查询5年的年金现值系数表，因为（P/A，12%，5）=3.6048>3.5714，并且（P/A，14%，5）=3.4331<3.5714，因此，12%<IRR<14%，应用内插法可得：

$$IRR=12\%+[(3.6048-3.5714)\div(3.6048-3.4331)]\times(14\%-12\%)=12.39\%$$

若项目的净现金流量不属于上述特殊情况，如【例8-1】中的乙方案，则无法应用简便法，必须按定义采用逐次测试逼近法。首先估计一个折现率，用其来计算投资方案的净现值。如果净现值为正数，则说明方案本身的内含报酬率超过估计的折现率，应提高折现率做进一步测试；如果净现值为负数，则说明方案本身的内含报酬率低于估计的折现率，应降低折现率做进一步测试。经过逐次测试判断，再采用内插法计算使净现值等于0的折现率，即为该投资方案的内含报酬率。

【例8-9】某公司有投资项目A，其净现金流量见表8-2。试计算该项目的内含报酬率。

表8-2 **某公司投资项目A净现金流量**

年　度	净现金流量（元）
0	-20 000
1	11 800
2	13 240
净现值	—

根据上述资料，分别采用折现率为18%和16%进行测试，测试结果见表8-3。

表8-3 **内含报酬率测试表**

年　度	净现金流量（元）	折现率=18%		折现率=16%	
		折现系数	现值（元）	折现系数	现值（元）
0	-20 000	1.0000	-20 000	1.0000	-20 000
1	11 800	0.8475	10 000.50	0.8621	10 172.78
2	13 240	0.7182	9 508.97	0.7432	9 839.97
净现值	—	—	-490.53	—	12.75

采用折现率为16%进行测试，该投资项目的净现值为12.75元，采用折现率为18%进行测试，该投资项目的净现值为-490.53元，可知该投资项目的内含报酬率在16%和18%之间，可以通过内插法求得：

$$投资项目A内含报酬率=16\%+\frac{12.75-0}{12.75+490.53}\times(18\%-16\%)=16.05\%$$

（3）内含报酬率法的决策标准。

内含报酬率指标是一个折现的相对量正指标。采用这一指标的决策标准是将所测算的各方案的内含报酬率与其投资者要求的投资报酬率（即计算净现值时采用的折现率）对比，如果方案的内含报酬率大于、等于投资者要求的投资报酬率，则该方案为财务可行方案；否则其为不可行方案。如果几个投资方案的内含报酬率都大于投资者要求的投资报酬率，且各方案的投资额相同，那么内含报酬率最大的方案为最好；如果几个方案的原始投资额不等，其决策标准应是“投资额×（内含报酬率-要求的投资报酬率）”最大的方案为最佳方案。

（4）内含报酬率指标的优缺点。

内含报酬率指标充分考虑了资金的时间价值，能够从动态的角度反映投资项目的实际收益水平（真实报酬率），且不受投资者要求的投资报酬率的影响，比较客观。内含报酬率指标的概念易于理解，容易被人接受，但其计算过程比较烦琐。

5.净现值和内部收益率的比较

NPV和IRR评价指标都考虑了项目整个寿命周期的全部因素及资金的时间价值。那么到底哪个评价指标更好呢？应从二者的差别进行分析，从最有利的评价项目出发，选择评价指标。

（1）从概念的理解上，IRR比NPV更容易理解。大多数投资者用IRR作为其投资机会是否值得的评价标准。这是因为，一个项目将给投资者提供20%的收益率比该项目将给其带来5 000元的NPV更容易理解。

（2）从计算方法上，NPV的计算比较简单，但必须给定基准收益率，并对项目的现金流量的正负是否改变或改变多少次没有任何要求。只是基准收益率的制定对项目的评价决策具有重大的影响，基准收益率定得太高，会把许多可行的项目排斥在外；若定得太低，又会把不可行的项目当成可行的项目。它的测算需要耗费大量的人力、财力和时间，一旦定下来不易随着经济形势的变化而变化，需要经过一段时间统一颁布实施。IRR的计算比较复杂，一般需要试算求解，对项目的现金流量有特殊要求，即至少同时具有正的和负的现金流量，在一些特殊情况下的现金流量不存在正的IRR解或无解。

（3）从项目实施日期是否延期来看，对NPV和IRR的影响不同。用NPV和IRR进行评价时，特指假设项目开始日期是项目评价年的年初。如果项目实施日期是在未来的几年内，项目的NPV将减少，因为每年的净现金流量被折现得更多。而IRR不受项目实施是否延期的影响。这是IRR单独测量项目经济效益的缺点，其不能帮助我们区别早期开工和晚期开工项目的差别。当然，IRR的这一特点仅适用于延期项目和原始项目的现金流量相同的情况。如果考虑通货膨胀，现金流量就会改变，项目延期IRR也将随之改变。

（4）从数学性质来看，不同的项目以相同的折现率计算的NPV具有可加性，而不同的项目的IRR无可加性，即不同的项目以相同的折现率计算的NPV都是“现在时刻”的资金价值，可以相加；而不同的项目的IRR不能相加，只能把所有项目在相同时点的资金相加后计算总投资的IRR。

视频

净现值和内含报酬率的比较和计算

（5）对于非常规投资项目，可以计算NPV，且只有唯一的确定值；而IRR具有多解，给项目评价带来困难，需要计算修正的IRR。

（6）对于多个互斥方案，可以用NPV最大指标选择方案，而不能用IRR最大值来选择方案。这是因为，各方案的净现金流量不同，导致各方案的IRR有时可能与NPV所选择方案发生矛盾，必须用增量IRR来选择方案。

综上所述，不难看出净现值法与内部收益率法孰优孰劣。从方法论说，净现值法无疑优于内部收益率法；从应用角度看，内部收益率代表初始投资所带来的真实报酬率，意义比较明确，也易于理解，因此，内部收益率也是一种常用的决策指标，并且在多数情况下能给出正确的结论。当两种方法发生冲突时，应当以净现值法为准。

随堂测 8-2

第三节 几种典型的长期投资决策

一、固定资产更新的决策

固定资产更新是用新资产替代在经济上或技术上不宜继续使用的旧资产。对于企业来说，由于科学技术的进步，过时的旧设备往往需要过多的维修费用来维持设备的正常生产能力，如果不能及时进行更新换代，很可能导致企业生产成本上升、竞争力下降、市场份额萎缩。在市场竞争激烈的形势下，这是很危险的。但是，对旧设备进行更新，意味着企业需要进行新的长期投资支出。那么，到底是否应该选择对旧设备进行更新呢？对此，可以运用净现值法进行决策判断。

固定资产更新决策需注意以下几个重要问题：

（1）把继续使用旧设备与购置新设备看成两个互斥的方案。

当进行固定资产更新决策时，注意是要继续使用旧的资产还是要购入新的资产是两个互斥方案，要分别考察相应的现金流量，再进行价值指标计算，从而得出结论。

（2）根据新、旧设备使用寿命的不同采取不同的价值指标和方法分析。

根据新、旧设备的未来使用年限是否相同，可采取两种不同的方法进行决策分析：若新、旧设备的未来考察年限相同，则可以使用NPV法或IRR法来进行判断，既可以计算总量，又可以计算差额；反之，若两个项目的考察年限不同，则指标要做出相应调整。一般来说，共同年限法和年金净流量法是常用的方法。

共同年限法又称项目复制法，是指将两个方案使用寿命的最小公倍数作为比较期间，并假设两个方案在这个比较期间内进行多次重复投资，将各自多次投资的净现值进行比较的分析方法。

年金净流量法又称等额年值法、年均净现值法，是指计算各项目的净现值，然后按照年金现值系数将净现值等额分配到每年，每年分得的等额净现值大者为优。其实质是将净现值平均分摊到每一年，然后以年为单位进行比较。

（3）根据新设备是否扩充企业生产能力、增加企业销售收入来选择不同的分析方法。

如果新设备能够提高生产效率、扩充生产能力，从而增加销售收入，那么分析现金流量就要考虑增加的收入及降低的成本。此时可使用一般的价值指标，既可总量分析，又可差额分析。

若新设备只是简单代替了原有的旧设备，没有改变企业的生产能力，不增加销售收入，或者只在一定程度上节约了成本，减少现金流出，那么一般通过比较现金流出量的总现值或年均现金流出量来分析。很显然，当收入相同时，现金流出量越低越好。

【例8-10】永祥公司有一台4年前购入的设备，购置成本10万元，估计仍然可以使用6年。假定该设备已计提折旧4万元（直线法），账面余额6万元，期末无残值。使用这台设备公司可取得年销售收入20万元，每年付现成本15万元。

目前该公司技术部门了解到市面上出现了一种新兴替代设备，可提高产品质量和产量，于是提议更新设备。已知新设备售价22万元，估计可使用6年，期末残值4万元。若购入新设备，旧设备可折价3万元，年销售收入提高到25万元，每年还可节约付现成本1万元。假设该公司的资金成本为12%，企业所得税税率为40%。试对该设备是否应该更新进行决策。

我们可以分别计算新、旧两种设备所带来的净现值并进行比较，选择能带来较大净现值的方案。因为两种设备的使用年限相同，我们也可以直接计算、比较两个方案的差额净现值（ΔNPV）进行决策。如果ΔNPV>0，则选择新设备；否则，继续使用旧设备。

下面采用差额净现值法计算并做出决策：

（1）新设备年折旧额=（220 000−40 000）÷6=30 000（元）

旧设备年折旧额=60 000÷6=10 000（元）

Δ年折旧额=30 000−10 000=20 000（元）

（2）旧设备的投资额=30 000+（60 000−30 000）×40%=42 000（元）

Δ初始投资=220 000−42 000=178 000（元）

（3）表8-4表示该公司由于更新设备而引起的各年营业现金流量的增量。

表8-4 各年营业现金流量增量表 单位：元

项　目	金　额
Δ销售收入①	50 000
Δ付现成本②	−10 000
Δ折旧额③	20 000
Δ税前利润④=①−②−③	40 000
Δ所得税⑤=④×40%	16 000
Δ税后净利⑥=④−⑤	24 000
Δ年营业净现金流量⑦=⑥+③=①−②−⑤	44 000

（4）表8-5表示该公司更新设备和继续使用旧设备两个方案的现金流量的增量。

表8-5 现金流量增量表 单位：元

项　目	0	1	2	3	4	5	6
Δ初始投资	−178 000						
Δ年营业净现金流量		44 000	44 000	44 000	44 000	44 000	44 000
Δ期末现金流量							40 000
Δ现金流量	−178 000	44 000	44 000	44 000	44 000	44 000	84 000

（5）计算Δ净现值：

ΔNPV=−178 000+44 000×（P/A，12%，5）+84 000×（P/F，12%，6）

=−178 000+44 000×（P/A，12%，6）+40 000×（P/F，12%，6）

=23 164（元）

可见，使用新设备后比使用旧设备可以增加净现值23 164元，所以该公司应该更新设备。

如果分别计算两个方案的净现值，然后比较其大小，也可以得出同样的结论。

【例8-11】 某企业打算变卖一套尚可使用5年的旧设备，另购置一套新设备进行替换。取得新设备的投资额为180 000元；旧设备的折余价值为95 000元，其变价净收入为80 000元；假设第5年年末新设备与继续使用旧设备的预计净残值相等，新、旧设备的替换将在年内完成（即更新设备的建设期为0）。使用新设备可使企业第1年增加营业收入50 000元，增加经营成本25 000元；第2～5年内每年增加营业收入60 000元，增加经营成本30 000元。设备采用直线法计提折旧，适用的企业所得税税率为25%。假设行业基准折现率i_c分别为8%和12%，该企业应如何分别进行决策？

根据上述资料，计算该项目差量净现金流量和差额内部收益率，并分别据以做出更新决策：

（1）依题意计算以下指标：

更新设备比继续使用旧设备增加的投资额=新设备的投资−旧设备的变价净收入

=180 000−80 000=100 000（元）

运营期第1～5年每年因更新改造而增加的折旧额=100 000÷5=20 000（元）

运营期第1年总成本费用的变动额=该年增加的经营成本+该年增加的折旧额

=25 000+20 000=45 000（元）

运营期第2～5年每年总成本费用的变动额=30 000+20 000=50 000（元）

因旧设备提前报废发生的处理固定资产净损失=旧固定资产折余价值−旧固定资产变价净收入

=95 000−80 000=15 000（元）

$$\frac{\text{因旧固定资产提前报废发生}}{\text{净损失而抵减的所得税税额}}=\frac{\text{旧固定资产}}{\text{清理净损失}}\times\frac{\text{适用的企业}}{\text{所得税税率}}=15\,000\times25\%=3\,750\text{（元）}$$

运营期第1年息税前利润的变动额=50 000−45 000=5 000（元）

运营期第2～5年每年息税前利润的变动额=60 000−50 000=10 000（元）

建设期差量净现金流量为：

ΔNCF_0=−（该年发生的新固定资产投资−旧固定资产变价净收入）

=−（180 000−80 000）=−100 000（元）

运营期差量所得税后净现金流量为：

$$\Delta NCF_1=\frac{\text{该年因更新改造而}}{\text{增加的息税前利润}}\times(1-\frac{\text{所得税}}{\text{税率}})+\frac{\text{该年因更新改造而}}{\text{增加的折旧额}}+\frac{\text{因旧固定资产提前报废发生}}{\text{净损失而抵减的所得税税额}}$$

=5 000×（1−25%）+20 000+3 750=27 500（元）

$$\Delta NCF_{2\sim5}=\begin{matrix}\text{该年因更新}\\\text{改造而增加的}\\\text{息税前利润}\end{matrix}\times(1-\frac{\text{所得税}}{\text{税率}})+\begin{matrix}\text{该年因更新}\\\text{改造而增加}\\\text{的折旧额}\end{matrix}+\begin{matrix}\text{该年回收新固定资产净残值}\\\text{超过假定继续使用的}\\\text{旧固定资产净残值之差额}\end{matrix}$$

=10 000×（1−25%）+20 000=27 500（元）

（2）根据ΔNCF计算ΔIRR：

（P/A，ΔIRR，5）=100 000÷27 500=3.6364

因为：

（P/A，10%，5）=3.7908>3.6364

（P/A，12%，5）=3.6048<3.6364

所以，10%<ΔIRR<12%，应用内插法可得：

ΔIRR=10%+[（3.7908−3.6364）÷（3.7908−3.6048）]×（12%−10%）

≈11.66%

（3）比较决策：

当行业基准折现率i_c为8%时：

因为：

ΔIRR=11.66%>i_c=8%

所以，应当更新设备。

当行业基准折现率i_c为12%时：

因为：

ΔIRR=11.66%<i_c=12%

所以，不应当更新设备。

注意：在计算运营期第1年所得税后净现金流量的公式中，该年“因更新改造而增加的息税前利润”不应当包括“因旧固定资产提前报废发生的净损失”。之所以要单独计算“因旧固定资产提前报废发生净损失而抵减的所得税税额”，是因为更新改造不仅会影响到该项目自身，还会影响到企业的总体所得税水平，从而形成了“抵税效应（tax shield）”。如果将“因旧固定资产提前报废发生的净损失”计入“因更新改造而增加的息税前利润”，就会歪曲这种效应的计量结果。

二、固定资产租赁或购买的决策

在进行固定资产租赁或购买的决策时，由于所用设备相同，即设备的生产能力与产品的销售价格相同，同时设备的运行费用也相同，因此只需比较两种方案的成本差异及成本对企业所得税产生的影响差异即可。

固定资产租赁指的是固定资产的经营租赁，与购买设备相比，每年将多支付一定的租赁费用。另外，由于租赁费用是在成本中列支的，因此企业还可以减少缴纳所得税，即得到纳税利益。购买固定资产是一种投资行为，企业将支出一笔可观的设备款，但同时每年可计提折旧费进行补偿，折旧费作为一项成本，也能使企业得到纳税利益，并且企业在项目结束或设备使用寿命到期时，还能够得到设备的残值变现收入。

【例8-12】某企业急需一台不需要安装的设备，设备投入使用后，每年可增加的营业收入与税金及附加的差额为50 000元，增加的经营成本为34 000元。市场上该设备的购买价（不含税）为77 000元，折旧年限为10年，预计净残值为7 000元。若从租赁公司按经营租赁的方式租入同样的设备，只需每年年末支付9 764元的租金，可连续租用10年。假定基准折现率为10%，适用的企业所得税税率为25%。

根据上述资料，分析计算如下：

（1）采用差额投资内部收益率法。

购买设备的相关指标计算如下：

购买固定资产的投资=77 000元

购买设备每年增加的折旧额=（77 000−7 000）÷10=7 000（元）

$$\frac{\text{购买设备每年}}{\text{增加的营业利润}}=\left(\frac{\text{每年增加的}}{\text{营业收入}}-\frac{\text{每年增加的}}{\text{税金及附加}}\right)-\left(\frac{\text{每年增加的}}{\text{经营成本}}+\frac{\text{购买设备每年}}{\text{增加的折旧额}}\right)$$

=50 000−（34 000+7 000）=9 000（元）

购买设备每年增加的净利润=购买设备每年增加的营业利润×（1−所得税税率）

=9 000×（1−25%）=6 750（元）

购买设备方案所得税后的净现金流量为：

NCF_0=−购买固定资产的投资=−77 000元

$NCF_{1\sim9}$=购买设备每年增加的净利润+购买设备每年增加的折旧额

=6 750+7 000=13 750（元）

$$NCF_{10}=\frac{\text{购买设备该年}}{\text{增加的净利润}}+\frac{\text{购买设备该年}}{\text{增加的折旧额}}+\frac{\text{购买设备该年回收}}{\text{的固定资产余值}}$$

=6 750+7 000+7 000=20 750（元）

租入设备的相关指标计算如下：

租入固定资产的投资=0

租入设备每年增加的折旧额=0

$$\frac{\text{租入设备每年}}{\text{增加的营业利润}}=\frac{\text{每年增加的}}{\text{营业收入}}-\left(\frac{\text{每年增加的}}{\text{经营成本}}+\frac{\text{租入设备每年}}{\text{增加的租金}}\right)$$

=50 000−（34 000+9 764）=6 236（元）

租入设备每年增加的净利润=租入设备每年增加的营业利润×（1−所得税税率）

=6 236×（1−25%）=4 677（元）

租入设备方案所得税后的净现金流量为：

NCF_0=−租入固定资产的投资=0

$NCF_{1\sim10}$=租入设备每年增加的净利润+租入设备每年增加的折旧额

=4 677+0=4 677（元）

购买和租入设备的差额净现金流量为：

ΔNCF_0=−（77 000−0）=−77 000（元）

$\Delta NCF_{1\sim9}$=13 750−4 677=9 073（元）

ΔNCF_{10}=20 750−4 677=16 073（元）

用插入法计算可得：

$\Delta IRR=4.32\%$

因此，做出如下决策：

因为：

$\Delta IRR=4.32\%<i_c=10\%$

所以，不应当购买设备，而应当租入设备。

（2）采用折现总费用比较法。

无论是购买设备还是租入设备，每年增加营业收入、增加税金及附加和增加经营成本都不变，可以不予考虑。

计算购买设备的折现总费用为：

购买设备的投资现值=77 000元

购买设备每年增加折旧额而抵减所得税税额的现值合计=7 000×25%×（P/A，10%，10）

=1 750×6.1446=10 753.05（元）

购买设备回收固定资产残值的现值=7 000×（P/F，10%，10）=7 000×0.3855=2 698.5（元）

购买设备的折现总费用合计=77 000−10 753.05−2 698.5=63 548.45（元）

计算租入设备的折现总费用为：

租入设备每年增加租金的现值合计=9 764×（P/A，10%，10）=9 764×6.1446=59 995.87（元）

租入设备每年增加租金而抵减所得税税额的现值合计=9 764×25%×（P/A，10%，10）

=2 441×6.1446=14 998.97（元）

租入设备的折现总费用合计=59 995.87−14 998.97=44 996.9（元）

因此，做出如下决策：

购买设备的折现总费用合计=63 548.45元>租入设备的折现总费用合计=44 996.9元，所以，不应当购买设备，而应当租入设备。

三、生产设备最优更新期的决策

生产设备最优更新期的决策就是选择最佳的淘汰旧设备的时间，此时该设备的年平均成本最低。

与生产设备相关的总成本在更新前包括两部分：一部分是运行费用。运行费用又包括设备的能源消耗及其维护修理费用等，不仅运行费用的总额会随着使用年限的增加而增多，而且其每年发生的费用也将随着设备的不断老化而逐年上升。另一部分是消耗在使用年限内的设备本身的价值。它是以设备在更新时能够按其折余价值变现为前提的，即从数量关系上看，其是设备的购入价与更新时的变现价值之差。因此，生产设备在更新前的现值总成本为：

$$\text{现值总成本} = C - \frac{S_n}{(1+i)^n} + \sum_{t=1}^{n} \frac{C_n}{(1+i)^t}$$

式中：

C—设备原值；

S_n—第n年（设备被更新年）的设备余值；

C_n—第n年的设备运行成本；

n—设备被更新的年份；

i—设定的投资报酬率。

在考虑了“货币的时间价值”的基础上，生产设备的平均年成本就不再是总成本与年限的比值，而将其看作是以现值总成本为现值、期数为n的年金，即考虑到“货币的时间价值”时每年的现金流出。

固定资产的年平均成本为：

$$UAC = \left[C - \frac{S_n}{(1+i)^n} + \sum_{t=1}^{n} \frac{C_n}{(1+i)^n}\right] \div (P/A,i,n) \qquad \text{（公式8.11）}$$

式中：

UAC——设备的年平均成本。

生产设备最优更新期决策也就是找出能够使上式的得数最小的年限n的值，其方法通常是计算出若干不同更新期的年平均成本进行比较，然后从中找出最小的年平均成本及其年限。

【例8-13】 某设备的购买价格为70 000元，预计使用寿命为10年，无残值，资金成本为10%。该设备各年的折旧额、折余价值及运行费用见表8-6。试确定该设备的最优使用年限。

表8-6 **各年的折旧额、折余价值及运行费用** 金额单位：元

更新年限	1	2	3	4	5	6	7	8	9	10
折旧额	7 000	7 000	7 000	7 000	7 000	7 000	7 000	7 000	7 000	7 000
折余价值	63 000	56 000	49 000	42 000	35 000	28 000	21 000	14 000	7 000	0
运行费用	10 000	10 000	10 000	11 000	11 000	12 000	13 000	14 000	15 000	16 000

根据上述资料，可以计算出不同年份的年平均成本见表8-7。

表8-7 **各年的年平均成本** 金额单位：元

更新年限	1	2	3	4	5	6	7	8	9	10
①原值	70 000	70 000	70 000	70 000	70 000	70 000	70 000	70 000	70 000	70 000
②余值	63 000	56 000	49 000	42 000	35 000	28 000	21 000	14 000	7 000	0
③贴现系数	0.9091	0.8264	0.7513	0.6830	0.6209	0.5645	0.5132	0.4665	0.4241	0.3855
④余值现值	57 273	46 278	36 814	28 686	21 732	15 806	10 777	6 531	2 969	0
⑤运行成本	10 000	10 000	10 000	11 000	11 000	12 000	13 000	14 000	15 000	16 000
⑥运行成本现值	9 091	8 264	7 513	7 513	6 830	6 774	6 672	6 531	6 362	6 168
⑦更新时运行成本现值	9 091	17 355	24 868	32 381	39 211	45 985	52 657	59 188	65 550	71 718
⑧现值总成本	21 818	41 077	58 054	73 695	87 479	100 179	111 880	122 657	132 581	141 718
⑨年金现值系数	0.9091	1.7355	2.4869	3.1699	3.7908	4.3553	4.8684	5.3349	5.7590	6.1446
⑩年平均成本	24 000	23 669	23 344	23 248	23 077	23 002	22 981	22 991	23 021	23 064

注：表中④=②×③，⑥=⑤×③，⑦=∑⑥，⑧=①+⑦-④，⑩=⑧÷⑨。

比较表8-7中的年平均成本可知，该设备运行到第7年时的年平均成本最低，因此应在设备使用7年后，立即将其更新。

四、固定资产购置的决策分析评价

（一）固定资产应否购置的决策

购置某项固定资产，其影响为：第一，增加新产品，从而增加收益，或以设备代替劳动，使变动费用减少；第二，增加投资支出，从而使固定成本增加。固定资产应

否购置一般可采用净现值法进行决策分析。

【例8-14】 某企业拟生产一种新产品，估计该产品行销期为8年，每年可产销20 000件，每件售价100元，销售单位产品成本70元/件（含折旧额），企业所得税税率为25%。为生产该产品需购买一套设备，买价为150 000元，安装费为5 000元，8年后该设备的残值为7 000元，采用直线折旧法；同时，为生产该产品还需垫支流动资金20 000元。该企业规定其投资报酬率至少达到10%。根据上述资料，对该设备应否购置进行决策。

该设备年折旧额=（150 000−7 000）÷8=17 875（元）

NCF_0=−150 000−5 000−20 000=−175 000（元）

$NCF_{1\sim7}$=20 000×（100−70）×（1−25%）+17 875=467 875（元）

NCF_8=467 875+20 000+7 000=494 875（元）

NPV=−175 000+467 875×（P/A，10%，7）+494 875×（P/F，10%，8）

=−175 000+467 875×4.8684+494 875×0.4665

=2 333 661.84（元）

其净现值为正，因此，企业应当购置该设备。

（二）购置何种固定资产的决策

购置何种固定资产的决策是指在已经决定要购买固定资产的前提下，在几种购置固定资产的方案中，通过对比分析进行最优方案的选择。购置何种固定资产一般运用净现值法、净现值率法进行互斥选择决策。

【例8-15】 某企业生产A产品，需要用到一种精密机床进行加工。该产品单位售价为20元/件，销路有保障，预计投资报酬率为14%。目前市场上有甲、乙两种型号的该种精密机床可供选购，有关资料见表8-8。根据上述资料，对该企业应选用哪种机床进行决策。

表8-8 **精密机床相关资料表**

项　目	甲型机床	乙型机床
机床买价（元）	30 000	48 000
使用年限（年）	8	8
加工能力（件/年）	4 500	5 200
加工成本（元/件）	16	15
残值收入（元）	1 000	1 500

计算乙和甲两种机床的差量净现金流量为：

ΔNCF_0=−48 000+30 000=−18 000（元）

$\Delta NCF_{1\sim7}$=5 200×（20−15）−4 500×（20−16）

=26 000−18 000=8 000（元）

ΔNCF_8=8 000+1 500−1 000=8 500（元）

NPV=−18 000+8 000×（P/A，14%，7）+8 500×（P/F，14%，8）

=−18 000+8 000×4.2883+8 500×0.3506

=19 286.5（元）

随堂测8-3

可见，差量净现金流量的净现值为正，因此，应当购买乙型机床。

第四节 长期投资决策的扩展

一、投资决策的敏感性分析

敏感性分析（sensitivity analysis）是指从定量分析的角度研究有关因素发生某种变化对某一个或某一组关键指标影响程度的一种不确定分析技术。其实质是通过逐一改变相关变量数值的方法来解释关键指标受这些因素变动影响大小的规律。

投资决策的敏感性因素一般可选择主要参数（如净现值、折现率等）进行分析。若某参数的小幅度变化能导致经济效果指标的较大变化，则称此参数为敏感性因素；反之，则称为非敏感性因素。投资敏感性分析就是通过分析预测有关因素对净现值和内部收益率等主要经济评价指标的影响程度的一种敏感性分析方法。投资敏感性分析的主要目的是揭示有关因素变动对投资决策评价指标的影响程度，从而确定敏感因素，抓住主要矛盾。该部分内容和第三章本量利分析中的实现目标利润的敏感性分析本质上并无区别。

进行投资敏感性分析，一般包括两个方面：一是分别计算有关因素变动对净现值和内部收益率的影响程度；二是计算有关因素的变动极限。因素变动对净现值和内部收益率影响程度的计算分析，可以采用总量法和差量法。因素变动极限的计算分析，可以采用各因素不利变动的临界限度分析法。

进行敏感性分析，一般应遵循以下步骤：

（1）确定分析的经济效益指标。评价投资项目的经济效益指标主要包括：净现值、内部收益率、投资利润率、投资回收期等。

（2）选定不确定性因素，设定其变化范围。

（3）计算不确定性因素变动对项目经济效益指标的影响程度，找出敏感性因素。

（4）绘制敏感性分析图，求出不确定性因素变化的极限值。

在投资决策的敏感性分析中，非常重要的指标是敏感度系数。敏感度系数是反映项目效益对因素敏感程度的指标。敏感度系数越高，敏感程度越高。其计算公式即为第三章本量利分析下实现目标利润的敏感性分析公式：

$$敏感系数 = \frac{目标值变动百分比}{因素值变动百分比}$$

或者，可以表述为：

$$E = \frac{\Delta A}{\Delta F} \qquad （公式8.12）$$

式中，

E——经济评价指标A对因素F的敏感度系数；

ΔF——不确定性因素F的变化率（%）；

ΔA——当不确定性因素F变化ΔF时，经济评价指标A的变化率（%）。

【例8-16】G公司有某投资项目，其基本数据见表8-9。假定投资额、年收入、折现率为主要的敏感性因素。试对该投资项目净现值指标进行单因素敏感性分析。

表 8-9 **敏感性分析基本数据表**

项　目	投资额	寿命周期	年收入	年费用	残　值	折现率
数据	100 000元	5年	60 000元	20 000元	10 000元	10%

（1）敏感性因素与分析指标已经给定，假设选取±5%、±10%作为不确定因素的变化程度。不确定因素变化后的取值见表 8-10。

表 8-10 **不确定因素变化后的取值**

变化率	投资额（元）	年收入（元）	折现率
-10%	90 000	54 000	9%
-5%	95 000	57 000	9.5%
0	100 000	60 000	10%
5%	105 000	63 000	10.5%
10%	110 000	66 000	11%

（2）计算敏感性指标。首先计算决策基本方案的 NPV 值；然后计算不同变化率下的 NPV 值。

NPV=-100 000+（60 000-20 000）×（P/A，10%，5）+10 000×（P/F，10%，5）
=57 840.68（元）

不确定因素变化后的 NPV 值见表 8-11。

表 8-11 **不确定因素变化后的NPV值** 金额单位：元

项目＼变化率	NPV 值				
	-10%	-5%	0	+5%	+10%
投资额	67 840.68	62 840.68	57 840.68	52 840.68	47 840.68
年收入	35 095.96	46 468.32	57 840.68	69 213.04	80 585.40
折现率	62 085.36	59 940.63	57 840.68	55 784.33	53 770.39

当投资额的变化率为-10%时：

$$\Delta A=\frac{67\,840.68-57\,840.68}{57\,840.68}\times 100\%=17.3\%$$

$$E=\frac{\Delta A}{\Delta F}=\frac{17.3\%}{-10\%}=-1.73$$

其余情况计算方法类似。

（3）计算临界值。

①投资临界值：

设投资额的临界值为 I，则：

NPV=-I+（60 000-20 000）×（P/A，10%，5）+10 000×（P/F，10%，5）=0

可得：I=157 840.68 元

②收入临界值：

设年收入的临界值为 R，则：

NPV=-100 000+（R-20 000）×（P/A，10%，5）+10 000×（P/F，10%，5）=0

可得：R=44 741.773元

③折现率临界值：

设折现率的临界值为i，则：

NPV=-100 000+（60 000-20 000）×（P/A，i，5）+10 000×（P/F，i，5）=0

可得：i=30.058%

实际上，i的临界值就是该项目的内部收益率IRR。

（4）编制敏感性分析表见表8-12。

表8-12　**敏感性分析表**　金额单位：元

序　号	不确定因素	变化率	净现值	敏感系数	临界值	临界百分率
	基本方案	—	57 840.68	—	—	—
1	投资额	-10%	67 840.68	-1.729	157 840.68	57.84%
		-5%	62 840.68	-1.729		
		+5%	52 840.68	-1.729		
		+10%	47 840.68	-1.729		
2	年收入	-10%	35 095.96	3.932	44 741.773	-25.43%
		-5%	46 468.32	3.932		
		+5%	69 213.04	3.932		
		+10%	80 585.40	3.932		
3	折现率	-10%	62 085.36	-0.734	30.058%	300.58%
		-5%	59 940.63	-0.726		
		+5%	55 784.33	-0.711		
		+10%	53 770.39	-0.704		

（5）绘制敏感性分析图，如图8-1所示。在敏感性分析图中，与横坐标相交角度最大的曲线对应的因素就是最敏感的因素。

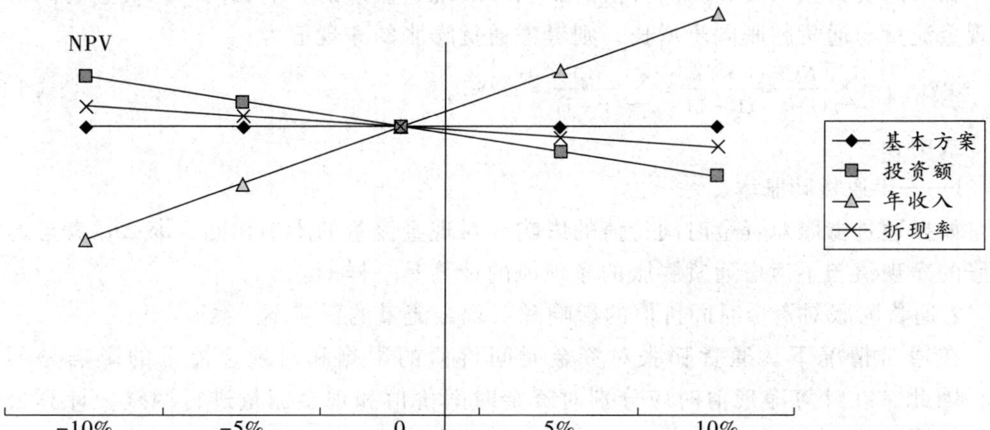

图8-1　敏感性分析图

我们还可以在图中做出分析指标的临界曲线。对净现值指标而言，横坐标为临界曲线（NPV=0）；对内部收益率指标而言，以基本方案的内部收益率为Y值做出的水平线为基准收益率曲线（临界曲线）。各因素的变化曲线与临界曲线的交点就是其临界变化百分率。

（6）分析评价。从敏感性分析表和敏感性分析图可以看出，净现值指标对年收入的变化最敏感。

敏感性分析可以让我们知道"主要矛盾"。但是，敏感性分析也有其局限性。在敏感性分析中，分析某一因素的变化时，假定其他因素不变，而实际经济活动中各因素之间是相互影响的。例如，当投资额减少时，很可能会导致年收入减少。

二、通货膨胀情况下的投资决策分析

采用折现指标进行项目投资决策分析时，预测不同时期的现金流量成为关键。在不存在通货膨胀的情况下，项目的现金流量比较容易估算；但在通货膨胀条件下，由于物价水平的上升及货币购买力的下降，将对项目的现金流量产生重大的影响，进而影响到决策结果。

通货膨胀对投资决策的影响主要从以下两个方面进行考虑：一是使项目预期现金流量的估计变得更加困难。管理层必须估计预期的通货膨胀率，因此，通货膨胀的出现带来了预测问题。二是市场利率或收益率被认为是货币的价格表现，所以当经济体系中发生通货膨胀时，利率与其他价格一样预期也会上升。因此，管理层还要预测通货膨胀对项目投资决策评估的折现率的影响。

（一）各年通货膨胀率相同

在不考虑通货膨胀和投资风险的情况下，一个项目的净现值计算公式为：

$$NPV = \sum_{t=0}^{n} \frac{NCF_t}{(1+i)^t}$$

当每年通货膨胀率保持不变，为一个定值时，通货膨胀对资金时间价值的影响和对现金流量的影响，我们可以分两种情况进行分析。

1.通货膨胀对资金时间价值的影响和对现金流量的影响一致

如果通货膨胀对资金时间价值的影响和对现金流量的影响相同，即资金时间价值和现金流量与通货膨胀同步增长，则考虑通货膨胀的净现值为：

$$NPV_{有通胀} = \sum_{t=0}^{n} \frac{NCF_t(1+f)^t}{(1+i)^t(1+f)^t} = \sum_{t=0}^{n} \frac{NCF_t}{(1+i)^t} = NPV_{无通胀} \quad \text{（公式 8.13）}$$

式中，

f——年通货膨胀率。

如果通货膨胀对资金时间价值的影响和对现金流量的影响相同，那么，考虑通货膨胀的净现值与不考虑通货膨胀的净现值的计算是一样的。

2.通货膨胀对资金时间价值的影响和对现金流量的影响不一致

在通常情况下，通货膨胀对资金时间价值的影响和对现金流量的影响是不同的，因此，在计算净现值时应分别对资金时间价值和现金流量进行调整，计算公式如下：

$$NPV=\sum_{t=0}^{n}\frac{NCF_t(1+r)^t}{(1+i)^t(1+f)^t} \quad （公式8.14）$$

式中，

r——因通货膨胀使现金流量增长的比率；

f——年通货膨胀率。

（二）各年通货膨胀率不相同

当各年通货膨胀率不相同时，我们也可以分两种情况进行分析：通货膨胀对资金时间价值的影响和对现金流量的影响一致；通货膨胀对资金时间价值的影响和对现金流量的影响不一致。

1.通货膨胀对资金时间价值的影响和对现金流量的影响一致

其计算公式如下：

$$NPV_{有通胀}=\sum_{t=0}^{n}\frac{NCF_t\prod_{t=0}^{n}(1+f_t)}{(1+i)^t\prod_{t=0}^{n}(1+f_t)}=\sum_{t=0}^{n}\frac{NCF_t}{(1+i)^t}=NPV_{无通胀} \quad （公式8.15）$$

式中，

f_t——第t年的通货膨胀率。

2.通货膨胀对资金时间价值的影响和对现金流量的影响不一致

其计算公式如下：

$$NPV_{有通胀}=\sum_{t=0}^{n}\frac{NCF_t\prod_{t=0}^{n}(1+r_t)}{(1+i)^t\prod_{t=0}^{n}(1+f_t)} \quad （公式8.16）$$

式中，

f_t——第t年的通货膨胀率；

r_t——第t年因通货膨胀影响的现金流量增长率。

【例8-17】某公司评估一项经营期为3年的投资项目，该投资项目建设期为0，原始投资为100万元。预计经营期可实现的净现金流量如下：第1年30万元、第2年32万元、第3年76万元。假设该公司的资金成本为12%（无通货膨胀）。

（1）若各年通货膨胀率均为6%，通货膨胀对现金流量的影响与对资金成本的影响相同。试用净现值法评价该项目的可行性。

（2）若6%的通货膨胀率能持续3年，但是，对现金流量的影响为7.5%，对资金成本的影响为6%。试重新评价该项目的可行性。

（3）若第1年的通货膨胀率为6%，第2年的通货膨胀率为7%，第3年的通货膨胀率为8%，通货膨胀对现金流量的影响与对资金成本的影响不同。资金成本将与通货膨胀同步增长，现金流量受通货膨胀的影响，第1年增加7%，第2年增加8%，第3年增加9%。试评估该项目的可行性。

（1）由于各年通货膨胀率均为6%，通货膨胀对现金流量的影响与对资金成本的影响相同，因此，该项目考虑通货膨胀时的净现值与不考虑通货膨胀时的净现值相同，则有：

$$NPV_{有通胀} = \sum_{t=0}^{n} \frac{NCF_t}{(1+i)^t}$$

$$= -100 + \frac{30}{(1+12\%)} + \frac{32}{(1+12\%)^2} + \frac{76}{(1+12\%)^3}$$

$$= 6.39(万元) \geqslant 0$$

所以，该项目可行。

（2）由于通货膨胀率不变，但对现金流量和资金成本的影响不同，则有：

$$NPV = \sum_{t=0}^{n} \frac{NCF_t(1+r)^t}{(1+i)^t(1+f)^t}$$

$$= -100 + \frac{30 \times (1+7.5\%)}{(1+12\%) \times (1+6\%)} + \frac{32 \times (1+7.5\%)^2}{(1+12\%)^2 \times (1+6\%)^2} + \frac{76 \times (1+7.5\%)^3}{(1+12\%)^3 \times (1+6\%)^3}$$

$$= 9.83（万元）\geqslant 0$$

所以，考虑通货膨胀后，该项目可行。

（3）由于各年通货膨胀率不同，而且对现金流量和资金成本的影响也不同，则有：

$$NPV_{有通胀} = \sum_{t=0}^{n} \frac{NCF_t \prod_{t=0}^{n}(1+r_t)}{(1+i)^t \prod_{t=0}^{n}(1+f_t)}$$

$$= -100 + \frac{30 \times (1+7\%)}{(1+12\%) \times (1+6\%)} + \frac{32 \times (1+7\%) \times (1+8\%)}{(1+12\%)^2 \times (1+6\%) \times (1+7\%)} + \frac{76 \times (1+7\%) \times (1+8\%) \times (1+9\%)}{(1+12\%)^3 \times (1+6\%) \times (1+7\%) \times (1+8\%)}$$

$$= 8.66（万元）\geqslant 0$$

所以，该项目可行。

本章小结

长期投资决策的过程比较复杂，需要考虑很多因素，其中需要考虑的主要因素包括货币时间价值、投资项目计算期、现金流量和资金成本。依据长期投资项目现金流量发生的时间特征，可以将项目投资引起的现金流量分为三个组成部分：初始现金流量、营业期现金流量、终结点现金流量。掌握了长期投资决策的影响因素后，可以利用一些指标评价长期投资项目不同方案的优劣，从中选出最优方案。这些指标按是否考虑货币资金时间价值分为两类，即静态评价指标和动态评价指标。静态评价指标主要有投资回收期和投资报酬率；动态评价指标主要包括动态投资回收期、净现值、净现值率及内含报酬率。单一地使用这些指标评价长期投资项目方案往往会对决策产生误导，因此，可以根据投资方案的性质综合应用这些指标进行评价。本章也着重介绍了几种典型的长期投资决策，主要包括：固定资产更新的决策、固定资产租赁或购买的决策、生产设备最优更新期的决策等。本章最后分析了投资决策的扩展，主要包括：投资决策的敏感性分析和通货膨胀情况下的投资决策分析。

本章练习

1.某企业计划进行某项投资活动，有关资料为：原始投资150万元，其中，固定资产投资100万元，流动资金投资50万元，全部资金于建设起点一次投入。该项目经营期5年，到期残值收入5万元。预计投产后，年营业收入90万元，年总成本60万元。该企业按直线法进行折旧，全部流动资金于终结点一次回收，企业所得税税率为25%，设定折现率为10%。

要求：计算该项目的净现值并评价其方案是否可行。

2.某投资项目各年现金流量见表8-13。假定折现率为6%（计息期5年、折现率6%时，年金现值系数为4.212；第6年复利现值系数为0.705）。

表8-13 **投资项目各年现金流量表** 单位：万元

年 份	0	1	2	3	4	5	6
现金流出量	−220	25	25	25	25	25	25
现金流入量	—	80	80	80	80	80	100

要求：计算该投资项目的投资回收期和净现值。

3.某企业拟投资一个新项目，现有甲、乙两个投资方案可供选择：

甲方案：投资总额1 000万元，建设期1年，投资分两次进行，第1年年初投入500万元，第2年年初投入500万元，第2年建成并投产，投产后每年的税后营业净利润（NOPAT）为100万元，项目建成后可用9年，9年后残值为100万元。

乙方案：投资总额1 500万元，建设期2年，投资分三次进行，第1年年初投入700万元，第2年年初投入500万元，第3年年初投入300万元，第3年建成并投产，投产后每年税后利润为200万元，项目建成后可用8年，8年后残值为200万元。

假设资金成本10%，该项目按直线法进行折旧。

要求：通过计算投资回收期和净现值进行方案优选。

参考答案

头脑风暴

1.有人认为长期项目投资决策评价中应该尽量使用会计利润，有人认为应该使用现金流量作为基础信息。请发表你的观点。

2.生活中很多的投资项目评价都没有考虑资金的时间价值，比如投资回收期指标的使用。你认为这样合理吗？

头脑风暴提示

分组任务

请对净现值和内部收益率两个指标进行详细比较，包括其优缺点和使用条件。

分组任务提示

学思践悟

依法治国

案例

《政府投资条例》如何
确保政府投资科学决策

讨论问题：我国政府为何要出台《政府投资条例》？

注意：请结合依法治国、执政为民思想进行讨论。

本章测评

拓展阅读

折现决策指标之间的关系和决策标准

第九章

全面预算管理

学习目标： 通过本章的学习，要求学生了解全面预算发展过程及其内涵与作用；了解全面预算管理的基本流程，并在此基础上熟悉预算编制的一般过程和全面预算内容体系；熟练掌握全面预算编制基本方法，主要包括固定预算与弹性预算、定期预算与滚动预算、增量预算与零基预算等。

导入案例

中国黄金集团有限公司主要从事金、银、铜、钼等有色金属的勘察设计、资源开发、产品生产和贸易以及工程总承包等业务，是集地质勘探、矿山开采、选矿冶炼、产品精炼、加工销售、科研开发和工程设计与建设于一体的综合性大型矿业公司。集团旗下设有黄金、珠宝等七大板块；拥有国家级高新技术企业40家，数量位居行业之首；拥有遍布全国大中城市3 000余家的“中国黄金”品牌营销网点；拥有二级子公司70余家，分布于国内26个省区以及部分海外地区。

为了加强集团管理的控制与决策职能，增强公司发展战略与全面预算的结合度，改进全面预算目标的确定性，改善全面预算支持系统的环境，集团决定引进东华厚盾的全面预算系统并对其进行优化。实施全面预算管理系统时，考虑到企业业务板块繁杂，二级子公司众多，且分布于海内外，集团成立了专门项目组，与东华厚盾联合进行全面、详细和深入的调研分析，将各大业务板块相异的业务特点进行认真梳理和分析，最终形成了以业务为基础，实现业务与财务一体化的解决方案。

请问中国黄金集团有限公司为何要引进东华厚盾的全面预算系统并对其进行优化？集团又是如何优化的？取得了怎样的效果？

案例详细资料

第一节　全面预算管理概述

一、全面预算管理的发展历程

预算（budget）一词源于法文bougette，意思是指皮革制成的袋子或公文包。19世纪，英国财政大臣在提出下年度税收需求时常在议员们的面前打开其公文包，展示其需要的数字。约在1870年，“budget”一词即正式出现在财政大臣公文包中的文件上，这就是预算的由来。近代预算管理制度产生于英国，发展于美国。预算管理制度首先应用在政府机构，19世纪末开始应用于企业管理，大致经历了产生期、发展期和成熟期三个阶段。

美国企业最早将预算作为管理手段应用于企业管理。19世纪末20世纪初，企业规模的扩大使管理人员急剧增加，产生了分权化管理，如何使管理分权又不失控，成为一个突出问题。同时，由于机械化生产技术的快速发展，形成了机械化的大批量生产，企业生产过剩，市场低迷。最初，企业预算主要用于支出和经费的控制，以后又在产品销售、企业扩张和设备购置等方面采用预算控制。在理论方面，1911年，泰罗创建了“科学管理”学说，标准成本、差异分析等方法都成为在预算管理中常用的方法。1921年6月，美国国会颁布了《预算和会计法》（The Budget and Accounting Act），使预算管理的职能普遍为人们所了解，企业纷纷引入预算管理，预算管理成为一种重要的企业管理工具。1922年，被誉为美国管理会计创始人的著名学者麦金西（Mackiasey J.O.）出版了美国第一部系统论述预算控制的著作《预算控制》（Budgetary Control），将预算管理理论及方法从控制论的角度进行了详细介绍，该书的面世标志着企业预算管理理论的形成。其他国家如英国、日本、德国的一些企业开始仿效与采用，先后将预算管理制度应用于企业管理。1924年，日本将《预算控制》一书翻译成日文，颇受企业界青睐。在欧洲，德国学者Lehmaun M.R.于1925年所著的《工业成本计算》及其在1930年出版的《企业经济计划——商业预算》两本著作，都详细阐述了企业的经营计划，对企业界的预算管理制度的应用起到了相当大的作用。

20世纪30年代至20世纪70年代，企业预算管理先后受到会计理论及其他管理思想发展的影响，在管理方法、管理理论上都得到了一定的发展。第二次世界大战以后，科学技术迅速发展并大规模应用于企业生产，社会生产力获得迅速发展；与此同时，资本进一步集中，跨国公司大量涌现，企业规模越来越大，生产经营日趋复杂，竞争更加激烈，利润普遍下降。为了使企业在竞争中处于有利地位，西方会计学吸收了20世纪20年代发展起来的提高经营管理水平和经济效益的方法，如“行为科学管理”（behavior scientific management）学派、“数量管理”（quantitative management）学派、“系统管理”（system management）学派、“权变管理”（contingency management）学派都促进了企业预算管理的发展和完善。

进入20世纪80年代以后，随着信息时代的到来，企业预算管理趋于成熟，成为现代企业管理的一种重要管理方法。通信技术的突飞猛进和网络信息的发展，使企业预算管理的信息基础发生了根本性变化，从而极大地提高了企业收集、存储、分析和处理各种信息的能力，从而为企业的预算管理提供了速度更快、质量更高的预测、决策信息资料，使企业对未来的经营预测、预算目标的制定，特别是中长期预算目标的制定，有了更为可靠、科学的资料依据，从而有效地增强了企业在市场竞争中的预见性和应变能力，降低了企业的经营管理风险。20世纪80年代后期，企业逐渐使用ERP（enterprise resources planning，企业资源计划）系统，将企业内部运作划分成几个相互协作、相互支持的子系统，使企业将会计核算、管理会计、物料管理、生产制造、销售业务、质量控制、资产管理等环节全部纳入资源计划系统进行管理，使业务流、现金流和信息流融为一体，形成了一种面向企业供应链的计划管理新模式。但ERP系统的计划管理主要侧重于执行层面，计划的周期主要以天或者周为单位，对于以月、年为单位的经营计划，或者以3～5年甚至更长时间为周期的战略计划，ERP系统不能很好地实现相应的计划和预算功能。一些专注于进行预算管理的信息系统或产品大量涌现，如Hyperion、Cognos、SAS、SAP计划与合并系统等。这些产品能够更灵活地定义预算编制的周期，具有更丰富的预算编制功能，能更好地满足战略计划、运营计划管理的需要，并能与ERP系统的执行计划进行对接，使各种规模的企业都能够非常方便地进行预算的编制和分析。在预算理念上也有新的发展，国际高级管理联合会（CAM-I）欧洲分会提出“超越预算”（beyond budgeting），主张在“标杆”（benchmarking）基础上将战略与业绩评价指标体系结合起来，彻底摈弃预算管理。美国有两种主张：一是CAM-I美国分会的“作业预算”（ABB），即以流程改进或再造为基础，通过流程优化将战略导入流程，然后在优化的流程基础上编制作业预算，又将战略导入预算；二是卡普兰的“改良预算”，即在平衡计分卡（BSC）下，首先将财务、客户、内部运营、学习与成长四种业绩指标与战略连接起来，然后再从其中的财务指标出发推导预算所需要的基本数据。卡普兰的BSC预算与作业预算的结合，是目前西方企业预算理论和实务发展的主流。总之，经过百余年的运用、发展，预算管理已经日臻完善，趋于成熟，预算管理已经成为在市场经济中发达国家企业不可或缺的经营管理手段。

随着时代的变迁与经济体制的变革，预算管理在我国也经历了独特的发展历程。计划经济时期，基于我国财政预算制度，企业的生产、销售等全部被纳入财政预算，在国家的计划经济体制下运行。企业的预算附属于国家财政预算而成为国家财政预算的一个组成部分，没有形成自身完整、独立的预算管理体系。20世纪50年代以后，我国的部分企业开始实行定额管理，20世纪60年代又推广了班组核算管理，20世纪80年代又推行了内部银行、责任会计制度以及经济责任制、全面质量管理、市场预测、目标管理等18种企业管理方法，这些管理方法对强化企业管理都起到了一定的积极作用。

随着市场经济的发展，西方国家的企业现代化管理理论被引入我国，20世纪80年代初期，西方的管理会计理论被广泛采用，从而推动了全面预算管理在我国的应用。20世纪90年代，随着市场经济进程的加速，国内部分企业开始积极探索适合我国国情的企业预算管理模式。例如，以销售收入为导向的预算管理模式，以成本为导向的预算管理模式，以利润为导向的预算管理模式，以现金流为导向的预算管理模式等。2000年9月，原国家经济贸易委员会在颁布的《国有大中型企业建立现代企业制度和加强管理的基本规范（试行）》中明确提出，企业应“建立全面预算管理制度，以现金流量为重点，对生产经营各个环节实施预算编制、执行、分析、考核”。2001年4月，财政部颁布的《企业国有资本与财务管理暂行办法》中规定“企业对年度内的资本劳动与各项财务活动，应当实行财务预算管理制度”。2002年4月，财政部又颁布了《关于企业实行财务预算管理的指导意见》，进一步提出企业应实行包括财务预算在内的全面预算管理。这些行政规章的颁布，标志着企业全面预算管理这一科学的管理理念已经在我国各界得到了广泛认同，并进入到了规范和实施阶段。2010年财政部颁发了《企业内部控制应用指引第15号——全面预算》，旨在引导和规范企业加强全面预算管理各环节的风险管控，促进全面预算管理在推动企业实现发展战略过程中发挥积极作用。

目前，国内企业开展全面预算管理的时间不长，经验不足，遇到的问题比较多，如预算基础体系问题、预算目标问题、预算编制问题、预算监控与分析问题、预算调整与考核问题等。而从政府预算角度来看，经过党的十八大以来的改革，我国现代预算制度基本确立。党的二十大报告从战略和全局的高度，明确了进一步深化财税体制改革的重点举措，提出“健全现代预算制度”，为做好新时代新征程财政预算工作指明了方向、提供了遵循。

二、全面预算管理的内涵、特征和作用

（一）全面预算管理的内涵

预算是为实现特定目标而在预测的基础上以一定的方式对企业未来的经营活动和财务情况做出的详细规划与设计。全面预算是为实现企业目标而以货币及其他数量形式反映的有关企业未来一段时间内全部经营活动的行动计划与相应措施的数量说明。

而全面预算管理是以全面预算为手段对企业内部各部门、各单位的各种活动进行规划，并对相关财务及非财务资源进行配置、控制、考核，以便有效地组织和协调企业的经营活动，实现特定的经营目标。全面预算管理业务包括预算环境评估、预算基本设计、预算编制、预算执行调整、预算考评激励。

（二）全面预算管理的特征

1.全面预算管理是一项基础管理

全面预算管理必须建立与之相配套的财务信息系统、财务分析系统、财务预警系统、财务控制系统，从而确保预算的落实和目标的实现。

2.全面预算管理是一项目标管理

企业的预算具体表现为由销售、采购、生产、成本费用、现金预算、预计会计报表等预算所组成的预算体系，从本质上看是一种目标管理。它通过目标的提出，来指导企业的经营、投资、筹资和分配中的财务行为，并且通过目标分解，层层展开，具体落实。

3.全面预算管理是一项战略管理

首先，预算目标的定位体现出不同类型企业的战略重点；其次，预算模式的选择反映企业不同时期的竞争战略；再次，预算运行的控制可保障企业战略不同阶段的实施；最后，预算管理的推行支持企业战略决策的贯彻。预算目标应以企业战略目标为基础，没有战略导向性，预算管理就没有灵魂。全面预算管理以企业战略为出发点，通过规划未来的发展来指导现在的实践，是对企业战略目标的具体化与进一步量化。同时，全面预算管理运用价值管理的手段，使企业内部资源达到高度整合，将企业价值与各级组织的具体目标、岗位职责相联系，使业绩计量和业绩评价的战略导向性更加明确。

4.全面预算管理是一项资源管理

全面预算管理不仅是控制支出和安排资金的一种工具，更是一种使企业的资源获得合理配置和有效运用的管理模式。这种模式的基础是企业治理结构，起点是企业的发展战略，核心则是企业资源的重新整合。因此，全面预算管理的核心职能就在于对企业的业务流、资金流、信息流和人力资源进行全面整合，并通过事前的规划，将业务流和资金流按照职责范围落实到相应的责任人身上，再整合到信息体系中，从而实现“四流”的高效合一。

5.全面预算管理是一项系统管理

由于全面预算管理涉及企业内外的各种经济现象，属于一个多因素的、动态的、复杂的系统。因此，一方面，通过全面预算和责任预算的配合，实现全方位的系统管理；另一方面，通过预算编制、预算执行、预算调整、预算控制、预算分析、预算考核等环节的循环，实现事前、事中、事后的全过程的系统管理。

在全方位的预算管理中，必须解决内外部各组织、资源的协调问题。这种协调既包括企业内部资源与外部市场要求和市场状况的协调，又包括企业内部各种资源之间的相互协调。为此，全面预算管理需以企业的组织系统为基础，从全局出发，综合分析企业组织系统与外部经济环境的适应关系，协同企业内部各系统之间的联系，从而实现整体目标最优的系统性管理。

在全过程的预算管理中，必须明确各环节与企业目标之间的协同问题。这就表明，预算管理绝不只是财务部门的工作，而是企业各部门的一项系统管理工作。

（三）全面预算管理的作用

1.全面预算管理的规划作用

全面预算管理可以将管理人员采用不同行动的预计结果，在企业预算的精密模式中进行非常系统而具体的反映；将企业在运营环境中有可能发生并与企业关系密切而无法控制的事实通过货币形式反映出来。全面预算管理可以通过正式以及非正式的方式完成规划，如：企业长期目标的文字说明；使企业目标更能明确和具体化表达的特定标的的详细说明，包括产品类别、市场占有率及利润边际；为达成企业广泛目标及特定标的所采用的基本策略的详细说明；推行基本规划不可缺少的明细政策设计等。

2.全面预算管理的控制作用

控制一般认为是信息反馈的步骤。将有关过去绩效的信息（包括预计和实际的信息）提供给负责控制功能的人员，然后由这些人员加以参考利用，从而形成有效决策。预算目标的制定为企业管理控制、绩效评估及其信息反馈提供标准；同时，预算为管理提供了一个参考框架，指导企业经营活动，提供管理、控制活动的标准并进行相应的授权。预算通过对预定计划及目标的实际绩效的衡量，及时发现在执行过程中存在的偏差并确定偏差的大小，便于企业实施"例外管理原则"。

3.全面预算管理的沟通协调作用

全面预算对沟通协调的作用在于：（1）作为一项激励或推动部属努力达成企业目标的工具，高层主管或高层经理人可以通过预算表达未来发展战略和经营计划，减少部门之间的隔阂，成为企业内部沟通的工具；（2）企业预算可以作为上司和部属之间沟通意见的工具；（3）预算罗列了各部门应做的工作以及各部门之间的活动，能够协调各业务部门的行动，并保证一致性，将企业的目标、机会和业务计划向不同的部门传达。

4.全面预算管理的整合资源配置作用

经过预算委员会或高层经理人批准的预算能够清晰表达每个经理人需要负责的工作范围，每个部门完成的工作、需要的人力资源及财务资源。因此，预算可以优化人力资源和财务资源配置，协调分配企业内部各部门的作业活动需要的资源。

5.全面预算管理的绩效考核作用

预算代表着编制者对其上级做出的一项承诺，构成了实际业绩的基础，也是绩效考核的基础和比较对象。预算把责任分给组织内的每个责任中心。期末，企业预算还可以作为业绩评价的标准。预算代表了在预算期内对公司员工和部门行为结果的期望与要求，可以用来评价实际经营业绩，并依据预算进行考核、奖励来激励员工。

三、全面预算管理的组织架构

企业设置全面预算管理组织架构，应遵循合法科学、高效有力、经济适度、全面系统、权责明确等基本原则，一般包括全面预算管理决策机构、工作机构和执行单位。全面预算管理的具体组织结构，如图9-1所示。

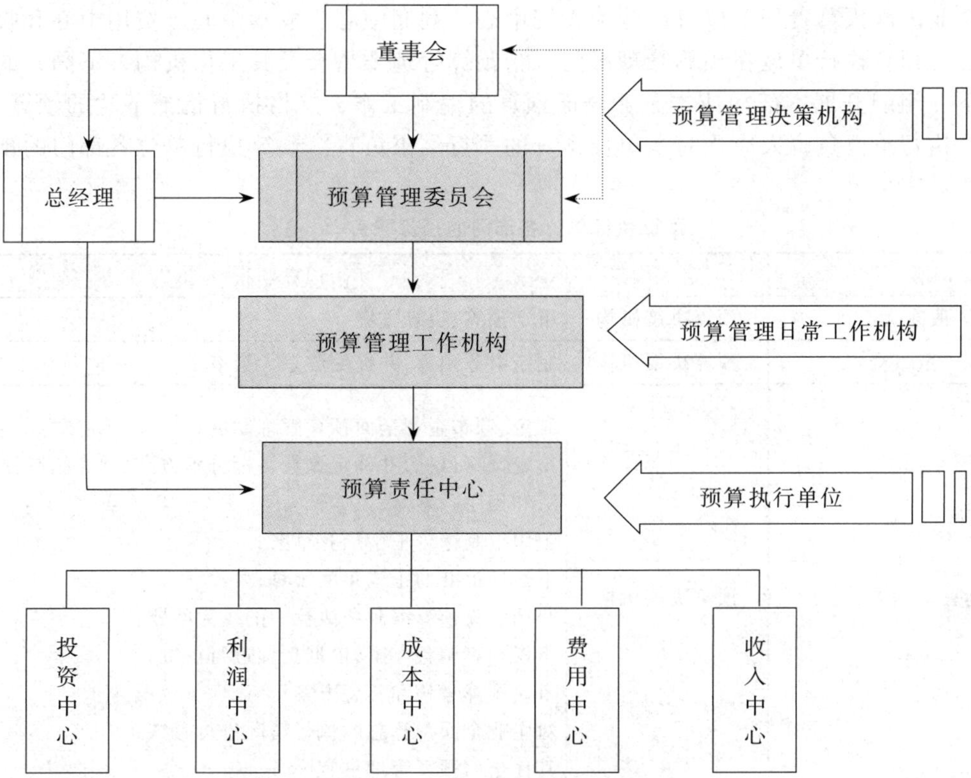

图9-1　全面预算管理组织结构图

（一）预算管理委员会

企业应当设立预算管理委员会，作为专门履行全面预算管理职责的决策机构。预算管理委员会成员由企业负责人及内部相关部门负责人组成，总会计师或分管会计工作的负责人应当协助企业负责人负责企业全面预算管理工作的组织领导。具体而言，预算管理委员会一般由企业负责人（董事长或总经理）任主任，总会计师（或财务总监、分管财会工作的副总经理）任副主任，其成员一般还包括各副总经理、主要职能部门（财务、战略发展、生产、销售、投资、人力资源等部门）、分（子）公司负责人等。

（二）全面预算管理工作小组

由于预算管理委员会一般为非常设机构，企业应当在该委员会下设立预算管理工作小组，由其履行预算管理委员会的日常管理职责。预算管理工作小组一般设在财会部门，其组长一般由总会计师（或财务总监、分管财会工作的副总经理）兼任，工作人员除了财务部门人员外，还应有计划、人力资源、生产、销售、研发等业务部门人员参加。

（三）全面预算执行单位

全面预算执行单位是指根据其在企业预算总目标实现过程中的作用和职责划分，承担一定经济责任，并享有相应权力和利益的企业内部单位，包括企业内部各职能部门、所属分（子）企业等。企业内部预算责任单位的划分应当遵循分级分层、权责利相结合、责任可控、目标一致的原则，并与企业的组织机构设置相适应。根据权责范围，企业内部预算责任单位可以分为投资中心、利润中心、成本中心、费用中心和收入中心。预算执行单位在预算管理部门（指预算管理委员会及其工作机构，下同）的指导下，组织开展本部门或本企业全面预算的编制工作，严格执行批准下达的预算。各预算执行单位负责人应当对本单位预算的执行结果负责。预算执行单位各部门的预算职责见表9-1。

表9-1　**预算执行单位各部门的预算职责**

部　门	定　位	预算职责
股东大会	预算决策机构	审定预算、决算方案
董事会	预算决策机构	制定财务预算，并提交股东大会审定
预算管理委员会	预算决策机构	制定、颁布企业全面预算管理制度； 拟定预算目标，并确定预算目标分解方案、预算编制方法和程序； 组织编制综合平衡预算草案； 下达经批准的正式年度预算； 协调解决预算编制和执行中的重大问题； 审议预算调整方案，依据授权进行审批； 审议预算考核和奖惩方案； 对企业全面预算总的执行情况进行考核； 其他全面预算管理事宜
预算管理工作小组	预算专职机构	拟定和修订预算管理制度； 拟订预算项目推进计划； 各单位预算项目推进与指导； 预算汇总分析； 预算矛盾协调等
各单位财务部	预算信息机构	本单位预算编制及汇总； 预算执行控制与分析
各单位责任中心	预算责任主体	责任中心预算编制； 责任中心预算执行及分析
审计监察部	预算审计机构	预算执行结果审计
各单位人力资源部	预算兑现机构	预算考核结果计算及兑现

随堂测9-1

第二节　预算编制主要方法

预算可以根据不同的预算项目，分别采用相应方法进行编制，常见的主要有：增量预算、零基预算、弹性预算、滚动预算、概率预算、作业预算。

一、增量预算

增量预算是在上期预算执行结果的基础上，考虑到预算期内的各种因素的变动，相应地增加或减少有关项目的预算数额。其用公式表示如下：

某项预算指标=基期实际指标×（1±x%）　　（公式9.1）

【例9-1】某公司销售部门2024年实际支出电费5 000元，考虑2025年业务量增加20%、单位电费节约10%的因素，则2025年电费预算为：

5 000×（1+20%）×（1−10%）=5 400（元）

增量预算的假定是：企业现有的每项业务活动都是必需的；现有的费用开支水平是合理且必需的；增加费用预算是值得的。

这种方法的优点是编制方法简单，工作量小；而缺点在于增量预算以过去的经验为基础，实际上是承认过去所发生的一切都是合理的，主张不需要在预算内容上进行较大改进，而是沿袭以前的预算项目。因此，采用该方法的不足之处有：

（1）受到原有费用项目与预算内容的限制。由于按增量预算方法编制预算，可能会不加分析地保留或接受原有的成本项目，可能使原来不合理的费用开支继续存在下去，从而形成不必要的开支合理化，进行造成预算上的浪费，可能导致保护落后。

（2）容易导致预算中的“平均主义”和“简单化”。采用此法，容易造成预算编制人员凭主观臆断按成本项目平均削减预算或只增不减的现象，不利于调动各部门降低费用的积极性。

（3）可能对企业未来发展考虑得不够充分。按照这种方法编制的费用预算，对于那些未来实际需要开支的项目，可能会因没有考虑未来情况的变化而造成预算不够确切的问题。

二、零基预算

零基预算是在编制预算时，对预算支出均以零为基础，从实际需要与可能出发，根据预算期内的经营目标、工作计划和范围，逐项审核各项费用开支的必要性、合理性及数额的大小，从而确定预算成本费用的一种预算方法。零基预算是增量预算的改进。

其具体步骤为：（1）确定预算目标。各有关部门根据企业的总体目标，说明每项业务的性质和目的，详细列出每项业务所需的开支和费用。（2）对预算目标进行必要性分析。对每个费用开支项目进行成本效益分析，将其所得与所费进行对比，说明某种费用开支将会给企业带来什么影响；然后把各个费用开支项目在权衡轻重缓急的基础上，分成若干层次，并排出先后顺序。（3）确定层次顺序，分配资金，确定预算指标。按照上述（2）所确定的层次顺序，对预算期内的可动用资金进行分配，落实预算。

【例9-2】某企业按零基预算方法编制销售费用和管理费用预算。在预算期内，该企业可用于销售和行政管理方面的资金总额为500 000元。销售费用和管理费用预算编制如下：

（1）由企业的销售部门和行政管理部门根据本部门的预算目标和具体任务，提出本部门的费用预算方案，确定以下开支费用项目及其相关数据：

销售佣金　　　　56 000元
运输费　　　　157 000元
广告费　　　　　　85 000元
管理人员工资　　　20 000元
差旅费　　　　　　34 000元
办公费　　　　　　23 000元
职工教育经费　　　25 000元
保险费　　　　　　40 000元
税金　　　　　　　63 000元
业务招待费　　　　80 000元

其中，广告费、职工教育经费和业务招待费属于酌量性费用。

（2）酌量性费用成本效益分析见表9-2。

表9-2　**酌量性费用成本效益分析表**　金额单位：元

项　目	各期平均发生额	各期平均收益额	成本收益率	重要性程度
广告费	70 000	567 000	8.1	0.519
职工教育经费	20 000	100 000	5.0	0.321
业务招待费	100 000	250 000	2.5	0.160
合　计			15.6	1.000

（3）将预算期实际可用资金在各费用项目之间进行分配。

①全额满足约束性费用的资金需求：

资金总额=56 000+157 000+20 000+34 000+23 000+40 000+63 000
=393 000（元）

②将剩余的资金107 000元在酌量性费用项目之间进行分配：

广告费分配资金=107 000×0.519=55 533（元）

职工教育经费分配资金=107 000×0.321=34 347（元）

业务招待费分配资金=107 000×0.160=17 120（元）

零基预算适合于产出难以辨认的服务性部门，如学校、预算事业单位。其优点有：

（1）可以合理有效地进行资源分配，将有限经费用在关键项目上，不受原有费用项目的限制。

（2）促进各部门精打细算，调动各方面降低费用的积极性。这种方法有利于充分发挥各级管理人员的积极性、主动性和创造性，促进各预算部门精打细算，量力而行，合理使用资金，提高资金的利用效果。

（3）有助于企业考虑未来的发展。由于这种方法以零为出发点，对一切费用一视同仁，因此，有利于企业在未来发展中考虑预算问题。

零基预算的缺点是在预算编制过程中工作量大、费用高，而且评价多有主观性，容易引起各部门之间的矛盾。

三、弹性预算

弹性预算是在固定预算方法的基础上发展起来的一种预算方法。根据计划期或预算期可预见的不同业务量的水平，分别编制相应的预算，以反映在不同业务量水平下所应发生的费用和收入水平。弹性预算随业务量的变动做相应的调整，考虑计划期内业务量可能发生的多种变化，是为了使预算与实际具有可比性并根据本量利之间的函数关系而编制的一种预算方法，又称变动预算。

一般来说，弹性预算主要涉及各种间接费用的预算，如间接制造费用、营业费用等预算。直接材料费用和直接人工费用随业务量正比例变动，可以通过标准成本控制，不一定编制弹性预算。

弹性预算的编制方法如下：

1.弹性预算的编制步骤

（1）选择和确定预算内容相关的业务量的计量标准和范围，如产销量、材料消耗量、直接人工小时、机器工时和价格等。

（2）计算、确定各经济变量之间的数量关系，预测计划期或预算期可能达到的各种经营活动业务量。例如，随业务量增减变化而变化的变动成本，计划其每单位业务量所负担的某种成本费用，计算公式为：

单位业务量应负担的某种成本费用=该种成本费用的数额÷某种业务量

某种业务量应负担的某种成本费用=该种业务量×单位业务量应负担的某种成本费用

（3）计算各种业务量的预算数额，并以公式、列表等方式表示。

弹性预算方法实际上仅指变动成本具有弹性。

2.弹性预算的表达方式

弹性预算的表达方式主要有公式法、列表法、比率法（略）等。

（1）公式法。

预算成本÷费用=固定成本÷费用+单位变动成本÷费用×业务量

只要在预算中列示固定成本÷费用和单位变动成本÷费用，就可以利用公式计算任何业务量的预算成本÷费用。但是，阶梯成本和曲线成本只能利用数学方法修正为直线；必要时，还需要在备注中说明不同的业务量范围内采用不同的公式。

（2）列表法。

在确定的业务量范围内，划分出各个不同的水平，然后分别计算各项预算成本，汇总列入一个预算表格。在使用列表法时，业务量之间的间隔根据实际情况确定。

【例9-3】A公司在预算期年度内固定制造费用为500 000元，其中，办公费160 000元，折旧费240 000元，租赁费100 000元。A公司预计生产甲产品5 000只，单位成本构成如下：

直接材料	200元
直接人工	150元
变动制造费用	130元
其中：间接材料	50元
间接人工	60元
动力费	20元

根据上述资料，试编制A公司弹性生产成本预算。

编制的弹性生产成本预算见表9-3。

表9-3 **弹性生产成本预算表** 金额单位：元

项　目	单位成本	预计生产量(只)			
		3 500	4 000	5 000	5 500
变动成本					
直接材料	200	700 000	800 000	1 000 000	1 100 000
直接人工	150	525 000	600 000	750 000	825 000
变动制造费用	130	455 000	520 000	650 000	715 000
其中：间接材料	50	175 000	200 000	250 000	275 000
间接人工	60	210 000	240 000	300 000	330 000
动力费	20	70 000	80 000	100 000	110 000
合　计	480	1 680 000	1 920 000	2 400 000	2 640 000
固定制造费用					
其中：办公费		160 000	160 000	160 000	160 000
折旧费		240 000	240 000	240 000	240 000
租赁费		100 000	100 000	100 000	100 000
合　计		500 000	500 000	500 000	500 000
生产成本总计		2 180 000	2 420 000	2 900 000	3 140 000

由于市场形势的变化和生产经营的季节性，实际发生的经济变量与预算变量往往不一致。弹性预算的出现，使不同的经济指标水平或同一经济指标的不同业务量水平可以计算相应的预算额。因此，在实际业务量发生之后，可以将实际发生量同相应的预算数进行对比，以揭示生产经营过程中的问题。弹性预算的缺点是预算的时间长，在执行期可能出现意外事件，使现有预算不能完全适应企业未来经济活动，年初预算的相关性较低；同时，所剩预算期逐渐变短，会促使管理人员考虑未来较短期的业务活动，缺乏长远打算。

四、滚动预算

滚动预算是在定期预算的基础上发展起来的一种预算方法，随着时间的推移和预算的执行，预算的时间不断延伸，预算的内容不断补充，整个预算处于滚动状态的一种预算方法。

滚动预算编制方式的基本原理是选取一定的滚动预算时间间隔点（如月度、季度），到时间间隔点之前重新进行或者修订预算，从而保证每月或每季管理都有最新的预算可以参照。也就是说，预算期永远保持在12个月，每过1个月，立即在期末增列1个月的预算，逐期往后滚动。因而，在任何一个时期都使预算保持在12个月的时间跨度，又称“连续编制方式”或“永续编制方式”。

其编制方法为：采用长计划、短安排的方法，在基期编制预算时，先将年度分季，并将其中第一季度按月划分，建立各自的明细预算数字，以便监督预算的执行；其他三季的预算可以粗略一点，只列各季总数，到第一季度结束前，再将第二季度预算按月细分，第三季度、第四季度以及下年的第一季度，只需列出各级总数，以此类推。

滚动预算示意图，如图9-2所示。

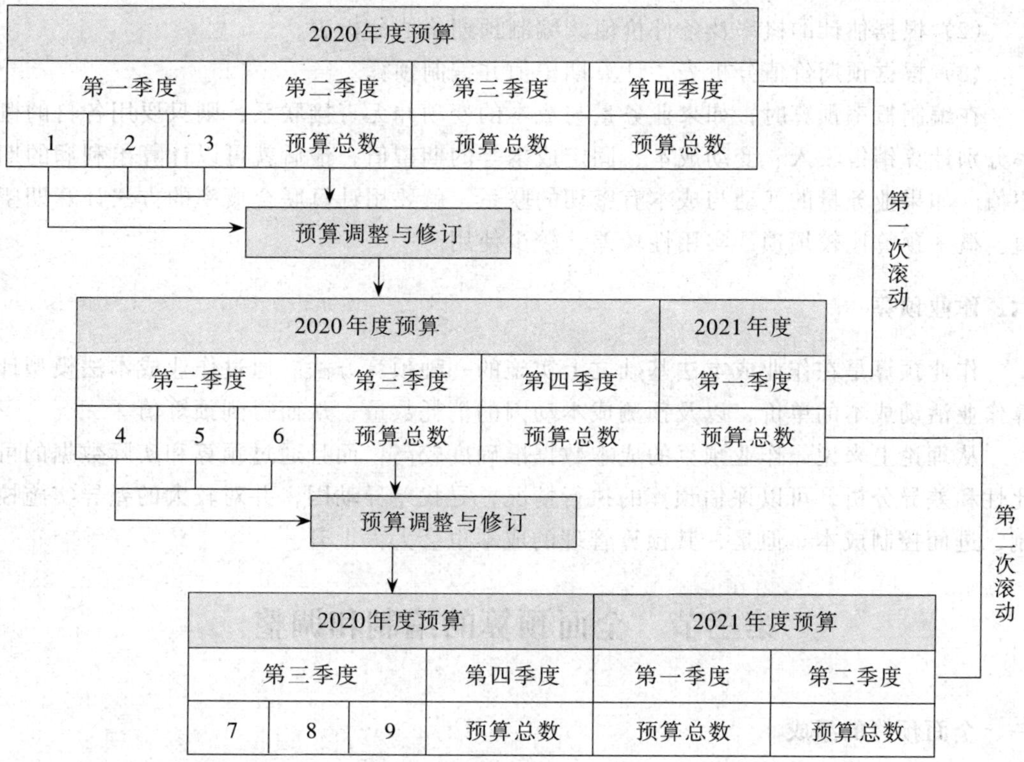

图9-2 滚动预算示意图

滚动预算的调整应遵守以下调整原则：对于短周期预算项目和变动性大的项目可以月度滚动，如现金流量预算、业务预算、项目预算等；对于稳定性比较高的预算项目可以季度滚动，如费用、计划内资本支出等预算项目。

实施滚动预算基于动态的环境，最新信息的更新使得预算更加准确，能够为管理层提供更加及时的信息，有利于企业短期目标的实现。滚动预算可以保持预算的完整性、持续性，从而有利于从动态预算中把握企业的未来，能够使各级管理人员始终对未来12个月的生产经营活动有所考虑和规划，进而有利于生产经营活动稳定、有序地进行。滚动预算有利于管理人员对预算资料做经常性的分析研究，并能根据当前预算的执行情况加以修改，这些都是传统的定期预算编制方式所不具备的。但是，这种预算需要投入更多的时间和资源，需要信息技术的支持，否则滚动预算所需要的资源和时间无法符合成本效益原则。

五、概率预算

概率预算是在编制预算时，根据有关预算指标的概率计算期望值来确定预算指标的方法。概率预算是对确定或者定值预算的改进。概率预算实际上是一种修正的弹性预算，即将每一事项可能发生的概率结合应用到弹性预算的变化之中。

概率预算的编制方法利用期望值原则，具体如下：

$$期望值=\sum 某种状态下的预算指标水平 \times 该种状态下的概率$$

（1）确定有关变量预计发生的水平，并为每个变量的不同水平的发生估计一个概率，可以根据历史资料或者经验进行判断；

（2）根据估计的概率及条件价值，编制预期价值分析表；

（3）根据预期价值分析表，计算期望值并编制预算。

在编制概率预算时，如果业务量与成本的变动并无直接联系，则只要用各自的概率分别计算销售收入、变动成本、固定成本等的期望值，最后就可以计算出利润的期望值。如果业务量的变动与成本有密切的联系，就要用计算联合概率的方法计算期望值。概率预算比较烦琐，实用性较差，较少使用。

视频

几种预算的编制方法

随堂测9-2

六、作业预算

作业预算是在作业成本法基础之上实施的一种预算方法。通过作业成本法模型计算作业活动成本的单价，以及预测成本动因的消耗数量，从而得到预算值。

从理论上来说，作业预算的成本数据准确度较高，而且通过预算和实际数据的可比性和差异分析，可以评估预算的执行情况，寻找差异动因，并对较大的差异实施控制，进而控制成本。但是，其预算管理的成本也会大大上升。

第三节　全面预算的编制和调整

一、全面预算的组成

全面预算从大类上分为经营预算、资本预算、筹资预算、财务预算。

（一）经营预算（业务预算）

经营预算（业务预算）反映在预算期内企业可能形成现金收付的生产经营活动的预算，表明了预算年度每个责任中心和企业整体的收入与费用的详细情况。经营预算（业务预算）包括营业收入预算、生产预算、采购支出预算、产品成本预算、期间费用预算等。这种预算通常以1年为期，然后可再划分为季、月或周。

（二）资本预算

资本预算包括已获批准的投资方案以及不需要获得高层批准的小规模投资方案的总量。资本预算涵盖的期间较长，甚至可达到10年以上。资本预算是企业对在预算期内进行资本性投资活动的预算，包括权益性资本投资预算、固定资产投资预算和债券投资预算等。在这些预算中，相关的现金流入也应列入资本预算。

（三）筹资预算

筹资预算主要包括经营筹资预算和项目筹资预算。经营筹资预算要结合现金流量预算编制，项目筹资预算与资本预算有关。

（四）财务预算

财务预算主要以现金流量预算、预计资产负债表、预计利润表等形式来反映。现金流量预算按照现金流量表项目编制，以业务预算、资本预算、筹资预算为基础，是其他预算中的有关现金收支的汇总，作为企业资金头寸调控管理的依据，可以按照直接法编制，也可以按照间接法编制。预计资产负债表按照资产负债表的格式编制。预计利润表按照利润表的格式编制。

全面预算体系，如图9-3所示。

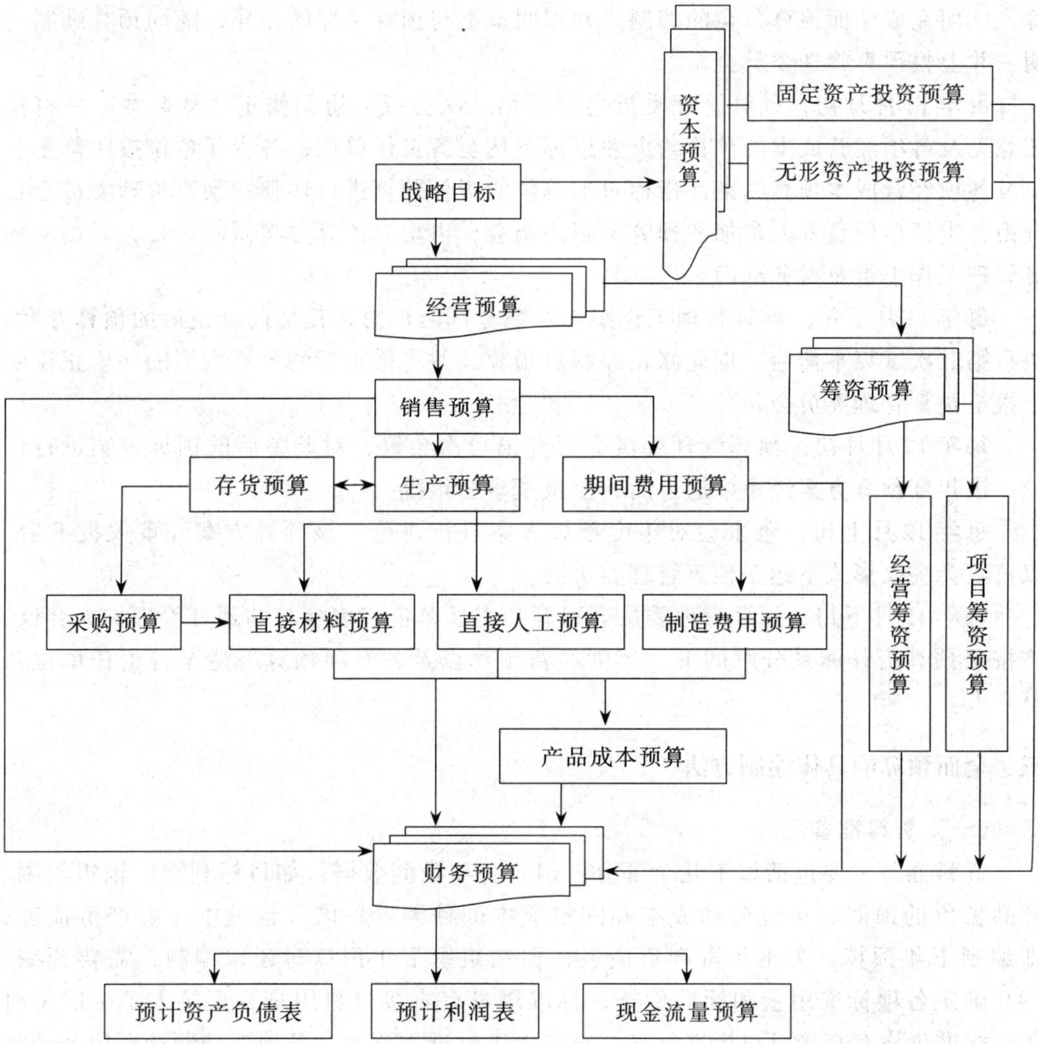

图9-3　全面预算体系

视频
全面预算的种类和作用

二、全面预算的编制流程

下面以大型企业为例进行具体说明。

每年10月月初，董事会确定下一年度经营战略目标，包括利润目标以及国有资产保值增值目标等。

每年10月上旬，预算管理委员会召开第一次会议，根据本企业的经营目标，下达预算目标，并确定当年预算编制政策、方法和程序。

每年10月中旬，由各职能部门按照预算目标，制订本部门下一年度工作计划，经归口部门汇总并报主管副总审核后，上报预算管理委员会审批。

每年10月下旬，各责任单位根据经审批的部门年度计划编制部门或分公司责任预算，上报至预算管理工作小组及财务部门，由其汇总并进行第一次试算平衡，提出各项经营成本预算的约束性指标，并据此编制现金流量预算、筹资预算以及财务预算，从而完成全面预算草案的编制，并列明草案与预算目标的差异，随同预算编制说明一并上报预算管理委员会。

每年11月月初，预算管理委员会召开第二次会议，协调修正预算草案，并将修正意见及各项经营成本的预算约束性指标下达至各责任单位；各责任单位按照修正意见及各项经营成本预算约束性指标对本单位的责任预算进行调整；预算管理委员会召开由各责任单位负责人参加的预算编制协调会，再次对预算方案做出调整，并提交预算管理工作小组及财务部门。

每年11月下旬，预算管理工作小组及财务部门汇总责任部门修正后的预算方案，进行第二次试算平衡后，据此修正编制总预算，并将修正后的预算方案随同修正说明上报至预算管理委员会。

每年12月月初，预算管理委员会召开第三次会议，对调整后的预算方案进行讨论，该年度预算方案经审议通过后，上报董事会审批。

每年12月上旬，董事会对年度预算方案进行讨论，该预算方案经审议批准后，以董事会决议形式下达至预算管理委员会。

每年12月下旬，预算管理委员会召开各责任单位代表参与的预算管理扩大会议，将按照预算责任体系分解的下一年度经营预算以及各专项预算下达至各责任单位乃至个人。

三、全面预算的具体编制方法

（一）资料准备

资料准备主要包括以下几个部分：（1）各项预测数据，如目标利润、销售预测、产品售价的预测、单位变动成本和固定成本的预测等；（2）预编本年资产负债表，即编制下年预算，需本年资产负债表，但在组织下年预算时还未编制，需要预编；（3）确定各项标准用量和标准价格，标准用量有直接材料用量、直接人工标准工时等，标准价格有直接材料标准价格、直接人工标准工资率、各项变动制造费用及销售管理费用标准分配率、固定制造费用及销售管理费用标准支出额；（4）相关财务政策，主要有信用政策（各季销售回款占当季销售额的比率、各季采购付款金额占采购额的比率），以及存货政策（各季末产品存货数量占下季销售量的比率、各季末材料存货占下季生产用量的比率）。

【例9-4】 A公司准备编制2025年度预算，假设不考虑流转税，该公司2024年度预计资产负债表（简表）见表9-4。

表 9-4　　2024 年度预计资产负债表（简表）　　单位：元

资　产	期末余额	负债和所有者权益	期末余额
流动资产		流动负债	
货币资金	8 000	应付账款	2 350
应收账款	6 200	非流动负债	
存货	2 400	长期借款	9 000
其中：原材料	1 500	负债合计	11 350
产成品	900		
流动资产合计	16 600		
非流动资产		所有者权益	
固定资产	35 000	实收资本	20 000
减：累计折旧	4 000	留存收益	16 250
非流动资产合计	31 000	所有者权益合计	36 250
资产总计	47 600	负债和所有者权益总计	47 600

（二）销售预算

销售预算主要是根据预计销量和预计单价测算销售收入，根据信用政策测算现金流入，作为编制现金预算的依据。

预计销售收入=预计销售量×预计销售单价

本期销售回款=本期销售本期收回+上期销售本期收回+下期销售本期预收

【例 9-5】A 公司生产和销售甲产品，其 2025 年度和 2026 年第一、二季度的销售预测见表 9-5。其中，在各季度的销售额中，60% 的货款于本季度收到，另外 40% 的货款将于下季度收到。依据预计销量和预计单价编制的销售预算见表 9-6。

表 9-5　　销售预测表

项　目	2025 年第一季度	2025 年第二季度	2025 年第三季度	2025 年第四季度	2026 年第一季度	2026 年第二季度
数量(件)	100	150	200	150	180	200
单价(元/件)	200	200	200	200	200	200

表 9-6　　销售预算表

项　目	第一季度	第二季度	第三季度	第四季度	全　年
销售量(件)	100	150	200	150	600
销售单价(元/件)	200	200	200	200	—
预计销售额(元)	20 000	30 000	40 000	30 000	120 000
收到上季度应收销货款(元)	6 200	8 000	12 000	16 000	42 200
收到本季度销货款(元)	12 000	18 000	24 000	18 000	72 000
现金收入(元)	18 200	26 000	36 000	34 000	114 200

（三）生产预算

生产预算是用来安排企业在预算期的产品生产，根据预计销售量、期末预计产品库存量和期初预计产品库存量来计算预计生产量。存在不同产品品种和生产车间的情况下，按产品品种和生产车间分别编制生产预算。

预计生产量=期末预计产品库存量+预计销售量-期初预计产品库存量

【例9-6】沿用【例9-5】，假设A公司期末库存量按下期销售量的10%确定，期初存货为10件，则A公司2025年各季度的生产预算见表9-7。

表9-7 **生产预算表** 单位：件

项　目	第一季度	第二季度	第三季度	第四季度	全　年
预计销售量	100	150	200	150	600
加：期末存货	15	20	15	18	—
减：期初存货	10	15	20	15	—
预计生产量	105	155	195	153	608

（四）直接材料预算

直接材料预算是用来确定：（1）预算期材料的采购数量和采购成本，编制主要依据预计生产量、材料单耗量、期末与期初预计材料库存量、单位采购成本；（2）根据供应商的信用政策确定材料款现金支付，以便于编制现金预算。

预计材料采购量=预计材料耗用量+期末预计材料库存量-期初预计材料库存量

本期支付材料款=本期采购本期支付+上期采购本期支付+下期采购本期预付

【例9-7】沿用【例9-6】，假设单位产品材料用量为10千克/件，材料采购单价为5元/千克。材料采购款40%在本季度付清，剩余60%在下季度付清，期末材料库存量按下期生产耗用量的20%确定，期初材料库存量为300千克，则A公司2025年各季度的直接材料预算见表9-8。

表9-8 **直接材料预算表**

项　目	第一季度	第二季度	第三季度	第四季度	全　年
生产量（件）	105	155	195	153	608
消耗定额（千克/件）	10	10	10	10	10
生产用量（千克）	1 050	1 550	1 950	1 530	6 080
加：期末材料（千克）	310	390	306	364	364
减：期初材料（千克）	300	310	390	306	300
材料采购量（千克）	1 060	1 630	1 866	1 588	6 144
材料单价（元/千克）	5	5	5	5	5
材料采购金额（元）	5 300	8 150	9 330	7 940	30 720
应付上季度（元）	2 350	3 180	4 890	5 598	16 018
应付本季度（元）	2 120	3 260	3 732	3 176	12 288
现金支出（元）	4 470	6 440	8 622	8 774	28 306

（五）直接人工预算

直接人工预算是根据预计生产量、单位产品标准或定额工时和小时工资率编制。若产品需耗用不同工种的人工，则按工种分别编制。工资一般全部用现金支付。

直接人工预算=预计产量×标准工时×小时工资率

【例9-8】沿用【例9-6】，假设单位产品工时为2小时/件，单位工时人工费用为

10元/小时，则A公司2025年各季度的直接人工预算见表9-9。

表9-9 直接人工预算表

项 目	第一季度	第二季度	第三季度	第四季度	全 年
预计产量（件）	105	155	195	153	608
工时定额（小时/件）	2	2	2	2	2
总工时（小时）	210	310	390	306	1 216
小时工资率（元/小时）	10	10	10	10	10
直接人工成本（元）	2 100	3 100	3 900	3 060	12 160

（六）制造费用预算

制造费用预算包括固定性制造费用预算和变动性制造费用预算两部分，其中，固定性制造费用按照具体的组成项目确定，变动性制造费用根据预计生产量或直接人工总工时（多品种生产条件下）和预计小时费用率编制。制造费用预算有的项目是不需要支付现金的，而有的项目要预付或者缓付，为便于编制现金预算，应测算清楚预计现金支出。

制造费用=预计产量×标准工时×小时费用率

【例9-9】 沿用【例9-6】，假设单位产品间接人工费用为1元/件，间接材料费用为1元/件，设备修理费用为2元/件，水电气费用为1元/件，全部在当期以现金支付。A公司2025年各季度的固定制造费用预计见表9-10。依据固定制造费用相关数据编制的制造费用预算见表9-11。

表9-10 固定制造费用预计表 单位：元

项 目	第一季度	第二季度	第三季度	第四季度
修理费用	1 000	1 140	900	900
折旧费用	1 000	1 000	1 000	1 000
固定人工费用	200	200	200	200
保险费用	75	85	110	190
相关税收	100	100	100	100
合 计	2 375	2 525	2 310	2 390

表9-11 制造费用预算表 金额单位：元

项 目	第一季度	第二季度	第三季度	第四季度	全 年
预计产量（件）	105	155	195	153	608
变动制造费用	525	775	975	765	3 040
固定制造费用	2 375	2 525	2 310	2 390	9 600
减：累计折旧	1 000	1 000	1 000	1 000	4 000
合 计	1 900	2 300	2 285	2 155	8 640

（七）产品成本及期末存货预算

产品成本及期末存货预算是根据直接材料预算、直接人工预算、制造费用预算以及期末产成品存货数量来编制的。

【例 9-10】沿用【例 9-7】【例 9-8】【例 9-9】，A 公司 2025 年度产品成本及期末存货预算见表 9-12。

表 9-12　**产品成本及期末存货预算表**

项　目	单位价格	单位用量	数　额
直接材料	5 元/千克	10 千克	50 元
直接人工	10 元/小时	2 小时	20 元
单位产品制造费用	—	—	20.78947 元
单位产品成本	—	—	90.78947 元
期末存货量	—	—	18 件
期末存货成本	—	—	1 634.21 元

单位产品制造费用=(3 040+9 600)÷608=20.78947(元)

(八) 销售费用与管理费用预算

销售费用与管理费用预算是在产品销售过程中发生的费用和企业行政管理开支的预算。其编制方法与制造费用预算编制方法类似，也包括固定性费用和变动性费用两部分。如果包括非付现项目，也应对其扣除以确定现金支出。

【例 9-11】A 公司 2025 年度预计销售人员工资 2 000 元，广告费用 5 500 元，包装及运输费 3 000 元，保管费用 2 700 元；管理人员工资 4 000 元，福利费用 800 元，保险费用 600 元，办公费用 1 400 元。A 公司编制的销售费用与管理费用预算见表 9-13。

表 9-13　**销售费用与管理费用预算表**　单位：元

项　目	金　额
销售费用：	
工资	2 000
广告费用	5 500
包装及运输费	3 000
保管费用	2 700
管理费用：	
工资	4 000
福利费用	800
保险费用	600
办公费用	1 400
合　计	20 000
每季度支付费用	5 000

(九) 专门预算

专门预算是不经常发生的、一次性的重要决策预算，其直接反映相关决策结果，是对实际入选方案的进一步规划，常见的有项目总投资估算表、项目融资规划表等。

（十）现金流量预算

现金流量预算主要是合理规划现金的收入和支出，编制基础是经营预算和专门决策预算。现金流量预算主要包括四个方面的内容：现金收入、现金支出、现金余缺、资金筹集与运用。

【例 9-12】A公司2024年12月31日从银行取得长期借款9 000元，3年到期，每年年末付息，到期偿还本金，年利率为12%；短期借款在现金短缺期初借入，现金多余期末还款，并在还本时付息，年利率为10%，借款金额为1 000元的整数倍。该公司每季度末最低现金余额为6 000元。根据特殊预算得知，A公司准备在2025年第二季度购入设备一台，价值10 000元，另外在第二、四季度各支付股利8 000元。依据前述经营预算的数据及上述资料编制2025年各季度的现金流量预算，见表9-14。

表 9-14　　　　**现金流量预算表**　　　　单位：元

项　目	第一季度	第二季度	第三季度	第四季度	全　年
期初现金	8 000	8 730	6 890	7 533	8 000
加：现金收入	18 200	26 000	36 000	34 000	114 200
可动用现金合计	26 200	34 730	42 890	41 533	122 200
减：现金支出					
直接材料	4 470	6 440	8 622	8 774	28 306
直接人工	2 100	3 100	3 900	3 060	12 160
制造费用	1 900	2 300	2 285	2 155	8 640
销售及管理费用	5 000	5 000	5 000	5 000	20 000
购置设备		10 000			10 000
支付所得税	4 000	4 000	4 000	4 000	16 000
股利支付		8 000		8 000	16 000
现金支出合计	17 470	38 840	23 807	30 989	111 106
现金不足或节余	8 730	-4 110	19 083	10 544	11 094
筹措资金					
向银行借款		11 000			11 000
归还借款			11 000		11 000
支付利息			550	1 080	1 630
期末余额	8 730	6 890	7 533	9 464	9 464

（十一）预计利润表

预计利润表是反映预算期内企业的经营成果，是衡量企业预算期内经营绩效的标杆，编制依据是前述各项经营预算和现金流量预算。

【例 9-13】根据前述经营预算的数据，编制A公司2025年度预计利润表（简表）见表9-15（保留两位小数）。

表 9-15　　　　预计利润表（简表）　　　　单位：元

项　目	本期金额
营业收入	120 000
减：营业成本	54 465.79
毛利	65 534.21
减：销售及管理费用	20 000
财务费用	
其中：利息费用	1 630
利润总额	43 904.21
减：所得税费用	16 000
净利润	27 904.21

（十二）预计资产负债表

预计资产负债表是反映企业预算期末财务状况的预算报表，是在预算期初资产负债表的基础上，依据前述所编制的各种预算编制而成。

【例 9-14】根据前述经营预算的数据，编制 A 公司 2025 年度预计资产负债表（简表）见表 9-16。

表 9-16　　　　预计资产负债表（简表）　　　　单位：元

资　产	期末余额	负债和所有者权益	期末余额
流动资产		流动负债	
货币资金	9 464	应付账款	4 764
应收账款	12 000	非流动负债	
存货	3 454.21	长期借款	9 000
其中：原材料	1 820	负债合计	13 764
产成品	1 634.21		
流动资产合计	24 918.21		
非流动资产		所有者权益	
固定资产	45 000	实收资本	20 000
减：累计折旧	8 000	留存收益	28 154.21
非流动资产合计	37 000	所有者权益合计	48 154.21
资产总计	61 918.21	负债和所有者权益总计	61 918.21

（十三）预算准备费

预算准备费是在编制全面预算时，预留用于预算外支出的经费额度，一般可以按年预算成本费用总额的一定比例（5%～10%）测算。预算部门根据预算管理经验、预算编制争议程度和预算不确定性程度，向预算管理委员会提出准备费具体提留比例，经审议确定。预算年度出现客观环境和内部条件发生重大变化、经营计划进行重大调整以及其他不可预测因素发生的，经预算部门建议和预算管理委员会批准，可以动用预算准备费。

四、全面预算的调整

1.全面预算调整的过程

企业内部预算执行单位在执行过程中由于市场环境、经营条件、国家法规政策等发生重大变化，或公共紧急事件等致使预算的编制基础不成立，或者将导致预算执行结果产生重大差异的，经企业决策机构批准，可以调整预算。

如果需要调整预算，首先应由预算执行人或编制人提出申请。调整申请应说明调整的理由（如内外环境发生怎样的变化、执行原预算遇到怎样不可克服的困难或损失等）、调整的初步方案（具体的调整时点、调整方法等）、调整前后的预算指标对比（调整后的预算指标测算、指标前后对比的差异、相应的补偿措施等）以及调整后预算的负责人、执行人等情况。企业预算管理部门应当对预算执行单位提交的预算调整报告进行审核分析，集中编制年度预算调整方案，提交决策机构审议批准，然后下达执行。对于不符合上述要求的预算调整报告和调整方案，预算管理部门和企业决策机构应当予以否决。

2.全面预算调整的原则

（1）不随意调整原则。预算方案一经批准，在一般情况下不得随意调整预算。

（2）内部挖掘原则。当不利于预算执行的重大因素出现后，应首先通过内部挖掘或采取其他措施弥补，只有在无法弥补的情况下，才能提出预算调整申请。

（3）积极调整原则。当外部环境和内部条件发生重大变化时，应积极主动地提出预算调整申请，以保证预算方案符合客观实际情况。

由于预算调整属于非正常事项，而且其牵扯面广，对其他相关部门也会产生影响，并且可能引起一系列的变化，因此，预算调整需要从严把握。鉴于此，预算调整的审批权限应该高度集中。通常，预算的编制及重大调整均应在董事会的领导下进行。

随堂测9-3

本章小结

凡事预则立不预则废，全面预算管理已经拥有超过百年的历史，进入较为成熟的发展阶段。全面预算管理业务包括预算环境评估、预算基本设计、预算编制、预算执行调整、预算考评激励。其中，预算编制、预算执行和预算考核是每年全面预算管理的必要环节。全面预算从大类上可分为经营预算、资本预算、筹资预算、财务预算。预算编制的方法有很多，常见的有：固定预算与弹性预算；定期预算与滚动预算；增量预算与零基预算。企业可以根据自身的特点和需要选择使用，并按照全面预算的编制流程进行编制。企业内部预算执行单位在执行过程中由于市场环境、经营条件、国家法规政策等发生重大变化导致原来预算无法实施的，经企业决策机构批准，可以调整预算。

本章练习

1.某公司只生产一种产品，销售单价为每件200元，预计年度内四个季度的销售量经测算分别为250件、300件、400件和350件。根据以往经验，销货款在当季可收到60%，在下一季度可收到其余的40%。预计预算年度第一季度收回上年第四季度的应收账款为20 000元。

要求：编制本年各季度的销售预算和现金收入预算。

2.某公司当年1月、2月销售额都为10万元，自3月起销售额增长至20万元，公司当月收款20%，次月收款70%，余额在第三个月收回。该公司在销售前一个月购买材料，并且在购买后下一个月支付货款，原材料成本占销售额的70%，其他费用见表9-17。假设该公司2月底的现金余额为50 000元，且每月现金余额不少于50 000元。

表9-17 **其他费用资料表** 单位：元

月　份	工　资	租　金	其他费用	所得税费用
3	15 000	5 000	2 000	—
4	15 000	5 000	3 000	80 000

参考答案

要求：根据以上资料，编制该公司3月、4月的现金流量预算，假设利息在年末支付。

头脑风暴提示

头脑风暴

现代企业为何要编制预算？你认为全面预算编制在执行过程中最难的地方是什么？为什么？

分组任务提示

分组任务

请详细比较增量预算与零基预算、固定预算与弹性预算、定期预算与滚动预算的差异。

学思践悟

预算编制和管理中的职业道德

案例

预算编制和管理中的职业道德

讨论问题：零基预算的优缺点是什么？王明应该如何处理案例中的三个问题？该案例反映了会计人员在预算管理中应该坚持的哪些职业道德？

注意：需要结合职业道德——诚实、客观、公正、技能等展开论述，会计人员在从事预算管理相关工作中要做到客观公正、诚实守信和具备必要的技能，不能以权谋私、徇私舞弊，有损企业利益。

本章测评

拓展阅读

预算松弛

第十章

标准成本法

学习目标： 本章主要由标准成本概述、标准成本的制定、成本差异计算与分析及成本差异的账务处理等四部分内容构成。通过本章的学习，能够熟练掌握不同类型标准成本的制定、不同类型标准成本差异的计算与分析、成本差异的账务处理。学习完本章内容后，能够熟练运用标准成本法进行成本分析和成本控制。

导入案例

C企业是隶属于某国有集团公司的大型制造企业，是国家批准重点保留军品生产能力的骨干企业之一。C企业创建于1905年，是一家具有百年历史的国有兵工企业，经过多年的发展，已经成为特品生产的定点企业，形成重庆、荣昌、宜宾三大加工制造基地的格局。目前，C企业的产品主要有特品、汽车零部件、金属材料、高强度螺栓、紧固器材五大系列共60余个品种。

作为机械加工制造类企业，成本领先战略是C企业持续发展的基础和必然选择。在近几年的实践中，C企业结合自身管理实际，建立了具有企业特色的标准成本体系，探索总结出标准成本的"五因素"编制法，编制出科学、可靠、先进的标准成本，有力促进了全面预算、成本领先战略等一系列管理工具的深入实施；同时，其将独具特色的标准成本体系融入生产经营实践，实现了标准成本与其他管理工作的有机对接，为公司全面预算、成本领先、价格管理等提供了坚实的数据基础和参照标准，促进了技术、业务与财务的交汇融合，有效提升了企业管控决策质量，为C企业达成具有成本领先核心竞争力的战略目标起到了明显的助推作用。

案例详细资料

请问C企业为何要建立特色的标准成本体系？该系统有什么特色？

第一节　标准成本概述

一、标准成本的概念

标准成本（standard cost）是指在正常和高效率的运转情况下制造产品的成本，而不是指实际发生的成本，是有效经营条件下发生的一种目标成本，又称"应该成本"。

标准成本产生于20世纪20年代的美国，是泰罗制与会计相结合的产物。第二次世界大战以后，随着管理会计的发展，其在成本预算的控制方面得到了广泛应用，并发展成为包括标准成本的制定、差异的分析、差异的处理等三个组成部分的完整的成本控制系统。该系统以目标成本（标准成本）为基础，把实际发生的成本与标准成本进行对比，揭示出成本差异，使差异成为发出的一种"信号"；以此为线索，企业可以查明形成差异的原因和责任，并据以采取相应的措施，巩固成绩，克服缺点，实现对成本的有效控制。

二、标准成本的分类

标准成本是企业完成某项经济活动应该花费的目标成本。标准成本按其制定所依据的生产技术和经营管理水平，分为理想标准成本和正常标准成本。在标准成本系统中广泛使用正常标准成本。

西方企业采用的标准成本有很多种，按照制定标准成本所依据的生产技术和经营水平分类，可以分为理想标准成本、正常标准成本和现实标准成本。

1.理想标准成本

理想标准成本是指在理想的工作条件下，以生产技术和经营管理处在最佳状态为基础制定的标准成本。这种标准成本是建立在排除机器故障、工作停顿等一切失误、浪费和耽搁的基础上，只有技术最熟练、工作效率最高的工作人员在最佳状态下，尽最大努力方能实现。理想标准不容易达到，在现实经营活动中，往往会有一些不测事件发生，使理想标准的应用产生一定的副作用。这种标准要求企业内部所有员工在整个经营活动中发挥超常的努力，才可能达到，而长期的超常压力可能导致员工对理想标准丧失信心，难以实现预期的效果。

2.正常标准成本

正常标准成本是指在目前正常的生产条件下，有适当技能和经验的员工，通过正常努力，在多数时间内可实现的水平上所制定的标准成本。它考虑了现实中一些难以避免的机器故障时间以及工人所需的停顿时间等因素。正常标准成本强调常态并允许某些偏离，企业通常可以用适当的努力来达到当期可实现的标准成本。

3.现实标准成本

理想标准成本是现有生产条件所能达到的最优水平的成本，这种成本难于实际运用。正常标准成本是根据正常的工作效率、正常的生产能力利用程度和正常价格等条件制定的标准成本，其一般只用来估计未来的成本变动趋势。现实标准成本是根据适用期合理的耗费量、合理的耗费价格和生产能力可能利用程度等条件制定的，切合适用期实际情况的一种标准成本。标准成本法一般采用现实标准成本。

标准成本按其适用期，又可以分为现行标准成本和基本标准成本。由于基本标准成本不按各期实际修订，因此不宜用来直接评价工作效率和成本控制的有效性。

三、标准成本的用途

1.作为成本控制的依据

成本控制的标准有两类：一类是以历史上曾经达到的水平为依据；另一类是以应该发生的成本为依据，如各种标准成本。

2.代替实际成本作为存货计价的依据

由于在标准成本中已经去除了各种不合理因素，以标准成本为依据，进行材料在产品和产成品的计价，可以使存货计价建立在更加健全的计价基础上。而以实际成本计价，往往同样实物形态的存货有不同的计价标准，不能反映其真实的价值。

3.作为经营决策的成本信息

由于标准成本代表了成本要素的合理近似值，因而可以作为定价依据，并可以作为本量利分析的原始数据资料，以及估算产品未来成本的依据。

4.作为登记账簿的计价标准

使用标准成本来记录材料在产品和销售账户，可以简化日常的账务处理和报表的编制工作。在标准成本系统中，上述账户按标准成本入账，使账务处理及时、简单，减少了许多费用的分配计算。

视频

标准成本的分类和用途

四、标准成本的应用原则

标准成本的应用主要应遵循以下原则：

1.企业环境相对稳定

标准成本的应用需要一个相对稳定的生产经营环境，在稳定环境下标准成本可以得到较好的使用并发挥其作用。目前，无论是传统行业还是新兴行业都随时面临经营环境的变化，国内企业受到国家经济政策影响的程度十分明显，加之市场价格信号的瞬息万变，企业经营的环境已经处于复杂多变的状态。而标准成本的起源是依赖于相对稳定的经营环境，因此，目前标准成本的应用条件已经发生了巨大变化，并非适用于全部的加工制造行业。

2.企业产品相对稳定

标准成本的应用要求企业生产的产品具有相对稳定性，特别适合少品种、大批量的生产环境，一般不适应客户化的定制产品的成本管理，除非产品的主体存在共性的部分。目前，客户的需求越来越趋于多元化和个性化，大批量的生产模式受到极大的挑战。这种趋势迫使企业必须以市场客户需求为导向，使得自身产品形成差异化和特性化，产品的变化也因此复杂。

3.BOM规范管理

BOM（bill of material，物料清单，属于物料管理标准模式范畴）作为产品的基石，必须坚实稳定，但频繁的产品改进与研发人员的业绩构成现实的矛盾。研发人员经常为零星的性能改进而疲于奔波，造成产品的BOM朝令夕改。有时，甚至可以看到一家国际知名的制造企业的BOM更改单多如牛毛，而且经常发生BOM错误。由此，产品的成本波动不定，很难分析产品成本的变化情况。产品的改进、BOM的更改应当阶段化、程序化并严格控制，并且应当进行严格的审核。因为BOM或物料标准成本的价格会直接影响存货和产品成本的价值。事先的成本模拟变得尤为重要，因为企业可以事先预测到成本的变动金额，从而做出相应的决策。

4.标准项目不宜过多

差异项目的设定并不是越多越好，其关键在于企业控制和管理的需求。一般来说，差异项目不应超过10个，很难想象如果定义过多的差异之后将如何发现真正的焦点。

5.物料价格波动相对稳定

物料的标准成本不应随波逐流而任意修改，物料应按照ABC分类法进行管理。比如，对于5 000元以上的单个物料成本变动幅度超过10%时更改标准成本，对于2 000元～5 000元的单个物料成本变动幅度超过15%时更改标准成本等。企业必须有一个控制的框架。同时，价格的差异不应成为采购人员的主要考核指标，价格最好由一个专门机构批准，并定期监控价格的趋势对成本的影响。

五、标准成本的建立

1.标准的制定要体现参与性、权威性和差异性

标准成本不能只由财务部门制定，而要有一个权威机构加以制定和修订，制定标准应由技术部门、生产车间和财务部门的人员共同参与。另外，对于一个集团公司所属不同地域的分厂，还应设定一个地域修正系数。比如，有的分厂地处平原，有的则

地处山区或丘陵地区，那么这些分厂在制造同一产品所支出的成本必然会受到人工费、运输费等因素的影响而有所不同。标准成本的制定要充分考虑历史消耗资料及生产操作规程、计划值等因素。

2.标准成本法下的差异处理

标准成本法下的差异具体包括：材料成本差异（材料用量差异、材料价格差异），直接人工成本差异（直接人工工资率差异、直接人工效率差异），变动制造费用差异（变动制造费用开支差异、变动制造费用效率差异），固定制造费用差异（固定制造费用开支差异、固定制造费用能力差异、固定制造费用效率差异）等四大项9种，设置口径较细。财务人员要为各种成本差异专门设置总账科目进行核算，如：对材料成本差异，应设置“材料价格差异”和“材料用量差异”账户；对固定制造费用差异，应设置“固定制造费用开支差异”“固定制造费用能力差异”“固定制造费用效率差异”等账户，并详列于利润表中。

3.借助ERP等手段对标准成本信息进行有效整合

应用企业资源计划系统——ERP作为标准成本管理平台，在产品、产成品和销售成本均以标准成本计价，并同时记录成本差异，可以大大减少期末成本计算的工作量，简化日常账务处理。同时，采用ERP成本管理，在通过库存系统、工资系统、固定资产系统等获取相关成本数据或手工录入数据后，系统就可以自动进行成本计算，生成完工产品成本报表、在产品成本报表、成本差异分析表等报表，并保证各种数据来源的唯一性，以确保数据之间勾稽关系的正确性，从而避免了手工报表的繁重工作量。同时，还应推广应用先进的检测手段和显示监控装置，加强对物质消耗和流向的控制，为成本控制和计算创造条件。

六、标准成本的修订

标准成本体系通过事前制定的成本标准，对各种资源消耗和各项费用开支规定数量界限，可以在事前限制各种消耗和费用的发生；在成本形成过程中，按成本标准控制支出，随时显示节约还是浪费，及时发现超过成本标准的消耗，有利于企业迅速制定改进措施，纠正偏差，以达到降低成本的目的；产品成本形成之后，通过实际成本与标准成本相比较，企业可以定期进行分析和考核，及时总结经验，为未来降低成本规划途径。

制定的标准成本在一个固定的时期内应该是不变的，当企业的组织机构、外部市场、产品品种等发生较大变化时，有必要对其进行修订。但是，等到上述因素发生较大变化时，往往差异已经较大了，已经给日常的差异分析工作带来不便，增加了分析的复杂程度和工作量。根据以往的经验，标准成本至少应该3年进行一次测试，并根据测试结果在征求各方意见的基础上实施修订。

七、标准成本系统

标准成本系统（standard cost system）是指通过事前制定标准成本，在实际执行过程中将实际成本与标准成本进行比较分析，从而找出产生差异的原因，并据以加强成本控制和业绩评价的成本控制系统。

标准成本系统在很大程度上是一种成本控制制度。标准成本的概念起源于美国南北战争之后，基于泰罗的管理过程标准化的思想而建立。1919年，美国全国成本会计师协会成立，对推广标准成本起到很大的作用。1920—1930年，美国会计学界经过长期争论，才将标准成本纳入会计系统，从此出现了真正的标准成本会计制度，并逐步发展成为包括标准成本的制定（前馈控制）、控制与差异的分析（反馈控制）、差异的会计处理（日常核算）等三部分内容的完整的成本控制系统。

标准成本制度与一般的成本计算方法的不同在于：其将日常核算与差异分析相结合；将成本控制与成本计算相结合。这主要体现在：以标准成本为基础，把实际发生的成本与标准成本进行对比，从而揭示出成本差异，使差异成为发出的一种“信号”。以此为线索，企业可以进一步查明差异形成的原因和责任，并据以采取相应的措施，实现对成本的有效控制。其中，还可以通过一定方法将标准成本和差异重新结合，以确定产品的实际成本。由此可见，以标准成本为基础形成的标准成本制度，把成本的事先规划、日常控制和产品实际成本的计算有机结合起来，从而成为加强成本管理，全面提高企业经济效益的重要工具。

随堂测10-1

第二节　标准成本的制定

标准成本的基本形式是以“数量”标准乘以“价格”标准得到有关项目的标准成本。之所以将标准分为数量和价格两个范畴，是因为数量差异和价格差异由不同性质的原因造成，并由不同的管理人员负责。标准成本主要由总经理、生产部门、采购部门、人力资源管理部门和会计部门共同制定。

生产部门确定所用的人工、材料和设备的数量和质量。采购部门、人力资源管理部门负责以最低的价格购进所需的符合质量要求的投入。在制定价格标准的过程中，采购部门必须考虑到质量、折扣、运费等因素；人力资源管理部门要考虑个人所得税、福利费、住房公积金、企业为员工缴纳的社会保障费用和聘用人员的资格等因素。会计部门则负责对形成标准成本的各个因素以货币形式系统地进行综合和概括，编制标准成本执行情况的报告，并对实际成本与标准成本的差异进行分析和计算。

一、直接材料的标准成本的制定

直接材料的标准成本包括三个方面：质量、数量、价格。某单位产品耗用的直接材料的标准成本是由直接材料的用量标准和价格标准两项因素决定的。

制定标准成本首先要明确制造产品需用的直接材料的质量。直接材料的质量通常会连带影响生产过程中所需直接材料的数量、价格及生产时间等。

用量标准是在现有生产技术条件下生产单位产品所需用的材料数量，包括构成产品实体的材料、生产中必要的损耗和不可避免形成一定废品所需的材料等，这些耗费均应根据设计的要求正确确定，按产品耗用的各种材料分别计算。

【例10-1】甲公司生产的甲产品的单位产品原材料用量标准的制定见表10-1。

表 10-1 **单位产品原材料用量标准的制定** 单位：千克

项 目	数 量
单位产品材料用量	2
损耗用量	0.022
废品留量	0.012
单位产品标准用量	2.034

价格标准就是事先确定的购买材料应付的标准价格，包括购价和运杂费等，按各种材料分别计算。

企业确定直接材料的价格标准要考虑质量、数量，某些时候还要考虑采购时机。在竞争环境下，许多公司强调与特定供应商建立长期关系就是考虑了价格。这些供应商一般能够可靠、及时地交送材料，只有当影响价格的大环境因素发生变化时，价格标准才需要修改。

【例 10-2】 甲公司生产的甲产品需要的某种原材料价格标准的制定见表 10-2。

表 10-2 **某种原材料价格标准的制定** 单位：元/千克

项 目	价 格
单价（一级品，批量 3 000 千克）	2.25
运费（卡车运输）	0.28
处理费用	0.03
减：折扣	0.23
材料标准单价	2.33

产品的直接材料标准成本可利用下述公式计算：

单位产品耗用的第 i 种材料的标准成本=材料 i 的价格标准×材料 i 的用量标准

单位产品直接材料的标准成本=$\sum$材料i的价格标准 × 材料i的用量标准

【例 10-3】 某企业生产某种产品需要 A、B 两种直接材料，其单位产品的直接材料资料见表 10-3。

表 10-3 **某种产品直接材料资料表**

项 目	A 材料	B 材料
标准数量	3 千克	5 千克
标准价格	10 元/千克	20 元/千克
材料标准成本	30 元	100 元
产品直接材料标准成本	130 元	

二、直接人工的标准成本的制定

直接人工的标准成本是由直接人工的用量标准和直接人工的价格标准两项因素决定的。

确定直接人工的标准成本，其中用量标准是在现有技术条件下生产单位产品需用的工作时间，包括对产品的直接加工所用的工时、必要的间歇和停工时间以及在不可避免的废品上所耗用的工时，应以事先确定的工艺方案为基础正确确定，按产品的加工步骤分别计算，然后按产品汇总。

【例 10-4】甲公司生产的甲产品需要的单位产品标准工时的制定见表 10-4。

表 10-4 单位产品标准工时的制定 单位：小时

项　目	工　时
单位产品基本工时	4.7
容许的停工时间	0.05
必要的停机清理时间	0.3
废品留量	0.2
单位产品标准工时	5.25

直接人工的价格标准就是标准工资率，通常由劳动工资部门根据用工情况制定。当采用计时工资时，标准工资率就是单位工时标准工资率，它是由标准工资总额除以标准总工时来计算的，其公式为：

标准工资率=标准工资总额÷标准总工时

若采用计件工资制，标准工资率就是单位产品应支付的计件单价。

因此，直接人工的标准成本可以按照下面的公式来计算：

单位产品直接人工标准成本=标准工资率×工时用量标准

【例 10-5】某企业生产某种产品的单位产品直接人工标准成本的制定见表 10-5。

表 10-5 某企业直接人工标准成本的制定

项　目	第一道工序	第二道工序
生产工人人数(人)	20	50
每人每月工时(25.5 天×8 小时/天)	204	204
出勤率	98%	98%
每人平均可用工时(小时)	200	200
每月总工时(小时)	4 000	10 000
每月工资总额(元)	36 000	126 000
每小时工资额(元)	9	12.6
单位产品工时：		
理想工作时间(小时)	1.5	0.8
调整设备时间(小时)	0.3	—
工休时间(小时)	0.1	0.1
其他(小时)	0.1	0.1
单位产品工时合计(小时)	2	1
直接人工标准成本(元)	18	12.6
直接人工标准成本合计(元)	30.6	

三、制造费用的标准成本的制定

制造费用的标准成本是由制造费用价格标准和制造费用用量标准两项因素决定的。确定制造费用的标准成本，其中数量标准是指在现有生产条件下生产某种产品所需的人工工时（这里假设使用非计件工资制），其具体内容与直接人工数量标准类似。

制造费用的价格标准，也就是制造费用的分配率标准，是指每标准工时所应负担的制造费用（包括固定性制造费用和变动性制造费用），其大小取决于生产量标准和制造费用预算额。其计算公式为：

制造费用分配率标准=标准制造费用总额÷标准总工时

制造费用的用量标准，就是工时用量标准，其含义与直接人工用量标准相同。

制造费用标准成本的计算公式为：

制造费用标准成本=工时用量标准×制造费用分配率标准

成本按照其性态，分为变动成本和固定成本。前者随着产量的变动而变动；后者相对固定，不随产量的变动而变动。所以，制定制造费用的标准成本时，也应分别制定变动制造费用的标准成本和固定制造费用的标准成本。

变动性制造费用标准分配率=变动性制造费用预算÷标准总工时

变动性制造费用标准成本=变动性制造费用标准分配率×标准工时

固定性制造费用标准分配率=固定性制造费用预算÷标准总工时

固定性制造费用标准成本=固定性制造费用标准分配率×标准工时

【例10-6】某企业生产某种产品过程中的制造费用标准成本的制定见表10-6。

表10-6　**某企业制造费用标准成本的制定**

项　目	第一车间	第二车间
每月标准人工工时总额（小时）	4 830	8 050
单位产品标准工时（小时）	0.5	0.6
变动制造费用合计（元）	40 572	68 425
单位工时变动制造费用分配率（元/小时）	8.4	8.5
变动制造费用车间标准成本（元）	4.2	5.1
单位产品变动制造费用标准成本（元）	9.3	
固定制造费用合计（元）	57 960	108 675
单位工时固定制造费用分配率（元/小时）	12	13.5
固定制造费用车间标准成本（元）	6	8.1
单位产品固定制造费用标准成本（元）	14.1	

四、单位产品的标准成本的制定

制定上述各项内容的标准成本之后，企业通常要为每一产品设置一张标准成本卡，并在该卡中分别列明各项成本的用量标准与价格标准，通过直接汇总的方法来得出单位产品的标准成本。

单位产品的标准成本的计算公式为：

单位产品标准成本=直接材料标准成本+直接人工标准成本+制造费用标准成本

单位产品的标准成本又可区分为变动成本法下单位产品标准成本和完全成本法下单位产品标准成本，其计算公式分别为：

变动成本法下单位产品标准成本=直接材料标准成本+直接人工标准成本+变动性制造费用标准成本

完全成本法下单位产品标准成本=直接材料标准成本+直接人工标准成本+变动性制造费用标准成本+固定性制造费用标准成本

【例 10-7】某企业生产某种产品的标准成本卡见表 10-7。

表 10-7　　某产品标准成本卡　　金额单位：元

项　目	用量标准	价格标准	标准成本
直接材料：			
A 材料	3 千克	10	30
B 材料	5 千克	20	100
小　计	—	—	130
直接人工：			
一车间	2 小时	0.9	1.8
二车间	1 小时	1.26	1.26
小　计	—	—	3.06
变动制造费用：			
一车间	0.5 小时	8.4	4.2
二车间	0.6 小时	8.5	5.1
小　计	—	—	9.3
固定制造费用：			
一车间	0.5 小时	12	6
二车间	0.6 小时	13.5	8.1
小　计	—	—	14.1
单位产品标准成本	156.46		

第三节　成本差异计算与分析

成本差异分析（cost variance analysis）是标准成本制度的核心问题。如何正确计算与分析各种成本差异，不仅关系到正确反映企业各个成本控制中心的工作成绩，而且关系到提供的成本信息是否有利于降低成本、控制成本。企业管理层可以根据成本差异分析发现问题，具体分析差异形成的原因和责任，采取相应的措施，实现对成本的控制。

成本差异（cost variance）是指一定时期生产一定数量的产品所发生的实际成本与相关的标准成本之间的差额。如果实际成本超过标准成本，所形成的差异称为不利差异，通常用字母“U”表示；如果实际成本低于标准成本，所形成的差异称为有利差异，通常用字母“F”表示。成本差异对管理者而言，是一种重要的“信号”，可以据此发现问题，具体分析差异形成的原因和责任，进而采取相应的措施，实现对成本的控制，促进成本的降低。

总差异=实际产量下实际成本−实际产量下标准成本

=实际用量×实际价格−标准用量×标准价格

=用量差异+价格差异　　（公式 10.1）

其中，用量差异和价格差异有如下成本差异计算的通用模式，具体见表 10-8。

表 10-8　　成本差异计算的通用模式

（1）	（2）	（3）
实际数量×实际价格	实际数量×标准价格	标准数量×标准价格
AQ×AP	AQ×SP	SQ×SP
价格差异=（1）-（2）=AQ×（AP-SP）		
用量差异=（2）-（3）=（AQ-SQ）×SP		

一、直接材料成本差异的计算与分析

（一）直接材料差异的计算公式

直接材料差异包括材料价格差异和材料用量差异，其中：

材料价格差异=实际数量×实际价格-实际数量×标准价格

=实际数量×（实际价格-标准价格）　　（公式 10.2）

材料用量差异=实际数量×标准价格-标准数量×标准价格

=标准价格×（实际数量-标准数量）　　（公式 10.3）

【例 10-8】某公司有关的直接材料成本数据见表 10-9。

表 10-9　　直接材料成本数据表　　金额单位：元

项　目	标准成本			实际成本		
	用量	单价	金额	用量	单价	金额
直接材料	4 400 千克（110 件×40 千克/件）	1	4 400	4 000 千克	1.2	4 800

根据上述公式，计算直接材料差异如下：

材料用量差异=1×（4 000-4 400）=-400（元）（F）

材料价格差异=4 000×（1.2-1）=800（元）（U）

直接材料差异合计=-400+800=400（元）（U）

（二）直接材料差异的分析

对直接材料差异进行分析，第一步是判断这个差异是否重大，如果是非重大差异，就不必再分析下去；如果是重大差异，则必须调查其为何发生。

直接材料用量差异表明在制造过程中已使用的直接材料量与原来预计使用材料量的不同。直接材料用量差异可能缘于直接材料质量标准的差别以及生产工人缺乏训练或经验、工作上的粗心大意造成过量耗费或其他因素。

直接材料价格差异可能缘于没有享受采购折扣、材料价格的异常变化、运费的变化、采购项目等级的差异或其他原因。在实际工作中，应谨慎解释价格差异。例如，低成本的材料如果在质量上存在差异，则有利的材料价格差异可能会导致从总体上提高制造成本，如增加废品、增加加工改制成本和产品售后服务成本等。

在【例 10-8】中，材料价格差异出现不利差异，材料用量差异出现有利差异。若这项不利差异属于重大差异，则应具体分析形成差异的原因，追究相关部门的责任。一般而言，由于企业的采购部门具有购料价格的控制权，因此材料价格差异应由采购部门负责；而材料数量差异一般应由生产部门负责，但有时也可能是采购部门的责任，应进行具体分析研究。

二、直接人工成本差异的计算与分析

（一）直接人工差异的计算公式

直接人工差异包括直接人工工资率差异和直接人工效率差异，其中：

直接人工工资率差异=实际人工小时数×实际工资率-实际人工小时数×标准工资率

=实际耗用工时×（实际工资率-标准工资率）（公式 10.4）

直接人工效率差异=实际工时×标准工资率-标准工时×标准工资率

=（实际工时-标准工时）×标准工资率（公式 10.5）

工资率差异形成的原因，可能是由于在生产过程中升级或降级使用不同工资等级的工人（反映在平均工资率的变动中），也可能是加班工资所形成不利的工资率差异，一般应由生产部门负责，但也可能是由于工资标准的调整，因此应具体分析。而效率差异形成的原因，可能是由于工人的熟练程度、设备的原因、管理的问题，也可能是由于原材料的质量，一般应由生产部门负责，但也可能是采购部门的责任。

【例 10-9】某公司有关的直接人工成本数据见表 10-10。

表 10-10 直接人工成本数据表 金额单位：元

项目	标准成本			实际成本		
	用量	单价(元/小时)	金额	用量	单价(元/小时)	金额
直接人工	110 小时（110 件×1 小时/件）	9	990	90 小时	10	900

根据上述公式，计算直接人工差异如下：

直接人工工资率差异=90×（10-9）=90（元）（U）

直接人工效率差异=9×（90-110）=-180（元）（F）

直接人工差异合计=90-180=-90（元）（F）

（二）直接人工差异的分析

直接人工工资率差异反映了实际工资率与标准成本卡制定的标准工资率之差对经营收益的影响。直接人工工资率差异缘于公司没有按照标准成本卡制定的工资支付，或者没有雇用标准成本卡制定的同种技能的工人。人力资源管理部门通常对直接人工工资率差异负责。

直接人工效率差异反映了制造产品实际工时与所需标准工时之差对经营收益的影响，应由生产部门对此负责。

三、变动性制造费用差异的计算与分析

（一）变动性制造费用差异的计算公式

变动性制造费用差异由变动性制造费用效率差异（即“数量”差异）和变动性制造费用耗费差异（即“价格”差异）构成。

变动性制造费用效率差异是指按生产的实际耗用工时计算的变动性制造费用与按标准工时计算的变动性制造费用之间的差额，其计算公式为：

变动性制造费用效率差异=实际工时×标准分配率-标准工时×标准分配率

=（实际工时-标准工时）×标准分配率 （公式10.6）

变动性制造费用耗费差异是指实际发生的变动性制造费用和按实际工时计算的标准变动性制造费用之间的差额，其计算公式为：

变动性制造费用耗费差异=实际工时×实际分配率-实际工时×标准分配率

=实际工时×（实际分配率-标准分配率） （公式10.7）

【例10-10】某企业1月的预算月份正常工作应完成直接人工工时45 000小时，应完成产量180 000件（单位产品需用直接人工工时0.25小时）。其预算执行结果如下：

（1）实际完成产量160 000件；

（2）实际完成产量的标准直接人工工时40 000小时（160 000×0.25）；

（3）实际完成直接人工工时41 000小时。

该月份变动性制造费用预算见表10-11。

表10-11 某企业变动性制造费用成本数据及差异 金额单位：元

项　目	每小时耗费	预计产量的预算 (1)	按照实际产量调整后的预算 (2)	实际成本(3)	成本差异 (4)=(3)-(2)
产量	—	180 000件	160 000件	160 000件	—
动力	0.03	5 400	4 800	5 000	200(U)
维修	0.05	9 000	8 000	8 400	400(U)
管理人员工资	0.7	126 000	112 000	113 600	1 600(U)
其他	0.1	18 000	16 000	17 000	1 000(U)
变动性制造费用合计	0.88	158 400	140 800	144 000	3 200(U)

（二）变动性制造费用差异的分析

1.变动性制造费用耗费差异的分析

变动性制造费用耗费差异与材料和人工的价格差异之间在概念上是相似的，却又不完全相同。变动性制造费用并不是由同类的投入组成的，而是由大量的个别项目组成的，如间接材料、间接人工、电力费、维护费等。标准变动费用分配率表示每一工时发生的所有变动性制造费用项目的加权成本。

由于个别的间接变动费用项目价格的增加或减少，会导致变动性制造费用耗费的差异。但是，耗费差异常常受到制造费用是否得到有效耗用的影响，在变动性制造费用的耗费过程中出现的浪费和无效率会使实际变动制造费用增加。因此，变动性制造费用耗费差异是价格和效率共同作用的结果。

许多变动性制造费用项目同时受到几个责任中心的影响。例如，公用设施费就是一个共同成本，要想把成本分配到一个特定的责任领域，需要将成本追溯到这个领域，而不是主观分配。如果在一定程度上变动性制造费用的耗费可以追溯到一个责任中心，那么这个责任成本就可以被分配。间接材料的消耗就是一种可以追溯的变动性制造费用。

可控是分配责任的一个先决条件。变动性制造费用项目价格变动实际上超出了费用管理者的控制范围。如果价格变动很小（其经常是这样的），那么开支差异就很有可能是在生产过程中制造费用使用效率的问题，而这个问题是生产管理者可以控制的，相应地，变动性制造费用耗费差异通常会分派给生产部门。

2.变动性制造费用效率差异的分析

变动性制造费用效率差异与直接人工效率或用量差异直接相连。如果变动性制造费用是由直接人工工时的消耗引起的，那么变动性制造费用效率差异就会像直接人工用量差异一样，也是由于无效或有效使用直接人工引起的。如果实际工时比标准工时要多（或要少），那么总变动性制造费用就会增加（或减少）。这种指标的有效性取决于变动性制造费用和直接人工工时之间联系的有效性。当变动性制造费用变动与直接人工工时变动的相关性较差时，对这个指标的分析就会失去意义。

当我们对变动性制造费用项目进行逐个分析时，能得到更多对企业进行成本控制有用的信息。

四、固定性制造费用差异的计算与分析

（一）固定性制造费用差异的计算公式

固定性制造费用在一定相关范围内不会受生产活动水平变动的影响而保持固定不变，因此，固定性制造费用是通过固定预算进行控制的。固定性制造费用差异由固定性制造费用耗费差异和固定性制造费用生产能力利用差异两部分组成，称为“二因素分析法”。

固定性制造费用耗费差异，又称“固定性制造费用开支差异或预算差异”，是指实际固定性制造费用与预算固定性制造费用之间的差额，表示支付的超额或节约。

其计算公式为：

固定性制造费用耗费差异=固定性制造费用实际数-固定性制造费用预算数　　（公式10.8）

固定性制造费用生产能力利用差异，简称能力差异，是指预算固定性制造费用与标准固定性制造费用的差额，或者说是生产能力与实际业务量的标准工时的差额用标准分配率计算的金额。该项差异反映的是计划生产能力的利用程度，表示实际产量标准工时未能达到生产能力而造成的损失。

其计算公式为：

$$\frac{\text{固定性制造费用生产}}{\text{能力利用差异}}=\frac{\text{固定性制造}}{\text{费用预算数}}-\frac{\text{实际产量}}{\text{标准工时}}\times\frac{\text{固定性制造}}{\text{费用分配率}}$$

$$=\left(\frac{\text{以工时表现的}}{\text{正常生产能力}}-\frac{\text{按实际产量}}{\text{计算的标准工时}}\right)\times\frac{\text{固定性制造费用单位}}{\text{标准分配率}}\qquad\text{（公式10.9）}$$

固定性制造费用生产能力利用差异具有如下特点：

（1）若预计业务量等于应耗的标准小时数即实际产量标准工时，则没有生产能力利用差异；

（2）若预计业务量大于应耗的标准小时数即实际产量标准工时，则生产能力利用差异为不利差异，表示计划生产能力尚未得到充分利用；

(3) 若预计业务量小于应耗的标准工时数即实际产量标准工时，则生产能力利用差异为有利差异，说明计划生产能力已得到充分利用。

【例10-11】沿用【例10-10】相关数据，假设1月某企业的固定性制造费用预算总额为84 000元，预计直接人工工时为37 333小时，则固定性制造费用单位工时标准分配率=84 000÷37 333=2.25（元/小时）。

该月份固定性制造费用预算见表10-12。

表10-12　**某企业固定性制造费用成本数据及差异**　金额单位：元

项　目	预计产量的预算 (1)	按照实际产量调整后的预算 (2)	实际成本 (3)	成本差异 (4)=(3)-(2)
产量	180 000件	160 000件	160 000件	—
管理人员工资	16 000	16 000	17 000	1 000(U)
厂房租金	20 000	20 000	20 000	0
维修	6 000	6 000	5 000	1 000(F)
间接人工	10 000	10 000	10 400	400(U)
厂房设备维修	24 000	24 000	24 000	0
其他	8 000	8 000	8 600	600(U)
固定性制造费用合计	84 000	84 000	85 000	1 000(U)

固定性制造费用差异分析如下：

固定性制造费用耗费差异=85 000-84 000=1 000（元）(U)

固定性制造费用生产能力利用差异=84 000-160 000×0.25×2.25=（37 333-160 000×0.25）×2.25

=-6 000（元）(F)

（二）固定性制造费用差异的分析

1.固定性制造费用耗费差异的分析

固定性制造费用耗费差异表示实际固定性制造费用与预算固定性制造费用之间的差额，造成其出现差异的原因可能有以下几种：

(1) 预算程序没有预测或包含固定性制造费用的增加，如购买新设备等，无效预算导致固定性制造费用出现巨额开支差异，企业应当重新修订预算方案。

(2) 由于缺乏适当或足够的经营控制造成过度开支，如紧急维修等，管理层应仔细调查产生这种不利差异的原因，以防止类似事件再次发生。

(3) 某些制造费用项目无法严格区分为变动性制造费用或固定性制造费用，使成本分类不能正确反映实际成本习性，在这种情况下，若出现较大差异，可重新检验企业制造费用的成本习性。

由于固定性制造费用由许多个别项目组成，因此如果能够对实际和预算固定性制造费用进行逐个项目的比较，则可以提供更多的有关预算差异的信息。

视频　制造费用的成本差异

2.固定性制造费用生产能力利用差异的分析

固定性制造费用生产能力利用差异反映了企业在一定时期内实现经营目标过程中的效果，而不是其在成本控制中的效率。在【例10-11】中，该企业生产能力利用差异为有利差异，说明计划生产能力已得到充分利用。固定性制造费用生产能力利用差异产生的原因有管理决策、对产品要求意料之外的变化或者生产中的其他诸多问题。鉴于新的市场形势或出于战略性考虑，管理者可以更改生产计划。这些变化在很大程度上是企业内部管理无法控制的，从这个角度来看，固定性制造费用生产能力利用差异的计算和分析则不是企业关注的重点。

随堂测 10-2

固定性制造费用差异还可以按照“三因素分析法”进行分析，将固定性制造费用生产能力利用差异（简称能力差异）进一步划分为固定性制造费用闲置能力差异和固定性制造费用效率差异，具体参考本章的“拓展阅读”。

第四节　成本差异的账务处理

标准成本差异是指将事先制定的标准成本与实际成本进行对比以揭示成本差异，对成本差异进行因素分析，并据此加强成本控制的一种会计信息系统和成本控制系统。从本质上讲，它是一种控制成本的管理方法。应用标准成本法时有三个环节：一是制定标准成本，二是计算和分析成本差异，三是成本差异的账务处理。

成本差异的账务处理主要有三种方法，即逐月分配法、即期处理法和累计结转法。其中，第一种方法工作量较大；第二种方法会使企业存货和销售成本不准确；第三种方法虽然减少了核算工作量，但结转仍不够简化，或造成企业存货和销售成本不准确。而对成本差异的分配，则多是假设期初无库存原材料、库存商品和在产品，期初成本差异账户无余额，产品全部完工，完工产品又全部销售完毕，本月购进的材料全部耗用，这些不能如实反映其在实际工作中的应用。

对于各种成本差异，可以本着既简化核算又保证会计信息准确的原则分别情况处理。若各月末成本差异较小，平时不处理，年底将累积的各种成本差异按比例向本年的销售成本分配，这样既简化了核算，又保证了本年损益和年末存货的准确性，与企业会计准则、税法要求的实际成本计价原则一致；若各月末成本差异较大，则说明标准成本制定不合理，或者企业管理水平低，为保证各月损益和存货的准确性，应逐月将各种成本差异按比例向当月的销售成本分配，期末将各成本差异账户余额并入资产负债表“存货”项目。

一、标准成本法下的账户设置

首先，应设置“原材料”“生产成本”“库存商品”等账户，其借方和贷方均按标准成本登记。对于制造费用的具体费用项目，按其与产量的关系分别设置“变动制造费用”“固定制造费用”账户，并分别按费用项目设置专栏，按实际发生数登记。

其次，应设置一系列成本差异账户。按成本差异的具体小类设置总账账户，如“直接材料数量差异”“直接材料价格差异”“直接人工工资率差异”“直接人工效率差异”“变动制造费用效率差异”“变动制造费用耗费差异”“固定制造费用效率差异”“固定制造费用预算差异”“固定制造费用闲置能力差异”账户。按成本差异的大类设置总账账户，如“直接材料成本差异”“直接人工成本差异”“变动制造费用成本差异”“固定制造费用成本差异”账户，在每个账户下再按差异形成的原因分设明细账户。对本期发生的成本差异应及时在有关账户内登记，超支差异借记有关差异账户，节约差异贷记有关差异账户。

二、标准成本法下归集成本差异的账务处理

【例10-12】假设某企业月初有关账户余额见表10-13。

表10-13　　**月初有关账户余额表**　　单位：元

账户名称	借方余额	贷方余额
直接材料价格差异	380	
直接材料数量差异	200	
直接人工工资率差异	120	
直接人工效率差异		160
变动制造费用耗费差异	300	
变动制造费用效率差异		400
固定制造费用预算差异		460
固定制造费用闲置能力差异	240	
固定制造费用效率差异		80
原材料	2 800	
库存商品（甲产品15件）	2 880	
生产成本（甲产品8件）	1 536	

预计该企业本月甲产品产量为110件。本月实际投产量为100件，完工90件，期末在产品18件，本月销售85件，期末库存甲产成品20件。甲产品标准成本资料见表10-14。

表10-14　　**甲产品标准成本卡**

成本项目	标准价格/工资率/分配率	标准用量	标准成本
直接材料	8元/千克	10千克	80元
直接人工	6元/小时	8小时	48元
变动制造费用	5元/小时	8小时	40元
固定制造费用	3元/小时	8小时	24元
单位产品标准成本			192元

本月原材料购进和领用情况为：购进A材料2 000千克，单价7.5元/千克，进项税额2 550元，价税款以银行存款支付。

购进材料时：

借：材料采购　　15 000

　　应交税费——应交增值税　　2 550

　贷：银行存款　　17 550

按标准价格8元/千克验收入库时：

借：原材料 16 000

  贷：材料采购 15 000

    直接材料价格差异（（7.5−8）×2 000） 1 000

生产100件甲产品标准用量为1 000千克，实际耗用1 100千克，则：

借：生产成本——甲产品 8 000

  直接材料数量差异（（1 100−1 000）×8） 800

  贷：原材料 8 800

假设本月实际耗用760小时，每小时实际工资率为6.5元，则直接支付工资时：

借：应付职工薪酬 4 940

  贷：银行存款 4 940

工资分配计入产品成本时：

借：生产成本——甲产品 4 800

  直接人工工资率差异（760×（6.5−6）） 380

  贷：应付职工薪酬 4 940

    直接人工效率差异（（760−800）×6） 240

本月实际发生变动制造费用4 500元时：

借：变动制造费用（费用项目） 4 500

  贷：有关账户 4 500

变动制造费用计入成本时：

借：生产成本——甲产品 4 000

  变动制造费用耗费差异（4 500−760×5） 700

  贷：变动制造费用 4 500

    变动制造费用效率差异（5×（760−100×8）） 200

本月实际发生固定制造费用2 800元时：

借：固定制造费用（费用项目） 2 800

  贷：有关账户 2 800

固定制造费用计入成本时：

借：生产成本——甲产品 2 400

  固定制造费用预算差异（2 800−110×8×3） 160

  固定制造费用闲置能力差异（3×（110×8−760）） 360

  贷：固定制造费用 2 800

    固定制造费用效率差异（3×（760−100×8）） 120

本月完工90件甲产品，验收入库时：

借：库存商品——甲产品（90×192） 17 280

  贷：生产成本——甲产品 17 280

结转本月已销85件甲产品成本16 320（85×192）元，则：

借：主营业务成本——甲产品 16 320

  贷：库存商品——甲产品 16 320

本章小结

本章重点介绍了标准成本系统的概念、标准成本的制定、成本差异的分析以及标准成本法下的账务处理。标准成本系统是指通过事前制定标准成本，在实际执行过程中将实际成本与标准成本进行比较分析，找出差异产生的原因，并据以加强成本控制和业绩评价的成本控制系统。标准成本的基本形式是以“数量”标准乘以“价格”标准得到有关项目的标准成本。之所以将标准分为数量和价格两个范畴，是因为数量差异和价格差异由不同性质的原因造成，并由不同的管理人员负责。标准成本主要由总经理、生产部门、采购部门、人力资源管理部门和会计部门共同制定。标准成本的制定包括四个部分：直接材料的标准成本的制定；直接人工的标准成本的制定；制造费用的标准成本的制定；单位产品的标准成本的制定。

成本差异分析是标准成本制度的核心问题。如何正确计算与分析各种成本差异，不仅关系到正确反映企业各成本控制中心的工作成绩，而且关系到提供的成本信息是否有利于降低成本、控制成本。企业管理层可以根据成本差异分析发现问题，具体分析差异形成的原因和责任，采取相应的措施，实现对成本的控制。成本差异分析主要包括四个部分：直接材料成本差异的分析；直接人工成本差异的分析；变动性制造费用差异的分析；固定性制造费用差异的分析。标准成本系统的账务处理首先要确定“原材料”“生产成本”“库存商品”等账户登记标准成本，其次设置成本差异账户分别记录各种成本差异，最后在各会计期末对成本差异进行处理。成本差异的账务处理有多种方法，对于各种成本差异，可以本着既简化核算又保证会计信息准确的原则分情况处理。

本章练习

1.某公司本月生产产品400件，耗用材料2 500千克，材料单价0.55元/千克，直接材料单位产品标准成本3元/千克，每千克材料标准价格0.5元。

要求：计算直接材料的用量差异、价格差异、成本差异。

2.某企业本月生产产品400件，实际耗用工时890小时，支付工资4 539元，直接人工标准成本10元/件，标准工资率5元/小时。

要求：计算直接人工成本差异。

3.A公司本期生产甲产品200件，实际耗用人工8 000小时，实际发生变动制造费用20 000元。假设变动制造费用标准分配率3元，标准耗用人工6 000小时。

要求：计算变动制造费用成本差异。

4.某企业本月实际产量400件，发生固定制造费用1 424元，实际工时890小时。该企业生产能力为500件，即1 000小时（预算工时），每件产品固定制造费用标准成本3元，每件产品标准工时2小时。

要求：计算固定制造费用成本差异（二因素分析法）。

5.假设某企业生产的某产品本月成本资料如下：

（1）单位产品标准成本见表10-15。

表 10-15　　　　单位产品标准成本

成本项目	用量标准	价格标准	标准成本
直接材料	50千克	9元/千克	450元
直接人工	45小时	4元/小时	180元
变动制造费用	45小时	3元/小时	135元
固定制造费用	45小时	2元/小时	90元
合　计	—	—	855元

该产品预算产量的标准工时为1 000小时。

（2）本月实际产量20件，实际耗用材料900千克，实际人工工时950小时，实际成本见表10-16。

表 10-16　　　　本月实际成本　　　　单位：元

成本项目	金　额
直接材料	9 000
直接人工	3 325
变动制造费用	2 375
固定制造费用	2 850
合　计	17 550

要求：计算本月产品成本差异总额；计算直接材料价格差异和用量差异；计算直接人工效率差异和工资率差异；计算变动制造费用耗费差异和效率差异；计算固定制造费用耗费差异、闲置能力差异和效率差异。

6.某企业采用标准成本控制系统，甲产品的标准成本卡见表10-17。

表 10-17　　　　甲产品标准成本卡

成本项目	用量标准	价格标准	标准成本
直接材料：			
A材料	9.6千克	2.0元/千克	19.2元
B材料	3.0千克	3.6元/千克	10.8元
小计			30元
直接人工	5小时	4.0元/小时	20元
变动性制造费用	5小时	1.0元/小时	5元
固定性制造费用	5小时	0.6元/小时	3元
标准成本合计	—	—	58元

甲产品本期的实际产量为1 200件，变动性制造费用的预算总额为5 000元，固定性制造费用的预算总额为3 000元，预计本期的产量为1 000件。甲产品实际成本资料见表10-18。

表10-18 甲产品实际成本资料表

成本项目	实际总用量	实际总价格	实际总成本
直接材料：			
A材料	11 400千克	1.90元/千克	21 660元
B材料	3 840千克	3.80元/千克	14 592元
直接人工	5 760小时	4.10元/小时	23 616元
变动性制造费用	5 760小时	1.10元/小时	6 336元
固定性制造费用	5 760小时	0.55元/小时	3 168元
实际成本合计	—	—	69 372元

要求：根据上述资料，进行成本差异分析。

参考答案

头脑风暴

1.有人认为不利差异都是不好的，而有利差异都是好的，企业应该重点关注各种不利差异，你认同吗？

2.有人认为出现有利差异，表明企业成本控制有效，而出现不利差异，说明在企业的成本控制中还存在问题，你认同吗？

头脑风暴提示

分组任务

请你对标准成本制度进行客观评价，尤其是结合先进制造环境下对标准成本进行科学评价。

分组任务提示

学思践悟

质量意识和“三个转变”

案例

成本控制与
产品质量

讨论问题：成本控制和产品质量提升是否矛盾？案例中的“三个转变”给了我们在管理会计成本控制工作中决策的哪些新的启发？

注意：启发学生思考成本控制中的质量问题，引起学生关注质量成本相关内容，同时引出企业家精神和“三个转变”，引导学生树立正确的决策观，在决策中关注质量和品牌。

本章测评

拓展阅读

固定制造费用差异的“二因素分析法”和“三因素分析法”

第十一章

业绩评价与考核

学习目标： 通过本章的学习，要求学生了解业绩评价与考核系统的构成要素，了解分权管理的优点和缺点，熟悉责任会计制度的内容。本章还要求学生掌握不同责任中心业绩考评的指标，尤其是投资利润率、剩余收益、EVA等常用指标，并且掌握内部转移价格的制定原则和具体方法。

导入案例

甲公司是一家大型的小家电制造公司，该公司采取了一种分权化的组织结构。王强领导A部门，李冰领导B部门，后者使用前者生产的产品，同时前者生产的产品也可以对外出售。公司总部的副总经理陈军是王强和李冰的上级领导，最近他接到了李冰的邮件，其中涉及产品的转移价格等问题。

请问：

1.假如王强领导的A部门生产的零件的市场价格是8元/件（扣除销售费用后），你认为内部转移价格为多少合适？

2.你认为李冰领导的B部门能否接受8元/件的转移价格？

3.假如你是副总经理陈军，你会如何回复邮件？你会干涉内部转移价格的制定吗？你对李冰的管理能力有何评价？

案例详细资料

第一节　业绩评价与考核系统

一、企业业绩评价与考核系统的概念

企业业绩评价与考核系统是指为了达到一定的目的、运用特定的指标、比照统一的标准、采取一定的方法，对企业业绩做出判断，并与激励相结合的考评制度。企业业绩评价与考核系统分为两个层次：一是企业整体层次的业绩评价，按评价对象的不同再分为企业业绩评价和高层管理者业绩评价；二是企业内部层级、各子公司、各经营单位的业绩评价，按评价对象的不同又分为分部业绩评价和员工业绩评价。

企业业绩评价与考核系统包括评价主体、评价客体、评价目标、评价程序、评价指标、评价标准、评价方法、激励机制等要素。

评价主体是指业绩评价的组织者和实施者，从管理会计角度来说，业绩评价的主体分为两个层次：一是企业所有者对企业最高管理层进行的业绩评价，二是企业上层管理者对下级管理者的业绩评价。

评价客体即是评价的对象，对应评价主体，评价客体也分为相应的两个层次。

评价目标是指整个系统运行的指南和目的，决定了评价指标的选择、评价标准的设置和评价方法的确定。评价目标的确立需要以企业战略计划为依据，只有这样才有助于战略目标和战略规划的实现。评价目标的确定，不仅可以为公司现阶段战略的实施提供控制性信息，而且可以为公司未来战略的调整提供支持性信息。要正确确定评价目标，就必须进行环境分析，根据公司外部竞争环境和内部资源状况制订战略计划并确定其关键成功因素（key success factors，KSFs）。关键成功因素向上与整个公司的战略目标直接联系起来；向下具体表现为评价指标，影响和控制公司的经营活动。

评价程序是指评价和考核系统的运行步骤。一般而言，评价程序应包括以下若干步骤：建立评价目标，选择评价指标，设置评价标准，确定评价方法，计算评价结果，形成评价结论，处理评价结果。评价程序的正确与否同样会影响评价和考核系统运行的效率和效益。

评价指标、评价标准、评价方法一起构成了评价指标体系，其是评价和考核系统的核心部分。评价和考核系统一定要包含激励机制，也就是前面评价程序所说的处理评价结果，应针对管理者的实际业绩与评价标准的差异及其原因，实施奖励与惩罚，以确保：一方面可以鼓励业绩良好的部门或管理者，起到正面激励的作用；另一方面对于业绩不佳的部门或管理者，要区分主观和客观原因，并采取惩罚性措施。评价和考核的结果只有与评价客体的报酬挂钩，才能保证评价和考核系统的长期有效运行。

二、评价指标体系

（一）评价指标

评价指标的选择是建立评价和考核系统的关键与核心环节，评价指标选择的正确和完全与否关系到是否能够真实、全面地反映评价客体的业绩，从而直接影响业绩评价结果。在选择评价指标时，应坚持以下几个方面：

1.结果指标与动因指标相结合

结果指标反映的是战略目标实现的财务成果，比如主营业务收入的提高；动因指标则反映的是战略目标实现的驱动因素，比如良好的顾客满意度可能是主营业务收入提高的重要途径。结果指标一般是“滞后指标”，其告诉管理者的仅仅是已经发生的事情，揭示的仅仅是最终成果，因此各层次管理者无法直接影响结果指标；但管理者可以对经营因素施加影响，而动因指标恰恰能够在经营较低层次揭示影响最终结果的增减变化原因。这样，一方面通过设置结果指标，能够使得管理者知道战略目标实现的结果；另一方面通过设置动因指标，能够使得管理者将注意力集中于公司的关键方面，从而了解促进战略目标实现的途径。结果指标通常是财务指标，而动因指标通常是非财务指标。

2.内部指标与外部指标相结合

外部指标是指站在企业外部利益相关者如股东和客户的角度评价公司的经营业绩，此时业绩评价的目的是满足股东和客户的要求，比如权益报酬率和顾客满意度。内部指标是指站在企业内部利益相关者即内部经营管理者和员工的角度评价公司的经营业绩，此时业绩评价的目的是满足内部生产经营管理的需求，比如存货周转率和送货及时率。公司必须在外部指标与内部指标之间达成平衡。

3.不同计算基础指标相结合

根据不同的计算基础，可以将财务指标划分为会计收益指标、市场收益指标、经济收益指标和现金流量指标四种类型。其中，市场收益指标只适用于对上市公司的整体评价，因此其不适用于公司部门层次管理者的业绩评价。不同计算基础类型的指标具有各自的优缺点，在构建内部评价指标体系时应该注意根据评价目标选择不同计算基础的指标，使不同计算基础的指标尽量相互结合。

（二）评价标准

有了评价指标，就必须设置评价标准。评价标准也就是对比的对象，三种常用的评价标准是历史标准、行业标准、预算标准。不同类型的评价标准各有千秋，又各有弊端。应用历史标准有其优点，一是可靠性较高，二是可比性较强；但也有其不足，一是只适用于纵向比较，而不适用于同行业比较，二是缺乏灵活的适应性，因为历史标准不能反映企业的现实经营环境。在评价中，应用行业标准有利于过滤系统性不可控因素的影响，增强业绩评价水平与努力水平的关联程度。以预算标准作为业绩评价的依据，可以将行业标准和企业历史标准相结合，具有一定的合理性，能够比较全面地反映企业的状况。但是，预算标准的确定在一定程度上受到人为因素的影响。三种评价标准存在各自的优点与局限性，设置评价标准应该将几种标准结合在一起，而不是仅仅考虑其中的一种。

评价客体的特征对评价标准的选择也有重大影响，评价单个管理者和一个管理团队之间是存在区别的。如果选择个人基础作为业绩评价标准，当然能够更好地体现激励原则，避免“平均主义”或“大锅饭”。但是，对于某些部门或者某些岗位，很难将个人的业绩与他人的业绩分离清楚，或者即使能够分离清楚，机会成本也太高。对一个需要依靠团队合作而不是单打独斗实现业绩目标的部门而言，如果将集体业绩剥离为个人业绩，则很可能会产生负面的激励效果，从而导致整体业绩下滑。评价者必须采纳集体基础的评价方法，但同时必须防止或减弱“搭便车”的行为，即要明确管理者个人的职责范围，以便真正达到业绩评价的目的。

（三）评价方法

在建立评价指标和评价标准的同时，还需要确定评价方法。目前在实践中应用比较广泛的评价方法主要有三类：单一评价方法；综合评价方法；多角度平衡评价方法。

单一评价方法，顾名思义就是采用一个评价指标对评价客体进行评价和考核，以控制评价客体评价目标的实现。这种方法由于评价指标单一，容易被操控，因此需要选择综合性比较强的指标，如EVA。

综合评价方法就是以多元指标体系为基础，在评价指标、评价标准和评价结果之间建立一定的函数关系，之后计算出各评价指标的实际结果，并根据这种函数关系得出综合的评价结论，如沃尔评分法就是典型的综合评价方法。

多角度平衡评价方法本质上也属于综合评价方法，但由于在评价指标的选择、评价程序的确立等方面具有自身的特殊性，因此演变成一种单独的评价方法。其中比较典型的评价方法是平衡计分卡。

随堂测11-1

第二节 责任会计制度

责任会计是西方企业推行分权管理的产物。责任会计对企业管理的意义在于其将衡量工作业绩的会计与管理上的责任结合在一起。责任会计（responsibility accounting），是指为评价、考核企业内部各责任中心的工作业绩而实行的一种会计制度。责任会计的产生最早可以追溯到19世纪末20世纪初，真正在实践中发挥作用则是20世纪40年代以后。

一、分权管理

（一）组织结构形式

传统的组织结构是金字塔形的，金字塔形组织结构的组织幅度比较小、组织层级比较多。在这样的组织结构中上下级关系比较紧密，有利于工作的衔接，同时较多的管理岗位为公司的发展提供了培养管理人才的机会。金字塔形组织结构的主要弊端在于：过多的组织层级会影响信息传递和决策反应的速度，出现信息失真的可能性比较大，内部管理成本比较高。另一种组织结构是扁平式组织结构，其组织幅度比较大、组织层级比较少。扁平式组织结构的基本特点和金字塔形组织结构正好相反。

（二）集权管理与分权管理

传统理论认为，职权来源于组织结构的顶层，由上而下贯穿于整个组织。根据职权的分配方式，企业管理可以区分为分权管理和集权管理两种主要形式。

分权管理（decentralization）是指企业的高层管理者将一部分决策权下放给各内部组织机构及其负责人，使组织内部各管理层级在其责任范围内拥有较大的决策权，可以在职责范围内自主地解决某些问题。集权管理（centralization）是指决策权集中于企业组织结构的较高层级内，下属层级只有很少的决策权，只能依据上级的决策、命令和指示办事。

分权和集权是一个相对的概念，有的企业是极度集权化，有的企业却是高度分权化。很多企业介于两者之间，但是大多数企业更倾向于分权管理。

（三）分权管理的理由和相应成本

企业采用分权管理的原因有很多，比如：低层管理者对情况最为了解，因此可能比他们的上级做出更为明智的选择；分权可使下级管理人员在制定和实施决策中迅速做出反应；通过分权使高层管理者有足够的时间和精力考虑企业长远的规划；分权培养了低层管理者自身的决策能力，并让他们学会了其他有助于在企业中向上晋升的管理技能，从而保证领导能力的连续性；通过独立决策，管理者在企业中享有更高的地位，工作热情得到更大的发挥；通过分权可以促进竞争，企业可以发现不具有竞争力的部门并做出妥善的处理。

当然，分权也有其代价。首先，管理者可能会做出不符合企业最高利益的决策，这或许是因为他们为了提高本部门的业绩而不惜以牺牲整个企业的利益为代价，又或许是因为他们并不了解其他部门的有关情况。其次，在分权企业中，管理者往往会重复设置各种服务部门，导致成本上升。此外，在分权企业中，为了了解和评价分权单位管理者的业绩，高层管理者需要责任会计报告，这样收集和处理信息的成本一般就会上升。最后，管理者还可能在与其他部门就相互提供劳务或产品的磋商上浪费时间。

二、责任会计制度的实施

责任会计是一种服务于企业内部管理的会计制度，根据西方企业的经验，责任会计的基本内容包括如下几个基本方面：

（一）设置责任中心

设置责任中心是实施责任会计制度的第一个环节。责任中心的建立，是对企业整体目标按责任范围和责任程度进行的一种分割。责任中心是责任会计的会计主体，责任会计将提供各责任中心的责任预算和业绩评价报告。

责任中心可以按照不同的产品或不同的服务来划分，也可以按照地理界限来设立，还可以根据中心管理者承担的责任来设置。

（二）编制责任预算

责任预算（responsibility budget）是以责任中心为对象重新编制的企业预算，是企业总预算在各个内部责任中心之间的分解和落实。通过责任预算的编制，一方面可以使责任中心负责人明确其在预算实施过程中所担负的职责和应控制的事项，另一方面也为评价和考核责任中心的经营业绩提供了依据。

（三）核算和报告

不同责任中心享有的权限、控制的资源和承担的责任是不一样的，为了准确、合理地评价和考核责任中心的经营业绩，就需要以责任中心为对象组织相应的核算工作。常见的做法有以下两种：（1）单轨制，不单设专门的责任会计账户，而在财务会计核算体系之内针对各责任中心分别设置专栏进行登记、汇总，并编制业绩报告。（2）双轨制，在财务会计体系之外设置专门的责任会计账户，核算责任中心的责任成本、责任利润和资源占用情况，并以之为基础编制业绩报告。西方企业多采用双轨制方法。

（四）分析和评价

根据各责任中心的业绩报告，分析责任预算的执行情况与执行差异产生的原因，督促责任中心采取有效措施控制不利差异，巩固有利差异，并根据事先制定的奖惩制度奖励先进、鞭策后进。

（五）合理制定内部转移价格

为了合理评价责任中心的业绩，对于责任中心之间的业务往来，必须制定合理的内部结算价格。

传统责任会计侧重于集中研究企业各责任中心的成本、收入、利润等财务绩效的衡量，而在作业基础责任会计体系中，管理者的注意力不仅要集中于作业引起的成本，而且要集中于作业本身，通常要考虑：这项作业是增值作业还是非增值作业？是否存在改进作业的空间？通过寻找这些问题的答案，管理者可以排除那些不增加价值的作业，而提高增加价值作业的成本效率。

随堂测 11-2

第三节　责任中心的确定与业绩考核

责任中心（responsibility center）是组织内部享有一定权利并承担一定责任的单位，凡是管理上可分、责任可以辨认、业绩可以单独考核的单位，都可以划分为责任中心。它可以是一个事业部、一个子公司、一个车间、一个工段、一项作业，甚至是一个人，也可以是组织整体。营利性组织的责任中心按责任范围的大小，可以划分为成本中心、利润中心和投资中心三种。

一、成本中心

成本中心（cost center）是企业内部的子单位，其发生并控制成本。狭义上的成本中心并不能控制收入或收益，或者不会形成以货币计量的收入。任何发生成本的责任领域都可以确定为成本中心，成本中心着重考核其所发生的责任成本。

（一）成本中心的分类

成本中心可以进一步细分为标准成本中心和费用中心（expense center）。其区别在于：前者的活动可以形成一定的物质成果，但不必或不便于对这些成果进行货币计量；而后者的活动一般不会形成以货币计量的物质成果，主要是指如财务部、人事部这样的以提供特定的专业性服务为目的的辅助部门。

（二）责任成本

成本中心只对其责任成本负责，责任成本是责任中心发生的各项可控成本的总和。责任成本是成本中心的考核重点，即通过比较责任成本的实际发生额与预计发生额（通常为标准成本）来判断是否存在差异及分析产生差异的原因。

1.成本的可控性

只有同时满足以下三个条件的成本项目才构成责任中心的可控成本：

（1）责任中心可以预先知道该成本项目是否发生；

（2）责任中心可以对成本发生额进行计量；

（3）责任中心通过自身努力可以调节和控制成本的发生与否和发生额。

成本的可控性是相对的，这与责任中心所处的管理层级、管理权限以及控制范围的大小都有直接关系。对于企业整体来说，几乎所有的成本都可以被视为可控成本；对于企业内部的各个部门、车间、工段来说，既有其各自专属的可控成本，又有其各自的不可控成本。一项对于较高层次的责任中心来说属于可控的成本，但是对于下属的较低层次的责任中心来说就未必可控；但是相反，对于较低层次的责任中心来说属于可控的成本，则一定是其所属较高层次责任中心的可控成本。

成本是否可控是影响责任中心业绩考核的重要因素，企业内部进行费用分配方法的选择时应考虑成本的可控性，如果分配不合理会影响到各方当事人的积极性。

2.责任成本与产品成本

责任成本与产品成本是既有联系，又有区别的两个概念。总体来说，责任成本与产品成本在性质上是相同的，都是企业在生产经营过程中的资源消耗，但还是存在以下的差异：

（1）计算对象不同。产品成本按产品归集，而责任成本按责任中心归集。

（2）计算范围不同。产品成本包括为生产该产品发生的全部成本，具体包括了可控和不可控成本，而责任成本只计量与考核可控成本，不归属于该责任中心的全部成本。

（3）计算原则不同。产品成本的计算原则是“谁受益、谁承担”，而责任成本的计算原则是“谁负责、谁承担”。

（4）计算目的不同。计算产品成本的目的主要是确定期间收益，而计算责任成本的目的是反映责任预算的执行情况，为企业内部经济责任制服务。

（三）成本中心的业绩报告

对成本中心而言，最重要的经济指标就是责任成本。企业进行业绩评价时，主要应看成本中心是否能够完成预先设定的成本标准。

当编制成本中心的业绩报告时，企业通常只需要将该成本中心的各可控成本项目分别列示预算额、实际额和差异额。根据业绩报告，进行差异分析，并针对造成差异的原因和责任提出改进措施。在实务中，有的企业为全面反映成本中心的消耗情况，将成本中心的不可控成本作为参考数据一并列示；有的企业还会在业绩报告中增加有关产量、质量、人员定额等非财务指标，以便全面评价责任中心的经营业绩。

费用中心主要是行政管理、后勤服务、研究与开发等职能部门，这些部门的效率和效益难以用货币进行计量。目前阶段，费用中心业绩评价和考核的重点是以预算为基础对酌量性成本进行的费用控制，业绩报告也与成本中心相似。

二、利润中心

利润中心（profit center）是既要发生成本又能取得收入，还能根据收入与成本计算利润的一种责任中心。利润中心不但能够控制所发生的成本，而且可以控制所形成的收入。对利润中心的考核重点是可控收入和可控成本的差额，即责任利润。

（一）利润中心的分类

利润中心又可以区分为自然利润中心和人为利润中心。自然利润中心的产品有外部市场，其可以向外部市场销售其产品，也可以向内部单位提供产品或劳务；人为利润中心的产品不存在外部市场，其经营成果主要用来满足企业内部需求。设立人为利润中心的目的在于将市场竞争机制引入企业内部，通过市场模拟达到调动员工增收节支积极性的目的。

（二）责任利润

利润中心业绩评价指标是责任利润，即可控收入与可控成本之差，在实务中，责任利润主要用“贡献毛益”来表示。传统贡献毛益的概念是收入与变动成本的差额，而在责任会计中，由于有一部分固定成本是可以明确归属于责任中心的，其中又有一部分是属于责任中心负责人（分部经理）的可控成本，基于“可控性”原则，通常有部门贡献毛益、分部经理贡献毛益（即部门可控贡献毛益）、部门税前经营利润三个概念，其计算公式如下：

部门贡献毛益=部门销售收入-部门变动成本总额

分部经理贡献毛益=部门销售收入-部门变动成本总额-部门可控固定成本

=部门贡献毛益-部门可控固定成本　（公式11.1）

部门税前经营利润=部门销售收入-部门变动成本-部门可控固定成本-部门不可控固定成本

=分部经理贡献毛益-部门不可控固定成本　（公式11.2）

以部门贡献毛益作为业绩评价依据不够全面，因为部门经理至少可以控制某些固定成本，并且在固定成本和变动成本划分上有一定的选择余地。如果以此为评价依据，可能导致部门经理尽可能多支出固定成本以减少变动成本支出。分部经理贡献毛益和部门税前经营利润针对成本可控性和可追溯性对贡献毛益进行引申。前者强调成本可控性，主要评价责任中心责任人的经营业绩；后者强调可追溯性，用于责任中心的经营业绩评价。部门经理可控制收入以及变动成本和部分固定成本，因而可以对分部经理贡献毛益承担责任，主要问题是可控固定成本和不可控固定成本划分比较困难。部门税前经营利润的优势是保持了利润中心和企业总目标的一致，而且有利于高层管理者进行部门之间的横向比较，这样，虽然亏损但能创造贡献毛益的部门可以保留，但是不适合对部门经理的评价。

（三）利润中心的业绩报告

利润中心的考核主要是通过期间实际的利润额与预算责任利润的比较，进而分析差异、寻找原因、落实责任。

此外，利润中心与利润中心之间会相互合作形成共同的收入与成本，利润中心也接受总部的服务，如何合理分配这些收入与费用是合理评价利润中心业绩的难点。这些问题可以在本章第四节的转移价格中得到解决。

三、投资中心

投资中心（investment center）是自主权最大的责任中心，其不但可以控制成本与收入，而且可以控制资本。投资中心的负责人不但拥有日常经营权，而且可以相对独立地决定资本的投向，有权做出资本投资决策。投资中心拥有投资决策权，即能够相对独立地决定资金的投向，尤其做出资本投资决策，即有权购置和处理固定资产，或者扩大或缩小生产能力。投资中心是最高层次的责任中心，拥有最大决策权，承担最大责任。集团公司下的分公司、子公司都是投资中心。

（一）投资中心的业绩评价指标

作为自主权最大的责任中心，投资中心不但要合理运用资源创造满意利润，而且要接受有利可图的项目，进行扩大再生产。因此，对投资中心的考核比前两个中心都要复杂，不但要考核其获得的利润，还要考核其为获取利润而占用的资源，通常以投资利润率或剩余收益作为主要的评价指标。

1.投资利润率

投资利润率（return on investment，ROI）的计算公式为：

ROI=分部经营利润÷分部经营资产平均占用额　（公式11.3）

其中，分部经营利润是指投资中心经营所获取的息税前利润；分部经营资产是指投资中心占用的，用以产生经营利润的现金、应收款、存货、固定资产、无形资产等各项资产；分部经营资产平均占用额是指分部在考核期间平均占用的经营资产。

由于资产可以采用不同的计价方式，而不同计价方式确定的企业平均经营资产不同，计算出来的投资利润率大小也不同。其中，以长期资产（如固定资产等）的影响最为显著，各种计价方式都有其优缺点，学者们的观点也不一。例如，选择净值作为计算基础，随着固定资产使用年限的增加，固定资产的净值会相应减少，在这种情况下，即使投资中心的经营利润没有变化，计算出来的投资回报率也会呈现上升趋势。有些学者认为，这种计价方式是对投资中心实际经营业绩的扭曲，也在一定程度上遏制了投资中心更新固定资产的愿望，但是净值较好地反映了投资中心对于固定资产这一资源的真正占用情况，而且计提的折旧也以另一种资源的形式被投资中心所使用，若以原值为基础，实际上扭曲了投资中心经营资产的占用额。如果能够降低公允价值的计价成本，则可能是一个较好的选择。

投资利润率指标作为一个业绩评价指标，其计算方便、理解简单。投资利润率要求管理者关注收入、成本和占用资本之间的关系，并促使管理者通过成本控制和提高资产使用效率来提高经营业绩。同时，作为一个相对性指标，投资利润率可以较好地适用于不同投资规模的投资中心的业绩比较。但是，投资利润率也存在如下缺点：

（1）ROI造成对分部利益的狭隘关注，而损害了整个企业的利益。

【例11-1】A投资中心在未来有两个投资项目的机会，每项投资需要的费用、获得的回报和计算的ROI情况见表11-1。

表11-1　**投资项目情况表**　金额单位：万元

项　目	项目1	项目2
投资	1 000	400
营业利润	130	64
ROI	13%	16%

A投资中心目前的ROI是15%，营运资产是3 000万元，目前投资的经营利润是450万元。该分部已经批准为新的投资项目追加1 500万元的请求。公司总部要求投资利润率至少为10%（这个比例是企业为获得这些资金付出的成本）。

分部经理有以下四个选择：（1）对项目1投资；（2）对项目2投资；（3）同时对项目1和项目2投资；（4）对项目1和项目2都不投资。每种选择的ROI情况见表11-2。

表11-2　**投资选择情况表**　金额单位：万元

项　目	投资项目1	投资项目2	两个项目都投资	两个项目都不投资
营业利润	580	514	644	450
经营资产	4 000	3 400	4 400	3 000
ROI	14.5%	15.12%	14.64%	15%

分部经理决定仅投资项目2，因为该项决策可以使部门的ROI从15%上升到15.12%。他可能不会选择投资项目1，因为选择投资项目1后部门的ROI将会低于15%。分部经理的选择使部门的ROI最大，但这实际上损害了企业整体的利益。实际上，如果选择了项目1可以获得130万元的利润，但对分部的ROI的狭隘关注致使企业损失了更多的投资收益。

（2）ROI鼓励管理者关注短期经营，而不顾长期利益。

投资中心可以通过增收和节支以及增加对资产的有效利用来提高投资利润率。但是，投资中心在增收受限的情况下，管理者为了实现预期的ROI，可能会选择解雇销售人员、削减广告支出、采用质量较差或价格较低的原材料，放弃必要的技术、设备维护和更新，以及超使用年限、超负荷使用固定资产等措施来提高投资回报率。解雇销售人员可能会造成投资中心未来销售增长能力的降低，未来的销售量同样也可能因为广告费用的减少和使用廉价的原材料制造产品而下降，延期使用固定资产、减少维修费用会造成未来生产率的下降，这些举措都可能对企业的长期发展造成负面影响。

2.剩余收益

剩余收益（residual income，RI）是指投资中心获得的利润，扣减其投资额（或净资产占用额）按规定（或预期）的最低收益率计算的投资收益后的余额，也是一个部门的营业利润超过其预期最低收益的部分。

剩余收益的计算公式为：

剩余收益=分部经营利润-分部经营资产平均占用额×要求的必要投资回报率　（公式11.4）

其中，要求的必要投资回报率是指企业为保证生产和持续经营所必须达到的最低投资报酬率。

【例11-2】某投资中心有关资料如下：

部门资产总额10 000万元，部门经营利润2 500万元。假设该投资中心有一个投资报酬率为15%的投资机会，投资额为5 000万元，每年部门经营利润为700万元，资本成本为10%。

试问部门是否应该接受新的投资项目？分别计算投资利润率和剩余收益来加以说明。

目前的投资利润率=2 500÷10 000×100%=25%

对企业整体而言，由于新的投资项目的投资利润率高于资本成本，因此应该接受该投资机会。但对投资中心而言，如果接受：

投资利润率=（2 500+700）÷（10 000+5 000）×100%=21.33%<25%

因此，投资中心会放弃该投资机会。

如果使用剩余收益作为评价标准，此时：

目前的剩余收益=2 500-10 000×10%=1 500（元）

接受项目后的剩余收益=（2 500+700）-（10 000+5 000）×10%=1 700（元）>1 500元

因此，从剩余收益指标角度来看，该部门应该接受新的投资项目。

剩余收益属于绝对数指标，不便于比较规模不同的投资中心的业绩，但可以在一定程度上有效避免投资利润率的缺点，促使业绩评价与企业目标一致，引导部门经理采纳高于企业资本成本的决策。此外，公司可以对不同部门或资产根据其性质、风险和财务状况，要求不同的最低报酬率，使该指标更加灵活。为全面、综合地评价投资中心的经营业绩，可以将投资利润率和剩余收益两个指标综合起来使用，充分发挥其各自的优点。

视频

投资中心及其业绩评价

（二）投资中心的业绩报告

投资中心的业绩报告和利润中心类似，但需增列营业资产、投资报酬率、剩余收益等指标，以便企业总部对投资中心的经营业绩进行全面、综合的评价和考核。

随堂测11-3

第四节 内部转移价格

如果一个责任中心的产出是另一个责任中心的投入，就会产生一个会计问题，即应该如何对转移商品进行定价？转移价格（transfer price）又称内部结算价格，是企业内部各责任中心之间提供产品和劳务的价格。转移定价是一个复杂的问题，我们将在下面主要讨论转移价格对各责任中心以及整个企业的影响，以及制定转移价格的方法。

一、转移价格对企业的影响

转移定价不仅对转移商品的责任中心有影响，而且也会对整个企业产生影响。转移定价产生的影响主要有三个方面：（1）对责任中心的绩效评估指标产生影响；（2）对企业范围内的盈利产生影响；（3）对责任中心的自主权产生影响。

制定转移价格对相关责任中心的绩效评价指标产生影响。转移商品的定价不仅会影响买方责任中心的成本，而且会影响卖方责任中心的收入。转移价格定高了，卖方责任中心的利润会增加，而买方责任中心的利润就相应减少；反之亦然。

尽管在大多数情况下，转移价格对于整个企业的影响为零，但是如果转移价格影响了责任中心的行为，或者影响了所得税，那么在某种程度上其也会影响公司赚取的利润。如果责任中心的经营是独立的，那么其就会确定使本部门收益最大化的转移价格，但是可能会对整个企业的利润产生不利影响。比如，A中心零部件按市场价格制定的转移价格是50元/件，但其实际单位生产变动成本是40元/件，如果C中心按50元/件采购就会产生3元/件的边际亏损，C中心就会拒绝采购，如果A中心存在闲置的生产能力，这个转移价格就会对这一企业不利，这会使企业放弃7元/件的边际收益。转移价格也会影响整个企业的所得税，这对跨国公司来说特别明显。企业通常试图制定这样的转移价格，使处于低税率国家的分部获取更多的收益，使处于高税率国家的分部分得更高的成本。

由于转移定价的决策可以影响整个公司范围内的营利性，高层管理者总是试图干预和制定有利的转移定价。然而，如果这种干预变成经常性行为，那么企业实际上失去了分权化及其所有的优势。企业之所以进行分权化管理，是因为分权的收益要高于相关的成本，在这种成本中有一种就是分部管理者偶尔表现出的次优化行为。

二、制定转移价格的原则

基于转移价格对企业的影响，转移价格的制定应遵循以下基本原则：

（1）公平合理。制定的转移价格，应当使“买卖”双方的责任中心都认为其公平合理。

（2）目标一致。通过合理的转移价格，责任中心做出的决策在实现自身利益的同时也实现企业的整体利益。

（3）保持分部的自主权。制定的转移价格不但应提供合理的评价基准，而且应赋予责任中心负责人一定的经营自主权，高层管理者不能随意干涉转移价格的制定。

三、制定转移价格的方法

要同时满足制定转移价格的三个原则不是一件容易的事情，机会成本法可能是一个比较好的指导方针①。机会成本法是指通过确认“卖方”责任中心分部能够接受的最低售价和“买方”责任中心愿意接受的最高价格来达到目标。最低转移价格（minimum transfer price）是指如果“卖方”责任中心以这个价格将商品销售给企业内部所获得的利益不会比对外销售所获得的利益少，这个价格也是“卖方”责任中心内销的机会成本，有时这个价格被称为讨价还价范围内的“底线”。最高转移价格（maximum transfer price）是指“买方”责任中心按这个价格从内部购买商品所耗费的成本不会比从外部购买商品所耗费的成本高，这个价格也是“买方”责任中心内购的机会成本，有时这个价格被称为讨价还价范围内的“上限”。当“卖方”责任中心的机会成本（最低价格）比“买方”责任中心的机会成本（最高价格）低时，该商品就应该在内部购销。机会成本法保证每个责任中心管理者的利益都不会因内部购销而受

① 汉森，莫温．管理会计学［M］．6版．陈良华，等，译．北京：中国人民大学出版社，2005.

损，与此同时也保证了企业整体的利益。

一般来说，企业制定转移价格的具体方法有以下几种：

（一）市场价格法

1.纯粹市场价格

如果对于转移的商品存在竞争激烈的外部市场，那么转移价格将选择为市场价格。“卖方”责任中心内销的机会成本是市场价格，而“买方”责任中心的机会成本也是市场价格，所以在这种情况下，市场价格是转移价格的最佳选择。此时，责任中心的利益和公司的整体利益都能达到最大化，而且任何一个责任中心都不会以牺牲另一个责任中心的利益为代价而使自身受益。

以市场价格为基础制定转移价格，应注意如下几点：（1）“卖方”有选择对内、对外销售的权利；（2）当转移价格与市场价格相同时，如果“卖方”愿意对内销售，“买方”有购买的义务；（3）如果“卖方”提供的价格高于市场价格，“买方”有转向市场购买的权利。相对于其他方法而言，市场价格法是最为客观的。但是，其也存在一定的问题：一是企业与企业的产品之间存在差异，这种中间产品的完全竞争市场很少存在，市场价格难以得到；二是市场价格的波动（甚至是比较大的波动）不利于各责任中心业绩的评价。

2.协商价格法

在现实中，完全竞争市场几乎是不存在的。在许多情况下，购买者或销售者在一定程度上都可以影响价格。当中间产品存在非完全竞争状态时，协商价格可能是转移价格的一个较好选择。

（1）存在可避免的销售成本。

对内销售与对外销售的一个重要差异在于对内销售可以节约大量的运输费、销售佣金、宣传广告费，在这种情况下，如果直接以市场价格作为转移价格，那么所有节省的费用全部归入“卖方”，有失公平。因此，可以采取协商价格法，最低转移价格（商品价格减去可避免的销售成本）和最高转移价格（市场价格）是双方协商的界限。例如，A中心生产中间产品甲，市场售价为220元/件，甲的变动生产成本为120元/件、变动销售成本为10元/件，A中心可以选择外销或向B中心销售，如果内销，10元/件的销售费用可以节省。此时，A、B中心甲的转移价格将会在210元/件到220元/件之间。

（2）存在剩余生产能力。

在完全竞争市场中，“卖方”责任中心可以按照市场价格销售其希望销售的所有商品；在不太理想的环境中，“卖方”责任中心可能不能够销售其所生产的全部商品，这就产生了剩余生产能力。在上述举例中，A、B中心的转移价格会在210元/件到220元/件之间，其实隐含了一个前提假设，就是B中心接受这个价格能产生贡献毛益，也就是最终产品的售价减去B中心产生的变动成本后大于转移价格。假设最终产品的售价为450元/件，B中心增加的变动成本为250元/件，那么内销就很难完成。因为买方的最高价格是200元/件，而卖方的最低价格是210元/件，从而双方失去了谈判的空间。但是，在一些特殊情况下，协商仍然可能取得成功。那就是A中心存在剩余生产能力，当A中心以220元/件对外销售的数量小于A中心的生产能力时，再一轮的谈判就可以开始了。因为此时对于A中心来说，其最低价格是甲的变动生产成本120元/件要低于B中心的最高价格200元/件。若完成内销，显然对双方以及企业整体都是有益的。

协商转移价格也存在缺陷，通常认为协商转移价格存在三个方面的缺陷：①拥有保密信息的责任中心的管理者可能会获利；②业绩评价指标可能会因为管理者的协商谈判技能而受到扭曲；③协商谈判会耗费大量的时间和资源。这些缺陷不能掩盖协商价格在达成目标一致性方面的优越性，此外这些缺陷也并非没有解决的途径，如信息不对称问题可以通过雇用正直的管理者以及高层管理者允许责任中心经理获取其他中心的会计信息来解决，而谈判技能甚至不能成为一个问题，因为谈判技巧本身就是管理者应有的管理技能。

（二）以成本为基础制定转移价格

如果责任中心的产出没有现成的外部市场，市场价格基础也就不存在，在这种情况下，可以考虑以成本为基础确定转移价格。常见的成本基础包括实际成本（完全成本或变动成本）和标准成本。为了避免低效率从一个责任中心传递到另外的责任中心，必须用标准成本作为制定转移价格的基础。较常见的以成本为基础制定转移价格的方法有纯粹成本法和成本加成法。

不论是变动成本还是完全成本，纯粹成本法可能不是一种好的转移定价的方法，其唯一的优点是简单易行，而其缺点却有很多，如以成本来制定转移价格，利益将会更多地归于"买方"，这样对于"卖方"是不公平的，与转移价格的制定原则相背离。成本加成法稍有改善，其关键在于加成率的制定方式。如果加成率可以协商，能得到买卖双方的认可，那么也能实现前面所述的制定原则。

（三）双重转移价格法

在企业中经常会出现这样的情况，当"卖方"的完全成本比较高时，为了能有较高的盈利，其制定的转移价格可能高于外部市场价格，此时，"买方"转向对外采购，造成"卖方"的一部分产品销售不出去，或者造成部分生产能力的闲置；而当"卖方"的生产能力有剩余时，其增加销售的机会成本可能很低，如果内部购销不能达成，则对企业整体不利。

视频

内部转移价格的制定

以双重转移价格取代单一转移价格可以较好地解决这些矛盾。双重转移价格，即对于同一种中间产品，"买方"和"卖方"的价格不同。双重转移价格法可以较好地调动双方的积极性。需要注意的是，企业整体实现的盈利不再等于各个责任中心的盈利之和，应该扣除由于双重转移价格所形成的"内部利润"。此外，双重转移价格还在成本中心和利润中心相互提供劳务时使用。

第五节　基于EVA和平衡计分卡的业绩评价

一、EVA评价指标

（一）EVA的概念和内涵

EVA是经济增加值模型（economic value added）的简称，是思腾思特（Stern

Stewart）咨询公司开发的一种新型的价值分析工具和业绩评价指标，是基于剩余收益思想发展起来的新型价值模型。其一般计算公式为：

经济增加值=税后净营业利润-资本成本

=税后净营业利润-资本总额×加权平均资本成本　　（公式11.5）

思腾思特咨询公司提出的"Four M's"概念可以很好地阐释EVA体系的内涵，即评价指标（measurement）、管理体系（management）、激励制度（motivation）以及理念体系（mindset）。

1.评价指标

EVA（measurement）是衡量业绩最准确的尺度，对无论处于何种时间段的公司业绩，都可以做出最准确、恰当的评价。在计算EVA的过程中，首先对传统收入概念进行一系列调整，从而消除会计运作产生的异常状况，并使其尽量与真实状况相吻合。举例来说，美国通用会计准则（GAAP）要求公司把研发费用计入当年的成本，即使这些研发费用属于对未来产品或业务的投资。为了反映研发的长期经济效益，EVA建议把在利润表上作为当期一次性成本的研发费用从中剔除。在资产负债表上，做出相应的调整，将研发费用资本化，并在适当的时期内分期摊销。思腾思特咨询公司已经确认了高达160多种对GAAP所得收入及收支平衡表可能做出的调整措施。这些措施涉及诸多方面，包括存货成本、货币贬值、坏账准备金、重组费用以及商誉的摊销等。尽管如此，在保证精确性的前提下，也要顾及简单易行，因此，通常建议客户公司采取5～15条调整措施。

2.管理体系

EVA（management）是衡量企业所有决策的单一指标。公司可以把EVA作为全面财务管理体系的基础，这套体系涵盖了所有指导营运、制定战略的政策方针、方法过程以及衡量指标。在EVA体系下，管理决策的所有方面全部囊括在内，包括战略企划、资本分配以及并购或撤资的估价、制订年度计划，甚至包括每天的运作计划。总之，增加EVA是超越其他公司最重要的目标，从更为重要的意义来说，成为一家EVA公司的过程是一个扬弃的过程。在这个过程中，公司将扬弃所有其他的财务衡量指标，否则这些指标会误导管理者做出错误的决定。比如，如果公司的既定目标是最大限度地提高净资产报酬率，那么一些高利润的部门不会太积极地进行投资，即使面对一些有吸引力的项目也不愿投资，因为他们害怕会降低回报率。相反地，业绩并不突出的部门会非常积极地进行投资，即使这些投资得到的回报率低于公司的资本成本。所有这些行为都会损害股东的利益，统一着重于改善EVA将会确保所有的管理者为股东的利益做出正确的决策。

3.激励制度

如今许多针对管理人员的激励报酬计划过多地强调报酬，而对激励制度不够重视。无论奖金是高还是低，都是通过每年讨价还价的预算计划确定的。在这种体制下，管理人员最大的动机是制定一个易于完成的预算任务，并且因为奖金是有上限的，他们不会超出预算太多，否则会使来年的期望值过高，甚至使其信誉受损。

EVA使经理人为企业所有者着想，使他们从股东角度长远地看待问题，并得到像企业所有者一样的报酬。思腾思特咨询公司提出现金奖励计划和内部杠杆收购计划。现金奖励计划能够让员工像企业所有者一样得到报酬，而内部杠杆收购计划则可以使员工对企业的所有者关系真实化。员工、管理者都按照所得的报酬做相应的事情。以EVA增加作为激励报酬的基础，正是EVA体系蓬勃生命力的源泉。因为使EVA的增加最大化，就是使股东价值最大化。在EVA激励制度下，管理人员为自身谋取更多利益的唯一途径就是为股东创造更大的财富。这种奖励没有上限，管理人员创造的EVA越多，就可以得到越多的奖励。因为奖金没有上限，并且脱离了年度预算，EVA管理人员更有动力进行全面经营，不再单打独斗，并且会在进行投资时考虑长远利益。事实上，在EVA制度下，管理人员得到的奖励越多，股东所得的财富也越多。

4.理念体系

如果EVA制度能够全面贯彻实施，EVA财务管理制度和激励报酬制度将使公司的企业文化发生深远变化。在EVA制度下，所有财务管理功能都从同一基础出发，为公司各部门员工提供了一条相互交流的渠道。EVA为各分支部门的交流合作提供了有利条件，为决策部门和营运部门建立了联系通道，并且根除了部门之间互有成见、互不信任的情况，这种互不信任特别容易存在于运营部门与财务部门之间。

（二）EVA的作用

EVA业绩评价指标的提出是业绩评价思想的一次创新。它的特点是：首先，EVA指标考虑了权益资本成本，得以真实反映企业的经营业绩；其次，在计算EVA指标时必须进行一些调整，以尽量消除企业会计准则本身所造成的会计信息扭曲性影响；再次，EVA指标注重企业的长期发展，反映了企业科技开发、产品开发、人才开发等非财务活动；最后，EVA指标显示其与企业价值具有较强的相关性，有利于维护企业各利益相关者的权益。总之，EVA指标可以更为准确地评价企业业绩。

（三）披露的经济增加值

经济增加值=税后净营业利润-加权平均资本成本×调整后的净投资资本（公式11.6）

税后净营业利润=净利润+税后利息费用（公式11.7）

平均经营资产（净投资资本）=平均股东权益+平均净负债（公式11.8）

其调整思路是所有对未来利润有贡献的支出都属于投资，主要包含：研究与开发费用；战略性投资；收购形成的商誉；为建立品牌、进入新市场或扩大市场份额发生的费用；折旧费用；重组费用。

【例11-3】A公司是一家处于成长阶段的上市公司，无优先股。该公司正在对当年的业绩进行计量和评价，有关资料如下：

（1）权益净利率为19%，税后利息率为6%（时点指标按照平均数计算）；

（2）平均总资产为15 000万元，平均股东权益为7 500万元，平均净负债为5 000万元；

（3）董事会对A公司要求的权益净利率为15%，要求的税前净负债成本为10%；

（4）目前资本市场上同等风险投资的股权成本为12%，税前净负债成本为10%；

（5）适用的企业所得税税率为25%。

根据上述资料，试计算：

（1）A公司的税后利息费用、税后净营业利润。

（2）市场基础的加权平均资本成本。

（3）A公司的经济增加值（假设不存在调整事项）。

平均经营资产（净投资资本）=平均股东权益+平均净负债=7 500+5 000=12 500（万元）

税后利息费用=6%×5 000=300（万元）

净利润=7 500×19%=1 425（万元）

税后净营业利润=1 425+300=1 725（万元）

平均净负债的比例=5 000÷12 500=0.4

平均股东权益的比例=1−0.4=0.6

市场基础的加权平均资本成本=12%×0.6+10%×（1−25%）×0.4=10.2%

经济增加值=1 725−12 500×10.2%=450（万元）

（四）简化的经济增加值

经济增加值=税后净营业利润−资本成本

=税后净营业利润−调整后的资本×平均资本成本 （公式11.9）

税后净营业利润=净利润+（利息支出+研究与开发费用调整项）×（1−所得税税率） （公式11.10）

调整后的资本=平均所有者权益+平均负债合计−平均无息流动负债−平均在建工程

（公式11.11）

企业通过变卖主业优质资产等取得的非经常性收益，在税后净营业利润中全额扣除。

【例11-4】 甲公司是一家国有控股上市公司，当年年底长期借款2 500万元还有3年到期，年利率8%，优先股1 200万元，票面利息率10%，普通股5 000万元，贝塔系数1.2，留存收益1 300万元，研究与开发费用（管理费用）360万元，利息支出（财务费用）200万元，营业外收入均为非经常性收益，总额400万元，净利润1 155万元，在建工程1 795万元。

试计算该公司当年的经济增加值（加权平均资本成本按照上述资料计算，其余按照《中央企业负责人经营业绩考核办法》的规定计算，假设无风险报酬率为3%，市场组合必要报酬率为13%，适用的企业所得税税率为25%）。

债务资本成本=8%×（1−25%）=6%

普通股资本成本=3%+1.2×（13%−3%）=15%

长期借款比例为25%，优先股比例为12%，普通股和留存收益比例为63%。

所以：

加权平均资本成本=6%×25%+10%×12%+15%×63%=12.15%

调整后的税后净营业利润=1 155+（200+360）×（1−25%）−400×（1−25%）=1 275（万元）

调整后的资本=（1 200+5 000+1 300）+2 500−1 795=8 205（万元）

EVA=1 275−8 205×12.15%=278.09（万元）

EVA计算的难点主要在于会计调整。EVA的倡导者认为，为了消除会计信息的失真，必须对有关会计信息进行调整，即对利润和投资资本进行调整。调整的原则是：第一，重要性原则，拟调整的项目涉及金额比较大，如果不调整将严重歪曲公司的真实情况；第二，相关性原则，拟调整的项目应该确实对公司股东价值的创造形成影响；第三，可控性原则，被考核的经营者和管理者能够对被调整项目施加影响；第四，可获得性原则，即进行调整所需要的相关数据可以获得，且不是非常困难；第五，易理解性原则，拟调整的项目即使非财务人员经过培训都能够理解和接受；第六，现金收支原则，即尽量反映公司的现金收支情况，尽可能避免经营者和管理者通过会计方法的选择操纵利润。

（五）EVA的评价

EVA指标的优点比较明显，其直接与股东财富的创造联系起来，是唯一正确的业绩计量指标，是全面财务管理和薪金激励体制的框架基础。该指标是外部投资者进行选择的工具，维护了投资者的利益。但是，该指标在使用过程中资本成本难以统一，会计调整主观判断的影响严重，另外其无法解释企业内在的成长性机会，也可能会对管理者的考核与评价产生偏差。

二、平衡计分卡评价体系

企业管理已经进入战略管理的阶段，这对业绩评价方法提出新的更高的要求。1992年，平衡计分卡（balanced score card，BSC）横空出世，立即受到企业的欢迎。平衡计分卡是从财务、客户、内部运营、学习与成长四个角度，将组织的战略落实为可操作的衡量指标和目标值的一种新的业绩评价体系。

平衡计分卡四个角度分别反映了企业三个主要的利益相关者：股东、顾客、员工的诉求。财务层面的财务业绩指标可以显示企业的战略及其实施和执行是否对改善企业盈利做出贡献，其衡量指标有营业收入、资本报酬率、经济增加值等，也可能是销售额的迅速提高或创造现金流量。客户层面的指标通常包括客户满意度、客户保持率、客户获得率、客户盈利率，以及在目标市场中所占的份额。内部运营层面的指标有生产周期、不合格率等。学习与成长层面的指标有员工满意度、员工保持率、员工培训时间等。

视频

从传统财务维度到绿色平衡计分卡

随堂测11-4

平衡计分卡指标体系所体现的特点有：第一，结果与动因指标相平衡（如客户满意度与销售收入）；第二，财务与非财务指标相平衡（如产品质量与利润）；第三，内部与外部指标相平衡（如及时送货率与退货量）；第四，短期与长期指标相平衡（如利润和员工培训成本）；第五，定量与定性指标相平衡（如员工流动率和员工忠诚度）。

本章小结

企业业绩评价与考核系统包括评价主体、评价客体、评价目标、评价程序、评价指标、评价标准、评价方法、激励机制等要素，评价和考核分为两个层次。责任会计是分权管理的产物，是确认、计量、传递责任中心业绩的一种会计制度。责任中心主要类型有三种：成本中心、利润中心和投资中心，不同的中心其责任范围是不同的，考核的业绩指标也是不同的。当一个企业的某个中心（部门）生产的产品或者提供的劳务可以用于企业的另一个中心（部门）时，就存在转移价格，满意的转移价格要与公平的绩效评价、目标一致以及保持分部自主权相容，通常有三种方法来制定转移价格。本章最后介绍了最近30年最有影响力的两种评价方法：EVA和平衡计分卡。

本章练习

虚拟仿真实验

1.针对本教材业绩评价与考核的内容，开发了对应的虚拟仿真实验——基于业财融合三阶多维业绩评价系统虚拟仿真实验，注册后可以免费使用，扫码进入实验。

2.某公司现有A、B两个投资中心，投资额分别是100万元和200万元，营业利润分别是7万元和32万元。该公司的最低投资报酬率为10%，目前A投资中心有一个投资项目，需要投资50万元，该项目投资后年营业利润为4万元。该公司将投资利润率作为投资中心的唯一评价指标。

要求：从A投资中心和总公司两个角度分别考察是否应该接受该投资项目。

3.北方公司是一家中央大型企业，有甲、乙两个投资中心，有关资料见表11-3。

表11-3 投资中心有关资料表 单位：万元

投资中心	经营收入	经营资产	经营利润
甲投资中心	140 000	170 000	40 000
乙投资中心	260 000	330 000	60 000
北方公司	400 000	500 000	100 000

公司经理召集公司的管理人员、财务主管及各责任中心的负责人一起研究如何提高公司的投资报酬率。

财务主管提出了以下建议：

（1）公司可以通过提高营业收入方式，提高公司的投资报酬率。根据市场预测，如果公司的经营收入提高10%，经营利润将提高15%，仅此一项措施就可以使公司的投资报酬率提高3%。

（2）公司也可以通过降低成本方式，提高公司的投资报酬率。根据历史资料分析，公司的变动成本可降低1%，固定成本可压缩6 000万元，即使公司的经营收入不变，仍可使投资报酬率提高2%。

（3）如果公司的经营资产削减到47 620万元，即使公司的经营收入和成本不发生任何变化，也可以使公司的投资报酬率提高1%。

（4）如果上述各项因素同时变动，将会使公司的投资报酬率提高到6.3%。

（5）如果公司以各项因素未变动前的投资报酬率为最低期望报酬率，现有一个投资项目比较适合甲投资中心，该项目需要投资90 000万元，可获得的经营利润增加19 000万元。但是，甲投资中心的负责人不愿意接受该项目。

要求：

（1）对财务经理的建议分别进行分析，说明财务经理所提出数据的依据。

（2）分析甲投资中心的负责人不愿意接受该项目的原因。该如何说服甲投资中心的负责人接受该项目？

参考答案

头脑风暴

有人认为EVA是唯一正确的业绩计量指标，你怎么看？

头脑风暴提示

分组任务

分组任务提示

1. 责任成本与产品成本有何异同？

2. 平衡计分卡评价体系有哪些明显优点？在实际应用中需要注意哪些方面？

学思践悟

可持续发展和环境保护

案例

虎门二桥建设公司的
环保实践与绩效评价
（绿色平衡计分卡）

讨论问题：企业业绩的评价是否只停留在财务层面？从平衡计分卡到绿色平衡计分卡，给你哪些重要启示？

注意：从可持续发展和环境保护角度进行论述，引出“两山理念”。

依法纳税

案例

合理合法利用内部转移价格

讨论问题：作为一家负责任的企业，请问你该如何科学制定内部转移价格？

注意：结合企业社会责任和依法纳税，从防范利用内部转移价格进行利润操纵和逃税角度进行分析。

教学案例

电动车生产企业CEO
的业绩考核难题

本章测评

拓展阅读

业绩计量对管理人员
行为的影响

第十二章

战略管理会计和环境管理会计

学习目标：通过本章的学习，要求学生对战略管理会计和环境管理会计有较为清晰的认识；要求学生了解战略管理会计的基本概念、战略管理会计的基本特征和研究范围，熟悉并能运用价值链分析、竞争分析等战略管理会计的工具对实际问题进行思考；要求学生了解环境管理会计的概念和理论基础，熟悉环境成本会计的相关内容，掌握环境成本的主要计量方法，掌握环境成本的管理方法，熟悉考虑环境因素下的主要投资决策方法。

导入案例

中文天地出版传媒集团股份有限公司（以下简称“中文传媒”）是江西出版集团通过借壳“鑫新股份”于2010年年末完成重大资产重组的国有控股上市公司，注册资本13.8亿元，雇员7 000多人。大数据、云计算、互联网的出现反映着一个时代的巨变。中文传媒不可避免地站在“互联网+”的风口，经历着一场前所未有的深刻变革。在此过程中，唯有坚守住自身的优势，与大数据、云计算、互联网等进行深度融合，并充分利用互联网的优势，才能推动出版传媒产业的繁荣发展，实现产业结构由单一的出版传媒业态向“一业为主、多元支撑”的复合业态转型。中文传媒在业内率先提出“内外兼修，双轮驱动”“内容为本，平台为王”“创新驱动，融合发展”的理念，谋划了其转型之路。

案例详细资料

请问：

1.从战略角度分析作为传统的图书出版企业为何要转型？查找近几年中文传媒的财务数据，论证该公司是否转型成功？

2.运用战略管理会计的竞争分析内容，分析互联网新业态快速发展对传统出版行业的影响究竟如何？

提示

第一节　战略管理会计的基本理论

一、战略管理会计的基本概念

20世纪80年代以来，企业面临的制造环境发生了很大的变化，企业的竞争日趋激烈，而传统管理会计在成本计算系统、成本控制系统和业绩报告系统等方面，已不再适应新的制造环境。此时，企业管理也逐步发展到战略管理的阶段。鉴于传统管理会计存在上述的问题，为适应战略管理的需要，战略管理会计逐渐形成。1981年，英国学者西蒙在《战略管理会计》一书中最先提出战略管理会计概念，他也被公认为“战略管理会计之父”。此后，国内外的许多学者以及实务界人士对战略管理会计做出更为深入的研究。关于战略管理会计的概念，国内外学者没有统一的定义，主要有如下几种典型观点：

（1）西蒙将战略管理会计描述为“提供并分析有关企业和其竞争对手的管理会计数据，据以发展和监督企业战略”。他认为，战略管理会计应该侧重于本企业和竞争对手的对比，收集竞争对手关于市场份额、定价、成本、产量等方面的信息，并认为战略管理会计就是未来管理会计发展的方向。

（2）威尔森（Wilson）等人在《战略管理会计》一书中提出，“战略管理会计是明确强调战略问题和所关注重点的一种各个领域通用的方法。它通过运用财务信息来发展卓越的战略，以取得持久的竞争优势，从而更加扩展管理会计的范围”。战略管理会计提供了有关产品劳务市场、竞争对手成本资源和成本结构等财务信息，并进行深入分析，以便监视各个期间企业及其竞争对手的战略。

（3）布朗威奇（Bromwich）和比姆尼（Bhimiani）在其论文中将战略管理会计定义为，“提供并分析有关公司产品市场和竞争对手成本及成本结构的财务信息，监控一定期间内企业及其竞争对手的战略”。

(4) 卡拉克 (Clarke) 将战略管理会计的主要因素归结为,"从战略角度提供公司市场及竞争对手信息,同时也强调内部信息"。

(5) 余绪璎教授认为,"战略管理会计"是为企业"战略管理"服务的会计,它从战略的高度,围绕本企业、顾客和竞争对手组成的"战略三角",既提供顾客和竞争对手具有战略相关性的外向型信息,又对本企业的内部信息进行战略审视,帮助企业的管理者知己知彼,进而据以进行战略的制定和实施,借以最大限度地促进企业"价值链"的改进与完善,保持并不断创新其竞争优势,以促进企业长期、健康向前发展。

尽管对战略管理会计的定义多种多样,但它们有一个共同特征,就是都涉及战略管理会计的一些基本要素,体现了战略管理会计的一些基本特征。

本书基本认同温素彬教授对战略管理会计的定义,认为战略管理会计是会计人员借助管理会计的工具和方法,对企业提供自身内部和企业外部市场包括其竞争者的信息,在企业战略分析、战略比较、战略选择、战略评价中发挥作用,帮助企业管理当局制订并实施战略计划、取得竞争优势、实现战略目标的一种手段。

二、战略管理会计的基本特征

与传统管理会计相比,战略管理会计更具有创新性和开放型,具有以下一些基本特征:

1.服务于企业战略管理,侧重于长期目标实现

战略管理以获得持久的竞争优势为宗旨。战略管理会计超越单一的期间限制,并着眼于企业长期发展和整体利益的最大化,着重从长期竞争地位的变化中把握企业未来的发展方向。战略管理会计为企业战略决策者提供企业战略的外部环境和内部条件信息以及企业所拥有的资源和能力信息,以明确企业竞争优势,帮助企业制定战略目标,选择竞争战略,分析竞争风险,把握竞争态势,监控战略决策的实施过程,评价战略实施的结果,其侧重点不是为了短期财务目标的实现,而是在于保持长期的竞争优势。战略管理会计的根本任务应是为企业战略管理全过程提供信息支持和操作方法,帮助企业实现战略目标。

2.提供更多的非财务信息

战略管理会计克服了传统管理会计的缺点,大量提供关于质量、需求量、市场占有份额等非财务信息。这些非财务信息是企业改善经营和提升竞争能力,保持和发展竞争优势,让管理者的视野更开阔、决策更科学的重要影响因素。

3.充分关注企业外部信息

传统管理会计是一种"封闭型"的管理会计,更强调对企业内部管理服务的职能,通过提供信息帮助管理者做出决策、制订计划及控制过程和实行责任会计来完成业绩考核。战略管理会计是一种"开放型"的管理会计,它通过收集、分析、比较竞争对手和顾客等外部主体具有战略相关性的信息,了解本企业在市场竞争中的地位,拓宽管理者视野,从而帮助企业保持和增强竞争力。战略管理会计特别强调各类相对指标或比较指标的计算和分析,如相对价格、相对成本、相对现金流量以及相对市场份额等,使企业管理者做到知己知彼,采取措施保持长久竞争优势。

4.运用基于战略的业绩评价方法

传统管理会计绩效评价指标重"结果"而轻"过程",其业绩评价指标侧重于统

一的投资报酬率等财务指标，从而忽视了相对竞争指标和非财务指标在业绩评价中的作用。战略性绩效评价是指将评价指标与企业所实施的战略相结合，同时强调非财务指标的考核，根据不同的战略采取不同的评价指标。战略管理会计的业绩评价贯穿战略管理应用过程的每一步，重视过程的考核，强调业绩评价必须满足管理者的信息需求。

三、战略管理会计的研究范围

战略管理会计的研究范围没有一个统一的范畴，根据战略管理过程由战略制定、战略实施、战略控制、战略评价等环节构成来进行分析。战略管理会计的基本内容应当包括战略制定会计、战略实施会计、战略控制会计、战略评价会计。因此，战略管理会计的主要内容至少应该包括以下方面：

1.价值链分析

将价值链分析作为战略管理会计方法，基本上得到了大家的统一认识，即企业可以通过分析从原材料供应商至最终产品消费者的一系列相关活动，建立科学的作业流程，从而提高战略选择的科学性和实施的有效性。进行战略管理会计决策，不仅应进行行业内部价值链分析，而且应进行行业价值链分析；不仅要完成侧重于战略的定位和决策，而且要实现企业内部业务流程的优化。

2.竞争对手分析

企业战略的制定离不开对竞争对手的分析，可以通过分析竞争对手来选择合适的竞争战略。竞争战略是建立在竞争对手对比分析的基础上，不能准确地判断竞争对手就无法制定可行的竞争战略。竞争对手分析的应用范围不仅局限于竞争对手的战略目标、经营状况、财务状况、技术经济实力以及管理者的背景，而且应包含竞争对手的价值链分析，从而为战略选择提供更全面的信息。

3.SWOT分析与战略定位

SWOT分析是将与企业密切相关的各种主要内部优势、劣势和外部的机会和威胁等，依照矩阵形式排列，然后用系统分析的思想，把各种因素相互匹配起来加以分析，从中得出一系列相应的结论，并选择企业的战略。在中国古典名著《三国演义》中，刘备三顾茅庐，诸葛亮为刘备分析天下形势，形成了著名的《隆中对》。他分析了刘备集团的优势与劣势，并且根据机会和威胁提出先取荆州为家，再取益州，与魏、吴成鼎足之势，继而图取中原的战略定位。

4.预警分析和风险管理

预警分析有助于企业预测内外部环境的变化，是战略管理会计用于分析与预测的重要方法。能否准确地预测企业内外部环境的变化，决定了企业能否在不断变化的竞争环境中控制风险，获得竞争优势。在战略选择阶段运用预警分析系统，有助于经营者在战略选择中进行风险和收益的权衡，从而降低战略选择阶段的风险。由于战略管理会计着重研究全局的、长远的战略性问题，因此，其必须考虑风险问题。而战略管理会计针对企业在经营与投资管理中所面临的风险，能够采用一些方法分散和管理风险。

5.战略成本动因分析

战略成本动因分为结构性成本动因和执行性成本动因。与作业性成本动因（材料、人工等）相比，规模经济、学习与溢出、整合程度、时机选择、企业政策等结构性成本动因，对企业的影响更大、更持久；执行性成本动因有助于企业战略执行和控制，降低作业成本，提高效率。因此，战略成本动因分析在战略选择和战略实施阶段都可以发挥重要作用。

6.产品生命周期法

在产品的不同生命周期阶段，企业面临的机会和挑战不同，因而需要采取相应的战略以抓住机遇，迎接挑战。通过价值链和作业管理，产品生命周期法还可以很好地指导企业的战略成本管理。

7.作业成本管理

企业需要借助作业成本管理方法，区分增值作业和非增值作业，通过改善作业流程，努力降低或消除非增值作业，持续改进增值作业，对战略实施过程进行有效的控制，从而充分利用企业的有限资源，保证企业战略目标的实现。本书在第五章作业成本法中已经有了具体论述。

8.全面质量管理

世界经济正经历着由“数量型经济”向“质量型经济”转变的过程，经济全球化、信息网络化的发展使企业面临的竞争更为激烈。为开拓并占领市场，企业应努力满足消费者对质量的追求，而质量和质量成本有着内在的必然联系。必要的预防成本、鉴定成本的支出，可以减少质量损失成本，从而维护企业及其品牌的声誉。在战略已经选定的情况下，实施全面质量管理可以使企业实现减少质量损失成本的支出，力求以尽可能低的质量成本，确保企业战略目标的执行和实现。

9.基于战略的业绩评价

平衡计分卡为管理者提供了全面的战略定位、控制、考核框架。它以企业的战略为中心，并从财务、客户、内部运营以及学习与成长四个维度评价企业的战略业绩。通过平衡计分卡可以得出：财务上的成功，必须使顾客满意；使顾客满意只能优化内部价值创造过程；优化内部过程只能通过学习和提高员工个人能力等实现。平衡计分卡充分重视过程考核和非财务指标的实现，落脚点在实现企业战略目标，而非单一财务目标。本书在第十一章业绩评价与考核中有详细论述。

随堂测 12-1

第二节　战略管理会计的具体内容

一、价值链分析

价值链的概念是由美国哈佛大学商学院教授迈克尔·波特（Michael E. Porter）提出的。价值链分析是战略管理的核心方法。通过价值链分析，企业可以认识竞争优势的来源。竞争优势来源于各项价值活动，每项价值活动都会对产品差异化方面在产业中所处的相对地位产生重要影响。价值链是进行战略管理的最有力工具。价值链分析可以从企业内部价值链分析与产业价值链分析两个方面来进行。

1.企业内部价值链分析

波特认为，企业所创造的价值应以顾客所认定并愿意支付的货币数量来衡量。企业创造的价值产生于一系列的活动之中，这些活动称为价值活动。企业利润的大小取决于两个方面的因素：一是企业所创造的总价值，二是各项价值活动的总成本，两者之差便是利润。价值链就是企业为客户创造有价值的产品或服务的一连串相互联系的“价值活动”。这些活动可以划分为主要活动和辅助活动两大类。

（1）主要活动，又称基本活动或主体活动。主要活动大致可分为以下五项价值活动：

①内部后勤，主要是原料供应，又称进货物流。该类活动是指与原料验收、储存、整理及存货控制等相关的活动，如原材料的装卸、入库、盘存、运输及退货等。

②生产作业。该类活动是指将原材料转化成最终产品的活动，如机器加工、包装、设备维修及检测等。

③外部后勤，主要是成品储运，又称出货物流。该类活动是指与产成品的库存、分送给顾客有关的活动，如产成品的储存、订单处理与产品运输等。

④市场营销。该类活动是指如何使消费者获知产品特性和价值，进而购买该产品的活动，如广告、促销、渠道建设、销售与定价等。

⑤售后服务。该类活动是指有关提供售后服务以提供或维持产品价值的活动，如产品安装、调试、维修、培训及零件供应等。

（2）辅助活动，又称支持活动。辅助活动大体可分为以下四项价值活动：

①采购管理。这里的采购既包括生产原料的采购，又包括其他资源投入的管理，是广义的概念。属于此类活动的有材料采购、机器设备以及各类固定资产等的购置，又包括企业聘请咨询公司进行广告策划、市场预测、法律咨询等。

②研究开发或技术开发。该类活动是指可以改进企业产品和工序的一系列技术活动，不仅包括生产技术，而且包括非生产技术，也是一个广义的概念。例如，为提高产品质量或提高工作效率所从事的各项有关活动，还有的属于管理者的决策技术。

③人力资源管理。该类活动是指包括企业各级人员的招聘、录用、培训、开发及支付报酬等活动。人力资源管理涵盖了主要活动及辅助活动的全过程，贯穿整个价值链的各项活动，支撑着整个价值链。

④基础管理或基础设施。该类活动由大量活动构成，包括企业总体战略的形成、建立，以及政策、法律、行政、财务、会计、质量管理等各项职能活动。

企业价值链示意图，如图12-1所示。

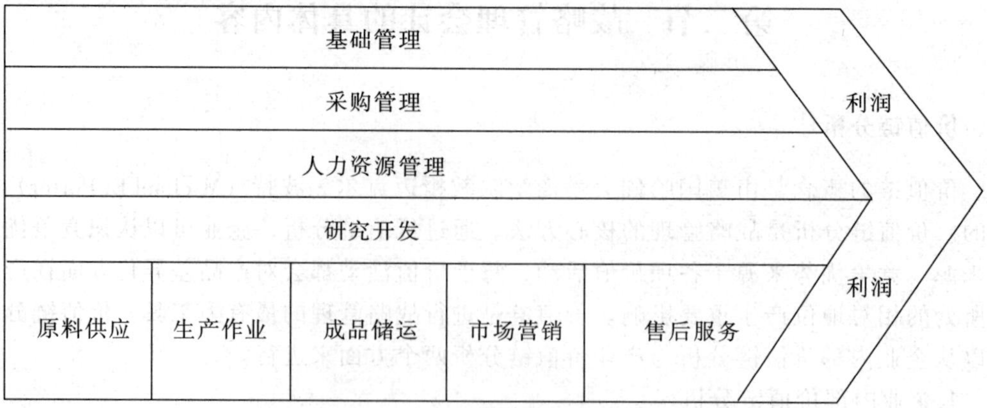

图12-1 企业价值链示意图

2.产业价值链分析

价值链不是相互独立的价值活动的集合体。各项价值活动之间的相互联系是取得竞争优势的重要来源，而且在价值链中包括多方面的相互联系。例如，在原材料供应过程中与供应商之间的关系；在企业经营过程中内部各单位或部门之间的关系；在产品销售过程中与顾客之间的关系等。为寻求竞争优势，企业必须从更广的角度——产业角度来展开价值链分析。该系统既包括供应商的价值链，又包括客户的价值链。企业不仅应理解自身的价值链，而且还要理解自身价值活动对供应商及客户的价值链的适应程度，只有这样才能提升企业自身的获利能力。

3.价值链分析的步骤

运用价值链方法进行战略成本分析，实现管理会计职能的基本步骤如下：

（1）产业价值链分析。

任何一个产业从最初原材料的开发到产品的最终消费，形成一系列不同价值作业的结合——产业价值链。产业中的任何一个企业居于产业价值链中的一个或多个链节，产业价值链中的企业互为现行的或潜在的竞争对手。在每一个产业中，企业本身位于这一行业价值链中的某一个阶段。通过产业价值链的分析，了解企业在整个产业价值链中的位置，以便寻求利用上、下游价值链管理成本的可能性。在价值链上，每一个企业既是供方又是买方，区分每一个环节的成本、收入和相应资产配置以计算每一项价值活动的经济效益（资产报酬率），有助于了解每一个环节对应的供方与买方的能力，有助于企业明确开发与供方、买方关系的途径，以减少成本、增加差别化程度或二者兼顾，从而为产业中的不同层次的竞争企业赋予潜在的战略意义。

（2）企业内部价值链分析。

企业内部既有各业务单位（分厂、车间）之间的价值链，又有各业务单位内部的价值链，每个价值链既产生价值，同时又消耗资源。通过分析，努力消除不增值的作业，减少浪费，同时也为是否可以考虑重组内部价值链，以便降低相对成本提供条件。

价值链是由价值活动的内部关系、价值活动之间的关系联结而成的一个系统。这些关系使得各价值活动实施的方式与发生的成本相互影响（如高质量原材料可减少售后服务）。企业价值链分析就是通过价值活动内部、价值活动之间关系的开发，推进各价值活动的优化与相互协调，并为实现企业战略目标而进行价值活动之间的权衡取舍。

（3）竞争对手价值链分析。

在特定产业中往往存在生产同类产品的竞争对手。竞争对手的价值链和本企业的价值链在产业价值链中处于平行位置。通过对竞争对手价值链的分析，测算出竞争对手的成本并与之进行比较，根据企业的不同战略，确定扬长避短的策略，争取成本优势。

（4）价值链成本分析。

企业的相对成本地位产生于同产业竞争中所从事的价值活动。因此，有意义的成本分析是考察这些活动的成本，而不是企业作为一个整体的总成本。每项价值活动都有各自的成本结构，如果企业总体价值活动的成本低于竞争对手，那么成本优势由此产生。

（5）开发持久竞争优势。

一旦企业识别价值链、区分成本动因之后，可以通过如下两个途径开发竞争优势：比竞争对手更好地控制成本动因或者重构价值链。系统分析每一项价值活动，了解竞争对手的价值链情况，明确相互之间的成本差异及根源，进而从以下六个方面着手：在保持价值（收入）一定下削减成本；在保持成本一定下提升价值（收入）；在成本、价值一定下缩小资产规模；以不同的方式进行这项价值活动；把一组有联系的价值活动重新排序或重新组合；开发与其他企业的关系。

【例12-1】甲公司常年生产某种大型机器，生产周期较长，长期以来从全国各地供应商购入所需的某型号必备配件A，该配件价值高、体积大，在生产过程的最后环节安装使用，其中从同城乙供应商采购的数量将近一半。甲公司为了保证生产的连续性和应对市场的变化，在日常经营过程中总要保留一定数量的配件A作为储备库存，为此专门修建了大型仓库并配备管理人员。甲公司管理人员通过管理会计师提供的数据分析认为，这种采购方式不合理。因为配件A在采购到厂后，要等到生产环节的最后才加以使用，而且大量的保险储备增加了储备成本，于是决定改变现状。

经过与乙供应商协商后，决定在不改变价格的前提下，采取以下措施：第一，将甲、乙双方的供货关系以长期合同的形式确定下来，从而扩大从乙供应商处的采购量，减少从其他供应商处的采购量到10%以内。第二，改变配件A的运输方式。定期提供甲公司的生产计划给乙供应商，要求乙供应商在规定的时点按规定的数量将所需的配件A适时地直接运达甲公司生产车间。如果出现临时性采购，多出的采购费用由甲公司自行承担。这样的合作方式减少了甲公司配件A的大量储存费用，同时又扩大了乙供应商的销售量，从而实现了甲、乙双方的共赢，使得整个价值链受益。

二、竞争分析

深入分析行业竞争过程，从而挖掘竞争压力的源泉并确定各个竞争力量的强大程度，是竞争分析的一个重要组成部分。一个行业的竞争激烈程度取决于行业内部的经济结构，行业的经济结构状况又对竞争战略的制定和实施起到制约作用。美国哈佛大学商学院迈克尔·波特教授指出，在一个行业中存在着五种基本的竞争力量（五力模型），行业中的竞争状态是各个竞争力量共同作用的结果。

1.供应商议价能力（bargaining power of suppliers）

供应商议价能力一方面表现为供应产品价格的提高，另一方面表现为供应产品质量的相对降低，从而影响行业中现有企业的盈利能力。如果供应商的讨价还价能力强，则说明企业处于劣势。一般来说，满足如下条件的供应商具有较强的讨价还价力量：

（1）供应商行业为一些具有比较稳固市场地位而不受市场激烈竞争困扰的企业所控制，其产品的买方很多，以至于每一单个买方都不可能成为供方的重要客户。

（2）供应商各企业的产品各具特色，以至于买方难以转换或转换成本太高，或者很难找到相应的替代品。

（3）供方能够方便地实行前向联合或一体化（产业链纵向延伸的能力），而买方难以进行后向联合或一体化。

2.购买方议价能力（bargaining power of buyers）

购买方主要通过其压价与要求提供较高的产品或售后服务质量的能力，来影响行业中的现有企业的盈利能力。一般来说，满足如下条件的购买方具有较强的讨价还价力量：

（1）购买方总数较少，而每个购买者的购买量较大，占据卖方销售量的很高比例。

（2）卖方行业由大量相对来说规模较小的企业所组成。

（3）购买方所购买的基本上是一种标准化产品，可以同时向多个供应商购买产品。

（4）购买方有能力实现后向一体化，而卖方难以实现前向一体化。

3.新进入者威胁（threat of new entrants）

新进入者在给行业带来新生产能力、新资源的同时，也会与现有企业发生原材料与市场份额的竞争，最终导致行业中的现有企业盈利水平降低，如果新进入者实力雄厚，还可能危及现有企业的生存。面对潜在的或新的进入者，原有企业不会无动于衷，必将采取措施，设置障碍，阻止其进入，如果原有企业没有反应或反应不强烈，则说明潜在的或新的进入者对其威胁不大。

新竞争者进入障碍主要包括规模经济、产品差异、资本需要、转换成本、销售渠道开拓、政府行为与国家政策、不受规模支配的成本劣势（如商业秘密、产供销关系、学习与经验曲线效应等）、自然资源、独特地理环境等方面，其中的有些障碍是很难借助复制或仿造的方式来突破的。预期现有企业对新进入者的反应也是重要方面，现有企业采取报复行动的可能性大小，主要取决于现有企业的财务状况、报复记录、固定资产规模、行业增长速度等。

4.替代商品威胁（substitutes）

两个处于同行业或不同行业中的企业，可能会由于所生产的产品互为替代品，从而在它们之间产生相互竞争行为，这种缘于替代品的竞争会以各种形式影响行业中的现有企业的竞争战略。首先，现有企业产品售价以及获利潜力的提高，将由于存在着能被用户方便接受的替代品而受到限制；第二，由于替代品生产者的侵入，使得现有企业必须提高产品质量，或者通过降低成本来降低售价，或者使其产品具有特色，否则其销售量与利润增长的目标就有可能受挫；第三，缘于替代品生产者的竞争强度，受到产品买方转换成本高低的影响。总之，替代品价格越低、质量越好、用户转换成本越低，其所能产生的竞争压力就越大；而这种来自替代品生产者的竞争压力的程度，可以具体通过考察替代品销售增长率、替代品厂家生产能力与盈利扩张情况来加以描述。

【例 12-2】众所周知，空调领域的替代品威胁很大。对于制冷，空调扇（间接替代）等新产品作为替代品，其购买成本低、能耗低、不需要安装且制冷效果好；对于制热，集中供暖（直接替代）已经在我国北方城市普及，而在不集中供暖的南方城市，也有取暖效果好、使用感觉较为舒适的电暖器（间接替代）等产品。随着小型家电技术创新步伐的加快，这些新型、轻巧、价格便宜、使用便捷且耗电量低的空调替代品越来越受到消费者的青睐。这些替代品对空调的需求都产生了一定的负面影响。

5.同行竞争程度（rivalry）

大部分行业中的企业相互之间的利益都是紧密联系在一起的，作为企业整体战略一部分的各企业竞争战略，其目标在于使自身的企业获得相对于竞争对手的优势，因此，在实施中必然会产生冲突与对抗现象，这些冲突与对抗就构成了现有企业之间的竞争。现有企业之间的竞争常常表现在价格、广告、售后服务等方面，其竞争强度与许多因素有关。

一般来说，出现下述情况将意味着行业竞争的加剧：行业进入障碍较低，势均力敌的竞争对手较多，竞争参与者范围广泛；市场趋于成熟，产品需求增长缓慢；竞争者主要采用降价等手段促销；竞争者提供几乎相同的产品或服务，用户转换成本很低；一个战略行动成功，其收入相当可观；实力弱小的企业被行业外部大公司兼并后，发起进攻性行动使得其很快成为市场的主要竞争者；行业退出障碍较高。

行业中的每一个企业或多或少都必须应付以上各种力量构成的威胁，也必须面对行业中的每一个竞争者的行动，因此，五力模型是企业制定竞争战略时经常利用的战略分析工具。

该模型的理论是建立在以下三个假定基础之上的：

（1）制定战略者需要了解整个行业的信息。

（2）同行业之间只有竞争关系，没有合作关系。

（3）行业的规模是固定的。

视频

五力模型

但是，在现实中可能存在一定差距，因此，管理会计人员在利用该模型时应该要注意：正确分析行业信息，衡量信息取得成本和效益；突破竞争的范围，从共赢角度展开合作，建立战略联盟的思想，通过研发和创新，与对手共同做大行业规模来获取更多的资源和更大的市场。

三、SWOT分析与战略定位

SWOT分析是将与企业密切相关的各种主要内部优势、劣势和外部的机会和威胁等，依照矩阵形式排列，然后用系统分析的思想，把各种因素相互匹配起来加以分析，从中得出一系列相应的结论，并选择企业战略。

其中，S（strengths）是优势、W（weaknesses）是劣势，O（opportunities）是机会、T（threats）是威胁。企业竞争战略应是一个企业“能够做的”（即组织的优势和劣势）和“可能做的”（即环境的机会和威胁）之间的有机组合，最大限度地利用优势和机会，将劣势和威胁降到最低。如图12-2所示，公司可以采取四种战略，第一种是SO战略，这是最理想的组合战略，应该最大限度地发展，实施发展战略。第二种是ST战略，其要求企业充分利用优势去克服不利环境，实施分散战略，建立长期机会或克服障碍和威胁。第三种是WT战略，这是最不理想的情况，企业应该采取收缩战略，减少产品服务或改变战略。第四种是WO战略，企业面临巨大机会，但是本身内部劣势明显，企业应该采取防御战略，充分利用市场机会，回避弱点。

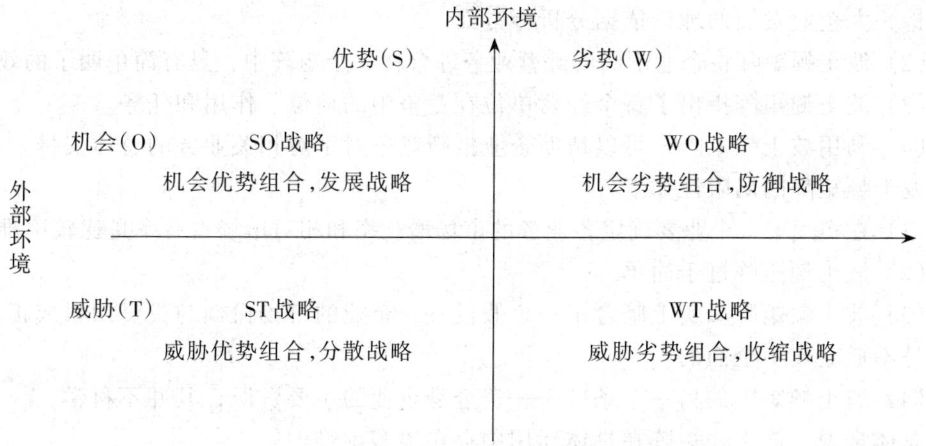

图12-2 SWOT分析法

通过SWOT分析，帮助管理者进行战略定位，能够利用优势，抓住机会，弱化劣势，避免或缓和威胁。企业还需要进一步深入到公司层和经营层制定战略。

1.公司层战略

公司层战略是对企业整体所从事事业范围的确定，包括经营类型及经营范围的定位、公司的宗旨和目标的确定等。比如，波士顿咨询集团于20世纪70年代初开发了公司业务组合矩阵方法。按照产品类型的不同，可分别采取稳定型战略、增长型战略、收缩型战略和组合型战略四种经营战略。

企业实力包括市场占有率以及技术、设备、资金利用能力等，其中，市场占有率是决定企业产品结构的内在要素，其直接显示企业竞争实力。销售增长率与市场占有率既相互影响，又互为条件，形成以下四种产品类型：

(1) 销售增长率和市场占有率“双高”的产品群（明星类产品）。

(2) 销售增长率和市场占有率“双低”的产品群（瘦狗类产品）。

(3) 销售增长率高、市场占有率低的产品群（问题类产品）。

(4) 销售增长率低、市场占有率高的产品群（现金牛类产品）。

市场引力大，市场占有率高，可以显示产品发展的良好前景，企业也具备相应的适应能力，实力较强，应该采取增长型战略。该战略要求企业扩大经营规模，如更高的销售额、更多的雇员和更大的市场份额。对于销售增长率低、市场占有率高的产品群，应该采取稳定型战略，为企业尽可能创造现金流量。该战略的基本特征是产品经营很少发生重大变化，向顾客提供同样的产品和服务，维持一定的市场份额。销售增长率和市场占有率“双低”的产品群，此时该种产品前景黯淡，应采用收缩型战略。该战略要求企业缩减经营规模或多元化经营的范围。缩减常常通过剥离方式进行，适时退出自身不具有核心竞争力的领域也是一种较好的战略选择。如果仅有市场引力大，而没有相应的高市场占有率，则说明企业尚无足够实力，则该种产品是问题类产品，应该根据实际情况采取组合型战略，尽量将问题类产品发展成为明星类产品，如果不行则要采取收缩型战略。

波士顿矩阵的重要贡献如下：

(1) 波士顿矩阵被广泛运用于产业环境与企业内部条件的综合分析、多样化的组合分析、大企业发展的理论依据分析等方面。

（2）波士顿矩阵将企业不同的经营业务综合在一个矩阵中，具有简单明了的效果。

（3）波士顿矩阵指出了每个经营单位在竞争中的地位、作用和任务。

（4）利用波士顿矩阵，可以帮助企业推断竞争对手对相关业务的总体安排。

波士顿矩阵的局限性如下：

（1）在实践中，企业要确定各业务的市场增长率和相对市场占有率是比较困难的。

（2）波士顿矩阵过于简单。

（3）波士顿矩阵事实上暗含了一个假设——企业的市场份额与投资回报成正比的可能是不成立或不全面的。

（4）波士顿矩阵的另一个条件——资金是企业的主要资源，其并不科学。

总体来说，波士顿矩阵在具体运用中存在很多困难。

【例 12-3】L集团是一家民营企业，主要从事机械制造及相关业务，是国内的行业龙头企业。L集团主要股东包括集团创始人Z先生和另外8位公司关键管理人员。L集团的业务包括以下4个板块，在集团管理架构中分属于四个事业部：

（1）通用机械（general machinery）。集团在创业之初是从生产通用机械起家的，产品包括各类通用型机床、磨床等生产设备，其制造的设备广泛应用于各类生产型企业，并由于质量稳定、价格适中，一直受到客户的普遍认可，在国内保持着较高的市场份额，每年无须大量的资金投入即可为L集团带来稳定而可观的收益。但是，由于通用机械国内总体市场增长缓慢，因此L集团这一板块的业务增长也较为缓慢。

（2）专用机械（special machinery）。20世纪90年代，L集团开始进入利润更高、增长更快的专用机械市场。与通用机械不同，专用机械应用于特定行业，一般按客户订单生产，需要符合客户特定的技术要求，因此需要公司在研发和技术方面给予大量的投入。L集团经过多年不懈的努力，其生产的专用机械在国产专用设备市场上的份额已跻身前三，近年来一直保持着强劲的增长速度。然而，L集团的管理层也清晰地意识到，自身的技术水平虽然在国内居于领先，但与国际同行相比仍存在较大差距，高端领域的客户仍然主要以采购欧美进口的专用设备为主。虽然专用机械业务有着很好的长期发展前景，但此项业务的长期发展还需L集团持续地加大投入。

（3）配件及服务（components and services）。这一业务板块主要是销售上述两类设备的配件，以及提供维修、保养、技术培训、技术咨询等服务。目前，这一业务板块在L集团总体销售收入中的比例不到5%，市场份额很低，增长缓慢，并处于亏损状态。管理层通过调研发现，配件及服务市场整体近年来正在快速增长，而事实上，在我国开展业务的国际同行在配件及服务上取得的销售收入可以达到总体销售收入的20%以上，并且利润率非常可观。经过深入研究后，认为L集团应当可以凭借多年来积累的客户基础将这一业务板块发展起来，形成新的增长点。

（4）钢材贸易（steel trading）。集团在2000年左右开始涉足钢材贸易，其初衷是通过这一业务板块，一方面获取贸易利润，另一方面服务自身的原料采购。然而，由于钢材贸易市场竞争激烈，市场趋于饱和，该业务的市场份额非常小，可获利润很低，反而常常需要占用的营运资金却很多，也并没有服务集团自身的原料采购。由于钢材贸易并非L集团的核心业务，因此，公司无法投入相应足够的资源去支持这一业务板块的发展。

请利用波士顿矩阵对L集团的4个业务板块做出分析，指出这4个业务板块分别属于波士顿矩阵中的哪一类型业务，并简要阐述判断依据。基于4个业务板块所属类型的特点和现状，分别针对下一步的战略简要提出建议。

业务类型分析如下：

(1) 通用机械属于"现金牛"业务（或低增长-强竞争地位业务）。

通用机械业务总体市场增长缓慢，并且L集团的该业务保持着较高的市场份额，每年为L集团带来稳定而可观的收益，而无须大量的资金投入，反而能为企业提供大量的资金，因此，属于"现金牛"业务。

(2) 专用机械属于"明星"业务（或高增长-强竞争地位业务）。

专用机械业务处于一个利润更高、增长更快的市场，并且L集团的该业务已跻身全国前三，在L集团的4个业务板块中，专用机械业务有着极好的长期发展前景，但需要公司在研发和技术方面给予大量的、持续的投入来支持其发展，因此，属于"明星"业务。

(3) 配件及服务属于"问题"业务（或高增长-弱竞争地位业务）。

配件及服务业务整体市场近年来正在快速增长，而L集团此项业务的市场份额却很低，而且目前处于亏损状态，因此，属于"问题"业务。

(4) 钢材贸易属于"瘦狗"业务（或低增长-弱竞争地位业务）。

钢材贸易业务市场竞争激烈，市场趋于饱和，L集团该业务的市场份额非常小，可获利润很低却反而常常需要占用大量的营运资金，因此，属于"瘦狗"业务。

提出建议如下：

(1) 通用机械业务板块（"现金牛"业务）可以把设备投资和其他投资尽量压缩，可采用"榨油式"方式，争取在短时间内获取更多利润，从而为其他业务的发展提供资金支持，也可以进一步进行市场细分，维持其现有的增长率或延缓增长率下降的速度。通用机械事业部的管理者最好是市场营销型人才。

(2) 对于专用机械业务板块（"明星"业务），L集团应在短期内优先提供其所需的资源，保护其专用机械在国内市场上的领先地位，持续地在研发和技术上给予大力投入，积极扩大经济规模和市场机会，以长远利益为目标，进一步提高市场占有率。专用机械事业部最好是由对生产技术和销售两个方面都很内行的专业人才来领导。

(3) 配件及服务业务板块（"问题"业务）由于具备成为新增长点的基础条件，因此可以努力将其从"问题"业务转化为将来的"明星"业务，应当详细分析目前阻碍配件及服务业务发展的问题所在并做出改进，集团需在一段时期内对该业务板块给予扶持，并将扶持方案列入集团的长期计划。配件及服务事业部应当选拔有规划能力、敢于冒险、有才干的人才来领导，因此，可以采取智囊团或项目组织等形式来发展该业务。

(4) 钢材贸易业务板块（"瘦狗"业务）由于可获利润很低却常常需要占用大量的营运资金，也并没有帮助到L集团自身的原料采购，因此应采用撤退战略，逐步缩小，进而停止此业务，将资源留给其他业务板块。钢材贸易事业部可以取消，其人员可合并至其他事业部担任合适的岗位。

2.经营层战略

经营层战略的制定，目前使用比较广泛的是美国学者迈克尔·波特于1980年在其出版的《竞争战略》（*Competitive Strategy*）一书中提出的成本领先战略、差别化战略和聚焦战略。

（1）成本领先战略（overall cost leadership）。

成本领先战略要求坚决地建立起高效规模的生产设施，在经验的基础上全力以赴降低成本，加强成本与管理费用的控制，以及最大限度地减小研究开发、服务、推销、广告等方面的成本费用。

为了达到这些目标，就要在管理方面对成本给予高度重视。尽管质量、服务以及其他方面也不容忽视，但贯穿整个战略的是使成本低于竞争对手。该公司成本较低，意味着当其他公司在竞争过程中已失去利润时，这个公司依然可以获得利润。

赢得成本最低的有利地位通常要求具备较高的相对市场份额或拥有某一方面的优势，如与原材料供应方面的良好关系可以获取较低的价格等，可能要求产品的设计先进而便于制造生产和节约材料，或者规模化大批量生产而分散降低成本等。

（2）差别化战略（differentiation）。

差别化战略是将产品或公司提供的服务差别化，树立起全产业范围内具有独特性的标识。实现差别化战略可以有许多方式，如设计特殊的品牌形象、技术上的独一无二、性能上的不可替代、顾客服务独树一帜等。最理想的情况是公司在这几个方面都有其差别化的特点。

如果成功实施了差别化战略，它就成为在一个产业中赢得高水平收益的积极战略，因为其建立起了防御阵地来对付五种竞争力量，虽然其防御的形式与成本领先战略有所不同。波特认为，推行差别化战略有时会与争取占有更大的市场份额的活动相矛盾。推行差别化战略往往要求公司对于这一战略的排他性有思想准备。这一战略与提高市场份额两者不可兼顾。在建立公司差别化战略的活动中总是伴随着很高的成本代价，有时即便全产业范围内的顾客都了解公司的独特优点，也并不是所有的顾客都愿意或有能力支付公司要求的高价格。

（3）聚焦战略（focus）。

聚焦战略是主攻某个特殊的顾客群、某产品线的一个细分市场或某一地区市场。正如差别化战略一样，专一化战略可以具有许多形式。虽然成本领先战略与差别化战略都是要在全产业范围内实现其目标，聚焦战略的整体却是围绕着很好地为某一特殊目标服务这一中心建立的，其所开发推行的每一项职能化方针都要考虑这一中心思想。这一战略依靠的前提思想是：公司业务的专一化能够以更高的效率、更好的效果为某一狭窄的战略对象服务，从而超过在较广阔范围内竞争的对手们。波特认为，这样做的结果是公司或者通过满足特殊对象的需要而实现了差别化，或者在为这一对象服务时实现了低成本，或者二者兼得。这样的公司可以使其盈利的潜力超过产业的普遍水平。这些优势保护公司抵御各种竞争力量的威胁。但聚焦战略常常意味着限制了可以获取的整体市场份额。

视频

竞争战略（成本领先战略、差别化战略和聚焦战略）

波特认为，这三种战略是每一个公司必须明确的，因为徘徊其间的公司处于极其糟糕的战略地位。一旦公司处于徘徊状况，摆脱这种令人不快的状态往往需要花费大量的时间并经过一段持续的努力；而相继采用这三个战略，波特认为注定会失败，因为它们要求的条件是不一致的。

四、战略成本动因分析

成本动因（cost driver）是引发成本的一种推动力或成本的驱动因素，多个成本动因结合起来决定一项既定活动的成本。传统管理会计认为，企业成本的高低只与业务量有关。但如果站在战略的角度分析，企业成本的高低受多方面因素的影响和作用，单一的业务量已无法解释全部成本形成的原因。战略成本动因是从企业整体的、长远的宏观战略高度出发所考虑的成本动因，可以分成结构性成本动因（structural cost driver）和操作性成本动因（executional cost driver）。

1.结构性成本动因

结构性成本动因是与企业基础经济结构有关的成本驱动因素。结构性成本动因具有以下特点：这些因素的形成常常需要较长的时间，而且一经确定往往很难变动，因此对企业成本的影响是持久和深远的；这些因素往往发生在生产之前，其支出属于资本性支出，构成了以后生产产品的约束成本；这些因素既决定了企业的产品成本，又会对企业的产品质量、人力资源、财务、生产经营等方面产生极其重要的影响，并最终决定企业的竞争态势。

结构性成本动因一般包括构成企业基础经济结构的企业规模（scale）、业务范围（scope）、经验积累（experience）、技术（technology）和选址（address）等。

2.操作性成本动因

操作性成本动因又称执行性成本动因，是与企业操作作业程序有关的动因，即影响企业成本态势并与操作作业程序有关的驱动因素。操作性成本动因具有以下特点：与结构性成本动因相比，这些成本动因是在结构性成本动因决定以后才成立的成本动因，其形成与改变均需较长的时间；这些成本动因往往是非量化的成本动因；这些成本动因因企业而异，并无固定的因素等。

操作性成本动因通常包括员工的参与感（participation）、全面质量管理（TQM）、产能利用率（capacity utilization）、供销联系（linkages with suppliers or customers）、产品外观（production figuration）及工厂布局效率等。

结构性成本动因与企业的战略定位密切相关，通过结构性成本动因分析，有助于企业做出横向规模和纵向规模的战略决策；而操作性成本动因分析，有助于企业加强内部成本管理，可以确保战略目标的实现。

随堂测 12-2

第三节　环境管理会计

一、环境管理会计的概念和理论基础

随着环境的变化，工业发展带来的环境污染和可持续发展问题，日益受到全社会各个国家的关注。

习近平总书记在党的二十大报告中指出："必须牢固树立和践行绿水青山就是金山银山的理念，站在人与自然和谐共生的高度谋划发展。"加快发展方式绿色转型，是党中央立足全面建成社会主义现代化强国、实现第二个百年奋斗目标，以中国式现代化全面

推进中华民族伟大复兴做出的重大战略部署，具有十分重要的意义。

同样在西方国家，20世纪90年代美国环境保护协会率先提出环境管理会计（environmental management accounting，EMA）。企业除了追求经济效益外，也要承担对环境保护的责任，减少对环境造成的不利影响，将环境管理目标纳入企业战略管理目标和经营决策。此后，全世界陆续有30多个国家和地区先后开始推行环境管理会计。环境管理会计是一个跨学科的研究主题，涉及环境经济学、环境管理学、可持续发展经济学、环境科学、会计学、财务管理学以及循环经济等诸多理论和学科，没有统一的定义。

国际会计师联合会（IFAC）认为，环境管理会计是通过开发和实施恰当的与环境有关的会计系统和实务，来达到对环境和经济绩效进行有效管理的目的。它包括与环境有关的会计信息的披露和审计，但更侧重于生命周期成本核算、全部成本法、收益评价和环境管理战略的规划。

国际会计师联合会于2005年8月发表了《环境管理会计国际指南——公开草案》（以下简称《国际指南》），将环境管理会计定义为鉴定、收集、分析与环境内部决策相关的实物、货币两类信息的会计。这两类信息是：（1）能源、水和材料（含废弃物）流动、被使用及最终处理的实物信息；（2）与环境相关的成本、收益等货币信息。

《国际指南》由六个章节组成。其中，第一章说明了企业关注环境管理会计的原因及相关概念；第二章说明了什么是环境管理会计，环境管理会计包括的信息类型，环境管理会计的相关作用和效益，环境管理会计对现行会计实务的挑战；第三章讨论的是由能源流、材料流、水资源流、废品流等组成的实物流信息，其采用投入产出法；第四章说明了环境成本和效益的资金流；第五章从许多层面探讨了一些将环境管理会计应用到企业内部管理中的案例；第六章主要分析了环境管理会计在内的不同类型会计和外部报告的举例。《国际指南》还特别在组织水平上对环境管理会计在会计学科中的定位做出探讨，按核算范围、报告内容的不同进行分析，具体见表12-1。《国际指南》将环境会计划分为环境财务会计（EFA）与环境管理会计（EMA）。从核算内容及披露方式看，环境财务会计是外部报告会计，环境管理会计则为内部报告会计，分别与财务会计和管理会计相对应。

表12-1 **组织水平上的会计和报告**

传统会计	对应的环境会计	强制性外部报告	其他相关的外部报告
财务会计(FA)：财务会计是对外部相关者(如投资者、政策制定及监管机构、财政部门)报告标准化财务信息的外部会计	环境财务会计(EFA)：环境财务会计是专门关注与环境相关的投资、环境负债、环境收益和支出，以及与组织环境业绩相关的其他重要支出的外部会计	向外呈送的财务报告受到国家法律和国际标准的规范约束，出具的财务报告越来越多地包括环境业绩和社会效益有关信息	一些国家要求在财务报告中包含这些内容，而一些组织则自愿披露这些信息。企业组织使用一些为财务报告目的而收集的与环境相关的信息，以用于环境规章报告、统计报告或者公司可持续性发展报告
管理会计(MA)：管理会计是应用会计与财务管理原则，保持和增加企业价值，并将价值传递给营利和非营利企业(含公共和私人企业)的内部会计	环境管理会计(EMA)：环境管理会计是专门关注能源、水、材料(包括废弃物)流动的实物信息，同时也关注相关成本、收入货币信息的内部会计	没有专门与管理会计和环境管理会计相关的外部报告要求	企业组织使用一些在环境管理会计下收集的信息，以用于环境规章报告、统计报告或者公司可持续性发展报告

联合国可持续发展委员会环境管理会计国际专家组认为，环境管理会计是用来辨识和度量当前生产流程的环境成本以及采取污染预防或清洁流程的经济效益的各个层面，并且将这些成本和效益集成到日常业务决策中的一种机制。

环境管理会计的推广对企业意义重大。它有助于企业准确地进行成本计算和产品定价，通过提供更多的信息帮助企业管理层做出正确决策，有助于企业进行环境绩效考核与评价，促进企业实现长远目标和战略意图。环境管理会计被看成是一种决策支持工具，同时也是一个会计信息系统。

环境管理会计的理论基础主要包含以下三个方面：

1.可持续发展理论

可持续发展理论强调人类应当通过发展与自然相和谐的方式追求健康而富有的生活，而不是通过破坏和污染生态环境来追求发展。可持续发展理论认为从人类长远利益的角度赋予了环境管理会计迫切发展的理论基础。

2.经济外部性理论

外部性就是外部成本、外部效应。外部性可以分为正外部性（外部经济）和负外部性（外部不经济）。外部不经济就是一些人的生产或消费使其他人受损而前者无法补偿后者的现象。经济外部性理论要求国家制定相应法规规范企业行为，使其承担社会成本，督促其实行环境管理会计。

3.环境资源价值理论

环境资源本身存在价值，并且包括其对生产或消费所有的贡献能直接满足或间接支持生产或消费活动的获益的价值。环境资源价值理论要求企业重视周围环境的改善，将环境资源作为企业的一项资本对待，从而迫切要求环境管理会计对其价值进行核算。

二、环境成本会计

环境成本会计是环境管理会计的一个重要组成部分。环境成本会计要对环境成本信息进行确认、加工、分析、利用和报告，以供决策使用。环境成本信息可以用于短期经营决策，是进行资本预算和绩效评价的基础信息。

根据环境经济学的分类方法，按环境成本的负担者与成本的产生者之间的关系，可以将环境成本分为外部环境成本（社会成本）和内部环境成本（私人成本）。外部环境成本（社会成本）指的是成本的发生与某一主体的环境影响有关，但却由发生成本或获得利益以外的主体承担的成本。某一活动对环境造成了影响，而产生影响的企业却不为此承担责任（即外部不经济）。例如，企业生产产品并排污，对下游水系造成了不利影响，产生了环境成本，企业却不负担这部分成本。外部环境成本减少了社会总体效益，但产生外部环境成本的主体在传统会计领域中是不反映的。内部环境成本则是指在发生成本的主体内进行会计反映的成本，比如企业支付的排污费体现在管理费用上等。随着环境污染问题的日益严重，政府正试图将外部环境成本内部化，比如要求污染者付费原则的实施，一些外部环境成本将转为内部环境成本。这种转化和政策的实施，极大地影响了管理者所做的经营决策。

1.环境成本的计量方法

环境成本也可以分为自然资源成本和环境污染成本。自然资源成本包括自然资源消耗成本和自然资源再生成本。其中，自然资源再生成本、废弃物回收利用成本和废弃物处理成本，可以根据发生的历史成本进行计量。自然资源消耗成本尤其是自然资源降级成本，则是计量的重点。以预防污染发生的成本计量环境污染成本远远低于环境污染的实际成本，即污染物排放成本远远被低估。以下主要针对自然资源降级成本、污染物排放成本进行分析，分别介绍几种常见环境成本的计量方法。

（1）重置成本法（恢复费用法）。

当被评估环境质量低于环境标准要求时，假如无法治理环境污染，则只能用其他方式来恢复受到损害的环境，以便使环境质量达到环境标准的要求。将环境质量恢复到标准状况所需要的费用就是恢复费用（重置成本），因此，以重置成本（恢复费用）来计量环境成本的方法就是重置成本法（恢复费用法）。

（2）防护费用法。

当某种活动有可能导致环境污染时，人们可能采取相应的措施来预防或治理环境污染，用采取上述措施所需费用来评估环境价值的方法就是防护费用法。防护费用的负担可以有不同的方式：①采取由污染者购买和安装环保设备，而自行消除污染的方式；②采取建立专门的污染物处理企业来集中处理污染物，而由污染者支付处理费的方式；③采取受害者自行购买相应设备，而由污染者给予相应补偿的方式。

（3）市场价值法。

环境质量的变化对相应的商品市场产出水平有影响，因而可以用产出水平的变动导致的商品销售额的变动来衡量环境价值。如果环境质量变动影响到的商品是在市场机制作用发挥得比较充分的条件下销售的，那么就可以直接利用该商品的市场价格。

$$P=P_1Q_1-P_0Q_0$$

其中，P为根据某种商品产出变动所测算的环境价值；P_1为商品在被评估环境质量下的市场价格；P_0为商品在标准环境质量下的市场价格；Q_1为商品在被评估环境质量下的产出量；Q_0为商品在标准环境质量下的产出量。如果选定的商品是在市场机制不够完善的条件下销售的，就需要对市场价格进行调整，甚至用影子价格来取代市场价格。

（4）人力资本法（收入损失法）。

环境质量脱离环境标准对人类健康有着负面的影响。这种影响不仅表现为劳动者发病率与死亡率变化而给生产直接带来的损失或收益（可用市场价值法估算），而且还表现为医疗费开支的变化等，该方法是专门评估反映在人身健康上的环境价值的方法。为避免重复计算，人力资本法（收入损失法）只计算因环境质量脱离环境标准而导致的医疗费开支的变化，以及因为劳动者生病或死亡的提前或推迟而导致的个人收入的变化。

2.环境成本管理的方法

在目前的会计系统中，考虑的是内部环境成本，且分散在不同的成本和费用项目中，企业大多数相关的环境成本则因隐藏在其他的费用项目中，甚至没有反映在会计系统中而未能得到考虑。因此，企业要做出对环境负责的经营决策，必须在决策中考虑环境成本因素改进环境成本管理的方法。

（1）作业成本法与环境成本分配。

环境成本确定之后，需要进行成本分配。在传统成本分配方法中，环境成本通常归集在制造费用中，并采用某种分配标准，如直接人工、机器工时等将其分配到不同的产品或过程中。如果环境成本比较大或者企业本身间接制造费用比例较高，则成本的发生与费用分配标准之间缺乏直接因果关系，结果往往导致成本信息的扭曲，不利于决策。应用作业成本法则非常适合，对环境成本进行分配能够更好地使环境成本与产生这些成本的作业相联系，从而有助于企业采取减少环境影响和预防污染的正确经营决策。

【例12-4】 某企业生产A、B两种产品，需要通过三个生产步骤（成本中心）。每经过一个生产步骤都要排放废弃物，所有这些废弃物在厂区的一个焚化炉内集中处理。焚烧废弃物的直接成本如处理费等为1 600元，工厂一般性管理费用如行政管理人员工资等为9 000元。焚烧废弃物的直接成本是由于焚烧废弃物的作业产生的，而废弃物在三个生产步骤中产生。因此，采用作业成本法，首先要把这部分成本按成本动因分配到各生产步骤中，再分配到两种产品。由于废弃物是在各生产步骤中产生出来的，也占用了生产资源，因此，也要对废弃物所消耗的一般性管理费用9 000元按各生产步骤的废弃物量占全部加工量的比例进行分配，再转到产品中，假设分配到的金额为1 200元。

这样，按照作业成本法计算，可以确认废弃物应分担的管理费用（间接环境成本）为1 200元，加上直接环境成本1 600元，总的环境成本为2 800元。而如果按照传统的成本计算方法，直接环境成本1 600元容易确认，其分配往往根据各成本中心的直接人工或机器工时进行，与各成本中心的废弃物排放量无直接联系，而间接环境成本则往往与其他非环境成本一起进行分配，看不到其与废弃物产生的关系，从而使决策者未能意识到环境成本在其生产中的实际构成，从而影响正确决策。

在确定了哪些项目作为环境成本后，要对造成这些成本的作业进行分析，以选择适当的成本动因。按照作业成本法计算所确定的环境成本，要与企业的其他管理系统如全面质量管理（TQM）、作业成本管理（ABM）相联系，才能为决策发挥作用。

（2）全部成本会计法。

全部成本会计法（full cost accounting，FCA）指的是“将与企业的经营、产品或劳务对环境产生的影响有关的内部成本（包括所有的内部环境成本）和外部成本综合起来的方法”。为管理层提供完全的内部环境成本，采用全部成本会计法时，对内部环境成本的分配，管理人员通常以作业成本法、生命周期成本法获得相关成本信息。外部环境成本信息可以帮助管理者在评价长期战略决策、资本预算时，充分考虑其对外部环境的影响，从而促进经济和环境目标的实现。因此，全部成本会计法的核心难点就在于对外部环境成本的确认和计量。

对于与污染有关的环境影响的外部成本的货币化，一般有两种方法：控制成本法和损害函数法。控制成本法是指通过计算比较容易估计的可以将污染控制在既定标准下的环境控制技术的安装运行和维护成本来替代难以计量的环境损害成本。控制成本取决于污染控制标准和控制技术，控制标准越高，控制成本越大，而不同技术条件下所能达到的控制标准和控制成本也是不同的。损害函数法通过模型技术和经济计价方法来估计从特定地方产生的一个或多个污染物造成的损害的实际成本。该方法通过环境模型技术计算特定地点的环境活动对环境的影响，再利用经济计量方法将实物量表示的影响转换为货币指标。

（3）生命周期评价和生命周期成本计算法。

生命周期是指一个产品（过程或作业）从原料的取得和加工，生产运输和销售，使用、再使用和维护，回收和分解，到最后的处置的一个完整周期。按照美国国家环境保护局的定义，生命周期评价是对产品（过程或作业）在整个生命周期的环境影响进行辨认并确定实现环境改进机会的综合性方法。它本身更关注的是整个价值链对环境的影响（以实物量表示）、成本以及增值。

生命周期成本计算法就是对产品（过程或作业）在整个生命周期的所有成本进行确认和计算的方法。这里的成本可以只集中在内部成本，也可以将内部成本和外部成本结合起来考虑。生命周期成本计算法考虑产品的购买价格，也考虑顾客购买后的使用、维修和处置成本。生命周期成本计算法和生命周期评价往往是结合在一起的。对生命周期成本进行管理，可以使企业关注价值链的作业以实现长期的竞争优势。

三、考虑环境因素的投资决策

企业在投资决策中考虑的环境成本主要是那些容易计量的成本，如现场的污染监测成本、污染预处理或处理成本、环保费用，而那些不明显的、或有的、不易计量的成本，如环境罚金、公司形象损失、对自然资源的损害等则较少考虑。很多企业对环保投资项目与一般投资项目的评价采用了不同的方法。对环保投资项目难以进行财务评价的主要原因是与环保投资项目有关的成本和效益一般不明显，存在不确定性，而且要经过较长时间才能显现出来，如果财务评价不考虑时间的影响，则环保投资项目的财务效益就难以体现。

考虑环境因素的投资决策方法主要有全部成本评价法、多标准评价法、风险评价法和利益相关者价值分析法等。以下重点介绍全部成本评价法和多标准评价法。

（1）全部成本评价法（total cost assessment，TCA）。

全部成本评价法是由美国国家环境保护局新泽西分局设计的，是对项目的全部成本和收益进行长期的综合性财务分析。泰勒斯研究所归纳出的全部成本评价法的四个基本要素为：①成本清单。采用生命周期的观点，对项目的整个生命周期在价值链的各个环节上的成本和效益进行充分考虑，包括外部成本和外部收益等。②成本分配。采用诸如作业成本法进行分配，以使项目分配到与该项目相关的成本。③时间范围。对环境投资项目而言，时间要长，需要包括项目的生命周期，以充分反映所有成本和收益。只有延长时间，考虑这部分成本和效益，才可能促使企业在项目进行之前就考虑生产技术的改进以便减少未来终了时的成本，从而减少对环境的影响。④财务指标。通常采用的是折现现金流量的方法，包括净现值法、内含报酬率法等。

全部成本评价法对传统资本评价法的改进主要体现在延长了评价时间，扩大了成本和收益的范围。但是，归根到底其仍是一种财务评价方法，一般对于短期投资项目比较适用，而对于长期或战略性投资项目还需要借助其他方法，如多标准评价法等。

（2）多标准评价法（multi-criteria assessment，MCA）。

考虑环境因素后的投资决策会涉及经济、社会、环境、生态等诸多方面，而社会与环境等影响难以使货币数量化，因此考虑环境因素的投资决策就构成了一个多目标决策问题，需要应用多目标决策方法来进行评价和分析。

多目标投资决策可以帮助企业系统地根据不同的或不可计量的多重标准评价方案。多目标决策分析首先要明确目标。这些目标通常处在不同的层次上，最高层次的目标为总体目标，如企业与社会的可持续发展，这实际上是长期的战略目标，定义比较模糊，因而可操作性不强。但这一层次的目标可以分解为更具可操作性的较低层次的目标，如增加企业效益、改善环境质量、提高企业综合竞争力等，以便增强实际评价的可操作性。然后，对各分解的具体目标给予相应权重，再根据不同标准对备选方案进行打分。最后，加权计量出各个方案的总体得分，从中选出较好的方案。加拿大安大略公司曾采用多标准评价法，从内部成本、环境业绩（包括外部影响和成本）、资源使用效率、社会和经济利益、财务及经营的可行性等多个指标对投资方案进行评价。

四、环境管理会计的绩效评价

环境绩效评价是“旨在以持续的方式向管理当局提供相关和可验证的信息，以确定企业的环境绩效是否符合组织的管理当局所制定的标准的内部过程和管理工具”。国际标准化组织颁布的环境管理体系的ISO14000系列标准，包括了ISO14031环境绩效评价体系。该体系包括环境状况指标（ECIs）和环境绩效指标（EPIs），其中环境绩效指标又包括经营绩效指标（OPIs）和管理绩效指标（MPIs）。对企业环境绩效评价和影响而言，在三类指标中最重要的是经营绩效指标，环境状况指标和管理绩效指标是次要的。

环境状况指标直接计量环境质量，反映对某地、某区、全国性和全球性的环境状况的影响，如污水排放对生产地点附近水域的影响、废气排放对当地空气质量的影响等。管理绩效指标反映管理当局为影响组织的环境绩效所做出的努力的信息，包括组织的不同层次上的政策、人员、计划活动和程序等。

经营绩效指标反映组织经营活动的环境绩效信息，各个企业都可以使用该指标，可以作为环境绩效评价的基础。该类指标反映组织与以下三个方面有关的经营活动的环境绩效：①企业生产设施的设计、运营和维护；②与企业生产设施有关的材料、能源、服务、废弃物、排放物；③向企业生产设施提供的材料、能源和服务以及从生产设施产生的产品、服务和废弃物。其中又包括：原料、能源和劳务等投入，投入的供应，生产设施的设计、安装、经营和维护，产品和劳务等产出，废弃物和排放物及产出的配送等。

企业的传统绩效评价体系以财务评价为主，但是，财务指标是综合性的指标，其改进受到许多非财务指标的制约，其中也包括了环境绩效指标。企业的可持续经营目标是由经济、环境和社会目标构成的。企业环境绩效最终将影响到财务绩效，要使环境绩效指标体系能真正发挥其应有的作用，则必须将其融入企业的综合绩效评价体系。企业绩效评价体系的建立，是一个持续改进的过程，包括：确定关键成功因素，选择需要计量的经营过程或经营结果，确定进行绩效计量的目的，确认计量指标的特征，选择特定的计量标准，选定计量标准的目标，评价实际的绩效，对绩效计量系统进行改进等几个步骤。

随堂测 12-3

本章小结

与传统管理会计相比，战略管理会计更具有创新性和开放性，具有一些基本特征。战略管理会计的研究范围没有一个统一的范畴，主要包括价值链分析、竞争对手分析、SWOT分析与战略定位、预警分析和风险管理、战略成本动因分析、产品生命周期法、作业成本管理、全面质量管理、基于战略的业绩评价等内容。环境管理会计的推广对企业意义重大。它有助于企业准确地进行成本计算和产品定价，通过提供更多信息帮助企业管理层做出正确决策，有助于企业进行环境绩效考核与评价，促进企业实现长远目标和战略意图。环境成本计量方法主要有重置成本法、防护费用法、市场价值法、人力资本法等。环境成本管理方法主要有作业成本法与环境成本分配、全部成本会计法、生命周期评价和生命周期成本计算法等。考虑环境因素的投资决策方法主要有全部成本评价法、多标准评价法、风险评价法和利益相关者价值分析法等。

头脑风暴

头脑风暴提示

1. 战略管理会计与传统管理会计进行比较有哪些优势？

2. 基于战略的业绩评价方法和传统业绩评价方法有何区别？

分组任务

分组任务提示

1. 有人认为战略管理会计是“开放型”的管理会计，而传统管理会计是“封闭型”的管理会计，你怎么看？

2. 环境管理会计的理论基础是什么？这些理论基础是如何影响环境管理会计的产生与发展的？

学思践悟

创新精神

案例

“互联网+”时代管理会计创新的重要性

讨论问题：通过案例学习，你认为未来管理会计的创新应主要集中在哪些方面？

注意：需要结合教材内容，强调新技术对管理会计产生的影响，突出创新思维和首创精神。

教学案例

天然气销售企业战略成本动因分析案例

本章测评

拓展阅读

通用矩阵法

附录一

管理会计应用案例

浙江新纪元管业科技有限公司战略管理与业绩评价应用案例（摘要）

一、背景描述

二、案例企业管理会计存在的问题和改革需求

（一）案例企业管理会计存在的问题及原因

（二）案例企业管理会计改革需求

三、案例企业战略管理与业绩评价系统设计和应用

（一）案例企业战略管理与业绩评价系统总体设计

（二）具体实施应用过程

（三）实施过程中遇到的主要问题及解决途径

（四）实施效果分析

四、管理会计改革取得成效的经验

五、主要参考文献

案例详细资料

附录二

系数表

附表1 复利终值系数表

N\i(%)	1	2	3	4	5	6	7
1…	1.010	1.020	1.030	1.040	1.050	1.060	1.070
2…	1.020	1.040	1.061	1.082	1.103	1.124	1.145
3…	1.030	1.061	1.093	1.125	1.158	1.191	1.225
4…	1.041	1.082	1.126	1.170	1.216	1.262	1.311
5…	1.051	1.104	1.159	1.217	1.276	1.338	1.403
6…	1.062	1.126	1.194	1.265	1.340	1.419	1.501
7…	1.072	1.149	1.230	1.316	1.407	1.504	1.606
8…	1.083	1.172	1.267	1.369	1.477	1.594	1.718
9…	1.094	1.195	1.305	1.423	1.551	1.689	1.838
10…	1.105	1.219	1.344	1.480	1.629	1.791	1.967
11…	1.116	1.243	1.384	1.539	1.710	1.898	2.105
12…	1.127	1.268	1.426	1.601	1.796	2.012	2.252
13…	1.138	1.294	1.469	1.665	1.886	2.133	2.410
14…	1.149	1.319	1.513	1.732	1.980	2.261	2.579
15…	1.161	1.346	1.558	1.801	2.079	2.397	2.759
16…	1.173	1.373	1.605	1.873	2.183	2.540	2.952
17…	1.184	1.400	1.653	1.948	2.292	2.693	3.159
18…	1.196	1.428	1.702	2.026	2.407	2.854	3.380
19…	1.208	1.457	1.754	2.107	2.527	3.026	3.617
20…	1.220	1.486	1.806	2.191	2.653	3.207	3.870
25…	1.282	1.641	2.094	2.666	3.386	4.292	5.427
30…	1.348	1.811	2.427	3.243	4.322	5.743	7.612
40…	1.489	2.208	3.262	4.801	7.040	10.286	14.974
50…	1.645	2.692	4.384	7.107	11.467	18.420	29.457

续表

N\i(%)	8	9	10	11	12	13	14
1……	1.080	1.090	1.100	1.110	1.120	1.130	1.140
2……	1.166	1.188	1.210	1.232	1.254	1.277	1.300
3……	1.260	1.295	1.331	1.368	1.405	1.443	1.482
4……	1.360	1.412	1.464	1.518	1.574	1.630	1.689
5……	1.469	1.539	1.611	1.685	1.762	1.842	1.925
6……	1.587	1.677	1.772	1.870	1.974	2.082	2.195
7……	1.714	1.828	1.949	2.076	2.211	2.353	2.502
8……	1.851	1.993	2.144	2.305	2.476	2.658	2.853
9……	1.999	2.172	2.358	2.558	2.773	3.004	3.252
10……	2.159	2.367	2.594	2.839	3.106	3.395	3.707
11……	2.332	2.580	2.853	3.152	3.479	3.836	4.226
12……	2.518	2.813	3.138	3.498	3.896	4.335	4.818
13……	2.720	3.066	3.452	3.883	4.363	4.898	5.492
14……	2.937	3.342	3.797	4.310	4.887	5.535	6.261
15……	3.172	3.642	4.177	4.785	5.474	6.254	7.138
16……	3.426	3.970	4.595	5.311	6.130	7.067	8.137
17……	3.700	4.328	5.054	5.895	6.866	7.986	9.276
18……	3.996	4.717	5.560	6.544	7.690	9.024	10.575
19……	4.316	5.142	6.116	7.263	8.613	10.197	12.056
20……	4.661	5.604	6.727	8.062	9.646	11.523	13.743
25……	6.848	8.623	10.835	13.585	17.000	21.231	26.462
30……	10.063	13.268	17.449	22.892	29.960	39.116	50.950
40……	21.725	31.409	45.259	65.001	93.051	132.782	188.884
50……	46.902	74.358	117.391	184.565	289.002	450.736	700.233

续表

N\i(%)	15	16	17	18	19	20	25	30
1……	1.150	1.160	1.170	1.180	1.190	1.200	1.250	1.300
2……	1.323	1.346	1.369	1.392	1.416	1.440	1.563	1.690
3……	1.521	1.561	1.602	1.643	1.685	1.728	1.953	2.197
4……	1.749	1.811	1.874	1.939	2.005	2.074	2.441	2.856
5……	2.011	2.100	2.192	2.288	2.386	2.488	3.052	3.713
6……	2.313	2.436	2.565	2.700	2.840	2.986	3.815	4.827
7……	2.660	2.826	3.001	3.185	3.379	3.583	4.768	6.275
8……	3.059	3.278	3.511	3.759	4.021	4.300	5.960	8.157
9……	3.518	3.803	4.108	4.435	4.785	5.160	7.451	10.604
10……	4.046	4.411	4.807	5.234	5.695	6.192	9.313	13.786
11……	4.652	5.117	5.624	6.176	6.777	7.430	11.642	17.922
12……	5.350	5.936	6.580	7.288	8.064	8.916	14.552	23.298
13……	6.153	6.886	7.699	8.599	9.596	10.699	18.190	30.288
14……	7.076	7.988	9.007	10.147	11.420	12.839	22.737	39.374
15……	8.137	9.266	10.539	11.974	13.590	15.407	28.422	51.186
16……	9.358	10.748	12.330	14.129	16.172	18.488	35.527	66.542
17……	10.761	12.468	14.426	16.672	19.244	22.186	44.409	86.504
18……	12.375	14.463	16.879	19.673	22.901	26.623	55.511	112.455
19……	14.232	16.777	19.748	23.214	27.252	31.948	69.389	146.192
20……	16.367	19.461	23.106	27.393	32.429	38.338	86.736	190.050
25……	32.919	40.874	50.658	62.669	77.388	95.396	264.698	705.641
30……	66.212	85.850	111.065	143.371	184.675	237.376	807.794	2 619.996
40……	267.864	378.721	533.869	750.378	1 051.668	1 469.772	7 523.164	36 119
50……	1 083.657	1 670.704	2 566.215	3 927.357	5 988.914	9 100.438	70 065	497 929

附表2　**复利现值系数表**

N\i(%)	1	2	3	4	5	6	7	8	9
1……	0.990	0.980	0.971	0.962	0.952	0.943	0.935	0.926	0.917
2……	0.980	0.961	0.943	0.925	0.907	0.890	0.873	0.857	0.842
3……	0.971	0.942	0.915	0.889	0.864	0.840	0.816	0.794	0.772
4……	0.961	0.924	0.888	0.855	0.823	0.792	0.763	0.735	0.708
5……	0.951	0.906	0.863	0.822	0.784	0.747	0.713	0.681	0.650
6……	0.942	0.888	0.837	0.790	0.746	0.705	0.666	0.630	0.596
7……	0.933	0.871	0.813	0.760	0.711	0.665	0.623	0.583	0.547
8……	0.923	0.853	0.789	0.731	0.677	0.627	0.582	0.540	0.502
9……	0.914	0.837	0.766	0.703	0.645	0.592	0.544	0.500	0.460
10……	0.905	0.820	0.744	0.676	0.614	0.558	0.508	0.463	0.422
11……	0.896	0.804	0.722	0.650	0.585	0.527	0.475	0.429	0.388
12……	0.887	0.788	0.701	0.625	0.557	0.497	0.444	0.397	0.356
13……	0.879	0.773	0.681	0.601	0.530	0.469	0.415	0.368	0.326
14……	0.870	0.758	0.661	0.577	0.505	0.442	0.388	0.340	0.299
15……	0.861	0.743	0.642	0.555	0.481	0.417	0.362	0.315	0.275
16……	0.853	0.728	0.623	0.534	0.458	0.394	0.339	0.292	0.252
17……	0.844	0.714	0.605	0.513	0.436	0.371	0.317	0.270	0.231
18……	0.836	0.700	0.587	0.494	0.416	0.350	0.296	0.250	0.212
19……	0.828	0.686	0.570	0.475	0.396	0.331	0.277	0.232	0.194
20……	0.820	0.673	0.554	0.456	0.377	0.312	0.258	0.215	0.178
25……	0.780	0.610	0.478	0.375	0.295	0.233	0.184	0.146	0.116
30……	0.742	0.552	0.412	0.308	0.231	0.174	0.131	0.099	0.075
40……	0.672	0.453	0.307	0.208	0.142	0.097	0.067	0.046	0.032
50……	0.608	0.372	0.228	0.141	0.087	0.054	0.034	0.021	0.013

续表

N\i(%)	10	11	12	13	14	15	16	17	18
1……	0.909	0.901	0.893	0.885	0.877	0.870	0.862	0.855	0.847
2……	0.826	0.812	0.797	0.783	0.769	0.756	0.743	0.731	0.718
3……	0.751	0.731	0.712	0.693	0.675	0.658	0.641	0.624	0.609
4……	0.683	0.659	0.636	0.613	0.592	0.572	0.552	0.534	0.516
5……	0.621	0.593	0.567	0.543	0.519	0.497	0.476	0.456	0.437
6……	0.564	0.535	0.507	0.480	0.456	0.432	0.410	0.390	0.370
7……	0.513	0.482	0.452	0.425	0.400	0.376	0.354	0.333	0.314
8……	0.467	0.434	0.404	0.376	0.351	0.327	0.305	0.285	0.266
9……	0.424	0.391	0.361	0.333	0.308	0.284	0.263	0.243	0.225
10……	0.386	0.352	0.322	0.295	0.270	0.247	0.227	0.208	0.191
11……	0.350	0.317	0.287	0.261	0.237	0.215	0.195	0.178	0.162
12……	0.319	0.286	0.257	0.231	0.208	0.187	0.168	0.152	0.137
13……	0.290	0.258	0.229	0.204	0.182	0.163	0.145	0.130	0.116
14……	0.263	0.232	0.205	0.181	0.160	0.141	0.125	0.111	0.099
15……	0.239	0.209	0.183	0.160	0.140	0.123	0.108	0.095	0.084
16……	0.218	0.188	0.163	0.141	0.123	0.107	0.093	0.081	0.071
17……	0.198	0.170	0.146	0.125	0.108	0.093	0.080	0.069	0.060
18……	0.180	0.153	0.130	0.111	0.095	0.081	0.069	0.059	0.051
19……	0.164	0.138	0.116	0.098	0.083	0.070	0.060	0.051	0.043
20……	0.149	0.124	0.104	0.087	0.073	0.061	0.051	0.043	0.037
25……	0.092	0.074	0.059	0.047	0.038	0.030	0.024	0.020	0.016
30……	0.057	0.044	0.033	0.026	0.020	0.015	0.012	0.009	0.007
40……	0.022	0.015	0.011	0.008	0.005	0.004	0.003	0.002	0.001
50……	0.009	0.005	0.003	0.002	0.001	0.001	0.001	0	0

续表

N\i(%)	19	20	25	30	35	40	50
1……	0.840	0.833	0.800	0.769	0.741	0.714	0.667
2……	0.706	0.694	0.640	0.592	0.549	0.510	0.444
3……	0.593	0.579	0.512	0.455	0.406	0.364	0.296
4……	0.499	0.482	0.410	0.350	0.301	0.260	0.198
5……	0.419	0.402	0.328	0.269	0.223	0.186	0.132
6……	0.352	0.335	0.262	0.207	0.165	0.133	0.088
7……	0.296	0.279	0.210	0.159	0.122	0.095	0.059
8……	0.249	0.233	0.168	0.123	0.091	0.068	0.039
9……	0.209	0.194	0.134	0.094	0.067	0.048	0.026
10……	0.176	0.162	0.107	0.073	0.050	0.035	0.017
11……	0.148	0.135	0.086	0.056	0.037	0.025	0.012
12……	0.124	0.112	0.069	0.043	0.027	0.018	0.008
13……	0.104	0.093	0.055	0.033	0.020	0.013	0.005
14……	0.088	0.078	0.044	0.025	0.015	0.009	0.003
15……	0.074	0.065	0.035	0.020	0.011	0.006	0.002
16……	0.062	0.054	0.028	0.015	0.008	0.005	0.002
17……	0.052	0.045	0.023	0.012	0.006	0.003	0.001
18……	0.044	0.038	0.018	0.009	0.005	0.002	0.001
19……	0.037	0.031	0.014	0.007	0.003	0.002	0.000
20……	0.031	0.026	0.012	0.005	0.002	0.001	0.000
25……	0.013	0.010	0.004	0.001	0.001	0	0
30……	0.005	0.004	0.001	0	0	0	0
40……	0.001	0.001	0	0	0	0	0
50……	0	0	0	0	0	0	0

附表 3

年金终值系数表

N\i(%)	1	2	3	4	5	6	7
1……	1.000	1.000	1.000	1.000	1.000	1.000	1.000
2……	2.010	2.020	2.030	2.040	2.050	2.060	2.070
3……	3.030	3.060	3.091	3.122	3.153	3.184	3.215
4……	4.060	4.122	4.184	4.246	4.310	4.375	4.440
5……	5.101	5.204	5.309	5.416	5.526	5.637	5.751
6……	6.152	6.308	6.468	6.633	6.802	6.975	7.153
7……	7.214	7.434	7.662	7.898	8.142	8.394	8.654
8……	8.286	8.583	8.892	9.214	9.549	9.897	10.260
9……	9.369	9.755	10.159	10.583	11.027	11.491	11.978
10……	10.462	10.950	11.464	12.006	12.578	13.181	13.816
11……	11.567	12.169	12.808	13.486	14.207	14.972	15.784
12……	12.683	13.412	14.192	15.026	15.917	16.870	17.888
13……	13.809	14.680	15.618	16.627	17.713	18.882	20.141
14……	14.947	15.974	17.086	18.292	19.599	21.015	22.550
15……	16.097	17.293	18.599	20.024	21.579	23.276	25.129
16……	17.258	18.639	20.157	21.825	23.657	25.673	27.888
17……	18.430	20.012	21.762	23.698	25.840	28.213	30.840
18……	19.615	21.412	23.414	25.645	28.132	30.906	33.999
19……	20.811	22.841	25.117	27.671	30.539	33.760	37.379
20……	22.019	24.297	26.870	29.778	33.066	36.786	40.995
25……	28.243	32.030	36.459	41.646	47.727	54.865	63.249
30……	34.785	40.568	47.575	56.085	66.439	79.058	94.461
40……	48.886	60.402	75.401	95.026	120.800	154.762	199.635
50……	64.463	84.579	112.797	152.667	209.348	290.336	406.529

续表

N\i(%)	8	9	10	11	12	13	14	15
1……	1.000	1.000	1.000	1.000	1.000	1.000	1.000	1.000
2……	2.080	2.090	2.100	2.110	2.120	2.130	2.140	2.150
3……	3.246	3.278	3.310	3.342	3.374	3.407	3.440	3.473
4……	4.506	4.573	4.641	4.710	4.779	4.850	4.921	4.993
5……	5.867	5.985	6.105	6.228	6.353	6.480	6.610	6.742
6……	7.336	7.523	7.716	7.913	8.115	8.323	8.536	8.754
7……	8.923	9.200	9.487	9.783	10.089	10.405	10.730	11.067
8……	10.637	11.028	11.436	11.859	12.300	12.757	13.233	13.727
9……	12.488	13.021	13.579	14.164	14.776	15.416	16.085	16.786
10……	14.487	15.193	15.937	16.722	17.549	18.420	19.337	20.304
11……	16.645	17.560	18.531	19.561	20.655	21.814	23.045	24.349
12……	18.977	20.141	21.384	22.713	24.133	25.650	27.271	29.002
13……	21.495	22.953	24.523	26.212	28.029	29.985	32.089	34.352
14……	24.215	26.019	27.975	30.095	32.393	34.883	37.581	40.505
15……	27.152	29.361	31.772	34.405	37.280	40.417	43.842	47.580
16……	30.324	33.003	35.950	39.190	42.753	46.672	50.980	55.717
17……	33.750	36.974	40.545	44.501	48.884	53.739	59.118	65.075
18……	37.450	41.301	45.599	50.396	55.750	61.725	68.394	75.836
19……	41.446	46.018	51.159	56.939	63.440	70.749	78.969	88.212
20……	45.762	51.160	57.275	64.203	72.052	80.947	91.025	102.444
25……	73.106	84.701	98.347	114.413	133.334	155.620	181.871	212.793
30……	113.283	136.308	164.494	199.021	241.333	293.199	356.787	434.745
40……	259.057	337.882	442.593	581.826	767.091	1 013.704	1 342.025	1 779.090
50……	573.770	815.084	1 163.909	1 668.771	2 400.018	3 459.507	4 994.521	7 217.716

续表

N\i(%)	16	17	18	19	20	25	30
1……	1.000	1.000	1.000	1.000	1.000	1.000	1.000
2……	2.160	2.170	2.180	2.190	2.200	2.250	2.300
3……	3.506	3.539	3.572	3.606	3.640	3.813	3.990
4……	5.066	5.141	5.215	5.291	5.368	5.766	6.187
5……	6.877	7.014	7.154	7.297	7.442	8.207	9.043
6……	8.977	9.207	9.442	9.683	9.930	11.259	12.756
7……	11.414	11.772	12.142	12.523	12.916	15.073	17.583
8……	14.240	14.773	15.327	15.902	16.499	19.842	23.858
9……	17.519	18.285	19.086	19.923	20.799	25.802	32.015
10……	21.321	22.393	23.521	24.709	25.959	33.253	42.619
11……	25.733	27.200	28.755	30.404	32.150	42.566	56.405
12……	30.850	32.824	34.931	37.180	39.581	54.208	74.327
13……	36.786	39.404	42.219	45.244	48.497	68.760	97.625
14……	43.672	47.103	50.818	54.841	59.196	86.949	127.913
15……	51.660	56.110	60.965	66.261	72.035	109.687	167.286
16……	60.925	66.649	72.939	79.850	87.442	138.109	218.472
17……	71.673	78.979	87.068	96.022	105.931	173.636	285.014
18……	84.141	93.406	103.740	115.266	128.117	218.045	371.518
19……	98.603	110.285	123.414	138.166	154.740	273.556	483.973
20……	115.380	130.033	146.628	165.418	186.688	342.945	630.165
25……	249.214	292.105	342.603	402.042	471.981	1 054.791	2 348.803
30……	530.312	647.439	790.948	966.712	1 181.882	3 227.174	8 729.985
40……	2 360.757	3 134.522	4 163.213	5 529.829	7 343.858	30 088.655	120 392.883
50……	10 435.649	15 089.502	21 813.094	31 515.336	45 497.191	280 256	1 659 760

附表 4　　**年金现值系数表**

N\i(%)	1	2	3	4	5	6	7	8	9
1……	0.990	0.980	0.971	0.962	0.952	0.943	0.935	0.926	0.917
2……	1.970	1.942	1.913	1.886	1.859	1.833	1.808	1.783	1.759
3……	2.941	2.884	2.829	2.775	2.723	2.673	2.624	2.577	2.531
4……	3.902	3.808	3.717	3.630	3.546	3.465	3.387	3.312	3.240
5……	4.853	4.713	4.580	4.452	4.329	4.212	4.100	3.993	3.890
6……	5.795	5.601	5.417	5.242	5.076	4.917	4.767	4.623	4.486
7……	6.728	6.472	6.230	6.002	5.786	5.582	5.389	5.206	5.033
8……	7.652	7.325	7.020	6.733	6.463	6.210	5.971	5.747	5.535
9……	8.566	8.162	7.786	7.435	7.108	6.802	6.515	6.247	5.995
10……	9.471	8.983	8.530	8.111	7.722	7.360	7.024	6.710	6.418
11……	10.368	9.787	9.253	8.760	8.306	7.887	7.499	7.139	6.805
12……	11.255	10.575	9.954	9.385	8.863	8.384	7.943	7.536	7.161
13……	12.134	11.348	10.635	9.986	9.394	8.853	8.358	7.904	7.487
14……	13.004	12.106	11.296	10.563	9.899	9.295	8.745	8.244	7.786
15……	13.865	12.849	11.938	11.118	10.380	9.712	9.108	8.559	8.061
16……	14.718	13.578	12.561	11.652	10.838	10.106	9.447	8.851	8.313
17……	15.562	14.292	13.166	12.166	11.274	10.477	9.763	9.122	8.544
18……	16.398	14.992	13.754	12.659	11.690	10.828	10.059	9.372	8.756
19……	17.226	15.678	14.324	13.134	12.085	11.158	10.336	9.604	8.950
20……	18.046	16.351	14.877	13.590	12.462	11.470	10.594	9.818	9.129
25……	22.023	19.523	17.413	15.622	14.094	12.783	11.654	10.675	9.823
30……	25.808	22.396	19.600	17.292	15.372	13.765	12.409	11.258	10.274
40……	32.835	27.355	23.115	19.793	17.159	15.046	13.332	11.925	10.757
50……	39.196	31.424	25.730	21.482	18.256	15.762	13.801	12.233	10.962

续表

N\i(%)	10	11	12	13	14	15	16	17	18
1……	0.909	0.901	0.893	0.885	0.877	0.870	0.862	0.855	0.847
2……	1.736	1.713	1.690	1.668	1.647	1.626	1.605	1.585	1.566
3……	2.487	2.444	2.402	2.361	2.322	2.283	2.246	2.210	2.174
4……	3.170	3.102	3.037	2.974	2.914	2.855	2.798	2.743	2.690
5……	3.791	3.696	3.605	3.517	3.433	3.352	3.274	3.199	3.127
6……	4.355	4.231	4.111	3.998	3.889	3.784	3.685	3.589	3.498
7……	4.868	4.712	4.564	4.423	4.288	4.160	4.039	3.922	3.812
8……	5.335	5.146	4.968	4.799	4.639	4.487	4.344	4.207	4.078
9……	5.759	5.537	5.328	5.132	4.946	4.772	4.607	4.451	4.303
10……	6.145	5.889	5.650	5.426	5.216	5.019	4.833	4.659	4.494
11……	6.495	6.207	5.938	5.687	5.453	5.234	5.029	4.836	4.656
12……	6.814	6.492	6.194	5.918	5.660	5.421	5.197	4.988	4.793
13……	7.103	6.750	6.424	6.122	5.842	5.583	5.342	5.118	4.910
14……	7.367	6.982	6.628	6.302	6.002	5.724	5.468	5.229	5.008
15……	7.606	7.191	6.811	6.462	6.142	5.847	5.575	5.324	5.092
16……	7.824	7.379	6.974	6.604	6.265	5.954	5.668	5.405	5.162
17……	8.022	7.549	7.120	6.729	6.373	6.047	5.749	5.475	5.222
18……	8.201	7.702	7.250	6.840	6.467	6.128	5.818	5.534	5.273
19……	8.365	7.839	7.366	6.938	6.550	6.198	5.877	5.584	5.316
20……	8.514	7.963	7.469	7.025	6.623	6.259	5.929	5.628	5.353
25……	9.077	8.422	7.843	7.330	6.873	6.464	6.097	5.766	5.467
30……	9.427	8.694	8.055	7.496	7.003	6.566	6.177	5.829	5.517
40……	9.779	8.951	8.244	7.634	7.105	6.642	6.233	5.871	5.548
50……	9.915	9.042	8.304	7.675	7.133	6.661	6.246	5.880	5.554

续表

N\i(%)	19	20	25	30	35	40	50
1……	0.840	0.833	0.800	0.769	0.741	0.714	0.667
2……	1.547	1.528	1.440	1.361	1.289	1.224	1.111
3……	2.140	2.106	1.952	1.816	1.696	1.589	1.407
4……	2.639	2.589	2.362	2.166	1.997	1.849	1.605
5……	3.058	2.991	2.689	2.436	2.220	2.035	1.737
6……	3.410	3.326	2.951	2.643	2.385	2.168	1.824
7……	3.706	3.605	3.161	2.802	2.508	2.263	1.883
8……	3.954	3.837	3.329	2.925	2.598	2.331	1.922
9……	4.163	4.031	3.463	3.019	2.665	2.379	1.948
10……	4.339	4.192	3.571	3.092	2.715	2.414	1.965
11……	4.486	4.327	3.656	3.147	2.752	2.438	1.977
12……	4.611	4.439	3.725	3.190	2.779	2.456	1.985
13……	4.715	4.533	3.780	3.223	2.799	2.469	1.990
14……	4.802	4.611	3.824	3.249	2.814	2.478	1.993
15……	4.876	4.675	3.859	3.268	2.825	2.484	1.995
16……	4.938	4.730	3.887	3.283	2.834	2.489	1.997
17……	4.990	4.775	3.910	3.295	2.840	2.492	1.998
18……	5.033	4.812	3.928	3.304	2.844	2.494	1.999
19……	5.070	4.843	3.942	3.311	2.848	2.496	1.999
20……	5.101	4.870	3.954	3.316	2.850	2.497	1.999
25……	5.195	4.948	3.985	3.329	2.856	2.499	2.000
30……	5.235	4.979	3.995	3.332	2.857	2.500	2.000
40……	5.258	4.997	3.999	3.333	2.857	2.500	2.000
50……	5.262	4.999	4.000	3.333	2.857	2.500	2.000

参考文献

［1］张惠忠．企业财务管理［M］．2版．大连：东北财经大学出版社，2022.

［2］孙茂竹，支晓强，戴璐．管理会计学［M］．10版．北京：中国人民大学出版社，2024.

［3］财政部会计司编写组．管理会计案例示范集［M］．北京：经济科学出版社，2019.

［4］中国注册会计师协会．财务成本管理［M］．北京：中国财政经济出版社，2023.

［5］加里森，诺琳，布鲁尔．管理会计［M］．16版．王满，译．北京：机械工业出版社，2018.

［6］吴大军，牛彦秀，耿云江．管理会计［M］．7版．大连：东北财经大学出版社，2023.

［7］温素彬．管理会计：理论·模型·案例［M］．3版．北京：机械工业出版社，2024.

［8］中华人民共和国财政部．管理会计应用指引［M］．上海：立信会计出版社，2019.

［9］冯巧根．管理会计［M］．4版．北京：中国人民大学出版社，2020.

［10］刘俊勇．管理会计［M］．3版．大连：东北财经大学出版社，2019.

［11］杨行翀，丁庭栋．平衡计分卡在新纪元公司战略管理与业绩评价中的应用［J］．财务与会计，2020（7）．

［12］杨行翀，沈逸萌．“互联网+管理会计学”教学一体化改革研究初探［J］．科技视界，2020（10）．

［13］刘俊勇．管理会计研究重点文献导读［M］．北京：中国人民大学出版社，2019.

［14］冯巧根．高级管理会计：理论与实践［M］．北京：清华大学出版社，2019.

［15］张明明．中国特色管理会计在浙江的创新与实践［M］．大连：东北财经大学出版社，2020.